憲法の現在(いま)

憲法の現在
<small>いま</small>

(社)自由人権協会編

信山社双書
憲 法

信 山 社

はしがき

　新しい「憲法」に関する提案が政治の勢いとして現実となりつつある。だからこそ、この時点で、憲法に関する判例と理論の到達点、憲法学の蓄積—憲法の現在(いま)—を、憲法に関する専門家だけの常識とするのではなく、憲法に関心のある人も、共有することが重要である。本書は、2004 年 9 月から 2005 年 7 月まで自由人権協会が開催した連続講演「憲法の現在(いま)」の内容を広く共有するため、その時の雰囲気を活かしながら、参考となる情報を追加したものである。「憲法の現在(いま)」を語ることで、憲法についての最先端の、最新の情報を広く、普通の人々に伝えたいという、主に、30 代、40 代の憲法学者の想いを反映している。本書を読んでいただければお分かりのように、「憲法の現在(いま)」を語ることは特定の政治的スタンスを意味するわけではない。本書の意図は、私たちが、憲法のあり方、あるべき姿について自ら判断するのに必要不可欠な情報を多くの人々に届けることにある。

　連続講演の企画は憲法に関する危機意識を出発点としている。たとえば、現在の憲法に関する議論は民主主義体制を標榜する国々において共有されている憲法の理論的枠組とは全く無関係に展開されている。それでいいのだろうか。どうせ、いつも、同じことしか言わないのだからと、専門家からの発言に耳を傾けないことが当然という雰囲気がある。それでいいのだろうか。憲法論議の多くがもっぱら情緒と感情に訴えるだけに終始している。それでいいのだろうか。それだけではない。法律家の間においてすら、憲法についての最近の判例や理論の展開が断片以上には知られていないという（憲法を専門とする人々にとっては）ある意味愕然とさせられる事実もある。憲法についての議論が、政治的なコンテクストにおいて大きな声を上げて多くの人の注目を集めることで正当性が獲得できるかのような社会の風潮も伺える。それでいいのだろうか。このような危

機感が、もっと地道に憲法について取り上げなければならないという判断を促したといえるかもしれない。

　憲法論議の盛んな今こそ、人と社会と国家の関係を、冷静に、長期的視点にたって議論するための情報が提供されなければならない。それなのにそのような機会が乏しいのであれば、積極的にそのような場をつくることも自由人権協会の役割である。積極的に企画を推進した事務局長の小町谷さん、補佐役の古本さん、企画に実効性を持たせるべく尽力した川岸さん、事務局と講演開催毎にいろいろと助けてくれた若い会員たち、そして、講演に参加してくださった人たちがいたからこそ、こうした形で「憲法の現在(いま)」を語ることができる。

　2005年10月

代表理事　紙谷雅子

目　　次

はしがき［紙谷雅子］

第1章　最近の憲法をめぐる諸問題 …奥平康弘… 1

第2章　司法審査と平等権
　　　　　―性差別事例を中心として ……君塚正臣…23

第3章　今、憲法裁判所が熱い!?
　　　　　―欧流と韓流と「日流」と？……山元　一…63

第4章　憲法と国際人権条約
　　　　　―イギリスと日本を比較しながら
　　　　　　………………………江島晶子…103

第5章　憲法を改正することの意味
　　　　　―または、冷戦終結の意味……長谷部恭男…139

第6章　現在の改憲論―9条を中心に …愛敬浩二…169

第7章　『国家と宗教』の周辺をめぐって
　　　　　…………………………斉藤小百合…211

第8章　憲法の想定する自己決定・自己責任の構造
　　　　　…………………………中島　徹…229

第9章　表現の自由の公共性……………毛利　透…265

第10章　思想良心の自由と国歌斉唱…佐々木弘通…287

第11章　外国人の「人権」保障
　　　　　―コンメンタール風に………近藤　敦…323

第12章　立憲主義の展望
　　　　　―リベラリズムからの愛国心 …阪口正二郎…355

おわりに―日本国憲法という未完のプロジェクト
　　　　への誘い［川岸令和］………………………391

編集後記［小町谷育子・古本晴英］………………399

社団法人自由人権協会（JCLU）は、1947年、新しい日本国憲法が制定された日本においても基本的人権の擁護を唯一の目的とする市民組織が必要との、ロジャー・ボールドウィンACLU代表（当時）の示唆を受けて設立された非営利組織です。さまざまな政治的立場を超えて、市民として意見を表明し、重要な人権事件を支援してきました。社会の中で自分の権利主張が適切にできない人々の自由が脅かされるときはすべての人々の自由が脅かされる、との信念を共有する党派を超えた組織として、日本社会の礎となることをめざしています。

第 1 章　最近の憲法をめぐる諸問題

奥 平 康 弘

細 目 次

Ⅰ　まえおき (1)
　1) 憲法と 50 年間の付き合い (2)
　2) 憲法は古くなったのか？(3)
Ⅱ　最近携わっている憲法の諸問題 (4)
　1) 天皇制 (5)
　2) 表現の自由 (7)
　3) 行政訴訟の原告適格性 (11)
　4) 憲法 9 条の会 (16)
Ⅲ　憲法をめぐる最近の諸問題 (17)
　1) アンケート調査から (17)
　2) 読売新聞の憲法改正試案 (18)
　3) 憲法を生かすたたかい (20)
Ⅳ　おわりに (21)

Ⅰ　まえおき

　自由人権協会企画の連続講演の第 1 回を何と無しに奥平康弘がご指名にあずかった。受けて立つ方の奥平も何と無しにお引き受けした。「何と無し」というのがある意味複雑ですが、イントロダクション的役割を果たすのであれば気が楽だという気持ちと、同時に、憲法改正問題がこのようになっている世の中であるという気持ちもあったように思います。憲法改正問題という話であれば憲法 9 条改正という問題になり得る。そうした問題背景として設定された上で、その問題に関心を示し、「憲法 9 条の会[(1)]」という 9 人からなる委

[(1)] 「憲法 9 条の会」とは、憲法 9 条を中心に日本国憲法を「改正」し、日本を「戦争をする国」に変えようとする動きが、かつてないほどの規模と強さで台頭している現状に対し、「憲法 9 条、今こそ旬」であることを訴え、改めて憲法 9 条の意義を激動する世界に輝かせ、憲法 9 条改憲を防ぐことを活動の目的とする会で、井上ひさし（作家）、梅原猛（哲学者）、大江健三郎（作家）、奥平康弘（憲法研究者）、小田実（作家）、加藤周一

員会のメンバーに加わったぼくとしては受けて立たざるを得ないのではないかと思いました。

ぼくのは単なる前座的な話であり、連続講演の方はこれ以降11人の講師が各論的な観点から現在の日本国憲法を考える視点を展開されることになりますので、ぼくはある意味で連続講演を概観する役割があるだろうということでお話をしようと思う。

与えられたテーマは「憲法をめぐる最近の諸問題」です。諸問題となるとあれこれと様々な問題の中で何が大事であるとしてピックアップするかという議論があるだろう。ともかく憲法問題はかつてなかったような規模で、あるいは性質を持って人々が関心を持っているらしい。それに合わせて皆さんが関心を持たれている憲法問題の1つ2つのあれやこれやをお話することにさせていただきます。

1）憲法と50年間の付き合い

自己を語ることを通じて現在の憲法を概観してみます。自己中心的な話になる可能性があることをお許しいただきたい。

ぼくは1950年に大学に入学し、53年に卒業しています。3年で卒業ということで旧制大学最後の学生でした。その当時はもちろん、自分がどういう時代に生きているか定かな認識はなかったけれども、憲法が公布されたのが1946年11月3日、47年5月3日実施ですから、旧制高等学校の学生であったぼくは憲法が生まれてホヤホヤの時代に青年期を開始したわけです。そして53年に大学を卒業して、何と無しに研究者の道を歩むことになり、専攻は憲法学でした。

ということは、50年間憲法と付き合っていることになる。だから、ぼくはぼくでありぼくだけの話だけれども、客観的にみるとぼくみたいな50年間憲法を専攻した人間はそうざらにはいない。ぼ

（評論家）、澤地久枝（作家）、鶴見俊輔（哲学者）、三木睦子（国連婦人会）の9氏が2004年に立ち上げた会です。憲法9条の会について詳しく知りたい方は、公式ホームページ http://www.9-jo.jp 参照。また、「『9条の会』発足記念講演会」の講演記録を加筆・編集したものとして、『憲法九条、いまこそ旬』（岩波書店、2004年）があります。

くと同じような憲法研究者として出発した連中はみんな偉くなってしまい、悪く言うと「体制内化」してしまいました。体制内化してしまうと、自ずと支配体系のあり方を批判的に見ることはなかなかできなくなってきます。

たまたまぼくは権力からのお呼びがなかったということ、仮にお呼びがあっても拒否しただろうが、今に至るまでずっと野にだけ存在する人間です。その結果として非常によかったと思うのは、体制を客観的に眺める立場を保持しながら憲法に接してきたということです。

2）憲法は古くなったのか？

最近、匿名の手紙をもらいました。封筒に貼ってある切手は80円ではなくて10円、ぼく宛だが、裏書きは「憲法9条の会」の著名な1人の住所で、奥さんの名前でした。

中身は、反日・反米の札付きの者たちが、また反日・反米を繰り返しているということが1つ。非常に面白いと思ったのは、今はほとんど死語になっている「反日」という言葉が蘇ってきていることです。そればかりでなくぼくを「反米」であると批判する。反米であることと、反日であることが同じだという観点があることが大事です。もう1つは、そういう人間はもういらない。それなのにおまえたちは「雀百まで踊り忘れず」で同じ踊りを踊っていると言う。ぼくはできるだけ同じ踊りを踊りたくないと思うが、そうした目で眺められる何かがあるのかもしれません。

日本の憲法は古くなったから取り換えようというのが、一定の実体的な意味を持って、憲法改正問題を正当化するための議論としてまかり通っています。そうすると人間についても、古くなった人間はもう踊るなということになるのかもしれない。50年たって気がついてみたらそのような局面になっていたのかという気がします。この頃、今までの50年は一体何だったのかということを考えるようになってきました。

若い頃のある時期までは、自由人権協会のテーマである人権につ

いての考え方はある程度制度化されるようになり、そしてデモクラシー、民主主義といったものが展開してくる、すなわち日本国憲法が展開し始めてきている、そうした世の中を肯定的に考え、憲法の効力は立派なもの思っていました。その一方で常に、ちょっと待て、いつかどこかで、あれは「付け焼き刃」でしかなかった、「あれは戦後日本の徒花」だった、という時代が来るのではないかという思いも抱いていました。いわゆる日本は日本でなくてはいけないという考え方に、どこかの時点で、何かのきっかけでひっくり返ることになるかもしれないな、と。つまり、「徒花」であったということが証明されるような時代が出てくるのではないかと。

　例えば1980年代に中曽根康弘総理大臣が「戦後日本の総決算」ということを言い始めました。やはり「付け焼き刃」という状況が出てくるのかなということを感じさせるものがあったのです。

　しかし、そういった懸念を抱きながら一般論としては、いい線いっているなと思い、したがって50年間のある時期までは、このままいけば何とかぼくのイメージでいう、日本国は日本国として展開するであろう、と楽観的に感じる部分もありました。それは憲法のお陰だなんて言うつもりはないが、憲法がある種のバックにあり、ある程度の働きをしていると理解してきていたのです。

　ここに来て、そうだろうか、ということが問われるような時代にひょっとしたらなっているのかもしれません。つまり、「付け焼き刃」であるとか、実は、「戦後の総決算」が行われれば、戦後は「徒花」であるとか。ぼくの憲法研究者として生きてきた状況は「付け焼き刃」であったということを、のちの時代に知るような社会になるのかもしれないな、と。つまり、昔からこうした考え方があったが、最近、別の意味でそうしたことを考えさせられるような感じが強くなっているのは残念ながら否定できません。

II　最近携わっている憲法の諸問題

　本日の課題は、「憲法をめぐる最近の諸問題」ということで、諸問題の主要な争点の1つは憲法改正問題だと思います。ぼくが担当

するのは序論的な話なので、最近の社会、政治の中で、特に訴訟の中で憲法問題に直面している素材を切り口として、この数か月間においてぼくが携わっている問題の若干を話したいと思います。

1）天皇制
世継ぎ問題　　時間系列的に言うと、まず天皇制の問題に関わっています。天皇制というのは、ぼくのような憲法研究者からみれば首尾一貫してマイナーな主題でした。なぜマイナーであったかと言うと、1948年文部省発行の「あたらしい憲法のはなし」によると、憲法の魂は3つあり、この中に天皇制は出てきません。すなわち、主権在民主義、民主主義、国際平和主義であり、この3つの原理の観点で言うと天皇制が出てくる出番はありません。このような位置づけで育った人間だから、天皇制はマイナーな、付け足しの問題です。

別の、学問的な関心から明治憲法以来、天皇制はなぜそしてどのように残ってきたかを勉強しています。戦後の残していく過程、つまり1945年から47年の間は憲法における天皇制問題を片づけることと並行しながら皇室典範という法律を作っていく過程がありました。その結果として、3つの魂が本体としてあり、そして天皇制を当面残そうかという勢力が圧倒的にあり、それに対して日本が日本であるために天皇制がないと非常に困るという考えがありました。そしてGHQは、GHQなりの立場、つまり自分たちなりに長い目でみればアメリカの戦略との関係で天皇制は残しておいたほうがいいという判断がありました。

こうした諸勢力が折り合いをつけた上で天皇制が残されたのです。ということをぼくは直感的あるいは本能的に感じていましたが、最近、勉強をしてみて、それはある意味で裏打ちされました。だから、先ほどから言っているように、天皇制は、マイナーな問題として、あるところから借りてきた用語で言えば「暫定的な制度」として、あまり七面倒くさいことを言わないレベルで、つまり適当な妥協の産物として、原理的なことを考えないようにして残された制度なの

です。

　逆にいえば、明治憲法における天皇制は、原理があり、それ自身が魂であり、イデオロギーであり、絶対的な価値を持って貫徹しうる法体系が出来上がっていたわけです。だから、いろいろな問題も結局、そこにもっていけば片が付いたのです。その一番悪い例は、1930 年代から 40 年代の「天皇機関説(2)」排撃後の憲法論です。

　あらゆることを全部天皇にもっていき、徹底した人権侵害と排外主義・軍国主義の方へ日本の政治を持っていきました。そのことが可能ならしむような明治憲法体制下の天皇制があったのです。これはそれなりに魂、原理があり、それを残そうとする人たちが有力者としてたくさんいたわけですが、我々のおじいさん、おばあさん、おやじ、おふくろはそれを批判的に眺める地点に立つことができませんでした。そして、何と無しに、天皇制がなかったらさびしいね、天皇制はあるべきだよねと考えて、圧倒的に多くの国民は政府が天皇制を残すことについて賛成したのです。

　ぼくは子どものときから天皇制を知っていますから、明治時代の天皇制を考えると同時に、そのような天皇制がなぜ戦後憲法の中に位置づけられたのだろうかということが宿題としてあったはずでした。その宿題を棚に上げていたことを今ごろになって気づき始めたわけです。

　というわけで、ぼくの現在当面している憲法諸問題のうちの 1 つ

---

(2) 明治憲法の時代、19 世紀のドイツで発展した「国家法人説」（法的に見ると国家は法人であり、したがって主権は君主ではなく国家に帰属する）の立場を日本に当てはめ、天皇は法人である国家の最高機関であるとする美濃部達吉（1873～1948）の「天皇機関説」が通説的地位を占めていました。しかし、軍国主義の台頭とともに、「天皇機関説」は、主権は天皇にあるという当時の国体観に反する考え方であるとして右翼や軍部から非難されることとなります。政府も「国体明徴声明」を発して天皇機関説を公式に非難し、美濃部達吉の著書を発禁処分にし、天皇機関説を教えることを事実上禁止しました。その結果、当時貴族院議員であった美濃部達吉は、議員の辞職を強いられました。こうした一連の事件を称して「天皇機関説事件」といいます。

は天皇制です。今、どう位置づけるかということの前に、なぜ、どういう角度で、どのような内容として、支配層＝向こう方は考えて通そうとしたのだろうか、そして人々はどのように受容したのだろうか、これがぼくにとっての課題であり、この2、3年勉強していることです[3]。

バックグラウンドにそうした問題があったところへ世継ぎ問題[4]が出てきました。世継ぎ問題は非常にジャーナリスティックに、またポピュリズム的な大衆の興味本位を持って出てきたテーマです。同時に問題の背後にある視点をどのように世継ぎ問題について考えるべきか、これが2、3カ月多くの時間を割いて、編集者から頼まれていくつかの雑誌に寄稿したテーマです[5]。

2）表現の自由

立川反戦ビラ入れ裁判　　第2のテーマは非常に生々しく、昨日（9月9日）午後、東京地方裁判所八王子支部で被告人側の証人として証言をしてきた事件です。「立川自衛隊監視テント村」という市民団体は、立川基地がアメリカ軍から自衛隊に移管されたとき以来、その自衛隊のうごきを監視し、併せてテント村をつくり、今で

---

[3] 奥平康弘『「萬世一系」の研究――「皇室典範的なるもの」への視座』（岩波書店、2005年）参照。

[4] 皇室典範は、第1条で「皇位は、皇統に属する男系の男子が、これを継承する」と定めています。しかし将来的に、皇位を継承する男子皇族がいなくなってしまう可能性もあるため、女性天皇を認めるべきか否かを含め、天皇制のあり方を巡って議論がなされています。2004年12月に設置された小泉純一郎首相の私的諮問機関「皇室典範に関する有識者会議」は、女性、女系天皇を容認したうえで、皇位継承の安定性を保持するため、継承順位では天皇直系を優先する「第1子優先」「兄弟姉妹間で男子優先」の2案を軸に意見を集約し、2005年11月末をめどに最終報告書をまとめる方向であるとされています（朝日新聞2005年10月6日）。

[5] 奥平康弘「『萬世一系』のイデオロギーを離れて天皇制の存立は可能か」論座113巻194頁（2004年）、同「『天皇の世継ぎ』問題がはらむもの―『萬世一系』と『女帝』論をめぐって」世界　729巻63頁（2004年）。

も活動しています。このグループの人たちが、自衛隊のイラク派兵の問題について関心を持ち、自衛隊員とその家族らが居住している集団アパート（防衛庁宿舎）の各戸郵便受けにビラを入れました。その行為が刑法130条の住居侵入罪に当たるとして3人が逮捕され、身柄の拘束が75日間も続き、起訴されました。

この事件自身は、ぼくにとっては表現の自由の問題です。ぼくは住居侵入罪は昔学校で習った程度で、刑法130条の条文は知識外にありました。証人喚問で呼ばれることになったときに改めて刑法130条を読んでみました。刑法130条は「正当な理由がないのに、人の住居若しくは人の看守する邸宅、建造物若しくは艦船に侵入し」たという規定です。

問題は、ビラを撒いたことだけでなく、そのビラがある一定のメッセージが入っていたこと自身が問題になったということ、そして管理権が各居住者の権利を超えて、建造物を管理する権限に基づいて上から発動されたということです。個別のビラを受け取り、読み、反応し、捨てるというビラの終着点、つまりビラを入れた人を送り手とすれば、そのビラの受け手ではなくて、建物を管理している管理者が管理権を発動したのです。イラク派兵について反対するビラがこの住宅に出没しているようだということで、そのようなことがあったら110番に電話を掛けてください、もしくは駐屯地に連絡してくださいという警告が12月になされていて、にもかかわらず、ビラ入れをやったという状況があるわけです。

検察官の反対尋問で分かったことですが、建物に入ったことがいけないということと、そこに住んでいる自衛隊の家族がこんなビラは気色悪く見たくもないと思っているから、それを保護するというわけです。

ぼくが分からないのはそこから先です。住居侵入罪とは、保護法益とは一体何かということです。そこに住んでいる人たちに向けられた、ある種の表現活動はあり得るわけです。もう1つ「若しくは人の看守する建造物」とは人が住んでいないことを前提にしているわけで、身構えて管理する人たちがいるとすると、門から入ること

も、その庭に入ることも住居侵入罪になり得ます。その手の判例はたくさんあります。ところが、人の居住しているとき個別の居住者にめがけて、その人の取捨選択を前提としている場合に、ビラという特別なものがコミュニケーションの手段として撒かれたときは、ひと味違うのではないかと思うのです。また、「人の住居」と「人の看守する建造物」を同じように扱って、そして同じような判例をもってきて、長い間拘留し、証拠を集め、起訴したとなれば話は違うのでないかということです。ここでは、これ以上に細かいことは言いません。ともかくこれがぼくに当面する憲法問題のうちの1つです(6)。

国家公務員のビラ入れ　根っこが全く同じではないかと思うのが、同時期に東京地方裁判所に起訴された事件です。国家公務員が自分の住んでいる（または勤務地の）目黒区にある集団アパートにビラを撒きました。そのビラは簡単にいえば、ある政党（共産党）を支援してくださいといった内容です。ビラをアパートの人たちに配布しまわった人をたどってみると国家公務員であった、と目黒警察署は言っています。警察がどんなふうにしてビラ配布活動をした

---

(6) この講演から約2か月後の2004年12月16日、東京地方裁判所八王子支部で立川反戦ビラ入れ裁判の第一審判決が下されました。判決は、「被告人らによるビラの投函自体は、憲法21条1項の保障する政治的表現活動の一態様であり、民主主義社会の根幹を成すものとして、同法22条1項により保障されると解される営業活動の一類型である商業的宣伝ビラの投函に比して、いわゆる優越的地位が認められている。……正式な抗議や警告といった事前連絡なしに、いきなり検挙して刑事責任を問うことは、憲法21条1項の趣旨に照らして疑問の余地なしとしない。……諸般の事情に照らせば、被告人らが立川宿舎に立ち入った行為は、法秩序全体の見地からして、刑事罰に処するに値する程度の違法性があるとは認められないというべきである」と述べ、無罪判決を下しました（東京地八王子支判2004（平成16）・12・16判時1892号150頁）。検察側は判決を不服として控訴しています。この事件の詳細については、宗像充『街から反戦の声が消えるとき──立川反戦ビラ入れ弾圧事件』（樹心社、2005年）、立川・反戦ビラ弾圧救援会『立川反戦ビラ入れ事件──「安心」社会がもたらす言論の不自由』（明石書店、2005年）参照。

人が国家公務員あることをあぶり出したかということは今日は省略させてください。ちなみに、警察の言い分によれば、当初はこのビラは公職選挙法違反の違法文書として睨んだけれども、実際には、公職選挙法違反文書ではないことがわかった、そこで、今度は、国家公務員法違反容疑に切り替えて捜査したのだそうです。国家公務員である以上は、行政の中立性を保たなくてはならないし、何よりも公務員は国民の信頼に応えて中立的でなくてはならない、中立であるという外観が必要なのに、それを明らかに傷つけたということだそうです。

猿払事件 国家公務員法が問われた最高裁判所判例として猿払事件[7]があります。ここでは、国家公務員は特別な地位に基づき、執務時間中だけではなく執務時間外も、場所のいかんを問わず、外部から見て中立であるべきだし、この点についての信頼を崩すようなことはしてはいけないとして、これが憲法に違反するかどうかということが争われました。札幌地方裁判所は「憲法に違反する」という判決を下し[8]、2審でもそれを認めた判決でした[9]。しかし、最高裁で覆ってしまいました。国家公務員は時間外であろうと場所のいかんを問わず、政治活動、表現の自由は市民と異なってしかるべきであり、行政の中立性、および国民が行政を信頼していることに応えなくてはいけないという非常に大きな論理で覆したのです。これは自由人権協会もまた研究者の間でも評判の悪い判決の1つであり続けました。そのためにかどうか30数年間、国家公務員法で問われた起訴事件はありません。

国家公務員法をパラフレーズして、それを受けた人事院規則があります。その14－7（政治的行為）で、例えば内閣の決めたことに反対してはいけないといった種類に始まり、相当詳しく政治活動の定義を決めています。それに違反しているということでした。

この裁判に証人としてぼくが呼ばれるかどうか分かりません。国

---

(7) 最大判 1974（昭和49）・11・6 刑集28巻9号398頁。
(8) 旭川地判 1968（昭和43）・3・25 下刑集10巻3号293頁。
(9) 札幌高判 1969（昭和44）・6・24 判時560号30頁。

家公務員法違反事件としていえば30何年間、いつかは何とかしなくてはならないと思っていた判決の再検討の時期であるということで慎重に構えていく気配があるらしいのです。この事件は、国家公務員の表現の自由、アパートにビラを撒くことが憲法上どのように値するかといったいろいろな観点が当てはめられると思います。

今はビラ撒き社会であり、いたる所でビラ撒きがあり、八王子支部の裁判によれば、京都では自衛隊員募集のビラが地方公共団体より戸別配布されている事案が明らかになっています。良かれ悪しかれ、ビラもそういう時代であるらしい。ぼくの家の郵便受けにもうんざりするぐらいさまざまなビラが入っています。そうした状況の中で、自衛隊のイラク反対のビラとか日本共産党を支持するビラが、一方では住居侵入罪で、他方では国家公務員法違反で2つの起訴が行われました。これがぼくにとって2つ目の憲法問題です[10]。

3）行政訴訟の原告適格性

小田急高架工事　第3番目に、これまたぼくに降りかかってきた憲法問題に小田急世田谷線高架工事に対する行政処分取消訴訟があります[11]。この大工事に関わったのは当時の建設省、運輸省、東京都、および小田急電鉄です。

この計画がなされ実行されていく中で、住民は騒音その他既存する生活利益の侵害・喪失が出てきたらかなわない、もっと正当な手続きを踏むように当事者に申し入れました。住民はある研究者に施工方法の調査を依頼しました。そして、高架にするよりも地下に潜らせたほうが格段に安上がりであり、かつ騒音も格段に違うという専門家の調査、処方を含めて交渉しました。しかし、工事はどんどん展開し現在では相当程度進行している状況にあります。

---

[10]　この講演後にも、ビラ配りを巡って同様の事件が起きています。2004年12月23日、東京都葛飾区で、政治ビラを配るためにマンションに侵入したとして、共産党支持者の男性が逮捕され、2005年1月11日に住居侵入罪で起訴されています（朝日新聞2005年1月12日）。

[11]　奥平康弘「応答的法への転換」法律時報76巻13号317頁（2004年）。

ぼくがそこから拾った問題は、それを訴訟で争う場合に生ずる争点の1つです。この大工事には複数のさまざまな行政処分が関わっています。建設大臣、運輸大臣、あるいは東京都知事の名においてあった個々の行政処分の「束」から成り立つ大工事です。電車線路の変更増築のみならず、開かずの踏切を何とか解消するための路線の新設変更などなどの工事を含む非常に複合的な行政処分の束なのです。

そのことが住民からすると、特に生活権、プライバシーの問題として争うのに誰が争い得るのかという問題としてありました。ぼくの習った行政法からすると、行政処分の取消訴訟は、行政処分の名宛人＝土地を取りあげられた人、あるいはその他の権利、制限を受けた人たちが原告の一角であるといえます。しかし、権利を直接奪われていないが、そこに居住していて学校や職場に通う人はどんなに迷惑を受けても行政処分の名宛人にはなってきません。行政の側に立てば、処分の名宛人になっていない第三者は無関係の人なのです。個々の土地や建物を制限するたびに個別の行政処分があるだけで、それらの処分の積み重ねである束について争うとなると、あなたは何で関係あるのか、この訴訟を起こす立場にはないとなってしまう。起こし得るのは、行政処分の相手方になった人たちだけだという考え方があるわけです。

こうした建前があるから、相当程度の問題関心があり、生活権やプライバシー侵害等で訴訟を起こそうとしても、原告適格はないとして、そもそもの入り口のところで門前払いされてしまう可能性があります。それが問題の1つです。

このことと密接不可分に関係しますが、たくさんの行政処分の一つの束になっている場合であっても、訴訟上は個別の行政処分が違法か違法ではないかが問題になるだけであり、総体として違法か否かは問題とはされません。市民からすると、問題なのはさまざまな複合的なコンプレックスである処分の1つ1つではなくて、高架工事やそれに付随するあれこれから成り立つ束、あるいは積木体系そのものが違法か違法ではないかということです。しかし、既存の行

政法の理論からすると、そのような訴訟はないとされるわけです。

小田急訴訟の第1審は、この点では画期的な判決が示されました⑿。実態としてそれぞれ全く違う行政官庁であっても連絡を取りながらどのような路線の計画を立てるかを含めて皆で、なかんずく運輸省と建設省が協力し合ってプログラムを実行してきているという実態を重く見たのです。法律の規定はないけれども、実態として全体としてのつくられた体系が違法かどうかという問題であるから、原告である住民はそれを争うことができるという判断を示しました。

一方、高等裁判所は、個別の行政処分は個別で審理するということであり、それぞれの名宛人の権利はどうかという、総体ではなくて個別に審査するという判断を示して、第2審が終わりました⒀。

第1審では、総体としては違法であり、都市計画処分は取り消す、と判断されました。つまり、たとえば、地下を通すという提案があったのに真面目に検討していないではないか、行政処分をする人間としては審議を尽くし、相手方が納得できるような手続きの中で行われなければならないのに、ある一定の観点からやってしまった、これは違法だから、取り消すという判決を下しました。

第1審判決はビッグニュースとして新聞に大きく報じられましたが、第2審は伝統的な行政訴訟の理解で終わってしまったのです⒁。

⑿ 東京地判2001（平成13）・10・3判時1764号3頁。
⒀ 東京高判2003（平成15）・12・18訟務月報50巻8号2332頁。
⒁ 報道によると、2005年3月2日、最高裁第一小法廷は、住民側の上告を受理した上で、原告適格があるかどうかの論点を大法廷に回付することを決定しました（朝日新聞2005年3月3日）。裁判所法第10条は、
「一　当事者の主張に基いて、法律、命令、規則又は処分が憲法に適合するかしないかを判断するとき。（意見が前に大法廷でした、その法律、命令、規則又は処分が憲法に適合するとの裁判と同じであるときを除く。）
　二　前号の場合を除いて、法律、命令、規則又は処分が憲法に適合しないと認めるとき。
　三　憲法その他の法令の解釈適用について、意見が前に最高裁判所のした裁判に反するとき」
には、「小法廷では裁判することはできない」と規定しています。つまり、

家永訴訟 こうした問題は分かりにくいのですが、かつての家永訴訟を例にとって、少し敷衍してみましょう。最初の家永訴訟のときに入り口で問題になったのは、家永三郎教授に原告適格があるかどうか、争う資格があるかどうかということでした。当時の文部大臣が下した処分は、名宛人は三省堂という出版社であり、家永教授は処分の相手方としては認知されていませんでした。したがって、処分の相手方である三省堂はさておき、処分の相手方ではない第三者としての家永教授に訴訟を起こす原告適格があるかどうかを大議論し、裁判所もその問題を拾わざるを得なかったのです。最高裁まで争われました。この点では家永教授は事実上処分の相手方であると解されました[15]。処分の名宛人としては、三省堂であったけれども、この処分との関係では三省堂と家永教授は一体であった、隠れているけれども一体であるという理屈を立てて、実質上処分の相手方だとするために一論戦しなければならなかったのです。

アメリカ的な憲法に接しているわれわれのような研究者からすると、何でこれが訴訟の対象、論点にならなければいけないのかが不思議でした。家永教授は表現の自由を奪われ、学問の自由を奪われたわけで、なぜ当事者になり得ないのか考えられないことでした。

そうした問題をずっと引きずっていて、それが小田急高架工事の処分でもう1度現れたのです。つまり、ぼくたちの習った行政法からすると、訴訟は何かといった一定の理解があります。したがって、原告適格があるかどうかは行政の論理に従ってバッチリとした理論があって、それからすると第三者は訴訟の原告適格はないとなりま

法令などの憲法適合性を初めて判断するとき、違憲判決を下すとき、判例変更をするときには、大法廷でなければ審理することができません。原告適格の問題が大法廷に回付されたということは、重要な決定がなされるということを意味するのであり、最高裁がどのような判断を下すのか注目されるところです。

[15] 東京地判1970（昭和45）・7・17判時597号3頁、東京高判1975（昭和50）・12・20判時800号19頁、最判1982（昭和57）・4・8民集36巻4号594頁。

す。問題は処分だから、処分を争うためには、処分とは何かという行政法上の理論があり、その処分に少しでも当てはまるとなれば個別の処分でしかなくなります。

これは、ぼくの理解によると、木を見るだけで森を見ない、さまざまな木から成り立った林や森は、法律に何も規定されていないということになります。つまり、行政処分というのは処分があって、その処分の相手方が自分の権利が侵害されたとか、あるいはその他の法的に保護される利益が侵害されたから、その人に限って訴訟していいということになることが憲法とは関係ないという理解があるだろうと思います。

でも、憲法が制定されてからジワジワとそうした理論が崩されるべきであったと思います。処分を中心として考えれば考えるほど霞が関的論理になります。明治憲法、あるいはプロイセンの行政法によりできていた行政法理論が、戦後の憲法にもかかわらず残されてきているということを、ぼくは憲法研究者の問題として受け止めたわけです。行政学はそれとしていろいろあると思いますが、憲法研究者の視点からすると、裁判を受ける権利とは何だろうと考えるわけです。

その関係でいえば、行政処分を中心としてではなく、実態としてある行政の全体の持っている審理に対する案件を争うものでなければならないのです。個別の行政処分の取消訴訟をするという、非常に独特なドイツおよび日本の行政法が、戦後にもかかわらず残されてきたさまざまな問題の1つなのです。

情報公開法の立法に関しても、まさにいろいろな意味で昔からの行政法理論が立ちはだかっていました。憲法的な観点から構築した法律論に対しては、伝統的な行政法体系は開く耳を持ちませんでした。法律がなければだめだという法律準拠主義が立ちはだかっていました。法律中心主義・法律万能主義の考え方をとるある一種の人たちの理論が霞が関や裁判所を支えてきたのです。その結果、明治憲法的行政法体系は崩されずに残ってきました。その人たちは今も正しいと思っているでしょうが、幸か不幸か、1999年に情報公開

法⒃が法律としてできました。ここへ至るまでの道のりは決して短くもなかったし、単純でもありませんでした。

ぼくとしては残された余命の間にやり遂げたいと思っている仕事は山ほどあるのです。そのぼくが何で今ごろになってから行政法の勉強をしなくてはいけないのかと思いながらも、これまた憲法研究者として弾を拾う必要があるのです。拾わなかったら、またずっと変わらずに行ってしまう。行政法の枠だからと指をくわえて見ているのもおかしいし、法律ができるまでは駄目だという考え方が持っている問題があり続けてきたし、こうした状況が50年たってもそのまま残っていました。残っているということを誰かが指摘することによって、どこからか糸口を見つけていくことをしなければ、日本国憲法があるにもかかわらず、問題を残していくことになりはしないかという感じがしているわけです。

4）憲法9条の会

ぼくが関わってきた第4の憲法問題は「憲法9条の会」です。もちろん9条だけではなく、たくさんの憲法問題がまだ残っています。というよりも、憲法というものは、問題が残っていると指摘し、事の性質によっては立法者に要求して法律を作ってもらう、事の次第によっては訴訟の過程の中で改めるようにそれなりの工夫をしていく、そのような開かれた体系としてあるに違いないと思います。開かれた体系としての憲法の現実がぼくたちに問いかけている諸問題というものは他にもたくさんあるはずだと思うわけです。

⒃ 正式名は「行政機関の保有する情報の公開に関する法律（平成11年5月14日法律第42号）」。第1条によれば、「この法律は、国民主権の理念にのっとり、行政文書の開示を請求する権利につき定めること等により、行政機関の保有する情報の一層の公開を図り、もって政府の有するその諸活動を国民に説明する責務が全うされるようにするとともに、国民の的確な理解と批判の下にある公正で民主的な行政の推進に資することを目的」とした法律です。

Ⅲ　憲法をめぐる最近の諸問題

1）アンケート調査から

最近、友人からの次の情報をメールでいただきました。

共同通信配信の9月5日地方紙朝刊に「国会議員の改憲意見調査」結果が載りました。回収率は55%でした。議員の48.5%が「憲法改正に向けて積極的に議論すべきだ」という意見で、議論の結果「改正してもいい」と回答した人も含めると、84.5%は「改憲容認」となっているそうです。55%の回収率だから、その人たちは積極的な改憲論者であると考えてもいいでしょう。改憲をよしとする国会議員は古典的な意味でエリートですが、その人たちの改憲理由は、

・憲法規定は時代に合わなくなっているから改正すべき　59.9%
・新たな権利義務の盛り込みが必要である　23.1%
・見直し対象として重視しているのは9条　59.5%
・環境権の規定があるべき　32.6%
・国際貢献の規定があるべき　25.7%

ということが分かりました。

ここでお話をしたいことは、「憲法が時代に合わなくなってきている」、「時代に合わせて改正すべきだ」という人たちが非常に大きな割合を占めているということです。ぼくが関わっている憲法問題は、時代に合わなくなったから改正すべき問題としてあるのか、そうではなくて、憲法を生かすことができないでいる、あるいはそこが持っているさまざまな問題の現状をどう考えるかということなのです。それにある種の考察をする必要があるのに、多くの国会議員は時代に合わなくなっているから改正すべきだと言うのです。

時代に合わなくなったとはどういうことか聞きたいけれど、たぶん答えを出し得ていない程度に憲法を考えていないのではないかと思います。自衛隊のイラク派遣反対のビラ撒きを取り締まるのは当たり前だ、取り締まらないで憲法21条の表現の自由を主張していくことは時代遅れである、表現の自由は場違いであるから改正する

必要がある、と考えているのかもしれません。時代に合わなくなっている、古くさくなっていると言う人たちは、これまで憲法とどのように関わってきたのか、ここを問題にしたいのです。

2003年12月の朝日新聞神奈川版に、朝日新聞横浜支局が県内の市町村長に憲法改正をどう思うかというアンケート調査をした結果が載っていました。圧倒的多くは「憲法を改正すべきだ」「時代に合わなくなった」「古くさい」ということでした。これまた地方公共団体のエリートの意見です。

2）読売新聞の憲法改正試案

「古くさい」ということによって何を意味するのでしょうか。1990年代に入ってから、特に新しい権利を付け加えるべきだという意見が盛んになり現在に至っています。そのトップバッターは環境権だと思われます。それを規定すべきだといったような議論のモデルを作ったのが、読売新聞改正試案[07]でした。

その試案の内容は、市民は良き環境を共有する権利があるとしています。そこには形容詞が付いていて、「法律の定めるところにより」と規定があったのはご承知のとおりです。法律の留保、法律に委ねられる、ということは明治時代には意味がありました。それは内閣が勝手にやらない、帝国議会が制定するということで意味があったのです。今、法律の定めるところにより環境権があるというふうに保障することの意味では、今の言葉で「時代に則して」環境権を付け加えたという要請に応えるにしては中身が何もないのです。

またご承知のように、名誉を毀損した場合の規定がないとか、プライバシー規定が全くないとか、国政に関して知る権利がないとか、これらのものを規定すべきだという意見があります。国会議員はそうした向きで考えているらしいのです。

環境権もさることながら、いわゆる知る権利の規定がないからこ

---

[07] 1994年11月、読売新聞が「新しい憲法を考える国民的論議の出発点とする」狙いから、その叩き台として憲法改正試案を発表しました。読売新聞はその後も、2000年5月、2004年5月にも改正試案を発表しています。

れを保護する規定があるべきだとして、これまた「法律の定めるところにより請求権がある」とします。法律が定めなかったらにっちもさっちもいかないという構えがここにあるのです。こうした格好で保障することが「時代に即応した」ことになるのでしょうか。

これまでぼくや自由人権協会は、これらの権利の創出のために、日本国憲法の中でどのように実行するかということで汗水流し相当程度までやってきました。これで足らざる部分は後はジワジワと詰めていくし、背後にある憲法理解を人々に推し進めてきました。国民主権である以上は、今現にある情報からピックアップするだけではなく、ここに流れていない情報を流してもらう権利がある、そうでなければ国民主権とはいえないということは、憲法上可能です。法律に規定していなくても法律より憲法が優先するわけだから、そうしたこととしてあるべきだという議論を我々は昔からやっているのです。

良き環境が保全されていることは、人間としての健康で文化的な最低限度の生活を営む権利という憲法25条から導き出せます。個人の自由の尊重が保障されるべきだという個人主義に関係する憲法規定からしてそういうものがないわけではないのです。そうしたことをやるためには法律を作る闘争にいかざるを得ません。訴訟があれば、そこで法律があろうとなかろうと訴訟で埋めていくことは許されているのです。しかし、それがうまく訴訟とかみ合わない場合には、今度は権利のための闘争を国会に向けていくわけです。名誉毀損もプライバシーも論外です。そうしたことは憲法で保障していようがいまいがなされてきたのです。

例えば新潮社と柳美里対韓国国籍を有している原告との間の問題[18]は憲法で規定したら消えてなくなるかというと、ものすごく難

---

[18] 芥川賞作家の柳美里が、新潮社の発行する雑誌『新潮』（平成6年9月号）に実在する韓国籍の人物をモデルとした小説「石に泳ぐ魚」を公表しましたが、当該小説は、モデルとされた人物の生い立ち、出身大学、在籍大学院、専攻分野、顔に腫瘍があることとその手術歴、父親の逮捕歴などを記述していたことから、モデルとされた人物が、損害賠償および当該小

しい問題がたくさんあるのは常識です。憲法で名誉を尊重するという規定があれば、あの事件が簡単に解決つくという問題では全くありません。そうしたことは当たり前のことです。それが国会議員の理解、神奈川県の市町村長の理解を得られない、非常に多くの市民の理解が得られていないということを、憲法の諸問題の状況としてどう考えるべきかが問われているのです。

だから、「何もしないでいる連中が、憲法は時代遅れだなんてことは言うな」「憲法上の闘いを何もしなかった人たちは改憲などと言うな」と戦闘的なスローガンを言いたくなってきます。

3）憲法を生かすたたかい

これらの問題をきちんと受け止められるように人々にどのように理解させるのか、憲法の現実の働きがどのようなものであったのか、あるいはどのようなものであるべきか、ということを考えれば国会議員の先生方は宙に浮いてしまうでしょう。時代遅れとはいえないのだということを、日本の中でもっと強調してしかるべきでしょう。

憲法9条の会のスローガンは、小田実さんの名文句を採用しました。「9条、今こそ旬」というものです。憲法は今でも旬であり続けています。もし旬でなければ私たちが旬にしなければいけないのです。憲法の下で社会体制や心の持ち方、文化が保障されることだけでなくて、みんながそのようなことで生きている、生きていたいと考えさせるような憲法は、時代遅れではありません。

　説の出版等の差止めを求め訴訟を提起しました。表現の自由とプライバシーとの調整のあり方が問題となった事例です。最高裁は、「公共の利益に係わらない被上告人のプライバシーにわたる事項を表現内容に含む本件小説の公表により公的立場にない被上告人の名誉、プライバシー、名誉感情が侵害されたものであって、本件小説の出版等により被上告人に重大で回復困難な損害を被らせるおそれがある」とし、「人格権としての名誉権等に基づく被上告人の各請求を認容した判断に違法はなく」、この判断は憲法21条1項が保障する表現の自由に違反するものではない、と判断しました（最三小判2002（平成14）・9・24判時1802号60頁）。

Ⅳ　おわりに

　最後に1点だけ言わせていただくと、憲法はそもそも政治的な文書です。政治的な性格を免れ得ません。憲法を生かすことは、憲法に対していろいろな意見を述べることです。憲法を批判することは政治的な意見で、政治的な性格が極めて強いものです。憲法はそれ自体として政治的な性格が強いものであるとするならば、憲法を改正しようということは、すぐれて政治的な性格のものです。

　だからあえて強い言葉で言えば、憲法を改正しようという意見は、あらゆる政治的な諸問題の集中的な表現となるのです。それはいろいろな意味があるわけで、主張する人たちが主観的にどう考えていようがいまいが、その客観的な性格はおそろしく政治的な意見の表現なのです。

　したがって、憲法をめぐる闘いは文化闘争です。それは憲法は古くさいという文化があることと無関係ではありません。憲法が古くさくなったと理解させる文化があるのです。それとの関係で憲法改正問題はあると思います。文化問題だから教育問題があり、愛国心の問題になる、あるいはマスメディアの批判の問題が出てくるのです。

　9条改正がされたら、これで闘いは終わったという問題ではありません。それがもたらすさまざまな波及、それが9条以外の生き方の問題に派生せざるを得ないような政治的な意味合いを持ったものとして、憲法改正問題があるのではないでしょうか。

　だから、ぼくは8割は田舎に潜って自分の仕事をしたいと思っているのですが、しかし実際は7割は自分の仕事に専念できていません。しかし、この状況の中でやらざるを得ないとなると、現実にあるさまざまな問題を前に、1つ弾を拾うか、蹴ってみるか、蹴るに値する、取り組んでみるに値する憲法問題はさまざまにあるから、「ぼやきの奥平」になるのです。

付記　本稿は、奥平先生の講演の反訳をもとに、自由人権協会の責任において編集したものです。

第2章　司法審査と平等権——性差別事例を中心として

君 塚 正 臣

細 目 次

はじめに (23)
Ⅰ　アメリカにおける性差別判例の展開 (25)
　1) 簡単に性差別事件に合憲判決が出されていた時代 (25)
　2) 中間審査基準が採用されるにいたる経過 (29)
　3) 中間審査基準採用の下での判断の揺れ (35)
Ⅱ　平等権に関する日本の判例・学説の展開 (40)
　1) 従来の判例・通説 (40)
　2) 近年の有力説 (44)
Ⅲ　考察——平等権侵害の司法審査はいかにあるべきか (47)
　1) 根拠探しの困難さ (47)
　2) 二分論の根拠を考察する (48)
　3) 三分論の根拠を考察する (50)
　4) 二分論から諸問題を考察する (53)
　5) 中間審査基準の一般的妥当性について考察する (55)
　6) 提言——審査基準を再考する (60)
おわりに (61)

はじめに

　私は、横浜国立大学で、2004年4月からロースクールの教員をやっております。最近では主テーマとして私人間効力を研究しておりまして、2006年度にはこれをまとめて著書として刊行する予定でおりますし、サブテーマとして表現の自由なども研究していますが、今回は修士論文を書いて以来のテーマである、性差別と司法審査の問題を軸にお話をさせていただきます。

　今日のテーマである「性差別」は、女性研究者がやるようなテーマではないのかと思われた方もいらっしゃるのではないかと思われますので、男性である私が、なぜこのテーマをやろうとしたのかについて、少しお話いたします。

第2章　司法審査と平等権［君塚正臣］

　私が大学を卒業したのは1988年で、それから大学院に進んだのですが、大学院では修士論文のテーマを決めなければなりません。それと同時にどれか1つ、外国法の研究をしなければなりません。まず、何を研究しようかといろいろ迷ったあげく、性差別などは世の中にまだ問題も多く、選ぶにはよいテーマだなと思いました。そして、日本でどれだけ研究されているのか調べてみたところ、意外と少ないことが分かりました。だいぶ前に神戸大学教育学部の和田鶴蔵先生がまとまった研究をなされていました[1]が、それもずいぶん昔のことで、まとまったものとしてはその1つしかなかったのです。問題は大きい。それなのに研究がない。というわけで、これを研究テーマにするのはやりがいがあるし面白そうでした。

　そして、比較法対象国としてアメリカをやることにしましたが、大学生時代にアメリカ法の話を聞いたとき、憲法判断には審査基準というものがあって、"厳格、中間、緩やか（な合理性）"――これはこの後何度も出てくるフレーズですが――の中で、性差別の事例ではアメリカの最高裁判所が"中間審査基準"をほぼ例外的に使っているということを知りました。"ほぼ例外的に使っている"からには例外である理由が何かあるのだろう。その理由を探してみようではないか、と考えたわけです。問題状況と理論的なもの、これから開かれているものだとして、これをやってみようと研究を始めました。1996年に、そこまでの研究を本[2]にまとめました。

　そこで日本についてお話する前に、アメリカではどのような展開であったのかを簡単に説明します。日本の学説もここから引っ張ってきている点もありますので、海の向こうの話ですがお付き合いしてください。

---

(1)　和田鶴蔵『憲法と男女平等』（法律文化社、1969年）。
(2)　君塚正臣『性差別司法審査基準論』（信山社、1996年）。

I　アメリカにおける性差別判例の展開

1）簡単に性差別事件に合憲判決が出されていた時代

アメリカで平等の問題が憲法問題になったのは、基本的には南北戦争以降といってもよいと思います。南北戦争で奴隷解放が行われ、修正13条[3]、14条[4]、15条[5]という条文ができます。これは州による黒人に対する人種差別をターゲットにして作られたのですが、条文自体は「平等保護」という言葉が使われており、それ以外の平等問題が憲法問題にのぼってくることになり、性差別問題についても様々な訴えが起きてきました。

緩やかな合理性の基準の適用　最初に起きた事件は、イリノイ州で、弁護士資格は男性に限るという条文があったことをめぐってのものです（Bradwell v. Illinois[6]）。これはおかしいという訴えでありましたが、憲法違反ではないと簡単に蹴られてしまいました。この流れは1961年のフォエト対フロリダ（Hoyt v. Florida[7]）まで続きます。アメリカには陪審員制度があります。「12人の怒れる男たち[8]」という映画がありますが、以前は陪審員は男性に限られていました。女性は陪審員になれなかったのです。この事件は、このことが争われたものでしたが、憲法に違反しないとして簡単に蹴られてしまいました。このような簡単な合憲判決が続いていきました。

---

[3]　修正13条は、「奴隷制は合衆国又はその権限の及ぶいかなる場所においても存在してはならない。……」とし、奴隷制の禁止を規定しています。

[4]　修正14条は、「…またいかなる州も、その管轄権の中で何人にも法の平等な保護を否定してはならない。」とし、合衆国市民であれば、皆平等であることを示しています。

[5]　修正15条は、「合衆国市民の投票権は、合衆国及び州によって、人種、肌の色、あるいはかつて強制労役の状況にあったことを理由として、否定され縮減されてはならない。」とし、選挙の平等について規定しています。

[6]　Bradwell v. Illinois, 83 U.S. 130（1873）.

[7]　Hoyt v. Florida 368 U.S. 57（1961）.

[8]　ある殺人事件について召集された12人の陪審員が紆余曲折を経ながら議論を続け、評決に辿りつくまでの様子を描いた映画です（1951年製作）。

補足意見ですが、「女性は家庭及び家庭生活の中心である」、だから陪審員などやらなくてもよいということがこの判決でも述べられました。憲法学の言葉で言えば、緩やかな「合理性の基準」という基準がとられ続けていて、その下では、「何らかの合理的な目的」があればいい、「何らかの合理的な手段」がとられていればいい、ということなのでした。そうではなくて不合理であると主張するならば、違憲であると主張する側がそれを立証しなければならないという立場が基準とされていたのです。

人種差別、参政権に関する当時の判例——厳格審査　この話と前後しますが、1950年代から1960年代にかけてのアメリカの最高裁判所長官はウォーレンという人で、俗に"ウォーレン・コート"[9]と呼ばれる、比較的リベラルな立場が最高裁でとられていた時期が続いていました。この時期に最高裁判所は、人種差別を次々と違憲とするような態度をとるようになっていきます。

すなわち、そういった法律には「やむにやまれぬ目的」がなければならない。人種を理由に区別する場合には、そのような高いレベルの目的がなければならない。また、その目的を達成するための手段が「必要最小限度」、これしか方法がないという手段でなければならない。「やむにやまれぬ目的」もあるし、「必要最小限度」の手段の立法にもなっていると合憲であると主張する側が立証しなければ、違憲判決が出る。立証責任がひっくり返ったわけです。

---

(9) ウォーレンコートとは、ウォーレン（Earl Warren）首席裁判官の主導によってリベラルな判決が下された時期（1953年〜1969年）のことをいいます。ウォーレン判事は、保守政権であるアイゼンハウアー大統領に任命されたにもかかわらず、その意に反してリベラルな判決を下したことで、ひじょうに有名です。とくに、表現の自由や少数者の権利保護に熱心な判事でした。表現の自由を保護したことで有名な判決として、New York Times Co. v. Sullivan, 376 U.S. 254（1964）があり、公人の名誉毀損が成立するためには現実の悪意（actual malice）（＝表現者が虚偽であることを知っていたか、あるいは虚偽であることに十分な注意を払わなかったことを証明すること）が必要であることを示しました。人種に関する判決としては、Brown v. Board of Education, 347 U.S. 483（1954）が有名です。

この審査をするとほとんどの場合に違憲判決が出ることになったのです。このような審査基準を「厳格審査」といいます。

人種は疑わしい分類である、人種で区別するのは疑わしいのだということになって、さらに「参政権」を制限する場合にも厳格審査をとるという立場が確定していました。

この話は、1938年に出た判決にさかのぼります。この判決はキャロリン・プロダクツ（United States v. Carolene Products Co.[10]）判決といい、脱脂粉乳を州の境を越えて運送することについて争われた事件です。経済的自由に関わる問題で、判決自体は簡単な合憲判決、よほど不合理でない限り合憲という内容です。ところがこの判決には「脚注4」という注がついています。このように簡単に合憲の推定を及ぼすことが普通ではあるのだが、物事には例外、合憲の推定が働かない場合があるというのです。それは第一に、憲法が明文で禁止している場合です。次に、民主主義プロセスを歪ませている場合。民主主義プロセスでは議論をして、最終的に多数決で決めていくが、議論をして多数決で決めていくプロセスが歪んでいる場合には、裁判所が待ったをかけるものとされました。最後に、「分離され孤立した少数者」を差別する場合です。民主主義は最後は多数決だ、といっても、どうやっても多数を組むことができないのを承知で少数者に不利な立法を多数派が行ってしまうのは卑怯だから、裁判所が違憲だとして止めることはあってもよい。「脚注4」はそう述べているのです。

民主主義プロセスを歪ませているものの代表的なものとして、何よりも参政権を抑圧する法令には、最高裁は厳しい判断をするようになりました。典型的には、連邦下院議員選挙には1票の重みの較差があったのですが、それでは、民主主義において重要な投票権が歪んでいるとして、違憲判決が出てきます（Reynolds v. Sims[11]）。このため、アメリカでは、下院議員選挙の選挙区は何でもない路地を

---

[10] United States v. Carolene Products Co., 304 U.S. 144 (1938).

[11] Reynolds v. Sims, 377 U.S. 533 (1964).

境にでも区切られ、投票価値が州内ではほぼ1対1になるようにされてきています。

そして、キャロリン・プロダクツ判決から6年後に、コレマツ（Korematsu v. United States [12]）事件という、日系人の強制収容が問題になった事件の判決が下されます。ドイツ系アメリカ人は強制収容されなかったのに日系アメリカ人が強制収容されたことは、憲法違反ではないかと争われましたが、ここでキャロリン・プロダクツ判決の「脚注4」が持ち出されてきて、人種差別、すなわち「分離され孤立した少数者」を差別する場合には厳格に判断すると言われ出しました。「やむにやまれぬ目的」と「必要最小限の手段」があることを、合憲であることを主張する側が立証しない限り、違憲と判断しようというものです。この判決がもとになって人種差別については後々、厳しい判断がとられていくことになります。

ただし、コレマツ事件は第2次世界大戦中の話で、軍の決定に関するものでした。軍の決定は議会の裁量を広範に認めるという先例があったので、合憲判決が下されています。しかし、その後の人種に関する裁判では、ほとんどが違憲判決が下されました。

例えばある州では、異人種間の結婚を禁止する州法が存在していました。黒人と白人は結婚してはいけないということです。州側は、白人と黒人は結婚できないし、黒人と白人も結婚できないのだから平等ではないか、と主張しました。これは、ほとんど屁理屈です。もちろん、このようなものはダメだとして違憲判決が下されました（Loving v. Virginia [13]）。このように、人種差別については厳しい判断がとられるようになってきたわけです。

硬直的な二分法　　ウォーレン・コートでは、とにかく、こういった分野では、「厳格審査基準」がとられるようになってきました。人種差別や参政権の抑制であれば非常に厳しい審査がとられる。厳格審査となった瞬間に違憲判決が予測される。それ以外の場合で

---

[12]　Korematsu v. United States, 323 U.S. 214 (1944).

[13]　Loving v. Virginia, 388 U.S. 1 (1967).

は、よほど不合理でない限り合憲の判決が出る。そういう、極めて硬直的な二分法がとられていくことになりました。性差別についても例外的な厳格審査には入りませんので、緩やかな「合理性の基準」がとられることになったのです。そういった流れの中で、1961年まで合憲判決が繰り返されてきたわけなのです。

2）中間審査基準が採用されるにいたる経過

しかし、世の中はだんだん変わってきます。アメリカでは公民権運動が起きて、その中で女性解放運動が盛んになりました。合衆国憲法には性差別を一般的に禁止する条文が存在しません。合衆国憲法は200年以上も前、日本の江戸時代に作られた憲法ですから、いまだにそれはないのです。しかし、連邦議会でそのような憲法を改正すべきだ、修正をすべきだという提案が1972年に通ります。

アメリカ合衆国憲法の改正は上下両院を通った後、原則としては全ての州の4分の3の同意を得なければなりません[14]。現在の50州のうち38州の賛成が必要なところ、このERA（男女平等憲法修正条項）は35州の賛成しか得られず、最終的には廃案になりました。しかし、憲法修正の一歩手前までくるようなことが起きました。

合理性の基準の厳格化（実質的な手段審査の開始）　最高裁判所もそうした空気を反映してか、この問題に関して多少判断を変えるようになってきました。転換点だったのが1971年のリード（Reed v. Reed[15]）事件です。

この事件について説明します。養子だった6歳の子供が亡くなり、その後、遺産を誰が管理するか、つまり遺産管財人は誰になるかが問題になりました。事件が起きたアイダホ州の法律では、親等の近い者が遺産管財人になることになっていたのですが、同等の者が2人いた場合には必ず男性が遺産管財人になるという規定になってい

---

[14] アメリカの場合、憲法を修正するためには、両院の3分の2または州の3分の2の発議が必要で、州または憲法会議の4分の3の賛成が必要であるとされます。（アメリカ合衆国憲法5条）

[15] Reed v. Reed, 404 U.S. 71 (1971).

ました。この事件では、養父と養母が生きていたわけですが、州法の規定では当然、遺産管財人は養父になります。養母は、これは憲法違反ではないかと主張し、最高裁まで争われました。

この事件まで最高裁は、性差別の事例には「合理性の基準」を用いるという立場をとっていました。つまり、「何らかの合理的な目的・手段」があれば合憲、という立場です。この判決で最高裁は、確かに適切な管財人を選ぶことは合理的な目的であると簡単に認めたのですが、合理的な手段かどうかについては少し歯ごたえのある判断をしたのです。つまり、その目的と手段の間に実質的に関連性があるかどうかという、実質的な手段審査をしたのです。適切な遺産管財人を選ぶことと性別で選ぶことに実質的な関連性があるかと言われれば、ないのではないか。そこで、全員一致の簡単な判決で「これは憲法違反だ」と判断されたのです。

この判決は、「合理性の基準」の立場は守ったものの、その下で手段審査をやや厳格化して、違憲判断をしたものと言えましょう。

厳格審査を主張する裁判官の登場　リード判決は「合理性の基準」を使ったと考えられますが、裁判官の中には性差別について、こういった基準でよいのかに疑問を持った裁判官もいました。

リード判決の2年後には、フロンティエロ対リチャードソン(Frontiero v. Richardson[16])事件があります。この事件は、空軍士官に扶養手当・住宅手当が出るときに、男性の士官は自動的に扶養手当がもらえるが、女性士官の場合は配偶者が存在してその配偶者を十分に扶養していることを主張・立証しないと手当てがもらえないという、差別的な規定に対して、女性士官が、不公平だ、性差別だと訴えた事件です。

結論として、最高裁の判事9人は、8対1で憲法違反という判断を下しました。しかし、違憲と判断した8人のうち4人の裁判官はそれまでの基準を使ったり、審査基準については特に理由を述べなかったり、不快な差別だということを理由にしたりしました。

---

[16] Frontiero v. Richardson, 411 U.S. 677 (1973).

これに対して、ブレナン、マーシャル、ホワイト、ダグラスという4人のリベラル派の裁判官が、性差別については厳格審査を用いて、この場合も違憲判決を出すべきだという意見を書きました。その理由として、次のものを挙げました。性差別は人種差別と匹敵するような不幸な長い歴史を持っている。また、ERA を通したり公民権法を改正したりするような最近の連邦議会の判断があるではないか。性別は生まれながらに決まってくるものであるのに、生まれながらのもので差別をするのはおかしいではないか。さらに、性別で差別すれば能力とは無関係に差別することになり理不尽だ。ほぼ以上のようなものです。

しかし、9人中4人ですから過半数には達していません。アメリカでは過半数の意見を「法廷意見」と言いますが、4人だから法廷意見、即ち最高裁判所の意見とはなりません。この事件は違憲という結論になりましたが、審査基準を最高レベルに上げるというブレナンらの見解は、少数意見にとどまったことになります。ブレナンは別の判決（Schlesinger v. Ballard [17]）でも、厳格審査を主張したのですが、結局多数を得られませんでした。

中間審査基準の採用　　そうした中で出てきたのが1976年のクレーグ対ボーレン（Craig v. Boren [18]）判決です。これは画期的な判決ですので、事例を紹介します。オクラホマ州の州法で、アルコール分3.2％のビール販売に関して、年齢が男性は21歳以上、女性は18歳以上でないと買ってはいけないという年齢制限がありました。つまり、性差別があったわけです。

これが憲法違反かどうかについて、連邦最高裁まで争われました。ブレナン裁判官はこの事件の法廷意見で、厳格審査でもない、緩やかな基準でもない、中間審査基準というものが性差別の場合は妥当するのだということを書きました。この判決は、中間審査基準が性差別事例について適用されるきっかけになったのです。

---

[17]　Schlesinger v. Ballard, 419 U.S. 498（1975）.

[18]　Craig v. Boren, 429 U.S. 190（1976）.

オクラホマ州は、この法律は憲法違反ではなくて合理的なものであると主張・立証して、次のように裁判所で述べました。

まず、この立法目的は交通安全です。酔っ払い運転の防止であることは言うまでもありません。その手段としてビールの購入を制限したわけです。その根拠として 18 歳から 20 歳の男性の飲酒運転で検挙される事件数が、女性の 10 倍にのぼっている。実はこの数字ですが、男性は人口の 2.0％、女性は人口の 0.18％だったのですが、ともかく 10 倍にのぼっていることを理由にあげました。

それから、交通事故の死傷者は 17 歳から 21 歳の年齢層で多く、しかも女性より男性のほうが多いことを理由に挙げました。さらに若い男性は同世代の女性よりも飲んで運転する傾向が強いし、若い男性の飲酒が増えていることも根拠として挙げました。

ブレナンは中間審査基準の下、これを性差別の事件であると認識して、「重要な目的」がこの法令についてあるのか、「実質的関連性のある手段」がとられているのかどうかを審査しようではないか、という点から判断を始めます。ブレナンは、これは過去の判例によって確立しているのだということも宣言しています。

審査をする中で、交通安全の目的が重要だということは認められると言い、手段に実質的関連性があるのかどうかに踏み込んできます。そこで、若年では男性の逮捕率が女性の 10 倍だと言っていますが、先ほど触れたように 2.0％と 0.18％の差なのですから、男性の 98.0％、女性の 99.82％は逮捕されていません。だからほとんど相関はないのではないかと指摘するわけです。あったとしても 2.0％のことを言っているに過ぎない。

男性の飲酒運転が増加していると言うが、州が出してきたデータは、年齢と性別がよく分からないと言うわけです。よくよく考えると、男性の飲酒運転が増加してその結果、男性の事故が増えているというデータではなかったわけです。

また、その年代の男性はビールを買ってはいけないと言っているわけだから、簡単に言えば助手席に乗っている恋人かあるいは友だちの女性がビールを買ってきて、運転している男性に飲ませること

は、実は止めていないわけです。

そのように考えてみると、目的と手段の間に実質的な関連性がないのではないかということで、この法令は憲法違反だとブレナンは述べました。実質的関連性がない、手段審査を通過しないので憲法違反だという結論を出したわけです。

もう1つ注目していただきたいのは、それまで性差別の事件は表面上、女性差別だということですが、問題となった法令は男性のほうが年齢で購入を制限されているから、男性差別だという点です。それなのに違憲判決が下りたことも注目される点ですが、ものは考えようであり、女性はいつも助手席に乗っておしとやかにしているというのは、ある種、女性・男性のステレオタイプに基づいているわけで、ひょっとすればそれは女性差別になるかもしれない。男性か女性か、どちらが差別されているかで審査基準を考え直すというのはあまり有効ではないと考えたのかもしれないのです。

いずれにせよ、このような基準を使うことが先例として確立していくことになりました。

ブレナンらの戦略の勝利　それからこの時期になると、目的そのものが露骨に性差別的だということはあまりなくなってきました。この事件も交通安全という目的が表面上あるので、違憲・合憲の決め手になるのは手段審査だということになってきます。目的からして違憲だというのは、珍しいことです。要するに中間審査基準が男性差別か女性差別かに関わらずとられていき、主として手段審査の下で違憲が結構出て、それが続いていくことになったのです。

結局これは、そもそも性差別については厳格審査だと声高に主張していたブレナン裁判官が、どうもそれでは勝ち目がないということで、中間派の裁判官を自分の側に引き寄せることに成功したということです。厳格審査というのは反対だけど、中間審査基準だといえば、それでいいかなという裁判官が、実際にこの事件で出てきたわけです。この事件で、性差別の事件で使われる審査基準を中間審査基準だとした裁判官は、9人中6人にのぼりました。実際にそれ以外に他の理由で違憲だと考えた裁判官が1人いて、結論としては

7対2の違憲判決を引き出し、つまりは中間派を引きつけて審査基準を高めることに成功したのです。先例としてこれで確立するわけだから、ブレナンの政治的な勝利と言えるのかもしれません。

ただし、もう1つ注目すべきは、ブレナン法廷意見は中間審査は過去の先例で使われていると言っているのですが、今述べたように先例ではそんなことは言っていない点です。リード判決でも、合理性の基準で手段審査を少し高めるぐらいのことは言ったかもしれないが、中間審査基準だとはおよそ言っていないのです。にもかかわらず、何となくかもしれませんが、中間審査基準は以前からやっているのだと言ってしまっているのです。もし先例で言っていないのだとすれば、最高裁判所はきちんとした理由があって先例をひっくり返すと言えばいいのですが、実はそれもきちんと言わないまま、何となく中間審査基準が妥当するのだということで押し切ったわけです。

そのことが後でどうなるかは注目されるわけですが、いずれにせよアメリカの最高裁判所では、性差別と言えば中間審査、というのがこの事件以降、確定していくことになります。

中間審査基準の確立　アメリカで中間審査基準が性差別で使われると、その後の判例でよく言われたのは、憲法上許容されない古風かつ過度な一般化、男というのはこういうものだ、昔からこうなのだという一般化に基づく差別はいけない、それは憲法違反だということなどでした。それから、古風ではないが、男は大体こういうものですよ、女性はこういうものですよという、いわゆるステレオタイプを促進するような目的は憲法違反だと、だいたい言われます。統計を持ち出してきて男性はこうだ、女性はこうだと言っても、それは個人差があるのではないかと言われて違憲とされます。また、ステレオタイプの枠組みを使って、例えば男性は全部こっちの高校へ行け、女性は皆こっちの高校へ行け、男向き、女向きの教育はあるのだと言えば、行政は楽なわけです。これを「行政の便宜」と言いますが、これら「行政の便宜」を理由とすることは認めない。それから後から考えると、別の目的があったというような、単なる口

実とか、後知恵でそれを正当化することは認めないことが、しばしばありました。

　最高裁判所は性差別になると、このクレーグ対ボーレン判決以来、真の目的は何だったのかということもついでに審査するということも併せてよく審査しています。そして、性差別的な分類をする方法と性中立的な方法とがあった場合に、もしも性中立的な方法をもって目的を達成する場合ならば、そちらがとられるべきで、差別的・区別的な手段はとられるべきではないということがまた言われるようになり、中間審査と言われながら比較的厳しい審査がなされていくことになりました。

3）中間審査基準採用の下での判断の揺れ

　とはいえ、中間審査はあくまでも厳格審査ではなく、厳格、緩やかな合理性という、両極端にある硬直的な審査の間を埋めるものだったわけです。硬直的でない非常に柔軟な解決ができるということは、いろいろな事情があれば何となく結論が変わってくる、極論すれば裁判官のその日の気分で決まるのではないか、優柔不断な解決がとられるのではないか、ということとコインの裏表の関係にあります。少なくとも裁判官の構成が変わると裁判所の結論が変わってくるのではないかという気もします。

　判断の揺れが表れた事例　似たようなケースで異なる判決が出たこともあります。社会保障をめぐって、男性が死亡した場合、妻は遺族給付をもらえるが、女性が死亡した場合に夫がそれをもらうためには証明が必要だとすることに違憲判決を出した同じ日、最高裁判所は、老齢年金の給付規定について男女で給付の計算が違うことに合憲判決を下しています。もちろん事情がいろいろと違うのでしょうが、社会保障での男女の扱いの違いについて、違憲と合憲で判断が違うということが、実際に生じたわけです。

　もっと衝撃的だったのは、1981年にマイケルM（Michael M. v. Superior[19]）判決とロスカー（Rostker v. Goldberg[20]）判決で、中間審査をとりながら、わりと簡単な合憲判決が下されたことでしょう。

マイケルM事件は、カリフォルニア州法での見做し強姦罪という規定に関する事件でした。事件は、17歳の男性と16歳の女性が同意の上で性交をしたことを発端にしています。カリフォルニア州法では、未成年の女性と、同意であるとはいえ、性交をした場合は、男性は処罰されるとなっていました。最高裁判所は、未成年者の違法な婚姻外妊娠防止のためにこの規定があるのであり、妊娠してしまう負担のある女性と男性を平等にするために、男性だけ処罰する規定があるのだ、などとして、合憲判断を下しています。

冷静に考えてみると、両者は合意をしているわけであり、妊娠防止が立法目的であれば避妊具を使った場合に何で処罰されるのかという説明がつきません。これは一方的に男性差別となっているが、他方、女性の性的自由を制約することになっている。その点を考えてみると、未婚の10代の男性を保護するのは州法にないのはなぜなのか、ということにも行き着くわけですが、それでも最高裁判所は憲法違反ではないとしたわけです。

ロスカー事件は、中東情勢が緊迫してきたため、連邦法で徴兵制度をしくことになり、昔ながらの男性のみの徴兵制度をつくったことで生じた事件です。このことは憲法違反ではないかということが争われたのですが、最高裁判所は、軍の問題については議会に譲ることが一般的であるとして合憲判決を下しました。その理由として、戦時が近づいているので戦闘員の募集であり、だから男性だけでいいのだ、効率よく戦闘員を募集するのだから女性を含まないのは全く問題ない、ということを言ったのです。

効率よく募集するのに女性を排除するというのは、先程来から否定されてきた「行政の便宜」に当たりはしないか。徴兵で登録された中に戦闘員にならない男性がいたのはおかしいではないか。女性でも戦闘員としてふさわしい人がいたのではないか。そして、アメリカでは軍人の履歴があることはその後の就職を有利にすることが

---

(19) Michael M. v. Superior Court, 450 U.S. 464 (1981).

(20) Rostker v. Goldberg, 453 U.S. 57 (1981).

あるので、女性がそうした立場から排除されるのは女性の就業の機会を喪失させる、言ってみれば二級市民扱いをするものになっていく。そして女性はそうしたものだというステレオタイプによるものではないか。こうした批判がなされたわけですが、多数意見は、これは合憲だと言ったわけです。

要するに中間審査は、中ぐらいの審査ということで、合憲・違憲の間を揺れる。判事の構成が変わったり、状況が変わったり気が変わったりすると、違憲かと思っていたものが合憲となるというのが、現実になったわけです。

中間審査基準の再確認　しかし、その後の1982年のホーガン事件（Mississippi Univ. for Women v. Hogan[21]）以来、中間審査基準は再確認され、違憲判決が繰り返されるようになってきました。この事件は、ミシシッピ州の州立女子大学看護学部が憲法違反とされたものです。州側は、女子大にはそれぞれの意義があり、他に男女とも入れている看護学部があるからよいではないか、と主張したのです。しかし判決は、原告にとって近くで行けるところはその大学であり、また聴講生に男性を受け入れていたという事情などからすると、本件の学生を排除する理由はないということで、5対4とスレスレではあるものの、違憲判決が下りました。

厳格審査への接近　先ほど言ったように、昔は陪審員に女性は入れなかったのですが、その後はそのようなことはなくなりました。そして、1993年には、性別に基づいて専断的忌避をしたことが憲法違反だということになりました（J.E.B. v. Alabama[22]）。

アメリカの陪審員制度では、一般に、原告、被告両当事者が、陪審員の候補になった人について、気にいらない人を排除することができます。理由は必要なく、極端に言えば顔が気に入らないということで何人かまで忌避できるのです。これを専断的忌避と言います。そして、ステレオタイプかもしれないが、男性と女性では見方が違

---

[21] Mississippi Univ. for Women v. Hogan, 458 U.S. 718 (1982).

[22] J.E.B. v. Alabama, 511 U.S. 127 (1994).

うと思われる、非嫡出子を認知するかどうかという事件で、何人かが忌避されて、陪審員全員が女性になったのでした。

こうした性別に基づく専断的忌避はどうかということが争われたわけですが、最高裁判所は、これに憲法違反という判決を下します。昔の判決で、人種に基づいて専断的忌避をした結果、全員が白人になったり黒人になったりした事件があり、それは憲法違反だとした事例がある[23]ので、性別に関しても人種に近い判断基準をとったのではないか、少なくとも結論はそれに近づいているわけで、この判決は厳格審査に近づいたとも言われました。

また時代は3年下り、1996年に別の判決があります。バージニア州に男女別の州立軍学校があり、それはもともと男性だけ入れる軍養成学校でしたが、それは性差別ということで、州は女性向けの軍学校をつくったのです。予想されることでしょうが、男性用軍学校と女性用軍学校で訓練の度合いが違う。同時に、男子校のほうは実際に職業軍人になるのはわずか15％だが、ビシビシやるということで評判が非常に高く、その州のリーダーとしてエリートの第一歩を歩めるという評判が立っている伝統校である。女子校はそうした伝統がなく、それほどビシビシやっていない。この事案に対して、最高裁判所は中間審査基準の下、多様性を確保したとは言えない、それは真の目的ではなくて、女性をビシビシやったら根を上げてしまうなどという男女別のステレオタイプによるものであり、能力のある女性を排除しているものであり、2つの学校は実質的に同等ではないと指摘して、こうした男女差別は憲法違反だという判断を下しました（United States v. Virginia[24]）。

これについては昔、人種差別について黒人と白人の別学は憲法違反である、セパレート・バット・イコール[25]はイコールではないと

---

[23] Baston v. Kentucky, 476 U. S. 79（1986）.
[24] United States v. Virginia, 518 U.S. 515（1996）.
[25] 原文は「separate but equal」です。黒人を排除しないような形で、白人と黒人を区別して取り扱うことは、人種差別ではないという考え方を指します。とくに、公立学校や電車内の席で、こうした人種分離が行われまし

言われたが、それとほぼ同じような理屈で男女別の学校をつくることも憲法違反であるという判断が下ったというわけです。中間審査がとられているが、その実質はますます厳格審査に近づいてきたのではないかということが、ここでは言えるのかもしれません。

　結論的には、アメリカの最高裁判所は中間審査をとることを先例としては崩していないが、性差別についてはかなり厳格な判断をするということが、ここのところ続いています。しかし、あまり根拠が分からないまま、繰り返されてきているとも言えそうです。

　学説の状況　片や学説のほうは、フロンティオ事件のブレナン意見などとほぼ同じ理由で、性差別については厳格であるべきだという意見がある一方、合理性を主張する見解もけっこう強いのです。女性は数からいえば多数者である。アメリカという国において、黒人とは異なり、それほど悲惨な差別を受けてきたわけではないし、修正14条はもともと人種差別をターゲットにしていた事情があるのではないか。女性は妊娠をするとかその他いろいろ生理的な違いがあり、さまざまはっきりした性差があるので、審査基準を高める、まして厳格審査を使うことは無理ではないか。こうした理由から、合理性の基準が妥当するという意見もあります。

　非嫡出子差別判例の展開　なお、近年では、中間審査基準が非嫡出子差別の事例でも用いられています。1988年のクラーク対ジェッター（Clark v. Jeter[26]）事件で、最高裁が中間審査基準を打ち出しており、これが先例になっています。

　　た。当初、連邦最高裁も「分離すれども平等」を支持し、電車の席における白人と黒人の区別を合憲と判断しました。（Plessy v. Ferguson, 163 U.S. 537（1896））。ところが、その後、公民権運動などで黒人の地位が向上していくと、こういった区別も平等違反ではないかという声が高まってきました。そうした状況の下、連邦最高裁は、公立学校の人種別学を違憲とする判断を下します。（Brown v. Board of Education, 347 U.S. 483（1954））。人種別学は、黒人に劣等感を植え付けるという理由から、「分離すれども平等」は真の平等にはならないと判断したのです。この判決により、「分離すれども平等」の考え方は衰退していくことになりました。

[26]　Clark v. Jeter, 486 U.S. 456（1988）.

この判決は、非嫡出子が、父親が誰かという訴えを起こす出訴期間が6年となっていたペンシルバニア州法が、憲法違反だとされたものです。それまでテキサス州が出訴期間1年とする規定を設けていて、これは憲法違反、2年も憲法違反ということになったのですが、今度は、6年ではどうかということで争われたのでした。最高裁判所は違憲の理由として、そのような出訴期間は、子供が自らの利益を主張するのに合理的な期間でなければならないと述べました。つまり、子供が十分に成長して、自分の判断で裁判を起こす期間がとらえていなければいけない。それは成人年齢であり、最低18年はとられていないと憲法違反である。したがって、6年はもちろん憲法違反であるとしたのです。

これ以外に最高裁判所は、非嫡出子が不法行為の原告適格になれるかという問題について、長く違憲判断を下しています。しかし、遺言がないのに相続人になれるか、福祉受給権を非嫡出子が受けることができるかなどについて、違憲・合憲の判断が揺れ動いていてはっきりしていません。感想としては、具体的事案によって違憲判断・合憲判断が揺れていると言えるのではないかと思います。

要するに、非嫡出子の差別の事例については、同じ中間審査がとられていると言いながら、性差別の事例とはやや違い、違憲判決が次々と出てくる状況になっていないのです。近年では、非嫡出子がアメリカの市民権を持っているかどうかについて、父親がアメリカ国籍なのか、母親がアメリカ国籍なのかによって異なる規定の合憲性について、微妙な判断が繰り返されています。同じ中間審査といっても、実は分野によって先例の積み重ねで、程度が違ってきているのではないかということが言えると思います。

II 平等権に関する日本の判例・学説の展開

1）従来の判例・通説

「合理性」の基準　こうした海外の事情から、日本はどういう示唆を得たらいいか。日本では憲法14条の平等権をめぐっては従来、判例と通説はほぼ一致した立場をとっていました。これは立法

者拘束・14 条 1 項後段例示列挙説というものであり、相対的平等を憲法 14 条は定めたのだという説であります。立法者拘束、つまり法律を作る国会も憲法に拘束されて平等な法律を作らなければならないが、14 条が「人種、信条、性別、社会的身分又は門地」と挙げているのは、ただの例示に過ぎない。総合的に勘案して相対的に平等になっていればいいのだ、不合理でなければよいという判断を通説はしています[27]。これを、「合理性」の基準、といいます。

判例も、1950 年の尊属傷害致死事件[28]以来、この立場を維持していて、平等の分野での有名な違憲判決である 1973 年の尊属殺人重罰規定違憲判決[29]も、枠組み自体はこれに従っています。不合理だという理由で違憲にしているだけであります。

この基準の下では、何の差別かは問題ではありません。要するに、合理的な区別であれば合憲であり、不合理な差別であれば違憲であるという基準がとられてきたわけです。判例・通説というわけだから、それはほぼ磐石だと思われてきました。

絶対的平等説　この説に対して異論はなかったかという点ですが、昔、少数説ももちろんありました。これは判例・通説とは異なり、14 条 1 項後段には人種差別や性差別をしてはいけないと書いてあるわけだから、この列挙事由を重く考えるべきではないか。そして、ここに列挙されているものについては、絶対禁止だと考えてはどうか。むしろこのような許されない差別について憲法はターゲットを絞ったのである。逆に言えば、他に様々な細かい差別があるかもしれないが、憲法上違憲だとして止めるような大きな問題にするのはやめよう。あまりやっていると焦点がぼけてくるので、重要な問題に限って憲法違反として例外なく確実に無効にするのだ、というのが 14 条の趣旨であると考えた説でありました[30]。

これは少数説ですから、賛成が少なく批判のほうが多かったわけ

---

[27] 宮沢俊義『憲法Ⅱ』〔新版〕272 頁（有斐閣、1971 年）。
[28] 最大判 1950（昭和 25）・10・11 刑集 4 巻 10 号 2037 頁。
[29] 最大判 1973（昭和 48）・4・4 刑集 27 巻 3 号 265 頁。
[30] 田畑忍『憲法学講義』148 頁（憲法研究所出版会、1964 年）など。

です。この説に対して、どのような批判が寄せられたかですが、まず、他の差別はいいのかというものがあります。例えば公務員の給料を考えた場合、大卒と高卒で給料が10倍も違う規定があったとするならば、これは人種差別などではありませんが、憲法違反ではないというのですか、他の差別は許すのですか、という批判がありえます。

さらに少数説は、憲法に列挙されているものは絶対にダメだとしたわけですが、これについては、本当に絶対なのか、という疑問が生じます。子供のけんかでも「絶対だな～」と言われると立場が苦しくなりますよね。この点で焦点にされたのが性差別です。例に挙げられたのは、例えば国立の体育館を建てたときのトイレは男女別に作ってはいけないとあなたは言うのですかという点です。別に作るというのは、先ほどのセパレート・バット・イコールではありませんが、必ず差があるわけで、そうなると公衆浴場に壁も作れません。そこで通説側は、これは差別ではないか、絶対にいけないと言ったのにどうなのか、と攻めてきます。

これに対して少数説の主な学説は、肉体的・自然的区別は例外である、と述べてしまいます。絶対だと言った人が「例外がある」と言ったわけだから、これは論争では負けになり、この説は敗北していくことになりました。

「合理性」の基準の問題点　少数説が少数のまま終わっていったので、多数を占めていた通説の側はますます多数になり、その地位を固めていったのです。この説は磐石のように見えますが、実は大変な問題を抱えていたわけです。

通説の側は、全ての平等の問題を区別なくドンブリ勘定で一緒に解決する、抽象的に全部丸投げをして決めていくことになっています。しかし、本当にそれでよいか、という批判が生じてきます。まず、基準が極めて曖昧です。合理的か不合理かの基準は曖昧であり、実際に事件が起きると裁判官が合理的と言うものは合憲で、不合理だと言うものは違憲になってくるわけで、どんな裁判官が担当するかによって、極めて恣意的に運用される恐れがあるではないか、と

いう問題が当然のようにあります。民主的に選ばれていない裁判官が、ある法令を合憲か違憲か自由に、悪くいえば恣意的に決められるというのは、いくら裁判官の独立が保障されている日本国憲法の下でも、およそ認められないように思われます。結局この基準は、憲法判断において、それは極めて不安な材料を残しているのではないか、という批判にまとめられることになるでしょう。

それから、そもそもこの基準は基準に足りえているのかという批判があります。これは基準としては、無内容だ、空っぽだという批判です。不合理なら違憲とか、合理的なら合憲とか言いますが、考えてみると、日本語として、不合理だが合憲であるとか、合理的だが違憲であるとかいうことは言えない。要するに、合憲と違憲を合理的・不合理と言い換えたに過ぎないのです。実際に裁判官が違憲だと思ったならば、その前に「不合理な差別ですから」と付け加えるし、合憲と言いたい場合には「合理的な区別ですから」と言って結論を導き出せばいい。要するにこれは"打ち出の小槌"であり、基準として全く機能していないように思われます。

これに対しては、通説の側もいろいろとフォローしています。有名なものでは、戦後長く伝統的通説を代表してきた宮沢俊義先生は、「『人間性』を尊重するという個人主義的・民主主義的理念に照らしてみて、不合理と考えられる差別が」平等原則違反である[31]というようなことを言われていますが、これをもってしても、私の考えている個人主義・民主主義と別の人が考えている個人主義・民主主義とは違うわけだから、結局、内容を言っているような、言っていないようなわけで、解決にはならないのではないかと感じます。

付言しますと、裁判官が合理的だと思ったものが合理的になってくるわけで、合理的か不合理かは裁判官個人が決めると同時に、その背景には世論、多数者があるわけで、多数者の常識がそれを左右します。平等の問題はどうしても差別をされている少数者が訴えてくるわけですから、こうした基準が使われるのは大変に酷な結果に

---

[31] 宮沢・前掲註(27) 269頁。

なります。こと、平等権の審査という点では、この合理性の基準は大変深刻な問題を残しているのではないかと思われます。

特に性差別の問題については、多くのものがそれは生理的な違いに過ぎないのだと片づけられて、学説でもこれらが違憲だと言った例はあまりないし、判例上も合憲の判決が繰り返されてきたと言っていいと思います。実際に性差別のゆえに違憲という判決はこれまでなかったように思われます。

2）近年の有力説

これが伝統的な学説状況なのですが、実は先ほどから説明してきたアメリカの議論が徐々に日本にも紹介されてきます。美濃部達吉、佐々木惣一両先生の頃から、日本の憲法学界、公法学界は、長らくドイツ公法学の影響を強く受けてきました。ただ、戦後、アメリカ流の憲法ができたことがあってか、アメリカに行って勉強して帰ってくる方が増えてきて、アメリカの学説や判例が参考にされることになってきました。その嚆矢としては、芦部信喜博士（東京大学名誉教授）ですとか、猿払事件1審判決などで有名な時國康夫判事（元広島高裁長官）のお名前を挙げるべきでしょう。

先ほど述べた審査基準論も学説上、かなり日本に導入されるようになってきました。判例は「公共の福祉」で一刀両断にしたり、平等権の審査においてもいまだに「合理性」の基準の下で判断をしたりしていますが、学説の方はアメリカ由来の「二重の基準論」を、特にウォーレン・コート時代に勉強された方が日本に帰ってきて、日本でも導入したほうがいいのではないかと、次々に提唱するようになってきました。

平等の問題では、基本的には合理的なものは合憲であるし、不合理なものは違憲だという通説の立場を踏襲するのですが、事由によって、あるいはどんな差別をしているかによって審査基準が違う。もう少し柔らかい言葉で言えば、裁判所に上がってきた場合に裁判官がその事例をどのくらい疑ってかかるかという度合いが違うのではないか、ということを主張していくようになります。

日本国憲法は 14 条 1 項後段に列挙事由があるわけだから、わざわざ憲法が上げているものについては疑わしさの度合いが高い、要するに審査基準が高いと考えたらいいのではないかということを、様々な学説が徐々に言うようになってきました。

　「司法審査基準」と「合憲性判断基準」の違い　ここで私がいろいろと議論しているのは審査基準、司法審査基準という議論ですが、それが先ほどから言っている、厳格か、中間か、緩やかな合理性かという話であり、要するに法律や事例をどのくらい疑ってかかるか、裁判官がどのくらい厳密に判断するのか、疑ってかかって極めて厳格に見るのか、それとも民主的な国会が作ったものであるから、緩やかにすんなりと通していこうか、という程度の問題です。

　憲法学ではもう 1 つ、合憲性判断基準というものがあり、LRA の基準であるとか、ブランデンバーグ基準、セントラル・ハドソン・テストなど、大学の法学部の憲法の講義では様々な基準が紹介されていますが、これは「合憲性判断基準」と言われるものです。言ってみれば、物差しの種類というべきもので、主に特定の事案を解決するために開発された特別な物差し、というべきものです。表現の自由で刑罰が科されている場合には LRA の基準を使ってみよう、営利的表現の場合にはセントラル・ハドソン・テストを使ってみよう、煽動、つまり煽り行為をやっている事件ではブランデンバーグ基準を使ってみよう、という話です。それをどのくらい厳密に使うのかという、司法審査基準の話は別問題です。このあたりは、憲法の基本書だとかアメリカ憲法の本を見ていただければ、と思います。

　また、司法審査基準においては、厳格、中間、緩やかという段階が使われていますが、日本の多くの本では中間審査基準について「厳格な合理性の基準」という言葉が使われています。私は「中間審査基準」という言葉を使ってきましたが、「厳格な合理性の基準」ということばは合憲性判断基準と司法審査基準を混同して使っているために出てきた言葉のように思われます。アメリカの論文などを

見ても、「ミドルティア」とか「中間のレベルの審査」という言い方しかされていません。「厳格な合理性の基準」に当たる英語は使われていません。審査が厳格か緩やかかというわけですから、真ん中というべきでありまして、日本でも中間審査基準というべきだと思います。法学部で憲法の講義を聞かれた方には「厳格な合理性の基準」という言葉の方が馴染みやすいかもしれませんが。

とにかく、こうしたアメリカの判例を中心とする理論が導入されて、平等権の問題についても、今までのドンブリ勘定ではない審査のあり方が探されてきたということになろうかと思います。

二分論〔佐藤幸治、戸松秀典ほか〕　そして、日本国憲法14条は1項後段に「人種、信条、性別、社会的身分又は門地」という列挙事由があるわけだから、これに着目して、こうしたものに対する差別については、少し厳格に裁判所は見るべきではないか、と言われ出してきました。今のアメリカの判例の枠組みでいくと、こうした列挙事由についてはわざわざ憲法に書いてあるのだから厳格審査が及ぶべきではないか。それ以外についてはアメリカで言う合理性の基準、目的・手段とも何らかの合理性があればいい、という基準でいけるのではないか。言ってみれば、厳格審査か合理性の基準かの二分論をとる学説が出てきました。代表的なところでは、京都大学名誉教授（現・近畿大学）の佐藤幸治先生や学習院大学の戸松秀典先生の説などがこうした説に当たると思います[32]。

憲法学界の情勢を見てみると、多くの名だたる教科書、基本書のかなりが、この二分説をとっているかと思います。今言っている話を近時有力説と紹介していますが、従来の通説に従っている有力な先生は現在ほとんどおりません。そもそも、この近時有力説は、現在では通説の地位を奪っていると、もう説明すべきなのかもしれま

---

[32]　佐藤幸治『憲法』〔第3版〕477-478頁（青林書院、1995年）、戸松秀典『平等原則と司法審査』325頁（有斐閣、1990年）、中村睦男『論点憲法教室』82頁（有斐閣、1990年）、松井茂記『日本国憲法』〔第2版〕373頁（有斐閣、2002年）、辻村みよ子『憲法』〔第2版〕204頁（日本評論社、2004年）など。

せん。

三分論〔芦部信喜、米沢広一〕　これに対して、二ではなく三がいいという学説があり、亡くなられてもなお通説だと言われている芦部信喜博士と、大阪市立大学の米沢広一先生などがこの三分説を支持していると考えられています[33]。

三分説は二分説とどこが違うかと言いますと、列挙事由以外のものについて「合理性の基準」をとるという点では変わらないのですが、14条1項後段列挙事由を2つに分けて、人種や門地についての基準は厳格審査、性別・社会身分について中間審査基準と分けている点が挙げられます。アメリカでも性差別については中間審査基準だから、日本でも性差別ではこうした基準をとるべきだと、この先生方は言っているわけです。

これ以外に、九州大学の阪本昌成先生は、例えば性差別について生理的によるものか、ジェンダーによるものか、ジェンダー・イメージによるものなのかと細かく分けて、厳格か中間か緩やかかを使い分ける、少しユニークな三分説をとっています[34]。ただ、これら三分説は少数説にとどまっています。

Ⅲ　考　察——平等権侵害の司法審査はいかにあるべきか

1）根拠探しの困難さ

さて、二分説と三分説、どちらが正しいのか。三分説は、アメリカでも性差別で中間審査がとられていたのではないかと言われますが、先程来紹介しているように、確かにアメリカの最高裁判所は性差別について中間審査基準をとってきているが、その根拠をあまりはっきり言っていません。アメリカでの審査基準の議論はずっと辿っていけば、キャロリン・プロダクツ判決に行き着くはずです。つまり、分離され孤立させられた少数者の場合や、民主的なプロセ

---

[33] 芦部信喜『憲法学Ⅲ』〔増補版〕30頁（有斐閣、2000年）、米沢広一「平等原則」阿部照哉＝松井幸夫編『HAND BOOK憲法』70頁、73頁（有斐閣、1990年）。

[34] 阪本昌成『憲法理論Ⅱ』274‐276頁（成文堂、1993年）。

スを歪めている場合については厳格審査だという理屈に辿りつくわけですが、性差別の審査基準の話はこことあまりリンクされていない。これとの関係を意識して議論している風ではないのです。

それから日本で「二重の基準」と言われてきたが、二重の基準論は、ほぼ精神的自由については原則として厳格審査が及び、経済的自由の抑制については原則として緩やかな合理的基準が及ぶという文脈で議論されてきたわけであり、どちらかと言うと、平等権についてどういう基準が及ぶのかというのは原理原則まで立ち返って議論されてきたわけではない気がします。要するに、二重の基準論との関係でもよく分からないまま議論されてきたのではないか、という懸念があります。

2）二分論の根拠を考察する

14条1項後段の規定の存在　そうした中で、他の議論があるかもしれませんが、改めて二分説、三分説どちらが妥当かを考えてみると、多数が言っている二分説というのは、強みとしてはアメリカと違って、日本国憲法の場合には14条1項後段が明文の規定を持っている、テキスト（条文）が味方をしているという点で一歩有利ではないかということが言えるかと思います。憲法14条1項後段は人種と並んで性別等も挙げているわけですから、これについて憲法は厳しく判断しているのではないかと考えられるわけです。

制憲者の意思　それから、いわゆる立憲者意思、制憲者意思が強調されることがときどきあります。これを辿ってみると、この憲法に平等条項や家族に関する条項は、GHQ民政局にいたベアテ・シロタ・ゴートン氏が入れたと言われていて、だからそこに強い意思があると言われているわけですが、考えてみると、ベアテさんは起草者の1人であり、いわゆる起草者意思の一端を担うものであっても、制憲者意思そのものではない。けれども、実際に起草されたものが内閣、制憲議会、当時これは帝国議会でしたけど、そこに上ってくる過程で、性差別は止めなくてもいいという議論があったかと言うと、およそそのようなものはないし、その前段階で日本政

府はそれを押しとどめようとした形跡もないわけです。

そのように考えると、性差別をなくそうということは、制憲議会など、憲法制定者の意思の1つとして考えられるのではないかということが言えると思います。

性差別の悲惨な歴史　このことと関連して言えば、アメリカでは修正13、14、15条を通したときに人種差別をターゲットとする特別な事情があったわけです。南部諸州で奴隷制がしかれていたという事情があったわけですが、言うまでもなく、1945〜46年当時に日本で人種差別だけをターゲットにするような特殊の事情にはなかったということが言えます。

また、日本においては性差別の歴史は長く、それは悲惨だったと言ってよいと考えられます。例として挙げていいのかどうか分かりませんが、参政権ひとつとっても、アメリカで女性が参政権を得たのは1920年であり、日本では1945年に法律が改正され、明治憲法下ではそのギリギリまで参政権がなかったということは、一つのメルクマールにできると思います。

生来の偶然性　そして、これはアメリカの話と同じですが、性別は生来の偶然です。個人を尊重するということが日本国憲法の基本的原理であるとするならば、生来の偶然によって個人の生き方が変わってくることは許されざることであると言えますし、また、憲法14条の列挙事由はそうしたものが並んでいます。そうしたものによって人の生き方を肯定していくことは、だからこそ差別が悲惨だということにつながっていくものではないかと思います。

憲法13条の解釈との整合性　補足になりますが、憲法13条では「一般的自由権説」と「人格的自律権説」という論争が長く行われています。一般的自由権説が妥当するとしても、そもそも自由であることは、まず何よりも生まれによって拘束されてはいけないということがあるわけですから、今言った考えはそこにフィットします。また、人格的自律権説でも、人格は大事だ、かけがえのない生が大事だということになっても、一回性の生が確保されなければいけない。拘束付きの生であっていいのかという議論をしていけば、

やはりこれも生来の偶然によって差別をされてはいけないという14条の議論とリンクするのではないかと考えられます。もちろん、性別には能力との関係は基本的にはないので、こうした差別はこうした社会においては妥当ではないかと言えると思います。

少数者差別――民主的な解決の困難性　さらに、女性は一般に政治的な少数者であり、民主的議論によってもその差別は解決できないということも言われています。よって、これは裁判所によって解決すべきだということが言われるわけです。

これについては、頭数からすればそもそも女性は多数ではないか。実際に少数だと言われているが、それは多数だから団結して多数を構成して事実を変えていけばいいではないか、単なる甘えではないかという批判があるわけです。しかし、実際に長く男性優位の政治プロセスがある以上、現実的には無理ではないかということが反論として挙がると同時に、そもそも男女の頭数の問題ではないのではないかという反論がなされようかと思います。

こうした性差別の問題が単純な男性対女性という対決図式になるのかと言うと、はなはだ疑問だということが言えます。既存の男性、女性という枠組みに乗っている側が多数であり、ステレオタイプに乗りたくない側、従来の生まれながらの規定された生き方に拘束されたくないという側が宿命的な少数者になるというわけだから、これは単純な頭数の多数、少数という問題ではないのではないか。

この問題には民主的な解決が及ばないのであり、裁判所が手を下すべき問題ではないかということが言え、二分説は様々な主張をして、自分たちの立場が妥当だということを主張してきたわけです。

3）三分論の根拠を考察する

これに対して三分説は、憲法14条1項後段の列挙事由を2つに分けて、言ってみれば、性差別とか社会的身分に対する差別の審査基準を緩めようと主張するわけですが、その理由としては大きく3つあると思います。

柔軟な解決を導くことがよいことなのか　アメリカの例を見て

も、中間審査基準が極めて柔軟で、実質的な司法審査を可能にした実質的によいものだ、硬直的なものを緩和したもので日本でも使われるべきだということが言われています。しかし、アメリカの例で見たように、これは重要な問題について恣意的な解決をする、時代の流れや裁判官の気分次第で判決が変わることを許容したということの歴史的な事実として認知しなければならないのではないかということが、反論として挙げられるかと思います。

先ほどから繰り返しているように、こうした基準は、少数者に対する差別とか、生来の理由に基づく差別に使っていいものか疑問ではないか、という批判が付け加えてできるのではないかと思います。

ロマンティック・パターナリズム　それから女性は少数者ではないということが毎度言われるわけですし、人種差別と違い、女性は差別されてきたと言われながら、いわゆるロマンティック・パターナリズムに甘えてきたのではないか、要するに強い男性の庇護の下にあったのではないかということが反論としてよく言われてきたわけです。しかし、ロマンティック・パターナリズムというものを誰が言っているのかということには注意すべきです。要するに、これは女性を庇護してきたと考え、あまり差別だと感じない人が言う言葉です。ロマンティックなものなのか、過酷な差別なのかというのは、実際に差別されている側からすると区別できません。現実にこうした差別が解決困難であるならば、これは手を下すべきであるし、何度も繰り返しますが、生来の問題や能力を無視した問題であるのであれば、これは厳しく対処すべきではないかと思います。

またこうしたことは、日本国憲法の条文とも符合しないし、14条1項後段が列挙しているものは、頭数だけ勘定してみての少数者であるものばかりを挙げているわけではないという点からしても、疑問です。

加えて言えば、もしも世の中にロマンティック・パターナリズムがあるのだと仮定すると、それはロマンティック・パターナリズムを生来義務づけられた男性は過酷な運命にあるわけであり、これは一種男性が差別されているのであり、やはり厳格審査でないと困る

ということに落ち着くように思われます。

この主張は矛盾を抱えているように思われます。

生理的な問題に及ぶ　それから三分説は、生理的な問題に及ぶことが性差別に多いのであり、厳格にやるのは無理だということが言われています。例えば、出産休暇は女性にだけ与えられるというのはしごく当然で、生理的なものであり、それも含めて厳格審査で審査するのは無理があるという批判をするわけです。しかしアメリカの例を見ても、見倣し強姦罪、強姦罪は典型的に生理的なものではないかと信じられてきたが、そもそも性的自由を保護するためであるならば、そこに性差があるのはおかしいではないかということが分かっていくわけです。

また、看護学部の例にもあったように、看護師は若い女性だけでいいのだ、それは生理的なものだとか、育児休暇は女性だけでいいのだと言うのも、生理的なものだからと昔から言われてきたわけです。しかし、厳密に考えて審査をしていった結果、本当にその下でパスするかどうか、つまり生理的なものなのかどうかが疑わしいことが分かっていったわけです。要するに、頭から生理的なものだと決めつけるのではなく、厳格審査の下で、本当に生理的なものであれば厳格審査すらも通る、つまり合憲になるだけであり、例外なく厳格審査を通せばいいだけではないかというような批判ができるかと思います。

結論——二分説が妥当である　私個人も、こうした議論を経て、現在のところ一応多数になっていると思われる、二分説を妥当として、憲法14条1項の列挙軸による差別については、性差別を含めて厳格審査でよいのではないかと考えています。

結論だけ述べることになりますが、民法731条の婚姻適齢にも男女差があるし、民法733条の再婚禁止期間が女性だけにある。刑法177条の強姦罪の規定があったり、国立女子大学があったり、国公立の男子校・女子校があったりする。これらは、厳格審査の下では違憲なのではないかと思われます。それからこれは14条だけの問題ではないのですが、現在の象徴天皇制で天皇を男系男子に限ると

していることも、天皇制が国民主権原理や人権尊重原理の例外だからこそ、その例外は最小限であるべきだという点で、憲法違反の疑いが濃いものではないかと考えています。詳しくは、最初に挙げた著書（君塚・註(1)）を参照してください。

4）二分論から諸問題を考察する

間接差別　この話の派生の方向としては、一見性差別を捉えていない問題であっても結局、性差別になるという、いわゆる「間接差別」というのがあり、そこに差別の意図があるとか、結局、性的な差別になるということが黙認されるという場合には、やはり厳格に判断して、違憲と言うべきではないか、と考えています。

例えば身長によって公務員試験などの合否を決めるという場合、身長が決定的な理由になっている場合には憲法違反と言わなくてもいいのかもしれないが、身長によって決めることは誰が考えても男性のほうが通りやすくすることを意図していると思われるので、その理由が十分に説得的でないままつくられているものは性差別が意図だった、つまり真の目的だったのではないかということが探索され、違憲ということも考えられるように思われます。

アファーマティブ・アクション　それから「積極的差別是正措置」、アメリカでは「アファーマティブ・アクション[35]」、ヨーロッパでは「ポジティブ・アクション」と言っているものがあります。典型的には、アメリカの大学で入学時に黒人枠を設けるようなものがありました。過去の差別を是正するために差別されてきた人たちを様々に優遇することがよく行われていましたが、これも本当に意図がそうなのかを厳密に判断すべきではないかと思います。

一見、それは女性差別を解消するためだと言っても、結果は実は

---

[35]　「affirmative action」。過去に差別されてきた者（集団）に対して優先的処遇を行うことによって、社会的地位の向上をはかろうとする施策です。ただし、行き過ぎると「逆差別」＝「その優先処遇によって被害を被る人がでてくること」の問題を生じることがあります。Regents of the University of California v. Bakke, 438 U. S. 266（1978）ほか参照。

そういう意図ではないという場合には、それは厳密にみると違憲と言う場合があるだろう。その例として国立の女子大学は、女性教育は男性社会でいきなり一緒に競争するのは過酷なものであるから、女性の社会進出を確保するために維持されるべきだと言うが、大学を出た後は、男女間で実際に競争するわけであり、社会進出ということでは、女子大学は例えば法学部、経済学部、工学部などをつくっていなければいけないわけですが、実際はそうなっていないということからすると多分に疑わしいところです。

こうしたことを審査していくと、このようなアファーマティブ・アクションも、差別をなくすよい目的だからといって、簡単には鵜呑みにはできないという感じがします。

つまりは、法律や条例、国や公共団体の行為で性差別の疑いのあるものは厳格に考えようということです。

「社会的身分」の読み方　性差別を若干離れますけれども、列挙事由が厳格だということになったから、「社会的身分」についても厳格審査になるわけです。そうなる以上、列挙事由とほぼ歩調を同じくして、「社会的身分」とは生来的身分と読んだほうがいいのではないかと考えています。

「社会的身分」というのは、先天的身分なのか、後天的身分なのか、そしてほぼ通説になっている中間的な立場、つまり、人間が長く継続的に占めている社会的地位であるとする学説などがあります。しかし、他と並列に読むならば、これは先天的地位と読むべきであり、非嫡出子差別もここに含まれるべきではないかと思います。そこでは、厳格に審査されるわけだから、かなりのものは違憲になってくるだろう。最高裁判所も最近、だんだん微妙な判決が出してきています。非嫡出子差別を許容する意見は、婚姻制度があるから差を設けなければいけないという議論をしていますが、考えてみると、日本国憲法は憲法24条という家族についての規定と共に、14条を持っているのだから、そうした差別がないような制度をつくらなければいけないということも意図しているわけで、両方の要請に適うように法律は作られていなければならないだろうと思われます。

同性愛者についても、単なる趣向の問題ではなくて生来的に決まってくるのだと言われているので、もしそうであるとするならば、こうした差別についても厳格に対処する必要があるかと思います。

　「信条」──残る謎　ひとつ謎として残る問題に、列挙事由の中に「信条」があるということがあります。「信条」を普通に憲法19条とパラレルに考えてみると、これは意識的に選ばれてくる内心の作用と考えるわけで、「裁判官の良心」という場合の「良心」とは異なるという解釈が多数になっています。そうだとすると、それは後天的なものではないか、なぜこれが14条1項後段にあるのかとなるわけですが、まあ、信条による差別は憲法19条の思想及び良心の自由の問題になるはずで、それに基づく差別は憲法違反、厳格に判断するとなるわけです。多くの問題は憲法14条の問題にはなってこないだろうと思います。

　それでは14条の条文がある理由はないではないかということですが、強引にここでの「信条」を生来的なものと読むならば、もともと信条というものは「信仰」という言葉とパラレルにヨーロッパでは意図されていた、要するに、「あの民族は」「あの家は」もともとどういう宗教なのかということと結びついていたものだと言えるのかもしれません。我々が宗教を選ぶ場合、主体的に選ぶ場合もあるが、現実には、昔からウチはこうなのだから、自分たちの村はこうだから、ということで決められてきたわけであり、そこに基づいて差別がなされることも非常に陰惨な差別を生んできたことにつながっているのではないでしょうか。14条の信条はそのようにシフトさせて読むことも1つのアイデアかと思っていますが、私の中では、このへんはまだまとまっていません。

5）中間審査基準の一般的妥当性について考察する

　こうしたわけで、平等権の問題については、列挙事由については厳格審査、それ以外のものについては緩やかな合理性の基準、ということで分ければよいと思います。派生して申し上げておきたいのは、では「中間審査基準」はどこに飛んでしまうのか、ということ

です。そもそも中間審査基準はあるのだろうかということを、根本的な疑問として、研究の過程で悩んでいます。

中間審査基準の曖昧さ　アメリカの判例から考えてみると、重要な目的というときの「重要な」とか、それと実質的関連性がある手段と言うときの「実質的な関連性」というものは、具体的な事例の中で不分明であるし、厳格審査や合理性の基準の枠組みと比べて大変優柔不断でよく分からないものだという感じがします。

このことから、先程来あるように、性差別の場合と非嫡出子の場合で、分野ごとによって同じ中間だと言っても実質的には随分違う判例が積み重なってきて、その理由はあまり語られていないということが繰り返されてきたのではないか、あるいは繰り返し得るのではないかということがあります。

このことから、こうした中間審査基準の下では、その基準が恣意的に運用される危険があるのではないかということがあるし、裁判官の動向、あるいは世の中の常識に左右される運命が、そもそも中間審査基準にはあるのではないかと思います。生来の差別、あるいは少数者を差別する場合に、果たしてそうした曖昧な基準を使っていいのかということがあろうかと思います。

アメリカではこうした基準が使われている、ということも言われていますが、理論的な根拠はあまりなかったと思います。

そして、三分説は柔軟性があるからいいのだということをよく言っていたわけですが、まず1つは、「二重の基準」、2つの基準を使うことは、民主主義との関係で、キャロリン・プロダクツ判決に遡って、裁判所がその法律を疑っていいのか、疑っていけないのか、議会が民主主義的な多数で決めてもなお、選挙で選ばれていない少数の裁判官がそれをひっくり返してもいいのか、いけないのか、ということを考えてきたわけですが、中間はそもそもそれがないわけです。ブレナン裁判官がはっきり言わなかったように、立証責任はどちらにあるのかということも中間審査基準でははっきりしていないのです。違憲だと言う側が主張しなければいけないのか、合憲だと主張する側が合憲である理由を一所懸命主張しなければいけない

のかについては、はなはだ不分明でありました。

中間審査基準のスライディング・スケール化　さらに、中間審査基準を導入する多くの学説は、人権の重要度とか問題の深刻さに応じて、中間審査基準はいろいろあるという説明をするわけです。この結果、中間審査基準は一色ではない。つまり、白と黒の間にグレーがあると言っても、グレーには様々な段階があるということになっていくわけです。そもそも二重の基準がある、基本的に白と黒があるという枠組みではなくなってきて、いわゆるスライディング・スケールという形で審査していくことになってきます。

要するに、ゼロから１まで、基準が数多くあり、その中でこうした問題についてはここ、この問題にはここ、という形で様々な基準がとられていく。要するに種々雑多な基準が分化していってとられていくわけですが、なぜこの問題についてこの基準がとられていくのかということについてはよく分からない。こうなると、たぶんに違憲と言いたい場合には高い基準をとるし、合憲と言いたい場合には緩やかな基準をとるわけで、言ってみれば、結論ありきの基準が作られていくのではないかという懸念があるように思われます。

つまり、それまでの「二重の基準論」とはずいぶん違うことが展開されていくのではないか。話としては、二重の基準というところに戻っていったほうが理論的にも、裁判所の実際の運用としてもいいのではないかと思われます。

中間審査基準における逆転現象　学説は、中間審査基準（厳格な合理性の基準）は、平等権を離れてもいろいろなケースで使ったほうがいいと言っているケースが実は多いわけです。法学部出身の方は、憲法の人権の講義を思い出していただければ、と思います。

基本的には学説は、表現の自由については厳格、経済的自由の場合には緩やかという基準をとるわけですが、典型的には、政治的表現の自由を表現内容規制をする場合には厳格な審査の基準を使う。それから経済的自由を政策的理由によって規制する立法については極めて緩やかな基準を使う。これについては、念には念を押して「明白性の基準」などという名前までを付けてきました。この両極

端ははっきりしています。

それ以外をみると、学説の多くは、いわゆる中間審査基準にかなりの部分で頼っているのです。この点は学説によるけれども、表現の自由を内容中立的、時・場所・態様規制をしている場合には厳格な合理性の基準、つまり中間審査基準でよいとか、あるいは営利的表現や、名誉毀損的言論とか、わいせつ表現などの非政治的な表現を規制している場合も、中間審査でよいという説があります。

それから先ほどから言っているように、アファーマティブ・アクションの場合にも中間でよいという学説があります。これらは、本来、二重の基準の上の方に当たる、厳格審査が妥当するべきところで中間審査を使おうという話です。

生存権についてプログラム規定説をとらないとすると、いわゆる社会権については、命に関わる問題だという理由から、中間審査基準を使うべきだという主張があります。それから、何よりも経済的自由の内在的規制をする場合には、相対する権利のバランシングであるから裁判所が判断しやすいことなどから、緩やかな基準ではなくて中間審査基準を使うべきだというのが通説です。

要するに、学説は「二重の基準」だと言いながら、中間審査基準が活躍する場面をかなり多く作って、実質は真ん中の厚い三重の基準にしているのです。冷静に考えてみると、表現の自由の規制の場面なのに厳格審査基準を使わない、中間審査基準を使うというときは、厳格審査基準を全部貫くと違憲になってしまうから、中間審査基準に落とすということを意図しているので、合憲判断を導くために審査基準の1ランクダウンを主張する場合が多いわけです。

これに対して経済的自由の内在的規制などのように、緩やかな基準ではほとんど合憲になってしまうのはまずいので、審査基準は上げるべきだということが言われる場合は、違憲判決が出ることを意図して主張される場合が多いということになります。

ここで行われているのは、違憲を求め上昇するものと、合憲を求め下降するものが、実際の中間審査基準の中で実質的には逆転し、そもそもの権利に基づいて二重の基準があるということがかなり大

きく崩れてくるのではないかということかと思います。これが妥当なのかということは、議論の余地があるように思います。

中間審査基準のパラドックス　もう1つ。中間審査基準は大いなるパラドックスを持っているのではないかと思われます。

例えば、民法733条の再婚禁止期間は現在女性についてだけ6カ月ということになっていますが、この6カ月という規定は明治時代にできた民法がそのまま踏襲されているものです[36]。なぜ6カ月かと言うと、傍目に見て女性が妊娠するとお腹が膨らんでくるので、子供が産まれそうだということが誰からも分かる。それが大体4カ月というのが立法者の認識だったが、個人差があるので慎重をもって6カ月にしたというのが立法理由だそうです。この6カ月というのは明治憲法当時でもその程度の合理性しかなかったのですが、医学が発達した今日において、そもそもそのようなものに合理性があるわけではないので、学説はこぞって、この規定は憲法違反ではないかと考えています。

話はここからですが、性差別について厳格審査基準を主張する人は、現在、精密な血液鑑定やDNA鑑定等ができる以上、父親が誰かということは判定できるから、再婚禁止期間を設けること自体が憲法違反だと言う人が多いと思います。これに対して、中間審査基準を妥当とする学説は、現在、法務省が考えているような100日案であれば合憲だと考えている節があります。

ここで敢えて言いたいのは、逆に10カ月という再婚禁止期間をおいた場合はどうなるのか、という点です。実はこの10カ月はフランスやドイツなど大陸法諸国でやっている立法例であり、誰が考えても分かると思いますが、通常の妊娠期間だけ再婚禁止期間をおく、要するにこれは、お腹が空っぽになってから再婚を認めるという方法であります。この10カ月という規定は違憲なのか。厳格審査基準の立場からすると、当然それは憲法違反となるわけです。これに対して、中間審査で考えてみると、父親の確定をしっかりやる

---

[36]　最三小判1995（平成7）・12・5判時1563号81頁。

という重要な目的には合致するし、そのために 10 カ月という数字は、それと極めて実質的関連性を持っていることになるので、たぶんにこの基準の下では合憲判断になるのではないかと思われます。

そうすると、中間審査の下では、6 カ月という人権抑圧が少ない方は合理的理由がおよそないので違憲になるけれども、10 カ月という人権抑圧度が高いほうは合憲になるという結論を導かれるわけであり、これは人権規制ということに対して大変な矛盾を抱えているのではないかと思われるのです。

6）提言――審査基準を再考する

以上を考えると、中間審査基準は、性差別の場合以外も含めて、基本的には例外的なものとするか、ないものと考えるべきではないかと考えています。アメリカの最高裁でも、現在では、厳格審査の下で、やむにやまれぬ目的も必要最小限度の手段もあるとして合憲判決があったり、合理性の基準の下で、何らの合理性もないとして違憲となったりすることも生じてきていて、2 つの基準を硬直的に考えなくなってきました。裁判所で法律家が審査をするわけですから、いくら経済的自由の問題でも、全く不合理な法令なら違憲と言えばいいのです。学生無年金障害者問題に触れ、その意を強くしました[37]。そう考えると、中間審査の柔軟性に過度に頼る必要はなく、基本的に法令の合憲性を疑うか、疑わないかだけと考えた方がよいように思ってきています。

私は、精神的自由については、政治的表現なのか、非政治的表現であるかという区別であるとか、内容に向けられたものなのか、内容中立的規制なのかという区別にかかわらず、基本的には厳格審査が及ぶということでよいのではないかと思っています。

経済的自由については、内在的か政策的かということは、かの有名な森林法違憲判決[38]で両者の区別ができなかったように、こうし

---

[37] 君塚正臣「学生無年金障害者問題の憲法学」法律時報 77 巻 8 号 75 頁（2005 年）参照。

[38] 最大判 1987（昭和 62）・4・22 民集 41 巻 3 号 408 頁。

たものについては基本的には緩やかな審査基準を使って、民主的な立法がなされた場合については合憲性の推定を及ぼすという判決でよいのではないかと考えています。

参政権については、精神的自由に類する厳格な基準を使うべきであるし、社会権については、経済的自由に類するものとして、裁判所で争われている限りにおいては緩やかな基準で判断するということでやむを得ないのではないかと考えています。

身体的自由の場合や憲法13条については、なかなか微妙な問題があると思います。なお考えている途中ですが、刑の不均衡などは、憲法31条以下の問題として考える余地はあると思います。

念のため補足致しますが、憲法14条1項後段列挙事由以外の差別の場合は、合理性の基準になるわけですが、選挙権など、重要な人権で差別を受けている場合は、まさにその人権の問題になります。ですから、いわゆる1票の重みの較差の問題は、住所による差別の問題というよりは選挙権の問題として、厳格に審査すべきです。

おわりに

憲法訴訟論は単なる技術論ではない　　今日お話したことは、憲法学界では「憲法訴訟論」と言われている話のごく一部です。これに対しては、憲法が裁判の中で使われた場合にどのように訴訟技術として使うのかという批判がしばしばあり、そのようなものは憲法学者がやるべき問題ではない、単なる小手先の技術論ではないかという批判が長々と浴びせられてきました。

ただ、お分かりいただきたいのは、民法でも刑法でも原理原則論をすると同時に、訴訟の中でどのように使うかという話があったわけで、憲法学が同じようなことをやるのがなぜ悪いのかということは端的に反論とできるのではないかと思います。

それと、今日お話を聞いた方はお分かりいただけたかと思いますが、この憲法訴訟論、違憲・合憲、あるいは厳格か・緩やかかを決めていく議論は、基本的人権の尊重をする、言い換えると、憲法の自由主義というものをめぐる議論でもあるわけですが、日本国憲法

は他方で、国民主権・民主主義という価値を持っているわけです。民主的に選ばれた代表が国会で法律を決めるのだ、これは最終的には多数が決めるということがあるわけですが、この両方の相克の中で裁判所がどういう判断を下すのかという、極めて原理的な問題を含んでいるのではないかと思うのです。憲法訴訟論を全くの技術論だと斬り捨てるのは、おかしいのではないかと思っています。

法科大学院時代の法律学における憲法学の重要性　まして、2004年から我々の世界は法科大学院の時代に入り、法律学の一分野として憲法学をやっていく以上は、こうした議論をきちんと原理論から技術論と言われるものまですべてやっていくという必要があるわけです。民事事件でも刑事事件でも最後、付随的違憲審査制の中で、憲法を持ち出すというのがいわば切り札ですから、こういった議論を詰めることは、人権を守る砦としての憲法学としては重要なことではないかと思います。

立法学・政策学の軸としての憲法学　他方、憲法はもちろん国内最高法規であります。法律はそれに違反するものであってはいけないし、国の政策はこれに沿っていなければならないわけですが、日本の法律学は「タコ壺型」だと言われてきました。民法は民法、刑法は刑法、というように、あまり外を見ていないという批判もないでもありません。それを束ねるものとしては基礎法学の分野、法哲学、法社会学というのがあるかもしれませんが、実定法学分野では理屈の上で憲法しかないだろうと思いますので、そうしたものも全部見通して憲法学をうち立てていく必要が、今後はあるだろうと思います。憲法学も、特定の問題だけを憲法問題だと自己規定していくのは、そろそろやめるべきなのかもしれません。

　私は今日、性差別というところに焦点を絞ってお話をしたわけですが、本日の話はそこまで広がっていくように思います。憲法学はそこまで来ているわけですし、どんどん発展していかなければならないのではないかと思います。というわけで、何となく大きな話をしたところで終わるのがよいようなので、これをまとめとさせていただきたいと思います。長々ご静聴ありがとうございました。

第3章　今、憲法裁判所が熱い!?
——欧流と韓流と「日流」と？

山元　一

細目次

はじめに（64）

Ⅰ 憲法裁判とは何か（65）
  1）憲法保障制度としての憲法裁判——憲法の最高法規性の担保（65）
  2）憲法裁判制度としての憲法裁判所（67）
  3）アメリカ型司法審査制モデル（69）
  4）ヨーロッパ型憲法裁判所モデル（70）
  5）両者の接近傾向（71）
  6）ヨーロッパ型憲法裁判所モデルの発展（73）
  7）日本の憲法裁判制度の性格（80）

Ⅱ ドイツの憲法裁判（81）
  1）ボン基本法「ドイツ連邦共和国基本法」の成立（81）
  2）ボン基本法の特徴（81）
  3）「闘う民主制」および「憲法忠誠」の思想と制度（83）
  4）ドイツ連邦憲法裁判所の判例の動向（85）

Ⅲ フランスの憲法裁判（86）
  1）第5共和制憲法の成立とその意味（86）
  2）第5共和制憲法の特質と内容（87）
  3）憲法院制度とその展開（87）

Ⅳ 韓国の憲法裁判（89）

Ⅴ 日本における憲法裁判所設置論の活性化（91）
  1）積極論および現行制度改革論（91）
  2）懐疑論（93）
  3）憲法裁判所導入積極論（メリット）と消極論（デメリット）（94）

まとめにかえて（94）
  ——根拠薄弱な積極論と現行制度維持論との間で——
  1）導入論における積極的な裁判権行使・裁判官の具体的なイメージの不明確さ（95）
  2）現行制度維持論の問題点（96）

資料：憲法裁判所導入積極論（メリット）と消極論（デメリット）（100）

第3章　今、憲法裁判所が熱い!? [山元　一]

はじめに

　ご紹介どうもありがとうございました。東北大学大学院法学研究科の山元一と申します。本日はこのような場にお招きいただきまして、身に余る光栄に存じます。私が講演を依頼されておりましたタイトルは、「憲法裁判所の理念と構造」でしたが、本日の講演を準備する過程で、内容がより明確になるように、「今、憲法裁判所が熱い!?——欧流と韓流と『日流』と？」に変更させていただきましたことを、あらかじめお断りさせていただきます。

　レジュメを見ていただくとわかりますように、本日の内容は、以下の6点です。

　Ⅰ　憲法裁判とは何か
　Ⅱ　ドイツの憲法裁判
　Ⅲ　フランスの憲法裁判
　Ⅳ　韓国の憲法裁判
　Ⅴ　日本における憲法裁判所設置論の活性化
　Ⅵ　まとめにかえて——根拠薄弱な積極論と現行制度維持論との間で

　まず、憲法裁判とは何かが明らかにならないと、憲法裁判所についても分かりません〔→Ⅰ〕。次に、副題に「欧流」（こうした言葉があるかどうか知りませんが）と書いたことに対応して、ドイツの憲法裁判とフランスの憲法裁判を見てみたいと考えています〔→Ⅱ、Ⅲ〕。続いて、今ドラマで流行の「韓流」ですが、日本の憲法裁判所論には韓国の実践の影響があるようです。私は、韓国法あるいは韓国について詳しいわけではないのですが、それについて少し説明したいと考えております〔→Ⅳ〕。そして、日本における憲法裁判所設置論をもう一度見ます〔→Ⅴ〕。以上のことを踏まえたうえで、まとめにかえて、自分なりの見方を呈示したいと思います〔→Ⅵ〕。

I 憲法裁判とは何か

1）憲法保障制度としての憲法裁判——憲法の最高法規性の担保

憲法裁判という制度は、憲法保障という考え方から出てきました。憲法は一国の法体系の中で最高法規と言われています[1]。憲法裁判は、その憲法の最高法規性を担保するものとして構想されました。憲法裁判には、法体系が法規範のピラミッド型体系性を維持し、複数の法規範間の調和・統合を確保する機能として期待されています。

そもそも、憲法保障制度にはいろいろあります。1つは、公務員に憲法尊重擁護義務を課すことです[2]。そして、やや意外に感じられるかもしれませんが、憲法改正規定の存在も憲法保障のための制度の1つです[3]。憲法改正規定がないと、革命やクーデタによって、いきなり憲法が壊されてしまう危険があります。さらに、憲法全体の規範を守るためには改正を認めて、社会の変化と規範の変化の間を架橋することも必要です。今日の中心テーマとなっている裁判所による違憲審査制[4]がそれに当たります。

それでは、憲法裁判の目的は、何でしょうか。次の3点が一般的です。第1に人権保障の確実化であり、第2に連邦制の維持・運営

---

[1] 日本国憲法98条1項は、「この憲法は、国の最高法規であつて、その条規に反する法律、命令、詔勅及び国務に関するその他の行為の全部又は一部は、その効力を有しない」と規定しています。

[2] 日本国憲法99条は、「天皇又は摂政及び国務大臣、国会議員、裁判官その他の公務員は、この憲法を尊重し擁護する義務を負ふ」と規定しています。

[3] 日本国憲法は96条で憲法改正について規定しています。「① この憲法の改正は、各議院の総議員の3分の2以上の賛成で、国会が、これを発議し、国民に提案してその承認を経なければならない。この承認には、特別の国民投票又は国会の定める選挙の際に行はれる投票において、その過半数の賛成を必要とする。② 憲法改正について前項の承認を経たときは、天皇は、国民の名で、この憲法と一体をなすものとして、直ちにこれを公布する」。

です。連邦制をとっている国では必須の制度です。連邦があると、それを構成する州同士や、連邦政府と州政府が管轄権をめぐって紛争を生じることがあります。この場合、仲裁する機関がないとお手上げになってしまいます。第3は、裁判所（裁判官）の法創造作用への期待などがあります。憲法改正が簡単にできないとすれば、その間をつなぐものとして裁判所が積極的に法創造するという役割が憲法裁判に期待されます。

しかし、憲法裁判というものが実際に運営された場合、そこには大変難しい理論的問題が生じます。それは、憲法裁判によって保障されるところの「憲法」とは何か、という問題です。そこで裁判所によって保障される「憲法」は、もともと実際に憲法を作った人が考えた憲法とは一致しないことが多いのです。つまり、裁判官が「これが憲法だ」と宣言したものが憲法として保障されているのであり、元々作られた憲法がそのものとして保障されるわけではない、という状況が生まれます。したがって、憲法解釈がどういう性質の行為かということがすぐ問題になってしまいます。これについては、2つの対立する考え方があります。第1は、憲法解釈というのは、憲法を客観的に認識する行為だという考え方ですが、これに対して、第2は、憲法の条文を手がかりに法を創造する行為、すなわち、いくつかの可能性の中からひとつの意味を選択する行為としてとらえる考え方があります。

このことがなぜ重要かと言うと、裁判官が選挙によって選ばれるのではないという、憲法の理論にとっては、非常に根本的な問題があるからです。すなわち、重要な政策決定を選挙で選ばれた者がするのであれば、民主主義の観点から全く問題がないわけです。ところが、選挙で選ばれていない裁判官が強大な権力を持ち、しかもそれが国民を拘束するということになると、民主主義の観点から問題はないか、という疑問が生じてしまいます。

---

(4) 日本国憲法81条は、最高裁判所に「一切の法律、命令、規則又は処分が憲法に適合するかしないかを決定する権限」を与えています。

このような疑問に対する回答としては、今日の議会は信用できない、議会の意思と国民の意思は一致していない、ということがいわれます。しかし、かりにそうだとしても、裁判官の意思の方が国民の意思に合致しているという保障がどこにあるのでしょうか。

これに対しては、たとえば次のような説明の仕方があります。1つ目は、憲法裁判所が行うのは法的議論であって政治的な議論を行うわけではない、法的議論は政治的議論よりも客観的・中立的、あるいは論理的な構造をそなえている、法的議論は政治的議論に比べて論理的・客観的なもの、公正なものだという説明の仕方があります。これが本当かどうか、全くの擬制ではないかという疑問にすぐ突き当たります。2つ目は、憲法裁判の場合は学説、つまり学者たちが目を凝らして憲法裁判所の判決を監視しているから、いい判決が出るようになるということもいわれます。しかし、このような回答に対しては、そこまで学者を信用できるのか、という疑問が生じてしまいます。3つ目に、世論による批判があります。しかし、世論による批判が、議会に対してよりも憲法裁判所に対してより有効に作用するということはないのではないかとも思われます。そう考えると、世論による批判は可能性としてはあるかもしれないが、実際には憲法裁判所、憲法裁判官と言われる人たちの独裁的な体制ができてしまうのではないか、という疑問が生じます。

いま述べたことと関連しますが、フランスの憲法裁判所である憲法院については「立法作用を分有する機関」、立法とは違う裁判ではなくて、立法作用を議会と一緒に行っているという位置づけもあるほどです。

このように憲法裁判については、突き詰めれば様々な疑問がでてきますが、多くの国々では、実際の憲法裁判機関の働きぶりをみて、その存在について幅広いコンセンサスがあるというのが現状です。

2）憲法裁判制度としての憲法裁判所

一般に、憲法裁判制度は、①裁判所が、②国家において行われるもろもろの行為が憲法に適合するか否かを審査し、③違憲と判断さ

れた行為の効力を否定し、そのことを通じて憲法の効力の保障をはかる制度と説明されています。そして、憲法裁判制度は、民主主義政治＝「立憲的民主主義体制」には必須の構成要素であると考えられています。つまり、権力分立制、司法権の独立、複数政党制、投票の自由、表現の自由等々と並んで、憲法裁判制度は民主主義政治にとって必須の制度と言われています。

　歴史的にみると、19世紀ヨーロッパは「議会の世紀」と言われているように、議会は国政の中で最重要の位置を占める時代で、このときは国民こそが「最高の法廷」であり、裁判官が必要とされるとは考えられていませんでした。ところが第2次世界大戦後、議会の位置は著しく低下しました。特に民主主義的に選ばれた議員が、ドイツのワイマール体制下でナチズムに手を貸した、という歴史的な事実が大きな役割を果たしています（ドイツでは、ヒットラー首相が誕生しました。）。そうしたことからファシズムへの反省、人権意識の高まり、独裁制の体験――スペインのフランコ体制が代表的です――によって一躍脚光を集めるようになりました。日本では1946年に日本国憲法によって違憲審査制が導入されています（81条）が、ドイツ（1949）、イタリア（1948）、フランス（1958）、トルコ（1961）、ギリシャ（1975）、ポルトガル（1976）、スペイン（1978）という主要な国々が相次いで憲法裁判制度を導入しました。

　その後、社会主義陣営の崩壊によってもう一度波が来ます。それは、東欧諸国です。それらの国々はそれぞれ非民主的な体制を体験したことを踏まえて、例えば、ポーランド（1985）、ハンガリー（1989）、ブルガリア（1991）、ロシア（1995）といった国々が、続々と憲法裁判制度を導入しました。アジアではインドと韓国が注目に値します。韓国については後ほどご説明させていただきます。

　非常に興味深いことに、アメリカ合衆国は、こうした世界のトレンドとは全く無関係に独自に司法審査制を形成し発展させてきました。1803年のマーベリー対マディソン事件[5]の判例を通じて違憲立

---

(5)　Marbury v. Madison, 5 U.S. (1 Cranch) 137 (1803). この判決は、司法審

法審査制の確立が行われ、それ以後今日まで、極めて重要な憲法判例が積み重ねられてきました。

こうして、「議会の世紀」では、議会の制定する法律こそが社会の正義を示すものでしたが、その信頼性が低下したから、今度は憲法裁判所に法律に対して憲法を守るという役割が託されることになりました。さらに現在では、それより進んだ事態、つまり悪い法律を防ぐのではなくて、悪い憲法を防ぐといったところまでいっている部分もあります。つまり、違法な憲法改正を押しとどめるものとしての憲法裁判所ということです。

そうした考え方を示した具体例として、イタリア憲法裁判所の1988年の判決を紹介したいと思います。イタリア憲法裁判所は、「憲法には、憲法改正法律や他の憲法法律によってすら、その本質的な内容が覆され、あるいは変更されることのできないいくつかの最高原理がある」、と述べています。また、1980年にはインドの最高裁判所が、憲法改正を司法審査の対象から除外することを目的とする憲法改正をしようとしたところ、そのような憲法改正自身に違憲判決を下しました。

憲法裁判制度の中には2つの大きな類型があります。1つ目は、アメリカ型司法審査制（付随的審査制）モデルであり、2つ目は、ヨーロッパ（ドイツ）型憲法裁判所モデルです。

3）アメリカ型司法審査制モデル

アメリカ型司法審査制モデルは、憲法問題を特別視しないということです。伝統的な司法の考え方の中で、通常の司法裁判所（日本でいえば地裁、高裁、最高裁、そして簡易裁判所や家庭裁判所もそこに含まれます。）が具体的事件の処理に必要な限度で憲法判断を行います。この場合、憲法裁判をすることが司法裁判所にとっての主要な任務とまでは言えない、あくまでも副次的な任務ということにな

の起源となった判決ですが、その背景には複雑な政治的対立があり、司法審査権はその所産であると言われています。

ります。

　司法審査モデルの場合、先ほど話したような、裁判官が本当に憲法判断をして法律を違憲と言っていいのかということが非常にやかましく問われるわけです。普通はしない仕事である憲法判断をたまに行うことになるので、正当性について非常に疑われやすい状況にあります。この点について、19世紀フランスの政治思想家・トクヴィルは『アメリカのデモクラシー』[6]という本を書きましたが、その中でアメリカの司法権がこの国の民主主義において重要な役割を果たしていることを見抜いた上で、司法審査制は裁判官が法律問題に対して介入して政治化する、あるいは裁判官が隠れて実は政治的な役割を果たしているというように批判されることを回避する非常に巧妙な制度である、と評価していました。

　この制度が人権保障に大きな役割を果たすことが明らかになり、第2次世界大戦後、オーストラリア・カナダなどの英連邦諸国、ラテン・アメリカのいくつかの国々、インド・日本で採用されました。ヨーロッパでもギリシャ・デンマーク・スウェーデン・ノルウェー等の国々で採用されています。

4）ヨーロッパ型憲法裁判所モデル

　今日の話の中心はむしろヨーロッパ型のほうです。一般に「ドイツ型」と呼ばれることも多いですが、これはドイツの憲法裁判所が極めて大きな役割をドイツ社会の中で果たしていて、国内外でドイツ連邦憲法裁判所が非常に評価されているということが、その理由です。それから韓国との関係でいえば、韓国が意識的にドイツ型を真似して導入したということもあります。ドイツの連邦憲法裁判所は実は非常に強烈な制度でありまして、「闘う民主制」という戦後ドイツに極めて特有な政治状況が必要とした制度であります。この点については、後ほど改めて触れます。

---

(6)　アレキス・ド・トクヴィル〔井伊玄太郎訳〕『アメリカの民主政治（上）（中）（下）』（講談社、1987年）。

ヨーロッパ型はどういうモデルかと言うと、アメリカの司法審査制と対照的に、憲法問題を特別視します。一般的に憲法秩序の維持・実現に力点がおかれ、個人に対する人権救済が主要な目的ではないという言われ方もしています。ただし、これには誇張があります。なぜなら現代の立憲主義国家の中で憲法秩序の維持の中には当然のことながら人権保障も入っているので、人権保障がどうでもよくて憲法秩序を守るのが憲法裁判所だという言い方は不適切です。ただ、もともとの発想が個人の救済ということに力点をおいた制度ではないということは確かです。

　ヨーロッパ型憲法裁判所の特徴は、通常の裁判系統とは別におかれるということです。司法審査制型では必ず最高裁判所あるいはそれに類する機関があり、1つの裁判系統になっています。ところが複数の裁判系統がある国で、しかもその複数の裁判系統とはさらに別に憲法裁判所がつくられています。もちろん、その両者は通常関連し合っているが、組織としてきちんと分かれています。なお、「ドイツ型」と言いますが、実際には1920年のオーストリア憲法がこの類型に属する最初の裁判所と言われています。

　それでは、なぜ通常の裁判系統とは別に憲法裁判所が創設されたのでしょうか。憲法裁判所制度は体制の変革期によく採り入れられます。それは、旧体制下の裁判官は、その当時の抑圧的な体制に手を貸していたから、そういう裁判官はもはや信用できないという状況の下で、新体制の下では、それとは断絶することが要求されることが一般的です。高度な政治的政策的な判断を伴う新憲法の解釈を、古い、汚れた、保守的な裁判官には任せられないということで断絶を志向するところから、それとは距離をおいた憲法裁判所が設置されるというわけです。

5) 両者の接近傾向

　以上述べた2つの憲法裁判についてのモデルの接近傾向ということが、憲法の教科書に書かれています。つまり、アメリカ型は個人の人権救済、ヨーロッパ型は憲法秩序の維持と言われるけれども、

ドイツでは後に「憲法異議[7]」(「憲法訴願」という訳語も用いられます)という制度が発達しました。この制度の下では、すべての裁判的救済の道を閉ざされた人が、最後に憲法裁判所に個人の救済のために直訴することができます(94条2項)。ほとんどの主張は認められてはいませんが、制度としてはきちんとしており、個別的権利救済の作用をドイツの憲法裁判所は行っています。それからアメリカでも、憲法裁判は政策的な問題に積極的に関与しています。しかも、最高裁には「裁量的上訴制度[8]」があり、最高裁は、非常に重要と考えられるものだけを吟味して憲法問題を中心に判決を下します。そうした制度の運用の中で、憲法裁判所がヨーロッパで果たしている役割に近い、憲法裁判機関としての積極的な役割を果たしています。ということで、モデルの機能の仕方は、言われるほどに異ならないということが指摘されます。

---

[7] 憲法異議(憲法訴願)(verfassungsbeschwerde)については、ボン基本法93条1項4a号が規定しています。それによると、連邦憲法裁判所は、「各人が、公権力によって自己の基本権の1つ、または、第20条第4項、第33条、第38条、第101条、第103条および第104条に含まれている諸権利の1つを侵害されている、とする主張をもって提起することができる憲法訴願について」決定するとされています(以下、ボン基本法の訳は樋口陽一・吉田善明編『解説 世界憲法集 第4版』(初宿正典訳)による)。憲法異議は、「憲法訴願が憲法上の原則にかかわる重要性を有するとき」または「第90条1項の掲げる権利の実現のために適切であるとき。訴願人が本案についての裁判を拒否されたため重大な不利益を被ったとき」に受理されるとされています(連邦憲法裁判所法93a条)(訳は初宿正典、須賀博志編訳『原典対訳連邦憲法裁判所法』(成文堂、2003年)による)。

[8] 裁量上訴(サーシオレイライ、certiorari)とは、上訴審裁判所が上訴を認めるか否かを決定する裁量を有する場合をいいます。つまり、合衆国連邦最高裁判所への上告を認めるか否かは、合衆国連邦最高裁判所の裁量にかかることを意味します。この制度は、すべての事件を合衆国連邦最高裁判所が受理することによって生じる過剰な負担を軽減させるために、上訴される事件を絞り込もうという目的で導入された制度です。現在では、ほとんどすべての事件が裁量上訴によることとなっています。

6）ヨーロッパ型憲法裁判所モデルの発展

さて、今日のお話のテーマであるヨーロッパ型憲法裁判所モデルの発展についてお話していきたいと思います。

ヨーロッパにおけるアメリカ型司法審査制の移植の困難さ　アメリカは19世紀初頭から違憲審査制をやっていたわけで、この点から見れば、アメリカは先輩になります。ヨーロッパでそれを導入するということは1つのアイデアとしてはあり得たはずですが、これは受け入れられませんでした。その理由として3つあります。

1つ目は、ヨーロッパでは、法律の神聖不可侵視が強いです。ルソーの「法律は一般意思の表明である」という言葉が有名です。「一般意思」とは、政治共同体における正義そのものを示しているわけですが、それは法律であり、法律こそが一般意思であるという考え方がずっと続いてきます。さらに、憲法が硬性ではない。私たちは憲法と聞くとすぐに憲法典という硬性憲法を思い浮かべますが、こうした法律の神聖視の強いヨーロッパでは法律と憲法の間の優劣関係は極めて曖昧です。つまり、法律そのものが一般意思だから、法律も一般意思、憲法も一般意思ということになるから、どちらが上・下ということはないという帰結になってしまうわけです。

2番目に、通常裁判所裁判官のイメージが「法律の単なる解釈者」、「法律の機械的な適用者」、あるいは「顔のない裁判官」と言ったほうが分かりやすいかもしれませんが、どんな裁判官が裁判をしても同じ結果が出ることが裁判の理想であるというイメージがあります。したがって、このような裁判官のイメージと、国家の重要な決定を左右する憲法裁判とは非常に結びつきにくい側面があります。

3番目に、ヨーロッパ大陸では一般に裁判系統が1つではありません。例えばフランスでは民事・刑事は破毀院、行政裁判はコンセイユ・デタという行政裁判所がそれぞれ最高裁判機関です。したがって、もしお互いに違憲立法審査権を持っていたら統一する機関がありません。つまり破毀院とコンセイユ・デタの両者の上に立つ機関は存在していないので、両者の憲法解釈が全く一致しない可能

性があります。ドイツでも5つの裁判系統があります（通常裁判権・行政裁判権・税務裁判権・労働裁判権・社会裁判権）から、同様の問題が生じます。

それから、オーストリアとドイツは連邦制を採用していますから、アメリカ型は導入しないけれども、やはり憲法裁判は導入する必要があるわけです。

理論的政治的背景　ヨーロッパで憲法裁判所制度は普及していきます。その理論的背景としては、憲法が根本規範であり、一国の法体系が憲法を頂点としてピラミッドを形づくっている、という認識が次第に定着してきたことがあげられます。そうした考え方が定着すると、憲法裁判が必要になります。憲法がこのようにイメージされると、憲法は、民法の基礎法であり、刑法の基礎法であり、商法その他様々な法の基礎法であるという考え方が次第に一般化していきます。

2つ目は、多数派民主主義体制が定着してくる、という政治的背景があります。これはヨーロッパの多くの国々は議会制になったものの、確固とした多数派はなかなか形成できず、内閣が倒れやすいという状況にあります。こうした状況の下では憲法裁判はあまり重要ではない。ところが、非常に強い多数派ができると、目を離すとこの多数派が何をやり始めるか分からないという可能性が出てくるわけです。そうなると、バランスをとるものが必要となり、憲法裁判の必要性が生まれてきます。つまり右派・左派の対立が非常に激しくて、右に行くと非常に右よりの政策を、左に行くと非常に左よりの政策をとるような国では、極端な改革が行き過ぎないように緩衝的な役割を果たします。

ヨーロッパ型憲法裁判所に共通する特徴　ヨーロッパ型憲法裁判所に共通する特徴として、以下のような点があります。なお、今からお話しする点は、私が翻訳したルイ・ファヴォルー『憲法裁判所』の見解に基本的に依拠しています[9]。

(a)　多元的な法体系・裁判権が存在すること

1番目は多元的な法体系・裁判権が存在することで、これは先ほ

どお話したとおりです。

(b) 憲法によって、組織・作用・権限等が規定され、その独立性が保障されていること

2番目は、憲法そのものによって組織・作用・権限等が規定され、その独立性が保障されています。それから憲法裁判所が一般に憲法争訟を独占していると言われますが、実際にはこの言い方は必ずしも適切ではありません。例えば事件が起こり下級裁判所で憲法問題がテーマとなったときは、移送をして憲法裁判所に判断を仰いで、結果が出たらもう一度戻されて、そして判決を下します。こうしたやり方をする場合、学問的にとらえると決して憲法裁判所だけが憲法解釈をしているわけではなく、実際には下級裁判所も憲法解釈を行います。つまり、自分で憲法問題を発見するわけですから、そう考えると憲法裁判所だけが憲法争訟を独占しているという言い方は正しいかどうか疑問になります。少なくとも、法律の合憲性審査を行っているわけです。

ちなみに、憲法裁判所が憲法争訟を取り扱う際には、その方式は、国によって実に多様です。具体的な事件との関連で憲法判断を行う具体的な審査制といわれる方式と、具体的事件と無関係に審査する抽象的な違憲審査といわれる方式がありますから、これでまず2種類あります。それから、ある事件が起こってからそれに対して憲法判断を行う場合と、事件が何もないのに事前をする場合もあります。例えばフランスの憲法院では、議会で法律が可決された後、大統領によって署名されます。その前にだけ違憲審査ができ、一旦法律になってしまうとできないという、言葉の真の意味での事前をやっている国もあります。それからアメリカや日本のように、何か事件が起こって、そこから憲法問題が初めて生じるといった国もあります。このように国によって様々に憲法裁判所の権限が異なっています。人権保障の観点から言うと、事後的な制度は重要です。合憲性の怪

---

(9) ルイ・ファヴォルー、山元一訳『憲法裁判所』（敬文堂、1999年）6頁以下の整理を参照。

しい法律があり深刻な人権侵害が起こっていても、いったん法律となった以上もはや訴える先がないということは望ましくないでしょう。

憲法裁判所の本来的任務は、私人に直接的な満足を与えることではないと、一般的に理解されています。つまり、確かに私人が満足を得ることは重要ですが、制度の最も根本的な趣旨ではない、と理解されてきました。それでは、その本来的任務は何でしょうか。その第1は、国家の諸制度の良好な作用です。先にも述べましたように、とりわけ、連邦制に関係する中央と地方の対立が生まれた場合、それから中央の統治機構内部で国家機関相互間の紛争が起こることがないとも言えません。そうしたことが起こったときに仲裁的な役割を果たす機関が必要です。次に、基本権の促進と保障のための客観的機能、主観的というよりは客観的な人権秩序の維持ということも任務となります。これに加えて、政権党のコントロールも重要な任務です。先ほど申し上げたように、多数派民主主義制になると、急激な政治的変化を抑制して政治生活の安定化に寄与します。

次に憲法裁判の対象ですが、法律が中心となることは言うまでもありませんが、その対象は多様です。国によって、行政行為、裁判、条約、行政立法、地方立法、州法律、さらには、法律を廃止するための国民投票実施の可否の決定（イタリア）等々の役割を引き受けています。

(c) 憲法裁判所を構成する裁判官は、職業裁判官ではない

3番目は、憲法裁判所を構成する裁判官は、職業裁判官ではないということです。職業裁判官出身の人が排除されるわけではありませんが、職業裁判官ではないことが一般的です。任命権を有する政治機関、つまり大統領や議会が指名あるいは任命するわけですが、大体の場合、公然と自らの政治的傾向に近い人を裁判官に任命します。また、政党が大きな役割を果たす国も多いです。それから学者が多い。憲法学者のみならず、法学教授が重要な比率を占めています。また、多くの国々では、法律学の素養がないといけないという憲法規定あるいは憲法裁判所についての法律規定を持っている国も

多いです。

　少なくないヨーロッパの国々では、議会における特別多数による選出を条件として規定しています。それは第一党だけが憲法裁判官の人事を独占しないために、例えば3分の2にしておけば、第一党と第二党の両方が納得しなければ人事は通らないことになるから、それぞれの政治傾向を代表する人々が憲法裁判所裁判官になることが多いです。

　先ほど、憲法裁判というのは憲法裁判官による独裁制ではないかという、疑問が生じるという話をしました。つまり、彼らのする決定があまりにも重要であるがために、選挙で選ばれない裁判官にそのようなことをさせていいかということになるわけですが、ヨーロッパ型憲法裁判所モデルでは、そうした政治的に重要な人々や勢力が任命するために、このような批判が比較的少ないといえます。つまり、大統領や議会は国民から選ばれているわけだから、議会が選ぶことになれば、間接的にではあれ裁判官に正当性が与えられることになるはずだ、というわけです。

(d)　憲法裁判所が「真正の裁判所」であること

　4番目は、裁判所が「真正の裁判所」であることです。ここで、「真正の」というのは、裁判所と呼ぶにふさわしい機関であるということです。既判力をもって法を語ることができ、その違憲判決が一般的効力、対世効を有するということができないと憲法裁判所とは言えないことになりますが、ヨーロッパの憲法裁判所はすべてこれを満たしています。そして一般的には対審的構造を有しています。それから、少数意見制度を取り入れている国もあればそうでない国もあります。

(e)　憲法裁判所は、通常裁判所の外に位置すること

　5番目はすでにお話ししたことですが、憲法裁判所は、通常裁判所の外に位置するということです。但し、外に位置しているといっても、通常裁判所から憲法裁判所への憲法問題の移送手続が規定されていることも多く、イタリアではこのルートを通じた憲法裁判が主流です。

こうした形で憲法裁判所と通常裁判所が関係を持っていることから、2通りの問題が生じます。まず、両者が関係を持つと、憲法裁判所が通常裁判所の監督機関になるという事態が生じます。つまり、三審制度をとっているとすると、三審ではなく四審制度という状況が生まれます。

これがなぜ重要であるかというと、憲法の基本的人権、ドイツでは基本権と呼びますが、基本権が私人相互、あるいは通常の法律問題の中で極めて大きな意味を持っているという理解が強まってくると、私人間に人権保障の要請が働き、これまで積み上げられてきた通常裁判所の判決や法の考え方が破壊されてしまうことが生じます。つまり、近代的な通常の民事法や刑事法の考え方があったところに、いわば基本権が殴り込みをかけて、「これまでどおりの考え方でいると人権侵害になりますよ」、と介入してくるわけです。例えば民法でみると、契約の自由によって考えられていた民事法の秩序が、ある特定の契約の自由については人権の観点から厳しく制約されるということが一般化してきます。これは、通常裁判所にとってはかなり悩ましいものとなります。

逆に、フランスの制度のように移送制度が存在せず、憲法裁判所と通常裁判所の間が完全に切断されているとすると、自分の判決を聞いてもらえない、つまり強制力がなくなってしまいます。憲法裁判所が、「このような解釈は憲法に合わない」といくら言ったとしても、それをサンクションするものが存在しないことになります。

このように見てくると、憲法裁判所と通常裁判所の系統が結びついていると結びついているだけに深刻な問題が起こり、結びついていないと無視されてしまうということになります。ですから、仮に日本で実際に憲法裁判所が導入されると、ここのところが法実務の中ではかなり大きな問題になってくると思われます。

各々の憲法裁判所の個性　ヨーロッパの憲法裁判所は、よく見るとかなり相互に異なっており、各々の憲法裁判所の個性があるという話にも触れておきましょう。ドイツ連邦憲法裁判所は、すべての救済の道を閉ざされた者が最後に憲法裁判所に直訴するという、

「憲法異議」があることが大きな特徴と言えます。イタリア憲法裁判所は、通常裁判所から憲法裁判所への移送があり、逆に抽象的な違憲審査をしないという特徴があります。オーストリア憲法裁判所は、行政行為の合憲性審査も任務の中にあり、これが大きな働きをしているようです。スペイン憲法裁判所は、スペイン法の伝統にある考え方だそうですが、司法権の行為に対してさらに上訴を受けて判断をするという、アンパーロ訴訟がかなり発展しています。フランス憲法院は、議会が事前に申し立てる、法律として世の中に出る前に、議会で可決してから大統領によって署名を受ける短い間だけ違憲審査ができるというところに特徴があります。

憲法裁判所に共通する変化　このように様々な顔を憲法裁判所は持っているわけですが、いくつかの共通する変化を取り出してみたいと思います。

1つは、ドイツ・イタリア・スペインでは、憲法裁判所は、通常裁判所の下した判決についての審査を行うことが重要な役割になっています。法律の合憲性のというよりも、法律の適用に関する判決のコントロールということが大きな意味を持ってきているようです。

2つ目に、ドイツ・イタリア・オーストリア・スペインでは、憲法事件の「選別」が強化されています。憲法異議が認められると、最後はみんなそこに行ってしまうわけです。そうすると洪水状態になるので、どうやってフィルターをかけるかが重要な役割になってきています。フィルターをかけるための機関がつくられたりもしています。

3つ目は、ヨーロッパの憲法裁判所はこのようにいろいろ個性がありますが、ヨーロッパ共同体法、ヨーロッパ人権条約の影響を強く受けています。直接的に、例えばヨーロッパ人権条約が各国の憲法裁判所を拘束することはないけれども、ヨーロッパ人権条約の加入国はその条約の判決に対して誠実に従わなければいけないので、そうしなければ国際的に恥をかくことになります。つまり、ヨーロッパ人権条約の人権保障の水準にまで自国の憲法裁判所の考えが至っていないと、人権保障がヨーロッパの価値の1つなので好まし

くないということになります。したがって、ヨーロッパ共同体法、ヨーロッパ人権裁判所の判決等に非常に影響を受けてきます[10]。

そして、ヨーロッパ共同体法はそれ自身、憲法も含めた国内法にあまねく優越するというのが基本原理です。憲法であれ通常の法律であれ、それ以下の規範であれ、すべての国内規範に対してヨーロッパ共同体法は優越することになっています。そのこととの関連でも、ヨーロッパ共同体法を無視すると大変なことになります。このようにして、ヨーロッパの各憲法裁判所はそれぞれ個性があり顔がありますが、非常に大きなところではヨーロッパの共通財産である自由や民主主義のヨーロッパレベルの価値に拘束されているという面があることが今日、見落とされてはならないということになります。

7）日本の憲法裁判制度の性格

日本の憲法裁判制度の性格についてですが、大雑把に言うと、戦後直後、日本の最高裁判所がアメリカ流の司法裁判所なのか、それとも今までお話してきたようなヨーロッパ的な憲法裁判所としての性質も持っているのか、この2つの理解が実は厳しく対立しました。通説はアメリカ合衆国の判例が形成してきた司法裁判所制度を明文で規定したものであると考えて、判例もそのような立場に立つことを明らかにしました。少数説は、司法権という概念は流動的なものであり、かつ国によっても異なるものであるから、アメリカでそのように運営されていても、それによって日本が完全に拘束されるわけではない、司法権の歴史的流動性を強調して初めから憲法裁判所としての性質も持っているという議論を展開しました。しかし、憲法の中に憲法裁判について手続についての規定が全然ないということから、通説化することはできませんでした。

少数説の理解にたって、1952年に当時日本社会党の委員長であった鈴木茂三郎（1893～1970）氏が、自衛隊の前身である警察予

---

[10] この点に関連して、「第4章 憲法と国際人権条約」参照。

備隊について違憲であるとして、いきなり最高裁に提訴し、それが却下された事件があります[11]。

次に、ドイツ、フランスの順で憲法裁判制度について、少し立ち入って説明したいと思います。

II　ドイツの憲法裁判

1）ボン基本法「ドイツ連邦共和国基本法」の成立

今まで話が出てきたドイツの憲法裁判がどういうものかについて、もう少し詳しくご紹介したいと思います。そもそも現行ドイツ憲法は、戦後ドイツが東西に分裂して、その西側の憲法に由来しています。正式には「ドイツ連邦共和国基本法」と呼ばれるこの憲法は、俗に「ボン基本法」と呼ばれています。なぜ「憲法」と呼ばず「基本法」というかと言えば、本当の憲法は東西ドイツの再統一が行われた後に制定するので、今のところは暫定的に「基本法」を定めるということになったからです。こうして、ドイツ語で憲法のことをVerfassungといいますが、その言葉を避けて、Grundgesetz（基本法）という言葉が用いられたのです。

2）ボン基本法の特徴

「闘う民主制」と「憲法忠誠」の採用　　世界に進歩的、民主的、時代を先取りしたすばらしい憲法だと考えられていたワイマール憲法が、恐るべきナチズムの支配を生み出してしまい、人類にとって許し難い蛮行を行ったことを、どのように総括するかということが、戦後ドイツにとって最重要な問題になりました。その原因の1つを、憲法を敵視する者に対してまで自由を与えてしまったことが、ワイマール憲法からナチズムを生み出した理由である、だから「憲法の敵」「自由の敵」には自由を与えてはいけない、そうした者に自由を与えるといわばガン細胞のように増殖して体をむしばんでいく、と考えられました。これが「闘う民主制」という考え方であり、こ

---

[11]　最大判1952（昭和27）・10・8民集6巻9号783頁（警察予備隊違憲訴訟）。

の考え方の延長線上に、憲法に対して国民は忠誠を尽くさなくてはいけない、「憲法忠誠」という考え方が制度化されました。

これは、憲法に忠誠を尽くさなければいけないのは権力を持っている人だけでなく個々の国民も憲法に忠誠を尽くさなければいけないという考え方です。日本国憲法99条は、「天皇又は摂政及び国務大臣、国会議員、裁判官その他の公務員は、この憲法を尊重し擁護する義務を負ふ」と規定しており、国民は、憲法尊重擁護義務を負っていません。国民がそこに敢えて入っていないのは、国民が権力者に憲法を押しつけたからだと指摘されていますが、ドイツではそうした考え方をとっていません。基本法の考え方は、国民も権力者もともに憲法に忠誠を誓い、憲法が脅かされそうになったら抵抗権を発動して憲法を守らなくてはいけないというものです。

そしてまさに憲法忠誠を実現するための制度的担保、つまり制度的にそれを実現するための手段が、連邦憲法裁判所であったわけです。この意味で、「憲法忠誠」「闘う民主制」とドイツの憲法裁判制度は極めて密接に結びついていました。

連邦憲法裁判所の設置　ボン基本法の9章では、「司法」という言葉ではなく「裁判（Rechtsprechung）」という言葉が使われています。そして、裁判権は裁判官にある。裁判権は連邦憲法裁判所、連邦裁判所、およびラントの裁判所によって行使される、と明文で規定しております（92条）。

連邦憲法裁判所裁判官の選任方法は連邦議会と連邦参議院で半数ずつ選ばれ、計16人になります。連邦憲法裁判所の権限は、抽象的審査、具体的審査とがあります。具体的規範審査は、通常裁判所からの移送によって行われます。抽象的規範審査は、連邦政府、ラント政府、連邦議会議員の3分の1が提訴することができるものです。それから私人が直接憲法裁判所に提訴する憲法異議（93条1項4a号）は、憲法裁判所に持ち込まれる事件の9割強を占めています。これは、公権力によって自己の基本権または一定の憲法上の権利を侵害されたことを主張するすべての人によって提起することができる訴訟であって、すべての法的救済手段を尽くした後に初めて

提起されうるものです (94条2項)。

頻繁な憲法改正　ところで、ドイツは極めて活発に憲法改正を行っている国の1つです。日本との比較で言いますと、終戦直後は日本と同様にドイツでも一旦軍隊がなくなりました。しかし、やがて憲法改正によって再軍備が行われ、国防軍が再建されるということで、明文の憲法改正による再軍備をたどっています。それから「非常事態」のための改正が行われたり (10a章)、最近では環境保護のための国家の義務としての規定が入ったりしています (20a条)。

3)「闘う民主制」および「憲法忠誠」の思想と制度

「闘う民主制」をお話しすることが今日の主要な課題ではないので、ごく簡単に説明したいと思います。

「闘う民主制」とは何か　当時の西ドイツの極めて特殊な状況によって「闘う民主制」および「憲法忠誠」が必要とされたということは注目に値します。すなわち、西ドイツのアイデンティティーそのものが憲法忠誠であったわけです。当時の西ドイツは東に対しては自由主義陣営の境界線にいたわけで、ともすれば共産主義化するかもしれないという不安感を持っており、共産主義に対する防波堤という意味で極めて重要でした。逆に西側の国々に対しては、ドイツは二度とファシズムの国にはならないことを明確にする必要がありました。

つまり、東側に対しては自由主義であることを鮮明に言わなければならなかったし、西側に対してももう一度ネオ・ナチがきてファシズム化してもいけない。ファシズム化もしてもいけないし、共産主義化もしてもいけない。どちらにいっても、東側からも西側からも叩かれてしまう。この厳しい道を歩むために「闘う民主制」がぜひとも必要であったということです。

しかも、東西ドイツは人工国家だったわけです。つまりドイツは戦後、アメリカ、イギリス、フランス、ソ連の4カ国によって占領された。そしてソ連に占領されたところが東ドイツになり、残り3国に占領されていたところが西ドイツになるわけで、両国の間の境

界線はきわめて政治的な境界線だったわけです。したがって、西ドイツのアイデンティティーは、極めてイデオロギッシュなアイデンティティーであったのであり、それを支えるものが連邦憲法裁判所であったということになります。

「闘う民主制」の具体的内容

(a) 基本権喪失規定

「闘う民主制」の内容の第1として、基本権喪失規定というのがあります[12]。ボン基本法の価値である自由な民主的基本秩序を攻撃したり濫用したりする者は、基本権を喪失する。つまり、日本流にいうとそれらのものにはもはや人権はない、という規定です。これは一度も使われたことはないけれども、そうした制度が憲法で明文として書かれています[13]。

(b) 政党の違憲性の判定

第2に、政党の違憲性の判定で、自由と民主主義の観点からみて疑問のある政党に対しては、違憲にして解散を命ずることができます[14]。1950年代に実際に、ネオ・ナチと共産党の2つの政党が違憲判決を受けています[15]。ですから、戦後ドイツは民主主義国家と言いながら、左右に対してかなり厳しい弾圧が行われていました。

---

[12] ボン基本法第18条は、「意見表明の自由、特に出版の自由（5条1項）、教授の自由（5条3項）、集会の自由（8条）、結社の自由（9条）、信書、郵便および電信電話の秘密（10条）、所有権（14条）、または庇護権（16 a条）を、自由で民主的な基本秩序に敵対するために濫用する者は、これらの基本権を喪失する。それらの喪失とその程度とについては、連邦憲法裁判所によって言い渡される」と規定しています。

[13] その他にも、「教授の自由は、憲法に対する忠誠を排除しない」（5条3項）、「団体のうちで、その目的もしくは活動が刑事法律に違反するもの、または、憲法的秩序もしくは諸国民の間の強調〔＝相互理解〕のしそうに反するものは、禁止される」（9条2項）とする規定も存在しています。

[14] ボン基本法21条2項「政党のうちで、その目的またはその支持者の行動からして、自由で民主的な基本秩序を侵害もしくは除去し、またはドイツ連邦共和国の存立を危うくすることを目指すものは、違憲である。その違憲の問題については、連邦憲法裁判所がこれを決定する」。

[15] BVerfGE 2, 1., BVerfGE 5, 85.

「闘う民主制」の終焉？　こうした「闘う民主制」については、本当に民主主義か、自由の全くない価値の押しつけ国家ではないかというような疑問が生じても当然です。戦後しばらくの間は東西対立が大変厳しかったですが、しだいに東西の対立が揺らいでいきました。やがて東が崩壊したので、「闘う民主制」の抑圧的性質は次第に失われていきました。こうして、連邦憲法裁判所は、「闘う民主制」を守るための制度という色合いが極めて強かったのですが、それが変わっていきます。むしろ一般に、自由、人格権、表現の自由といったものを守る機関として次第に評価が高まっていくことになります。

4）ドイツ連邦憲法裁判所の判例の動向

今日、是非紹介しておきたいこととして、1990 年代にドイツ連邦憲法裁判所が危機を迎えたと言われたときがあったということです。このような指摘は最近は弱まっているようですが。

当時、ドイツ連邦憲法裁判所は、憲法の観点からみると非常に興味深い 2 つの判決を下しました。1 つは、バイエルン州の規則に従って、国民学校の教室にキリストのはりつけになった像を設置していたことが、日本流に言うと、信教の自由に対する違反になる、という判決を下したわけです。つまり、国民学校の教室に磔刑像の設置を義務づけたバイエルン州の規則を違憲としました（1995 年磔刑像決定[16]）。もう 1 つは、「兵士は殺人者だ」というプラカードを掲げたことが侮辱罪で有罪になったのに対して憲法裁判になり、こうした侮辱罪に問うことは表現の自由の保障を侵すということでひっくり返しました（1995 年「兵士は殺人者だ」決定[17]）。

この 2 つの判決は、極めて厳しい批判を受けました。まず前者に対しては、バイエルン州はドイツでも非常に保守的なところですので、政治家たちが公然と批判の声を挙げ、大抗議集会が行われ、連

---

[16]　BVerfGE 93, 1.

[17]　BVerfGE 93, 266.

邦憲法裁判所にたくさんの抗議文が寄せられたそうです[18]。

後者の「兵士は殺人者だ」事件については、結局事件は差戻しになってしまい、表現の自由に違反するので侮辱罪としては処罰できないとなったときに、差戻審を担当した裁判長が、被告人に制度上しかたないので無罪を言い渡したが、傍聴席にいた連邦軍兵士たちに対して、このような判決をしてしまうことを謝り、「憲法裁判所の判断は思い上がった、法律的に納得のできない、社会的に誤った判決だ」と非難したと伝えられています[19]。これは法律家の世界内部でも、この判決が極めて大きい意味を持ったということだと思います。

ドイツについてはこれぐらいにして、次にフランスの憲法裁判について紹介したいと思います。

Ⅲ　フランスの憲法裁判

1）第5共和制憲法の成立とその意味

フランスは、憲法裁判制度に関して非常に興味深い展開をします。現行フランス憲法は「第5共和制憲法」と言いますが、アルジェリア独立戦争との対応との関係で生まれた憲法です。フランスは強大な帝国主義、植民地国家であったために1950〜60年代、植民地が独立していくことに関して、極めて難しい対応を迫られました。敗戦によって一挙に植民地を失ってしまった日本からは想像できないことです。もちろん日本でも戦後、引き揚げ等大変な問題が起こったけれども、フランスは戦後社会になってからずっと苦しむことになります。つまり植民地に存在する対外的利権をどうやって放棄していくかということが問われるわけです。国の政治は国内の利害が対立して非常に不安定になります。アルジェリア問題をめぐって事態が収拾できなくなったときに、強い大統領を持った憲法を作らないと事態を収拾できないということで、フランスがナチスに占領さ

---

[18]　栗城壽夫「はしがき」ドイツ憲法判例研究会編（栗城壽夫・戸波江二・石村修編集代表）『ドイツの最新憲法判例』ⅴ頁（信山社、1999年）。

[19]　栗城・前掲註[18]ⅵ頁。

れていたときにロンドンにいてフランスの解放を訴えるリーダーだったドゴールが政界に呼び戻されます。現行憲法は彼の考えが非常に反映された憲法でよくドゴール憲法と呼ばれます。そして、彼自身が初代大統領に就任することになります。

2）第5共和制憲法の特質と内容

憲法裁判との関係で重要なのは、フランスの憲法体制が議会中心から大統領中心になったということです。それまでフランスでは非常に議会の権限が強かったわけですが、この議会を何とか弱めたい、議会を弱めないと国家統治が満足にできないというのが、第5共和制の一番基礎にある考え方です。そこで、議会の法律所管事項を狭めてしまいました。

日本の憲法では議会の法律所管事項は制約されていません。「国会は、国権の最高機関で、唯一の立法機関」としか書いてないから、原則として、どういう事項についても立法を行うことができます。これに対してフランスでは、34条で、法律を作ることができる事項が限定的に列挙されています。ですから、もし議会が憲法34条を無視して、いろいろな立法をし始めたら、それを止める、すなわち違憲判決を下すことが、憲法院に付託された役割でした。つまり、伝統的な法律概念を捨てて、制約を受けている法律の所管事項を超えないように、議会の見張り役として憲法院がつくられたわけです。この目的のために、憲法院は非常に短い期間、すなわち法律が議会で採択されてから大統領が審署を受ける間での期間に限って提訴を受け付けることになりました。

なお、フランス現行憲法も、制定以来これまで数多くの改正が行われています。

3）憲法院制度とその展開

憲法院は本来9人のメンバーで構成されます。面白いことに、元大統領は自動的に憲法院の裁判官になれるという規定[20]があります。ミッテラン大統領の前のジスカール・デスタン元大統領が最近、憲

法院の構成員になりたいということで就任しました、それによって今は10人です。大統領が3人、上院議長が3人、下院議長が3人指名して、計9人です。3年ごとに指名の時期が回ってきます。構成員が法律家でなければならないとする要件はなく、法律家でなくてもなれます。有力な憲法学者が入っているが、数からすると1～2人で、法律色が強くない政治家、著名な社会学者などいろいろな顔ぶれがいます。前には元々薬剤師の人が構成員であったという話を聞いたことがあります。このように他のヨーロッパの憲法裁判所とは色合いが違う制度です。

しかし、フランスの憲法院は、当初は大統領を守り、議会を弱めるための機関として創設されましたが、1971年以降、人権保障のために極めて活発な働きをしています。

1つだけ言いますと、フランス第5共和制憲法を読んでみると人権カタログがありません。日本国憲法の3章「国民の権利及び義務」に当たる部分がないのです。しかしながら、憲法院は、憲法の前文に着目しながら、「フランス人権宣言」その他の規範を憲法判断の基準にするという実践を積み上げてきています。つまり、人権の保障規定がないのに小さなことを手がかりにしながら、憲法裁判を行ってきました。現在では人権保障の分野で、ヨーロッパの他の国にひけをとらない実績を、あげてきたといわれています。

それから、フランスでは伝統的に左右対立が極めて激しく、政治的に右であるか左であるかということが極めて重要であり、右と左が連合を組むということは、原則としてありません。そもそも右翼とか左翼とかという言葉が生まれたのが、フランスでした。そうすると、右と左が激しくぶつかる事件について判決を出すことは大変困難な仕事になります。

その代表的な例として、1981年に社会党党首だったミッテランが大統領に就任したときに、国有化政策を行い、当時のアメリカや

---

[20] フランス第5共和国憲法56条2項「前項で定められる9人の構成員のほか、元共和国大統領は、当然に終身の憲法院構成員である。」（訳は樋口陽一、吉田善明編『解説　世界憲法集　第4版』（辻村みよ子）による）。

ヨーロッパの国が「小さい政府」を目指していた時代に、フランスはむしろ「大きい政府」のほうに舵を取り、主要銀行の国有化等を行いました。この問題は憲法院に持ち込まれましたが、国有化政策の合憲性を判断することは非常に難しい問題でした。もしそれを違憲だというと憲法院は右派・保守派の隠れ蓑だということになるし、逆に合憲だというと左翼の牙城が憲法院だと言われてしまう危険があります。このような状況の中で、憲法院は、両方に顔を立てる巧妙な判決を下したと言われています。

次に、韓国の憲法裁判について簡単に紹介したいと思います。

Ⅳ 韓国の憲法裁判

なによりもまず、韓国の憲法裁判所は非常に発展しているということが注目されます。

今の韓国の憲法は第6共和国憲法です。韓国はかなり古い憲法裁判の歴史を持っていて、第3共和国憲法（1962〜72年）のときは司法審査制を採用していました。つまり、日本では最高裁判所に相当する大法院が違憲立法審査権を持っていたそうです。ところが10年間の間にした違憲判決は、わずか2件だけだったそうです。しかし、その1件が大変な問題を生じたようですが。大法院を構成しているのは9名で、職業裁判官です。官僚的な人が多くいて違憲判決があまり出ないという時代だったそうです。

ところが1987年6月に全斗煥政権に対する「民主化抗争」の結果、第6共和国憲法が生まれました。この時、かなりドイツの憲法裁判制度の影響が見て取れる制度が導入されました。例えば、憲法裁判所は政党の解散権を持っています（113条1項）。重要な点としては1988〜98年の10年の間に違憲判決が184件あった（違憲111、憲法不合致42、限定違憲31）こと、それから軍・警察・国家情報機関というハードな国家機構に対しても切り込むような判決を出していることです。他方、大統領に対してはやや甘いという評価を聞いたことがあります。

おそらく韓国の一流の憲法学者だと思われる金哲洙教授の『憲法

の50年』には、「開所後わずか9年の間に、憲法裁判所は、積極的に憲法裁判を行い、基本権を保障しようとしてきた。これを憲法学者は、高く評価している。だが、重要な憲法問題の裁判には積極的であり、審理期間180日間を守らず、違憲決定をしぶり、法廷外の政治的決着や、法律の改革をただ待つかのような空気があり、変形判決に甘んじていることには、批判的な声もある。憲法裁判所が重要な決定判断に消極的なのは、裁判官の任期や独立に問題があるためで、憲法裁判所法の改正が必要である」との記述があります[21]。

ここで、日本との比較で面白いことを見つけたのでご紹介したいと思います。日本では、最高裁判所が統治行為論を採用していることはよく知られています[22]。この理論は、高度な政治的判断を伴う法的紛争については原則として裁判所は判断を下さない、というものです。これに対して、韓国の憲法裁判所では、統治行為も憲法裁判の対象になります。すなわち、1996年2月29日憲法裁判所は、「いわゆる統治行為を含むあらゆる国家作用は、国民の基本権的価値を実現するための手段という限界を必ず守るべきであり、憲法裁判所は憲法の守護と国民の基本権保障を使命とする国家機関であるから、たとえ高度な政治的決断によって行われる国家作用とはいえ、それが国民の基本権侵害と直接関連する場合には当然憲法裁判所の審判対象となりうる」としました[23]。このような判断の違いに、憲法裁判所を持っている国と司法審査制を持っている国との大きな違いをここに見出すことができます。

また、軍隊内で上級者が下級者に対して暴力を振るう、いわゆる「気合を入れる」行為に関連して、正当でない気合・命令に従わない行為は軍刑法上の抗命罪に該当しないと判断し、軍隊内の不法な

---

[21] 金哲洙『韓国憲法の50年——分断の現実と統一への展望——』184頁(敬文堂、1998年)。

[22] 代表的な判決として、最大判1960(昭和35)・6・8民集14巻7号1206頁(苫米地事件判決)参照。

[23] 鄭宗燮(除勝訳)「韓国の民主化における憲法裁判所と権力統制——1988年から1998年まで——」立命館法学273号609頁(2000年)。

「気合を入れる行為」への不服従に対する軍検察官の起訴猶予処分を、幸福追求権（憲法10条）に具体的権利性を認めて取り消した事案もあります（1988年9月19日）[24]。

日本の憲法学は、比較の対象としてフランス、ドイツ、イギリス、アメリカばかり研究する傾向にあり、それ以外の国のことをあまり調べない悪弊があります。私もその例外ではないのですが、本日の講演のために韓国の憲法裁判所制度について調べたことは、私にとって非常に勉強になりました。

さて、それではいよいよ日本の憲法裁判所設置論に話を移したいと思います。

V　日本における憲法裁判所設置論の活性化

日本の憲法裁判については、極めて消極的であるといわざるを得ません。違憲判決は非常に少ないです。第三者所有物没収規定（1962）[25]、尊属殺規定（1973）[26]、薬事法（1975）[27]、議員定数不均衡（1985）[28]、森林法（1987）[29]、郵便法（2002）[30]等が、数の少ない例外です。しかも憲法裁判は長期化する傾向があります。例えば、百里基地訴訟は30年かかりました[31]。

1）積極論および現行制度改革論

そもそも、本日の講演のタイトルを"今、憲法裁判所が熱い!?"という題名にしたのは、ヨーロッパでは憲法裁判所が、民主主義的

---

[24] 鄭・前掲論文。
[25] 最大判1962（昭和37）・11・28刑集16巻11号1593頁。
[26] 最大判1975（昭和50）・4・4刑集27巻3号265頁。
[27] 最大判1975（昭和50）・4・30民集29巻4号572頁。
[28] 最大判1985（昭和60）・7・17民集39巻5号1100頁。
[29] 最大判1987（昭和62）・4・22民集41巻3号408頁。
[30] 最大判2002（平成14）・9・11民集56巻7号1439頁。
[31] 1958、1959年に訴訟が提起され、第1審判決が下されたのが1977年、最高裁判決が下されたのが1989年でした（最判1989（平成元）・6・20民集43巻6号385頁）。

政治制度の必須のアイテムだということが言われているし、韓国でも実際期待に応えた働きをしているという事実があり、日本でも、憲法改正を行うのであれば憲法裁判所制度を導入してはどうか、という議論が大変目につくからです。

背景的事実　なぜ日本の憲法裁判が消極的かと言うと、いろいろな理由があります。なによりもまず、"顔のない裁判官がいい"というイメージが強く存在しており、最高裁判所の中の主流派は職業裁判官出身者でありますから、そのようなイメージが強い影響を持っています。憲法制度上は、最高裁判所の裁判官については国民審査制度があって1人1人チェックされる制度となっていますが、最高裁判所裁判官についてもこのイメージが支配的です。そして下級審裁判官についていえば、最高裁事務総局の人事政策によって異端裁判官が極めて冷遇を受けてきたという現実があります。

学　界　学界では、《伊藤正己ショック》とでもいうべきものがあります。この人は最高裁判所の裁判官だったわけですが、東大の英米法担当教授から最高裁入りしました。在職中に書いた判決は憲法学者からは必ずしも評判がよくなく、最高裁を正当化する判決が多いと批判されることもしばしばでした。その彼が退任した後『裁判官と学者の間』という本を出版しましたが、その中で「日本は、大陸型の憲法裁判機関のほうに切り換えたほうがいいではないか」と述べました[32]。このようにもともと英米法専門の人が、しかも自分の最高裁での経験も踏まえてこのような意見を述べたことは、大きなインパクトを与えました。ドイツの憲法を研究している人が憲法裁判所を創設しようといっても、自分が勉強しているからそういう意見に染まったのだろう、と批判されるかもしれませんが、ここではそのような批判は全く当てはまらないからです。

言論界・経済界　言論界・経済界では、一例としてあげれば、1994年11月3日の『読売新聞憲法改正試案』がドイツ型の憲法裁判所の創設を構想しています[33]。このほか同年7月の経済同友会の

---

[32] 伊藤正己『裁判官と学者の間』133-137頁（有斐閣、1993年）。

出した『新しい平和国家をめざして』という提言も同様です。

　政　界　　政界では、かなりたくさん憲法裁判機関についての肯定的な提案が出ています。小沢一郎、自由党、自民党橋本派、山崎拓、民主党憲法調査委員会などがそうです。数日前に明らかにされた自民党の改憲草案大綱（2004年11月17日）でもしっかり憲法裁判所の創設がメンションされていました。

　また、『衆議院憲法調査会中間報告書』（2002年11月）を読むと、自民党、民主党、保守党の方々が積極論を言っています。例えば、民主党の仙石由人氏（弁護士出身）は、次のように述べています（2001年4月16日）。「日本の場合、最高裁判所の持つ違憲立法審査権がやや機能不全といいましょうか隔靴掻痒といいましょうか、なかなかうまく回転しない。それは、個別事件を通してしか審査できないというところに相当の原因があるのではないか。私ども、ヨーロッパを見ておりますと、憲法秩序が、法の支配あるいは法治主義ということが真っ当に行われるためには、どうも憲法裁判所なり憲法の審査院みたいなものがあった方がいいのではないかという気がするのですが、いかがですか。」、と。

2）懐疑論

　これに対して、学界では懐疑論が支配的といっていい状況にあります。その顔ぶれを見ると、奥平康弘、樋口陽一、佐藤幸治、渡辺治と、政治的スタンスも憲法学のあり方も大変異なる代表的な憲法学者が、この点については一致して、憲法裁判所創設反対論の立場を明らかにしています。

　奥平教授は「制度」が働かないのは「制度」が悪いからであって、別の新しい「制度」をもってくればうまくはたらくと考える傾向には警戒を要する、「制度」に対して信仰してはいけない、と言っています[34]。樋口教授は、日本では付随審査制によって、具体的な生

---

(33) その後に発表した2000年5月、20004年5月の『読売新聞憲法改正試案』でも、ドイツ型の憲法裁判所の創設という構想は維持されています。

(34) 奥平康弘『憲法裁判の可能性』6頁（岩波書店、1995年）。

活関係にもたらす効果を考慮する過程の中から出てくる憲法判断を重視したほうがいいのではないか、という言い方をしています[35]。また、佐藤教授（前司法制度改革審議会会長）は、参議院憲法調査会に呼ばれて発言されるなかで、「50年うまくいかなかったから今度新しいものをというのはやや性急ではないか、もうすこし時間をとってやったほうがいいのでは」ということを述べています。ちなみに、佐藤教授が中心になって取りまとめられた「司法制度改革審議会意見書」（2001年6月）は、違憲立法審査制度についてはあまり触れていません。現在直面している課題は山積しており、その活性化は次の課題だと先送りしたような格好です。そのこととそのような発言は合致しています。渡辺教授は、創設論は、政治的な文脈からいって軍事大国化や新自由主義の改革を遂行するためのものではないかと指摘しています[36]。これは、ギラギラした政治的な狙いと憲法裁判所構想はピッタリ結びついているとの指摘です。

3）憲法裁判所導入積極論（メリット）と消極論（デメリット）

皆さんに目を通していただきたいのは、衆議院憲法調査会事務局作成が作成した「司法制度及び憲法裁判所に関する基礎資料」です。憲法裁判所導入積極論と消極論にそれぞれどういうことが問題になっているかが、わかりやすく載せられているので、参考にしていただきたいと思います（末尾に掲載）。

まとめにかえて
―― 根拠薄弱な積極論と現行制度維持論との間で ――

それでは、これまで述べてきたことを踏まえて、日本における憲法裁判所導入論について、ささやかなまとめを行いたいと思います。

---

[35] 樋口陽一・山内敏弘・辻村みよ子『憲法判例を読みなおす（改訂版）』13-14頁（日本評論社、1999年）。

[36] 渡辺治編著『憲法改正の争点――資料で読む改憲論の歴史――』66-67頁（旬報社、2002年）。

1）導入論における積極的な裁判権行使・裁判官の具体的なイメージの不明確さ

まず、導入論をみると、なんで導入しなければいけないかということ自身が必ずしも明らかにされていません。そこでは、「憲法裁判所を導入するのが望ましいと思われる」と言っているにすぎない。導入すると憲法裁判が一体どういう働きをして、どういう機能を果たすのかについての検討が行われていないのではないか、という疑問を禁じえません。つまり、憲法裁判所はいろいろな機能を持っているし、いろいろな狙いがあるから、こういう根拠から創設したほうがいいということを明示して言っているのではなく、およそ制度が「消極的」なのはよくない、だから積極的にしなければいけない、といっているように聞こえます。

しかし、先ほどからも言っているように、裁判官が大きな権力を持つということは、民主主義の観点からみると非常に困難な問題を引き起こします。このことについて、覚悟も自覚も窺うことができません。「司法消極主義」という批判があったり、「違憲審査の判決も少ないから導入しよう」と、ただそれだけです。実際の機能を予測しつつ提言されているわけではないので思考停止との印象があります。この意味で、積極論には非常に説得力に欠ける面があるといわざるを得ません[37]。

にもかかわらず、くりかえし憲法裁判所設置論が出されてきた大きな理由のひとつとして、《内閣法制局バッシング》[38]という動向を指摘できます。たとえば、自衛隊の海外派遣問題が好例ですが、戦力不保持を定める日本国憲法の下で、アクロバット的と批判されながらも、政府は、それとして法的に整合性のある合憲論を提示してきました。現行憲法の下では、9条の制約の下で、日本は少なくと

---

[37] 永田秀樹「ヨーロッパの憲法裁判所と日本の憲法裁判所構想」法律時報70巻1号41頁（1998年）。

[38] 西原博史「憲法裁判所制度の導入」ジュリスト1289号（2005年）45-46頁。関連して参照、佐藤岩夫「違憲審査制と内閣法制局」社会科学研究56巻5・6号（2005年）81頁以下。

も集団的自衛権を行使できないこと、そして武力の行使は禁じられていることが、政府見解として繰り返し説明され、そうであるがゆえに、イラク復興特別措置法（2003年）において、自衛隊は、「非戦闘地域」で、外国軍隊と「一体化」することがないことを条件にして活動が許される、という法状況を生み出しました。このような法状況は、自衛隊を成長発展させようとする政府・自由民主党と、それにブレーキをかけようとする日本社会党を中心とする野党勢力の国会内外における攻防の中から生み出されてきた戦後日本政治に特徴的な産物だということができます。

より積極的に自衛隊の海外展開を求める人々から見れば、内閣法制局によって作り出されてきたこのような法状況＝制約は、桎梏以外の何者でもありません。政府の法律アドヴァイザーに過ぎないはずの内閣法制局がなぜ自衛隊をがんじがらめにすることができるのか、憲法に根拠を持つ新たな憲法裁判所に、きっぱりと「集団的自衛権の行使は憲法上許される」と宣言させて、このような戦後政治を総決算する役割を果たしてもらいたいという考え方が、憲法裁判所設置論にひとつの推進力を与えてきました。

2）現行制度維持論の問題点

《世間》（≒政治）の批判に耐えることができるのは、果たして誰なのか？　　それでは現行制度維持論はどこに問題があるかということですが、現行制度維持論は、日本の職業裁判官についてちゃんと見ていない面がある、と思われます。それから否定的評価の中に、「性急」（佐藤幸治）という議論がありますが、50年の経験を踏まえて積極論に立とうとするならば、それは性急とまでは言えないと思われます。このような議論の前提には、「今の制度を維持しておけば、より悪くはならない」という判断があると思われます。つまり、日本の憲法学界の主流的な考え方としては、制度のオプションとしては憲法裁判所制度もありうることは理論的には当然であるが、そのことを言ってしまうと改憲論議が進展してしまう危険性があるという政治的判断があるから、奥平教授は制度のせいではないといい、

樋口教授は「具体的な事件として法廷にあらわれた生活関係のなかで下級裁判所でやるのがいい」といい、佐藤教授は「性急である」といっていると思われます。

現実の日本の職業裁判官に憲法裁判官としての役割を担ってもらうことが適切かということが核心的な問題だと思いますが、私はこの点についてかなり否定的です。元裁判官の安倍晴彦は『犬になれなかった裁判官——司法官僚統制に抗して36年』⑶⑼という非常にショッキングなタイトルの本を書かれました。この方は、1968年3月12日戸別訪問禁止規定違憲判決⑷⑽を書いた人ですが、この判決を書いたがためにその後、非常にひどい目に遭っていくということが克明に書かれています。みんなが口を利いてくれなくなったし、高裁の裁判官にもなれなかったし、裁判長にもなれなかったそうです。

憲法裁判が活性化すると世論との関係で非常に強い緊張関係が生じるということは、諸外国の例から明らかです。先ほど紹介したように、ドイツの連邦憲法裁判所は、「磔刑像」事件で違憲判決を下したところあのような目に遭いました。また、アメリカで有名な「国旗焼却事件」というのがあります。父ブッシュ時代の1989年に、テキサス法にある「国旗焼却行為に対する処罰」を定めたものを表現の自由に違反するという違憲判決を下した⑷⑴ところ、大変なことになりました。上院が97対3、下院は411対5という圧倒的多数で非難表明決議が行われました。それで「星条旗保護法（Flag Protection Act of 1989）」という連邦法も制定されました。そうしたら、また最高裁はそれを違憲判決にする⑷⑵というぐらい大喧嘩をしました。1993年のフランス憲法院も、保守派の政府が採択させた移民に対する厳しい管理を定めた法律に対して違憲判決を下しました。そう

⑶⑼ 安倍晴彦『犬になれなかった裁判官——司法官僚統制に抗して36年』（日本放送協会出版、2001年）。

⑷⑽ 和歌山妙寺簡判1968（昭和43）・3・12判時512号76頁。

⑷⑴ Texas v. Johnson, 491 U.S. 397 (1989).

⑷⑵ United States. v. Eichman, 496 U.S. 310 (1990).

したら当時のバラデュール首相が、「憲法院は、法的ではなく、哲学的な一般原理に照らして法律の合憲性をコントロールするに至っている」と非難して、首相と憲法院の長官がル・モンド紙上で論争するということも起こっています。

一般に人は、自分に都合がいい判決が出ると真理が証明されたと考えるし、悪い判決が出れば許し難い判決が出たという結果にだけ着目するので、当然、誰かが喜び誰かが悲しむ判決が憲法裁判でも出ます。「犬」とまで呼ばれている人々（＝下級裁判所裁判官）が、世論の圧力に対抗できるのかというと土台無理なのではないか、というのが私の判断です。

「憲法裁判所による憲法裁判は必然的に観念化する」、という思い込み？　それから「憲法裁判所による憲法裁判は必然的に観念化する」（佐藤幸治）との指摘がありますが、本当にそうでしょうか。ドイツや韓国の憲法裁判所の判断を見る限りにおいて、そのように断定することはできないのではないでしょうか。逆にいえば、憲法裁判というものが一定の抽象的な性格をそれ自体持っているから、確かに表現の自由と名誉をどうバランスづけるか、一般的定式化をするから、そういう意味では観念的・抽象的な部分はありますが、それを憲法裁判所と結びつけるのは、いささか苦しい議論ではないかという気がしないでもありません。

例えば、韓国憲法裁判所1997年7月16日判決は、同姓同本である血族の間の婚姻をその親等に関係なく禁止する民法上の同姓同本禁婚条項に対して、婚姻において自由に相手方を選択することができる自己決定権の憲法的根拠である人間の尊厳と幸福追及権を侵害する違憲的な条項であるとして、憲法不合致決定をしています[43]。これに対して、例えば嫡出子の相続分の判決に対して、法律婚の保護を旗印にして合憲判決を下した日本の最高裁[44]と、ある意味でどちらが観念的かということは問われてしかるべき問題だと思います。

---

[43]　韓国憲法裁判所編『韓国憲法裁判所10年史』325-329頁（信山社、2000年）。

[44]　最大判1995（平成7）・7・5民集49巻7号1789頁。

奥平教授は第1章「最近の憲法をめぐる諸問題」で、「憲法改正問題は高度に政治的な問題だ」と繰り返して言っています。これが、まさしくこれまでの議論の地平だったと思います。

つまり政治的なものとしてだけ憲法裁判所が語られてしまうので、憲法についての政策論的観点から人権を保障するためには、どういう機構があるのが望ましいかという議論を理性的にする基盤は存在していません。私は、憲法裁判所制度を導入するのも日本の裁判制度を活性化させるためのありうる有効な方策のひとつだと思いますが、こういうと奥平教授には、「君は本当に政治オンチだね!」とお叱りを受けるばかりです。

つまり、日本の憲法学は政治をあまりにも強く意識するために、今ある政治的コンテクストから一定程度距離をとって見る視点は持ちにくく、ますます持ちにくくなっている状況にあるようで、それが私には残念です。本日このようなかたちで憲法裁判所について紹介してきた、その奥にある私なりの問題意識は何かと言うと、政治的コンテクストから少し距離をとって、憲法裁判所の歴史や機能、諸外国での実例について検討を加え、メリット・デメリットを客観視する必要があるのではないか、と思ったのです。憲法を改正することは国民の重要な権利そして事業であって、国会だけでは、国会議員だけでは決してすることのできない大きな仕事です。憲法学・比較憲法学の本来的な使命は、市民の皆さんが賢明で自覚的な決定や判断ができるように、市民に対して十分な情報を提供して、いくつかのありうるオプションを提示することなのではないか、というのが私の憲法学についての基本的な考え方なのです。

本日は、ご清聴どうもありがとうございました。

〔補記1〕 この講演が行われてからそれほど日時が立っていない今日の時点(2005年8月)で、自民党筋からの憲法裁判所導入積極論は、急速に沈静化したようにみえます。2005年4月4日に発表された自由民主党新憲法起草委員会による「新憲法起草委要綱」では、はっきりと、「憲法裁判所は、設けない」とされました。また、2005年8月1日に

同委員会は「憲法改正草案第1次案」を発表しましたが、そこでも、「自衛隊」が「自衛軍」となることに対応して「軍事に関する裁判」を行う裁判所として「軍事裁判所」の創設が提案されているものの、憲法裁判所導入は謳われていません。憲法裁判所導入論は、この国では、「韓流」ブームよりずっと根の浅いブームだったのでしょうか。よく勉強してみたら、諸外国の憲法裁判所が人権保障と統治の民主化に大きな貢献を行ってきたことを知って、「我が国には不要だ」と考えるに至って、その結果消極論に転じたのだとすれば、随分と淋しい感じがします。

〔補記2〕 2005年9月14日、最高裁は、従来の在外投票に関する公職選挙法の規定を違憲として、違憲判決の事例をひとつ増加させました。

資料：憲法裁判所導入積極論（メリット）と消極論（デメリット）[45]

憲法裁判所制度導入積極論と消極論として、次のような主張がなされている。

なお、導入に当たっては、裁判官任免のシステムや裁判官の構成（任命権者、職業裁判官以外の裁判官の採用、裁判官の国民審査制等）をどのようにするのかなど、考慮すべき要素は少なくないと考えられる。

憲法裁判所導入積極論と消極論

積極論（メリット）	消極論（デメリット）
導入は世界の趨勢であり、思い切った制度改革により、基本的な権利及び自由の保障の程度を高め、民主主義を強化するなどの効果が期待できる。	制度の背景にある法文化等を軽視した安易な制度の移入に過ぎない。
	体制維持機能が強化されれば、民主主義の後退ともなりかねない。
憲法判断権限の集中により、明確かつ迅速な判断が可能となる。	迅速な合憲判断により議論が封じられ、裁判所の体制維持機能が強化されるおそれがある。

---

[45] 2003年5月衆議院憲法調査会事務局作成「司法制度及び憲法裁判所（憲法の有権解釈権の所在の視点から）」に関する基礎資料（統治機構のあり方に関する調査小委員会）26-27頁。

資料：憲法裁判所導入積極論（メリット）と消極論（デメリット）

	事実認定を基にしない観念的な憲法判断に終始することになる。
	人権感覚に優れた下級裁判所の判断が活かされる機会がなくなる。
憲法解釈の統一を可能とし、憲法解釈をめぐる政争などを早急に制止できる。	国会で争われた政争が裁判所に持ち込まれる（「裁判の政治化」）。
国会万能でなくなり、政府や国会が憲法裁判所の判決を尊重せざるを得なくなり、多数党の行き過ぎを抑制できる。	他の国家機関に著しく優越する機関を設けることになり、三権分立を侵す。
	「政治の裁判化」が懸念される。（立法過程で憲法論、法律論が幅を利かせ、政治家が裁判所に従順になることにより、議会制民主主義が弱体化する）
憲法判断が主文でなされ、判決が一般的効力を持つことにより、法的安定性や予見可能性に資する。	現行制度の下でも、裁判所の違憲審査権を尊重し、国会での法律の改廃措置や行政による執行の差し控えが、当然に予想されている。

憲法裁判所的制度を検討する際に要請される事柄

「安易な制度論」になることがないよう、まず、憲法裁判所ありきではなく、現状を改善するためにはどのような制度等が有効かを検討する。
迅速な憲法判断を可能にしながら、迅速な合憲判決による憲法論議の封じ込めを防ぐ。
裁判の長期化に伴う弊害を除去する。
下級裁判所の裁判官の憲法感覚・人権感覚を十分に生かす。
職業裁判官と憲法裁判官（憲法的観点から判断を行う裁判官）双方のよい面を生かす。
司法の政治化の危険に対処する。
憲法裁判所の根本的概念に答える。

第4章　憲法と国際人権条約
―― イギリスと日本を比較しながら

江島晶子

細目次

はじめに（103）
Ⅰ「国際人権」の射程範囲（109）
　1）人権の内容（109）
　2）人権の実施措置（109）
　3）ヨーロッパにおける人権保障メカニズム―ヨーロッパ人権条約を中心として（114）
　4）今後の課題（122）
Ⅱ　イギリスとヨーロッパ人権条約（124）
　1）背景（124）
　2）国内裁判所とヨーロッパ人権条約（126）
　3）政府（行政）とヨーロッパ人権条約（127）
　4）議会とヨーロッパ人権条約：人権法制定過程（128）
　5）人権法の政策上の位置づけ（129）
　6）人権法のメカニズム（人権保障手段）（129）
　7）人権法の実施準備（131）
　8）人権法（ヨーロッパ人権条約）のインパクト（131）
Ⅲ　まとめにかえて――「国際人権」の可能性、憲法の可能性（136）
　1）「国際人権」の実効性確保において欠けている重要なパーツ：個人通報制度（136）
　2）憲法の「統治機構」が機能していること：「国際人権」の実効性が確保される絶対条件（137）
　3）人権を実現する「手段」という視点（137）
　4）憲法と国際人権条約の共生（137）

はじめに

ただ今ご紹介にあずかりました、明治大学法科大学院の江島と申します。本日はよろしくお願いいたします。また、私のつたない話を聞きに来てくださってありがとうございます。

本日、このタイトルでどのようなことをお話ししようかと、ずっと考えてきたのですが、細かな専門的な話をするよりは、多少乱暴

なきらいがあるかもしれませんが、憲法と国際人権条約の関係について大づかみにとらえて、今後どのような新しいやり方が可能なのか、その中で憲法がどのようにとらえられるのか、他方、国際人権条約も単に国際法、あるいは国際文書ということではなく、人権という入り口からどのように国内法に入ってくるのか、それを「イギリスとヨーロッパ人権条約」という限定が付きますが、1つの実例を通してみていきたいと考えています。

したがって、当初は「憲法と国際人権」というタイトルでしたが、そして、「国際人権」という言い方が一般的ではあるかと思いますが、ここを少し外して、いったん元の形の「憲法と国際人権条約」に戻して、その上で、この両者がいろいろな契機でぶつかり合ったり協力し合ったりするわけですが、今後どういうふうな関係性が築けるかというところから始めていきたいと思います。そうすることによって、結果、法体系の中で（憲法も国際法も含めて）、憲法がどういう役割を将来的に果たせるのか、その将来像を見ることによって、今の憲法をどう評価できるか、とみてはどうだろうか。こうした考えで始めてみたいと思っています。

少し抽象的な言い方をしましたので、考える糸口ということで具体的な話をいくつかしてみたいと思います。

考える糸口として　考える糸口1つめとして、今日の題材の1つである1998年に成立したイギリス人権法（Human Rights Act 1998、以下、人権法とも記す）は、ヨーロッパ人権条約（The Convention for the Protection of Human Rights and Fundamental Freedoms、ECHR）がイギリス国内で使えるようにすることを目的とした法律ですが、その中には当初、人権委員会の設置が予定されていました。しかし、様々な政治的な駆け引きや調整の中で、ひとまず人権委員会の設置は置いておこうということになりました。

ちょうど時期を同じくして、日本でも人権擁護法案が出てきました。こちらの目的で重要なのは、国内人権機関として人権委員会を設置することにありました。これも様々な議論の末に、結果として廃案になりました。

国内人権機関の設置はパリ原則[1]で提唱されているわけですから、国際的背景は同じですが、結果としては、人権法は片方にはできて、もう片方にはできませんでした。しかも、人権法が労働党の政策の1つとして 1997 年に提示され 98 年に実現するときに、私はたまたまイギリスに在外研究という形で、その場にいることができました。したがって、かなりの現場感覚を持って実現する過程を追いかけることができました。

ところがそれとは逆に、日本の人権擁護法案とその前身となる人権擁護推進審議会の議論等々については、アンテナから遠ざかる形になりました。したがって、日本に帰ってきて感じたのは、急にこのような議論が行われだしているが、法案ができるのかな、できないのかなと思っていたら、徐々に後退していって廃案になる状況をみるに至りました[2]。

さらに 2 つめの具体例として、性同一性障害者の問題を取り上げてみます。日本では 2003 年 7 月 16 日に性同一性障害者特例法[3]が

---

[1] 1993 年に国連で採択された原則で、国内に人権機関を設置する場合の原則、とりわけ国内人権機関の政府からの独立性を確保する必要性を規定しています。「国内人権機関に関するパリ原則」ともいいます。

[2] 人権擁護法案を巡る動きを見てみましょう。2002 年、政府は人権擁護推進審議会の答申に基づき、人権擁護法案を国会に提出しました。しかし、この人権擁護法案に対しては、とりわけ人権委員会が法務省の外局として設置されるとした点で人権委員会の政府からの独立性の欠如が、報道機関等に対する強制的な措置を定めた点で表現の自由に対する脅威が指摘され、世論の激しい反発を招くこととなりました。こうした批判、反発を受け、人権擁護法案はいったん廃案となりましたが、2005 年、再度国会への上程が予定されています。問題が指摘されていたメディア規制の部分を「凍結」するなど、内容にある程度の修正が見られますが、そのほとんどが廃案となった人権擁護法案を踏襲したものとなっており、再び大きな批判を招いています。(なお、2005 年の国会への上程も結局見送られました。)

自由人権協会も、人権擁護法案の「人権侵害」内容を問題視し、2002 年に意見書と声明を、2005 年に「人権擁護法案の抜本的修正を求める声明」を発表しました。意見書、声明の詳細は、自由人権協会のホームページで入手することができます。http://www.jclu.org 参照。

できました。他方、イギリスの文脈においては、2002年にヨーロッパ人権裁判所が、イギリス政府が性別の変更を認めないのはヨーロッパ人権条約違反であるという判決を出しました[4]。この判決に励まされて、別の性同一性障害者であるベリンガーさんは、性別の変更を認めてほしい、そうでなければ結婚ができないとして国内の裁判所に訴えました。ところがイギリスの裁判所はこの訴えを認めませんでした[5]。しかし結果として2004年に、Gender Recognition Act という形で性同一性障害者の性別変更が法的に認められるようになりました。

現象としてはよく似ているのですが、出てきた結果が相当に違います。日本の場合、この性同一性障害者が性別の記載の変更を認めてもらうためには、厳格な要件を満たすことが必要です。中でも厳しいのは、子どもがいないこと、結婚していないこと、生殖腺を喪失していること、その後の性に合わせて外性器を形成していることなどです[6]。そうなると特例法で救済されるのは、性同一性障害者の中でもかなりラッキーな人たちです。

イギリスの場合の Gender Recognition Act では、まず、セックスではなくてジェンダーであり、一定の条件を満たすと「後から得られたジェンダー」に対して法的な承認がなされます。この法的承認

---

(3) 正式名称を「性同一性障害者の性別取り扱いの特例に関する法律(平成15年7月16日法律第111号)」といいます。その名の通り、性同一性障害者の性別の取り扱いについて、法令上の特例を定めた法律です。なお、同法の定義によれば、「性同一性障害者」とは、「生物学的には性別が明らかであるにもかかわらず、心理的にはそれとは別の性別(以下「他の性別」という。)であるとの持続的な確信を持ち、かつ、自己を身体的及び社会的に他の性別に適合させようとする意思を有する者であって、そのことについてその診断をおこなうために必要な知識及び経験を有する2人以上の医師の一般に認められている医学的知見に基づき行う診断が一致しているものをいう」(2条)とされています。

(4) *Goodwin v United Kingdom* [2002] 35 EHRR 447.

(5) *Bellinger v Bellinger* [2003] UKHL 21; [2003] 2 WLR 1174.

(6) 性同一障害者特例法第3条参照。

を得る条件として専門家、具体的には2人の医師による「この方は性同一性障害者である」という専門家としての見解が必要です。それが認められると結婚しているのか否か、子どもがいるのか否かは性別記載の変更を認める絶対的な排除要件にはなりません。言い換えれば、より広い範囲の性同一性障害者の方に新しい性別を認めることができるように、法律をもって実現しました。

　このような形で性別記載の変更を認めると、前の結婚で生まれた自分の子どもとの関係や、前の結婚時の配偶者との関係など、法律文書上の様々な記載が錯綜するので、その管理が重大な問題となります。他方、性同一性障害者の方は、変更した事実を他人には知られたくないので、情報管理をどうするかということが問題となります。

　制度をより広い形で認める度合いが深まるほど、より複雑な法律改正が必要になります。非常に限定的に捉えるほど、簡単な制度変更で済むことになります。イギリスは、その中で厄介なほうを選択したことになります。

　この2つの例で私が強調したいのは、イギリスが日本よりも優れているということでは全くありません。むしろイギリスにせよ日本にせよ、抱えている問題状況はよく似ているのです。国内人権機関を作らなくてはいけないという点に関しても、個別具体的な問題ですが性同一性障害者の方が人間らしく幸せに生きていくためにどれだけ制度を変更するのかに関しても、そうです。もう少しグローバルな観点からいうならば、たとえば、テロに対してどのように対抗するのか。他方、テロ規制という名の下に、逆に自由や人権が侵害されるという問題、あるいは子どもが誘拐され性的な犯罪の対象となって死体で発見される等の様々な残酷な犯罪の問題、これはイギリスも日本も共通しています。

　そこで何を強調したいかですが、似たような問題に対してどのように取り組み、どのような結果が出てきたのか、その結果の違いです。問題状況に取り組み、それを解決するプロセスに関して、何らかのちょっとした違いがあるのではないか。あるいはそれは、大き

第4章 憲法と国際人権条約 [江島晶子]

な違いかもしれません。

その1つとして、憲法と国際人権条約について見ていきます。憲法と国際人権条約はいずれも人権を守るという点では同じです。その両者がどのような関係になっているかによって、実際に人権がどの程度保障され実現されるのかはかなり違ってきます。その点がイギリスと日本との違いとして説明できるのではないか。これが本日、お話したい要の部分になります。

この後の話の手順ですが、まず第1にイギリスが向き合わなければならなくなったヨーロッパ人権条約というもの。国際人権条約の1つですが、それがどのような仕組みを持っていて、現在、どのような働きをしており、どのように評価されているのか。それを紹介しながら、なぜイギリスが1998年の段階で人権法のような性格の法律を作らざるを得なかったのかを見ていただきたいと思います。これが1番目の「国際人権」の射程範囲の話になります。

2番目はイギリスとヨーロッパ人権条約です。ヨーロッパ人権条約に対峙せざるを得なくなったイギリスが、1998年に人権法を1つの答えとして出してきました。そこで、この人権法に着目し、この法律がどのように成立したのか、実現する前段階にどのようなハードルがあったのか。このハードルの部分は日本の状況と実によく似ているので、その点が参考になるのではないかと思います。

そして、実際にヨーロッパ人権条約を人権法として導入したときに、どのようなことが実際におきたのか。たとえば裁判所や議会においてどうなったのか。これも先ほど Gender Recognition Act の話をしましたが、それ以外にも2001年の反テロ法、レイプシールド法などの実例を出しながら、そのインパクトを見ていきたいと思います。

それらを踏まえた上で、日本国憲法の現在を考える視点として提示できる問題意識をまとめとしてお話できればと考えています。

I 「国際人権」の射程範囲

1）人権の内容

「国際人権」をカギ括弧にしたのは、先ほど述べたとおり、この言葉に対して私の側に抵抗感があるからです。この話に入る前提として国際人権条約について導入部的な説明をします。

まず「国際人権」についてですが、これを国際人権条約だけととらえるのはもったいないと思っています。先ほども説明したように、守ろうとするのは個々の人間の人権であり、その人権には「国際人権」や「国際人権条約」、あるいは憲法の人権があるわけではありません。また、仮に人権を侵害されたときには、侵害された人の人権が効果的に救済されればいいのであって、どのルートで行くかなどは考えたくもないと思うのです。むしろ統一的に提示されているほうが楽なわけです。しかし、その段階にはまだ来ていないようです。現在のところ、少なくとも人権の内容、これは国内では憲法に人権が規定されていて、それに基づいて人権を実現するために個別の法律で具体化されています。ですから、憲法だけが人権を扱っているわけではなくて、むしろ憲法を基本的な柱としながら具体的には個別の法律の中に人権が埋まっているという状態です。

他方、国際的な場面では国際人権条約があるわけですが、こちらも様々な国際人権条約があります。たとえば自由権規約や社会権規約のように一般的な人権条約もあれば、個別の問題によりフォーカスした女性差別撤廃条約や人種差別撤廃条約のような個別的な人権条約もあります。そして本日ターゲットにしているヨーロッパ人権条約は、地域的人権条約です。その地域がもともと持っている歴史的、文化的、政治的、経済的なまとまりを1つの手がかりとしながら、その地域でより深く人権を守っていこうとして制定されるものです。

2）人権の実施措置

国内的実施措置　　次に、そうした人権はどのような手段で実現

されるのだろうか。その側面に話を移します。大きく分けると、ここにも国際的実施措置と国内的実施措置があります。国内的実施措置としては、憲法の教科書を紐解くと、議会や政府、裁判所、さらに日本にはありませんが人権委員会や人権オンブズマンのような国内人権機関、また国によってはNGOも人権を実現するための重要な実施措置であると思います。

国際的実施措置　　一方、国際的人権実施措置ですが、次の表にはヨーロッパ人権条約の特性が浮かび上がるように意図的に工夫がしてあります。国際人権条約は国家間の約束です。国際人権条約の中に規定されている人権を、条約を批准した国は守りますという約束を国家間でしているわけです。ところが批准しただけで守られると思ったら楽観的過ぎます。ですから、守らなかったら、どうやって守らせるのかという措置を国際人権条約が定めたことが非常に重要だと思います。

そこには様々な手段があり、実効性についても、それぞれの制度によって強弱があります。

〈国際的実施措置〉

	国家報告	国家通報	個人通報	国家申立	個人申立	裁判所
自由権規約	○	○*	○*	×	×	×
社会権規約	○	×	△	×	×	×
人種差別撤廃条約	○	○	○*	×	×	×
女性差別撤廃条約	○	×	○*	×	×	×
子どもの権利条約	○	×	×	×	×	×
拷問等禁止条約	○	○*	○*	×	×	×
ECHR	×	×	×	○	○	○

上記の表を見ると「自由権規約」から「拷問等禁止条約」までのものと、「ヨーロッパ人権条約」の×印の位置がほぼ対照的な形になっています。それから、「自由権規約」から「拷問等禁止条約」までで、「国家通報」と「個人通報」の○印は1つを例外として他には＊印がついています（なお、社会権規約の個人通報制度は現在起草中なので△です）。

これを説明する前に、「国家通報」と「個人通報」について簡単

I 「国際人権」の射程範囲

に説明します。「国家通報」とは、ある国で人権侵害があった場合に、条約に加盟している別の国家が国際機関に対して人権侵害を通報することです。「個人通報」の場合は、国家ではなくて実際に人権侵害をされている個人が国際機関に通報することです。第二次大戦中まであったなら、およそ想像できない画期的な制度です。

しかし、1つの国家が他の国家、あるいは個人から人権侵害で批判されるのは最も抵抗があることです。そこで、これらの条約を作るときに、その抵抗感を和らげるための工夫がなされました。国家通報にせよ個人通報にせよ、条約を批准するだけではなくて、別途承認をするとか選択議定書を批准するとか、もう1つ承認のステップを設けておいて、たとえば自由権規約には入るが、自由権規約違反をしたならば個人から通報されるという通報制度には入らない、という選択の余地を与えたわけです。これが＊印の意味です。言い換えれば、どれにも＊印がついているので、国家は逃げることが可能だということです。

次に表の「国家申立」「個人申立」「裁判所」を説明します。これはいずれもヨーロッパ人権条約にある「国際的実施措置」ですが、＊印はついていません。言い換えるならば、ヨーロッパ人権条約に入るということは「他の国家からも個人からも訴えられて結構です」、さらにそれを「裁判所で裁判という形で裁いてもらって、条約違反か否かの判決を出してください」と表明したことを意味します。判決が出たならば、今度はヨーロッパ人権条約の母体となっているヨーロッパ評議会の中の閣僚委員会が実施したかどうかを監視する。最後に至るまで履行が実現されるかどうかについての手当てがされているという制度です。

若干追加しますと、もともと＊印がなかったわけではありません。1998年にヨーロッパ人権条約が制度改革をして、その際に「国家に選択させる余地をなくす」ように条約改正をしたわけです。言い換えれば、ヨーロッパ諸国といえども当初は抵抗感が強く、とりわけ個人による訴えに対する抵抗感が強かったので、当初は選択的でした。しかしその後、条約機構が確立して動き出して、皆の信頼を

得るようになると、国家の側は条約違反をして批判されることを無視する態度を取れなくなってきました。その段階に到達してようやく＊印を外せるようになった。それが1998年の出来事です。

このように見てくるとヨーロッパ人権条約は、国家なり個人なりが具体的な人権侵害を出発点としながら、それを裁判所というルートに乗せて、侵害の有無をはっきりさせる制度であることが明確になったと思います。

国際的実施と国内的実施の相互関係——実効性を高める要因　結論の先取りになりますが、これからお話する柱になりますので強調しておきたいことをしゃべります。

まず、国際人権条約の持っている実施措置と、国内にある憲法がもともと統治機構として予定していた仕組みとがいかなる関係にあると、より人権を実効的に守れるだろうかという点です。その場合、実際に人権を侵害された個人にイニシアティブがあるということ、言い換えれば個人申立制度の存在が重要だと考えています。なぜかについては、次のヨーロッパ人権条約の話の中で明らかにします。

2番目として申立や通報を受け止めることのできる国際的な実施機関があることです。しかもこの機関が存在することで何が起きるかといえば、個々に出てくる人権侵害の申立に基づいて裁判を行い、判決が出ます。その判決が集積されていくと、今度は抽象的な人権条約の中身が具体的になってきます。

たとえばヨーロッパ人権条約の10条で「表現の自由を保障する」と書いてあっても、それが一体何を保障するのか。しかし具体的な事件に関して、あるジャーナリストが自国の政治家が戦時中、ナチスにかかわっていたという報道をした。政治家はジャーナリストを名誉毀損であると訴えた。このジャーナリストは国内の裁判所では救済を得られなかった。しかし、ヨーロッパ人権裁判所に持っていったところ、「政治家への批判は表現の自由の中で最も重要な点である。よって、国家によるこれへの規制はフリーハンドではなくて規制するか否かについての国家の判断の幅は狭くなる」と考えたわけです。すなわち、このジャーナリストの行った表現を規制する

Ⅰ 「国際人権」の射程範囲

ことは人権条約違反であると判断しました。

　言い換えれば、この判決が出ることによってヨーロッパ人権条約の表現の自由は、政治的表現をより手厚く保護する規定である、たとえばジャーナリストが政治家に対して批判的な記事を書くということは、表現の自由で保障されることである、という先例ができることになります。

　今までの話を聞いた人の中には、ヨーロッパ人権条約のようなものをアジアに作ればいい、と思う人がいるかもしれません。しかし、事はそのように簡単ではありません。むしろヨーロッパ人権条約が実効的に機能するのは、他の様々な人権条約や人権実施機関の存在、そして今日は EU についても説明しようと思っていますが、もう1つはヨーロッパ人権条約機構とは別の国際機構が人権という観点からヨーロッパの中における人権問題にアプローチしていること、すなわち多元的重畳的な人権保障機構の存在がヨーロッパ人権条約の実効性を高める役割を果たしています。

　しかし一番の出発点は、国内的実施措置の実効性です。なぜかと言えば、国際人権条約をまず初めに実現させるのは各締約国の責任だからです。いきなり国際機構が出てきて、たとえばイギリスの人権問題を解決してくれるわけではありません。イギリスの国内制度、すなわち議会、裁判所、政府が人権を実現するために様々なことをして、それでも守られなかった部分に関してヨーロッパ人権条約が出てくるという位置づけです。しかも、ヨーロッパ人権裁判所自体が現在、パンク状態です。したがって、国内でまず保障されることが要になります。

　「国際的実施と国内的実施の相互関係－実効性を高める要因」について4点をお話しましたが、この問題の重要性について次の「ヨーロッパにおける人権保障メカニズム－ヨーロッパ人権条約を中心として」で明らかにします。

3）ヨーロッパにおける人権保障メカニズム
　　　—ヨーロッパ人権条約を中心として

ヨーロッパ人権条約　　ヨーロッパ人権条約は、1949年に創設された欧州評議会（Council of Europe）が母体となって作られた人権条約です。49年に欧州評議会ができた理由の1つには、第二次大戦中の大規模人権侵害、とりわけナチスによるホロコーストが最も重要な動機になっています。しかしこの時点でホロコーストは終わっています。実はこの段階でもう1つ重要だったのは、対共産主義ということです。当時、ソビエトを中心として東欧諸国に社会主義が波及していきました。これに対して、自由や民主主義を守っていくことが、欧州評議会設置の理由になります。それ以外に平和の実現であるとか、古くからヨーロッパに存在していた「ヨーロッパ統合思想」が根幹にあります。そして50年にヨーロッパ人権条約が署名、53年に発効となります。

なぜヨーロッパ人権条約ができたかですが、ここには国連の人権条約制定状況もかかわってきます。実は今日は人権デーです。なぜ人権デーと言うのかですが、1948年12月10日に世界人権宣言が採択されたからです。しかし、これは人権宣言であって、その中身を実現するための手段は宣言には書かれていません。

そこで、この宣言を実現するための措置を作ろうということで、条約制定に着手します。ところが当時の時代状況、たとえば自由主義対社会主義、先進国と発展途上国の対立などが反映されて、条約の具体的内容を定めることができない。その過程で、まず、ヨーロッパで地域的な人権条約を作ろうということになりヨーロッパ人権条約が生まれました。

この時点でのヨーロッパ人権条約には様々な制約条件がありますが、それを最もよく表現しているのは自由権が中心で社会権が含まれていないという点です。これは社会権を人権として国家に義務づけることに、相当多くの国が抵抗を感じていたことを意味します。その代表格がイギリスです。イギリスでは社会権が人権だとは考えられていません。むしろ議会が民主制の過程を通じて、社会権を法

律によって実現すると考えられています。したがって社会権は後にヨーロッパ社会憲章という形になり、それからもう1つ、ヨーロッパ人権裁判所のほうが国家の積極的義務という解釈を通して、一定程度、請求権的な権利をヨーロッパ人権条約でも認めていくというルートを開きました。

ヨーロッパ人権条約の内容ですが、そこには区別があって、たとえば生命に関する権利や拷問を受けない権利は絶対的権利（absolute rights）であり、国家は絶対に制約できないとなっています。これに対して相対的権利（limited rights and qualified rights）、たとえば先ほど紹介した表現の自由などの自由は、一定の制約目的に従って制約は可能であるとしています。国家の安全、国内の治安、衛生、司法部の権威など様々な理由が条文の中に規定されています。

1950年に署名し53年に発効した人権条約は当初、今あるような形での活躍ぶりを想定することはできませんでした。むしろ、誰がヨーロッパ人権裁判所に事件を持ってくるのか、そのような事件などあるのだろうか、などが心配されていました。実際にヨーロッパ人権裁判所がスタートした直後は年に1～2件、多くても5～6件というペースだったのです。

ところが1980年代の後半から30件、40件、50件と増え、その後、爆発的に増加していきます。2003年には4万件近い申立が1つの裁判所に来ています。これは恐ろしいほどの数字です。実際に出ている判決の数ですが、1955～88年までの33年間の総判決数が180件だったのに対して、2003年には1年間で703件ですから、その急増ぶりがよく分かります。ヨーロッパ人権裁判所がいかに信頼されているか。言い換えれば、ここに持っていけばそれなりの判決が出されて、一定の救済が得られるという信頼性、権威が確立したことを物語っています。

もう1つ、事件数の急増に寄与しているのが、加盟国の急速な拡大です。2004年3月5日段階ですが、ヨーロッパ人権条約加盟国は45カ国、母体であるヨーロッパ評議会はモナコを加えた46カ国ですが、モナコも近々ヨーロッパ人権条約に加盟するでしょう。

第4章　憲法と国際人権条約［江島晶子］

　たとえば最近の紛争として記憶に新しいボスニア・ヘルツェゴビナは2002年に、セルビアは2004年3月に加盟しています。言い換えると、東西冷戦の終結によってほとんどの東欧諸国とロシアをヨーロッパ人権条約の中に迎え入れることになり、さらに様々な紛争後、ようやく治安を取り戻した新しい独立国家を受け入れることになりました。1987年の段階で21カ国だったものが、2004年には45カ国に増えています。

　しかし、これには議論があって、本当にロシアやセルビア、あるいは東欧諸国を入れてしまっていいのだろうか。1987年段階に確立された当時の西側ヨーロッパ諸国の人権スタンダードを低めてしまうことにならないか。言い換えると東欧諸国にはもう少し国内の人権水準を上げてから加盟してもらってはどうかという議論です。

　しかし、ヨーロッパ人権条約はもともと、対共産主義、対社会主義が1つの目的だったので、かつての社会主義国が自由主義に戻ってきた現在、これを迎え入れないわけにはいかない。そうした政策的考慮から迎え入れることになりました。

　そうした状況を踏まえて、申立件数は急増する。他方で判決も増えますから、ものすごく豊富な判例法が登場している。その結果、高い実効性・信頼性が確立されています。その一例がボスニア・ヘルツェゴビナです。

　ボスニア・ヘルツェゴビナには憲法裁判所が新たに設置されました。国内の裁判所の裁判官を国際機関が任命するなどという状況は日本では想像できませんが、ボスニア・ヘルツェゴビナではそのメンバーを選出する際に、国際メンバーという形でヨーロッパ人権裁判所が選ぶことになりました。実際に選ばれた人は、たとえばイギリスやフランスの憲法学者であり、こういった人々が外国の憲法裁判所のメンバーに選出されるという事態が生まれました。

　このように見てくると、日本で言うところの憲法という枠組みと、ヨーロッパで現在考えられている憲法の枠組みが少し違うとも考えられるわけです。

　今まで紹介してきたことは、いいこと尽くしのように聞こえたか

もしれませんが、現在、1つの裁判所が年間700件もの判決を出すという異常な事態に直面しています。

ヨーロッパ人権裁判所では、一国内の事件を外国出身の裁判官が裁くわけです。そして、判決が出れば、その判決に従わなければならない。言い換えれば、判決は説得力のあるものでなければ困ります。ところが事件が増えていき年700件も判決を出していくと、判決の質の問題も出てきます。さらにヨーロッパ人権裁判所に持っていったのはいいが、判決がなかなか出てこない。1年待つくらいならいいほうで、2年、3年と待たなければならない。しかもヨーロッパ人権裁判所に持ってくるためには、国内でとりうる救済手段について全部尽くすことになるので、日本でいえば地裁、高裁、最高裁を全部試して初めて、ヨーロッパ人権裁判所となるわけです。

ですから事件によっては10年前、15年前のものが、ようやくヨーロッパ人権裁判所で判決が出されることも起きます。平均して7～10年くらいかかるのではないでしょうか。これはヨーロッパ人権裁判所の実効性を妨げるものです。そこで98年に制度改革を行い、実はこの時点で初めて常設の裁判所になりました。言い換えればそれまでのヨーロッパ人権裁判所の裁判官は、パートタイムだったのです。

大学の憲法・国際法学者や国内の最高裁判所の裁判官、憲法裁判所の裁判官や大臣が年間8回、1回について2週間ぐらいストラスブールに来て、パートタイムの仕事として裁判をやっていく。これが98年以前のやり方でした。ところが98年以降、常設の裁判所とフルタイムの裁判官が出現しました。この点でもヨーロッパ人権裁判所の国際的実施措置は、国内の憲法のもとに置かれている裁判所により近い形になっています。

出発点は憲法と国際人権条約かもしれませんが、国際人権条約の中身の部分、人権の部分は、国内憲法の人権の中身の部分と大いに共通しているものです。そして、国際実施措置の方も、たとえばヨーロッパ人権裁判所は国内の最高裁判所や憲法裁判所の仕組みに大いによっているものと言えるでしょう。

ヨーロッパ・レベルの人権保障体制：多元的重畳的構造　先ほど「ヨーロッパ人権条約だけでは足りません」と述べたことの具体的内容です。

ヨーロッパ・レベルでどのような人権保障体制があるかですが、今まで紹介したヨーロッパ人権裁判所の他に、ヨーロッパ評議会があります。ヨーロッパ評議会は閣僚委員会、議員総会という機構をヨーロッパ人権裁判所とは別に持っています。閣僚委員会は各締約国の外務大臣クラスの閣僚で構成されている意思決定機関です。条約の改正や新しい人権条約の検討も、この閣僚委員会で決定します。

閣僚委員会は 90 年以降、モニタリングシステムを新たに作り発展させています。なぜこのようなシステムが作り出されたのか。現在、ヨーロッパでの最も大規模な人権侵害の1つがチェチェン問題です。しかし、チェチェン問題をヨーロッパ人権裁判所だけで解決できるかと言えばできません。1つは多くの人にとって、そこで何が起きているのかがわからない。そして、そこで人権侵害されている人は、どこか遠くにある国際機関に人権救済を求めるなどということを知らないし、知っていたとしても物理的にできないことが多いということです。ヨーロッパ人権裁判所は自ら出向いて事件をピックアップする仕組みではありませんから、お手上げということになります。

このような場合には、より政治的な機関がここに介入していくことが必要不可欠になります。チェチェン問題についてはヨーロッパ評議会が置いているモニタリングシステムが、特例のモニタリングという形で、あるいは各締約国に定期的にある特定のテーマに関して報告書を送らせる形の定期的モニタリングというルートを通じて、政治的モニタリングという形で人権を保障していくというルートが置かれています。

次に議員総会ですが、こちらは同じくヨーロッパ評議会加盟国の国会議員が登場してくるものです。議員総会は直接的な人権救済手段は持っていません。が、国家は名誉を傷つけられることを非常に嫌います。その観点からすれば議員総会は、切り札になるものを

持っています。ヨーロッパ評議会に加盟する際には、人権、民主主義、法の支配を守りますと約束します。もし、ある国が守らなかったとするならば、議員総会はその国に関する調査委員会を設置し、調査結果を議場で発表することができます。その調査結果を締約国が無視するならば、次の切り札として議員として出席資格の停止、場合によっては議員資格を剥奪することができます。これはヨーロッパという国際社会においては大変不名誉なことですから、そうしたことをやるかもしれないと言われたこと自体が、締約国にとって効き目のあるものになります。そのような事態になれば、様々な外交ルートを通じて一定の是正が図られることになります。ただし、チェチェン問題に関しては、必ずしもいい結果が出ているわけではありません。

　ヨーロッパ人権条約以外の人権条約についてですが、社会権に関するヨーロッパ社会憲章、拷問等防止ヨーロッパ条約、少数民族保護のための枠組み条約などがあります。拷問等防止ヨーロッパ条約についてですが、事前通告なしに締約国の刑務所を抜き打ちで訪問することができるというチャンネルを持っています。少数民族保護のための枠組み条約はヨーロッパにおけるマイノリティー、少数民族の問題が非常に重要だという観点から設けられました。

　それから、ヨーロッパ評議会以外の他の機関ですが、EU、OSCE（欧州安全保障協力機構）、NATO（北大西洋条約機構）なども、人権を１つの観点として問題解決にアプローチすることを政策に掲げています。

ヨーロッパ人権条約の実効性を高める要因：ヨーロッパ・システムの特筆すべき点　以上のような枠組みの中でヨーロッパ人権条約が、一定程度の高い人権実現、実効性をあげてきましたが、最後にそのポイントを整理しておきたいと思います。

　まず出発点として確認し、強調したいのは、国際人権条約、国際実施措置は補充的、補完的なものだということです。一例を示す意味で、ヨーロッパ人権裁判所の判決についてもう少し正確な説明をしておきます。先ほど、判決が出たら閣僚委員会がそれを守らせる

ために監視をすると言いました。しかしこの判決は、国内の法律や判決を無効にするものではありません。あくまでも、1つの国の中であったこと、たとえば表現の自由を制約する法律であるとか、婚外子に対して差別的な法律がある、あるいは判決でジャーナリストが刑事罰を受けた、などの法律や判決を無効にするわけではありません。そうした法律や判決がヨーロッパ人権条約に照らすと違反である、というだけです。

　言い換えれば、この判決を受け取った国家は、判決に合致するように是正する義務が課されますが、何をするかはその国家に任されます。したがって、選択肢としてその法律を無効にするために国内法改正を議会を通じて行う場合もある。法律改正までする必要はないから行政慣行を変えればいい、あるいは刑務所規則を変えればいい、という段階の是正措置で終わることもあります。ヨーロッパ人権裁判所の結果を受けて、国内判決をもう一度やり直す、再審をするという制度を設けている国は、ほんのわずかです。言い換えれば、国内における司法権の独立は維持されているとも言えるでしょう。

　しかし、そのような設定だからこそ逆に、ヨーロッパ人権条約を見ていると参考になるのではないかな、という感じがしてくるのです。もしヨーロッパ人権裁判所がある特定の国に対して、「このような法律を作りなさい」とか「国内で出た判決を破棄して新たな判決をやり直しなさい」などと言えば、主権国家の壁にぶつかることになります。また、そのような条約には入らない、脱退するということになりかねないわけです。

　むしろ大事なのは、ヨーロッパ人権条約と各締約国が予定している憲法の枠組みが上手にバランスを取り合いながら、結果として人権の基準が高まっていけばいいのです。現実には先ほど紹介したように、判例法という形でヨーロッパ人権条約の人権基準がどんどん具体化しています。そうなれば締約国の側も、何をすべきかに関してフリーハンドというわけにはいかなくなります。なぜなら後で別な事件を介して、その国がヨーロッパ人権裁判所で負けてしまうかもしれません。

言い換えると、自分の国ではなくて同じヨーロッパの別の国で、婚外子に対する差別的取り扱いであるとか、立法がヨーロッパ人権裁判所で違反だとの結論が出て、その国は変えた。しかし、自分の国にも同じような法律がある。ヨーロッパ人権裁判所に自国の市民が訴える前に変えたほうがいい。そのような発想になっていくということなのです。

　このように考えるのならば、国際人権条約が優位するのか憲法が優位するのかを決めておく必要もありません。

　その突破口になるのが「個人申立」です。先ほどいくつかの事例で紹介しましたが、ある個人がそのような人権侵害にあったからこそ、事件をヨーロッパ人権裁判所に持っていき、有効に闘うことができます。その上で注目すべきは、これをサポートするNGOや弁護士の存在の重要性です。

　この点は、この後お話するイギリスの事例と重なってきますが、イギリスは当初、ヨーロッパ人権裁判所で申立件数第1位、敗訴件数第1位という不名誉な地位を占めることになりました。しかし、これはイギリスがヨーロッパの中で人権侵害ワースト国を示しているわけではない。もちろん、イギリスが人権最良国だと言っているのではありません。しかし、ヨーロッパ人権裁判所に事件が上がってくるのは、これをサポートするNGOや弁護士がいたからなのです。

　ごく普通の市民がヨーロッパ人権条約を知っているなどということは、およそ考えにくいことです。ですから、そのような問題を弁護士やNGOに相談した際に、「これをヨーロッパ人権裁判所に持っていきましょう」と考えた人々、それを支援する人々がいたからこそ、イギリスの申立件数が増えたのです。現在、イギリスは自国の人だけではなくて、たとえばトルコ政府から人権侵害されている人を助けてヨーロッパ人権裁判所に持っていくなどということもしています。これも弁護士活動のグローバリゼーションということで、人権の観点から面白い活動と言えるのではないでしょうか。

4）今後の課題

この項の最後として今後の課題について触れます。直近の最も重大な課題は何かといえば、事件の急増にどのように対応するかに尽きます。そのときに、国際的な実施措置を改善する必要もありますが、もう1回原点に立ち返ることが重要になります。先ほど国際的実施措置はあくまでも補充的・補完的なものだと言いました。国内で人権が守られていれば、ストラスブールまでお金と時間をかけて事件を持っていく必要はありません。

各国の裁判制度をより良いものにしていくことも重要です。たとえば2004年にヨーロッパ人権条約に加盟したセルビア、あるいは02、03年に加盟したばかりの国々に対して、ヨーロッパ評議会は司法的支援を行っています。たとえば、司法権の独立とは何であるのかとか、裁判官が政府に対して批判的な判決を書いたからといって政府はそれに対して不利益なことをしてはいけないということ。裁判官のトレーニングについてはヨーロッパ評議会が現地でセミナーを開く。また東欧諸国や最近入った国から訓練生という形でヨーロッパ人権裁判所が受け入れて、実際に行われている裁判の内容などを実地で知ってもらう、そうした解決方法も有効ではないかと思います。

それから、大規模かつ重大な人権侵害に対する対応です。この課題はヨーロッパ人権裁判所が苦手とするジャンルなのですが、それでもチェチェン問題に関してヨーロッパ人権裁判所にようやく事件が上がってきています。この事件について、どのような判決が出るのか、そしてロシアがこれをどう受け止めるのか、ということが非常に興味深いことです。もし失敗すれば、ロシアの離脱を招きかねない大変微妙な問題でもあります。しかし、もしこれがうまくいくのであれば、大規模で重大な人権侵害であっても裁判所という司法的なルートを通じて解決できる。そのプロセスが確立できる重要なファーストステップになるかもしれません〔付記：2005年、ヨーロッパ人権裁判所はロシアに対して条約違反判決を出しました〕。

それから他の地域的人権条約との連携ということで、つい最近で

きた EU 基本権憲章、それから EU 憲法（この正式名称は The Draft Treaty establishing a Constitution for Europe と言い、条約です）が、挙げられます。この条約は 2003 年 7 月 18 日に採択されました。この後、各国の批准という段階に入っていきます。各国の批准に関しては、1 つは議会における承認というルートが考えられます。もう 1 つのルートとしては、国民投票による承認というルートが考えられます。

いずれにせよ、EU 加盟国が国内で承認の手続きをとらなければ、この条約は発効しません[7]。したがって EU 憲法という言い方は正確さを欠くかもしれませんが、ヨーロッパのための憲法を確立する条約という名称になっているので、将来的な EU のあり方に関連づけられるのかもしれません。

ただし 1 点付け加えれば、EU 憲法を紹介する際に新聞などで president＝大統領と表現していましたが、「大統領」と訳して本当にいいのか疑問があります。大統領は英語でプレジデントですが、この言葉は大統領以外に「ある組織の長」というもっと一般的なニュートラルな意味があります。しかし、大統領と訳せばアメリカ合衆国やフランスの大統領をイメージしてしまうので、果たしてそ

---

(7) 議会採決のみの批准手続きを採用した国では、リトアニアを皮切りに順調に批准が行われ、国民投票による批准手続き（これには国民投票のみで批准とする国と、国民投票に加えて議会承認を要求する国があります）を採用した国としては、スペインが国民投票により批准を決定するなど、「EU 憲法条約」発効にむけての船出は、順風満帆のように見えました。しかし 2005 年 5 月、ドイツとともに「EU 憲法条約」制定の中心的役割を担ってきたフランスで行われた国民投票は、「EU 憲法条約」に「ノン」を突きつけました。このことに影響されてか、同年 6 月にオランダで行われた国民投票もまた、「EU 憲法条約」を拒否する結果となったのです。こうした結果を受け、国民投票を予定していたチェコやイギリス、デンマークなどは、国民投票の実施を当面の間「棚上げ」にすることを決定しました。このように、「EU 憲法条約」発効への道は暗礁に乗り上げている、というのが現状といえそうです。（そうした中、2005 年 7 月、ルクセンブルクは国民投票の結果を受けて批准を承認しています）。

れでいいのか。この点については疑問を提起するだけにしておきたいと思います。

もう1つ重要な課題として、国連の国際人権条約との関係があります。その中でちょっと不安になるのは、ヨーロッパで人権条約がこれだけ実効性をあげてくると、ヨーロッパの人がまず考えるのはヨーロッパ人権条約になります。そうするとヨーロッパ人権条約サイドの判例法はますます充実していきますが、国連のほうにその蓄積が向かわないことになるので、それが気がかりな点でもあります。

実際のところ、自由権規約の選択議定書に関して、イギリスは日本と同様、批准していません。したがってイギリス国民はイギリス政府を自由権規約の規約人権委員会に通報できないのですが、ヨーロッパ人権条約があればそれでいい、となるのかもしれません。しかし、国際社会全体でみると、ヨーロッパ人権条約に加われない国々の人々からするとどうだろうか、それが気がかりな点です。

Ⅱ　イギリスとヨーロッパ人権条約

それでは、これだけ力をつけたヨーロッパ人権条約に対峙せざるを得なくなったイギリスは一体どのような反応、対応をしたのかを見ていきます。

1) 背　　景

二元主義　　1998年に人権法を制定する前のイギリスはどのような状況だったのでしょうか。イギリスは日本と違って二元主義をとっている国です。だから条約を批准しただけでは国内で効力が発せられません。日本は条約を批准すると、たちどころに国内的効力が発せられます。イギリスでは議会で改めて条約を国内法にする法律を作らねばなりません。したがってヨーロッパ人権条約は、イギリス国内では法律にならないのです。

これはどのようなことを意味するかですが、たとえばAさんが「私の記事に対する差し止めは、ヨーロッパ人権条約の表現の自由違反である」と訴えたとします。裁判官はこう言います。「ヨー

ロッパ人権条約はイギリスの国内法ではありませんので、国内裁判所としては適用できません」とか、「そもそも関連性がありません」、あるいは何も言わないで無視してしまう。これがイギリス国内裁判所におけるヨーロッパ人権条約の実態でした。

議会主権（法律による人権保障）と救済の重視（コモン・ローによる人権救済）　このような実態が生じたのは、人権を実現するのは議会であるという認識がまず存在し、国内の裁判所は議会の作った法律を忠実に適用することによって国民の権利を守っていくという考え方に立っていたからです。言い換えれば、議会がヨーロッパ人権条約を国内法化していないのに、勝手に国内裁判所がヨーロッパ人権条約を使って事件を解決してしまったならば、裏口からヨーロッパ人権条約を国内法化したことになるので、それはできない。これがヨーロッパ人権条約と向き合っている裁判官の見解でした。

政府による人権侵害　これに対して、それでいいのかという考え方が2つの流れから出てきました。1つは、議会は人権を守るというが本当かということです。ここも日本とよく似ていますが、実際に法案は議会が作るのではなくて、政府が主要な法案を作ってそれを議会にかけるというのがイギリスの現状です。そうなると、結果として政府は自らが必要とする法律は何でも通せることになります。しかもイギリスには日本のような憲法がありません[8]から、憲法違反だと国内の裁判所に訴えることもできません。議会を通せば人権を侵害する法律も作れてしまう。これがイギリスの議会主権の裏側の部分ということになります。

新・権利章典制定論議（1960年代から）／ヨーロッパ人権条約の国内法化　もう1つは、ヨーロッパ人権条約であるとか1960～70年代であれば当時のECに代表される国際的な潮流です。ここで

---

[8]　すべての国家は、国家の構造・組織・作用に関する基本的な規範をもっていますが（これを実質的意味の憲法といいます）、この規範が「憲法」という名前のつく法典により規定されておらず、慣習や判例、法律を中心に形成されていることから、イギリスは「不文憲法」の国であるとされています。

人権を守っていくという視点が表れてきましたが、これがイギリスの国内法につながっていかない。何とかすべきではないのかという認識です。これが結果としてイギリスに人権規定はないがもともとは、マグナカルタ、権利章典という歴史のある国なのだから、ここで新たに権利章典を現代社会に合う形で作ったらどうだろうかという議論がされるようになりました。

そして、議論がされるだけではなくて、議会に対して権利章典法案が次々と出されるようになりました。私がこの部分を説明して感じるのは、「人権って結構、ポリティカルだよね」という側面です。イギリスはご承知のように二大政党制です。保守党と労働党の間で政権が行ったり来たりするわけです。労働党が政権にあるときは、保守党は労働党政権を縛るために権利章典法案を言ってきます。ところが保守党が政権につくと野党時代の主張を全然言わなくなります。他方、労働党が野党になると、保守党を拘束するという意味で権利章典法案を主張します。

今、二大政党制と言いましたが、イギリスにはもう1つ政党があります。リベラルデモクラッツという政党です。この第三党は以前から権利章典を作るべきだと主張してきました。しかし二大政党制、別な言い方をすれば、小選挙区制なので、この政党は議席が取れませんでした。政権に近づく可能性はまったくありません。したがって議員提出による権利章典法案は1997年まで、一度も実現されませんでした。全部、廃案に終わってきたという歴史があります。

2）国内裁判所とヨーロッパ人権条約

初期の判決　それでは国内裁判所、政府、議会はどうだったのかを、もう少し丁寧に見ていきます。

まず、国内裁判所では、先ほど述べたとおり無知、無関心、無視が一般的でした。しかし、弁護士たちはあきらめませんでした。何度も何度もヨーロッパ人権条約を提起し続けました。こうした動きの追い風になったのが、先ほど紹介したヨーロッパ人権裁判所の豊富な判例法です。

転換点　ヨーロッパ人権裁判所の判例法が増えれば増えるほど、抽象的な規定を持ち出すだけではなくて、関わり合いのある判決を持ってくることができるから説得力が増します。裁判官のほうも一部ではありますが、その裁判官の裁量の中におさまる事項に関しては、ヨーロッパ人権条約を若干考慮しましょうとか、議会制定法があいまいな場合（あいまいな場合には通常、議会制定法はコモン・ローに反するつもりはなかったと解する、が一般原則です）にヨーロッパ人権条約を入れてしまうわけです。議会はヨーロッパ人権条約に反する意図はなかったとこの制定法は解するべきであろうと。すなわち、Aという解釈、Bという解釈の2つの選択肢があった場合に、Aをとるとヨーロッパ人権条約違反になる、Bをとるとヨーロッパ人権条約に合致する、それではBをとりましょうという判断をする一部の裁判官が登場したのです[9]。

1990年代　これを踏まえて少しずつ、参照という形ではありますが、国内判例でヨーロッパ人権条約を使ったり、あるいは具体的な判決を参照したりする事例が出始めました。

そして97年に労働党が政権につき人権法ができると、どのような変化が起きたのか。現在のイギリスの裁判においてヨーロッパ人権条約は、必ず考慮に入れるべき事項になっています。どうしてそうなるのかについては、後でメカニズムとして紹介します。

3）政府（行政）とヨーロッパ人権条約

人権法前：消極的・自己防衛的　次に政府の対応です。人権法が制定される前はもともと無視していたのですが、さすがにイギリスで敗訴件数第1位になると無視しているわけにはいきません。また、イギリス政府の面白いところは、ヨーロッパ人権裁判所で違反判決が出されると、それなりに誠実な対応をしています。イギリスには裁判所侮辱法というこの国独特の法律があります。これが表現

---

[9]　詳細については、江島晶子『人権保障の新局面』（日本評論、2002年）参照。

の自由違反だと判断されると、もともとコモン・ロー上でしかなかった裁判所侮辱法を制定法化する措置がとられたり、あるいは刑務所に収容されている在監者の人権を侵害しているという判決が出ると刑務所規則を変えたりと、まずまずの対応をしています。

しかし同時に次のような対応もしました。各省庁に「今やっている仕事がヨーロッパ人権条約に違反しないかどうか注意してください。もし不安があったら弁護士に相談してください」という内部文書を各省庁に送ったのです。言い換えると、それだけ気にするようになったわけです。

人権法後：2年間におよぶ実施準備　実際にヨーロッパ人権条約は導入した際には2年間の実施準備期間をとって、全省庁挙げてヨーロッパ人権条約に違反していないかどうかをもれなくチェックしました。

4）議会とヨーロッパ人権条約：人権法制定過程

新・権利章典制定論議　そして、最大の問題は議会です。もともとの新・権利章典制定論議という形では成功しませんでした。1997年に労働党は約17年ぶりに政権に復活したわけですが、97年の選挙は大変重要だと労働党は考えていました。ここで政権を取れなければ万年野党になってしまう。日本と同じになってしまうではないかということで、労働党はイメージ改善に向けて抜本的なことをしました。

ヨーロッパ人権条約の国内法化法案　やったことの中では大変地味なものですが、ヨーロッパ人権条約を国内化することをマニフェストの中に入れました。そして97年の選挙で勝利すると、早速1年目の政策課題にそれを入れ、すぐ白書（Rights Brought Home）、法案（Human Rights Bill）を出し、そして貴族院、庶民院をあっという間に通過して、98年に法律ができました。しかし法律はすぐの発効ではなく、2年間の準備期間をおきました。なぜか。この法律は議会以外の全公的機関、つまり行政機関、司法機関はヨーロッパ人権条約に合致するように仕事をしなければならないからです。

そして、もししなかったら違法、責任を問われるとこになります。そうなると困るので、2年間時間をおいて、官僚や裁判官のトレーニングが徹底的に行われました。この点にも、人権の中身から攻めていくのではなく、人権を実現していく手段から攻めていくところにイギリスらしさを感じます。

5）人権法の政策上の位置づけ

人権法の政策上の位置づけということでの中心的ターゲットは「公的機関」でした。人権法は市民に義務を課すものではありません。義務を課すのは公的機関です。ただし、人権法は市民に対してはawareness、知ってもらうというプロセスの中では「人権法は権利を主張する人のためだけに作ったものではない。権利には責任が伴うものである」という説明もしました。しかし、市民に対して責任を問うことの担保として何らかの制裁等があるわけではないので、これはあくまでもスローガンということになります。要は、責任を問われるのは公的機関だったということです。私はこの点でも、日本の人権擁護法案と、イギリスが人権法導入の際にとった措置を比較すると、かなり距離があると考えます。

6）人権法のメカニズム（人権保障手段）

そこで、人権法のメカニズムを紹介したいと思います。

要となるのは3条、6条、そして4条の規定になります。

公的機関の「ヨーロッパ人権条約上の権利」適合義務　まず6条は、議会以外（なぜ議会以外とするかというと、議会主権の国であるからです）の公的機関はヨーロッパ人権条約に適合的に仕事をしなければならないということです。3条は、ヨーロッパ人権条約に適合的にあらゆる法律を解釈しなければならないということになります。もしも、どう解釈してもヨーロッパ人権条約に合致するように解釈できないとなると、2つに分かれてきます。

「ヨーロッパ人権条約上の権利」適合的法解釈（3条）→不適合宣言（4条）　1つは、議会が作った法律の場合。議会主権なの

で、裁判所はこれを無効にすることはできません。そのため唯一、適合しないという不適合宣言を出します（第4条）。その後は政治サイドに任されます。すなわち、救済命令（第10条）で、大臣は命令によって侵害立法を修正することができる、となっています。

他方、議会立法ではなく従位立法（委任立法）である場合、裁判所は無効にすることができる、ということになっています。

法案の「ヨーロッパ人権条約上の権利」適合表明（19条）　もう1つの問題。議会は全然拘束されていないのかというと、19条があります。新しい立法に関する適合表明ということで、法案を提出する際、担当大臣は下記のいずれかを行わなければならない。1つは、当該法案は適合している。もう1つは、適合すると表明できないがそれでも議会に審議してもらいたい。言い換えると、条約には反しているが、政府としては必要であると考えているので審議してもらいたいということです。言ってみれば、議会に一定のウオーニングを与えていることになります。ヨーロッパ人権条約違反の可能性があるということを踏まえて審議してくださいということです。

上記(1)〜(3)がどのように機能するのか　実際にはどういうことになるかということですが、まず、法律は可能な限りヨーロッパ人権条約に適合的に解釈されなければならない。この義務は実際には議会を除く公的機関全部に及ぶが、中でも最も重要なのは裁判所です。裁判所は公的機関として、あらゆる事件においていろいろな法律を解釈適用しますが、その際に、ヨーロッパ人権条約に適合的でなければならないという義務を負っていることになってしまったということです。裁判所にしてみれば大変なことだと思われます。

実際にどうだったか。事件がどのくらい増えたか。ヨーロッパ人権条約が実際に発効するまで多くの人が次のような心配を持っていました。ヨーロッパ人権条約は日本国憲法の人権規定のように一般的な、抽象的な規定なわけです。ですから、どんな主張でもできてしまうのではないか、もしかしたらとんでもない主張が増えてしまうのではないかということが心配されたわけです。言い換えると、すごい事件が急増するのではないかということです。しかし、実際

に数字を見ると、それほど増えているとまでは言えない。言い換えると、2年間の間に行政機関と司法機関が一定の実施準備をしたことが結構役に立ったことを意味しています。

7) 人権法の実施準備

　政府側には、「条約適合性チェックリスト」が省庁および地方自治体の公務員にガイドとして手渡されました。こうしたチェックをすること自体面白いことですが、もう1つ面白い点は、チェックリストの枠組みがヨーロッパ人権裁判所が条約違反があるかどうかを判断する際に行う枠組みと大変似ているということです。別に押しつけられたわけではありません。イギリスがヨーロッパ人権条約を国内に編入するにあたって考えたときに手がかりになるのは、具体的な事件の中で出てきた判決の積み重ねであるヨーロッパ人権条約判例法ではないか、その枠組みを使ってはどうか、ということなのです。この点でも、私は憲法と国際人権法の共生がよく表れている一事例だと考えます。

8) 人権法（ヨーロッパ人権条約）のインパクト

　裁判所における人権法　2004年現在、発効してから4年たちました。どんな評価ができるかということです。まず、裁判所における人権法ですが、新しい人権の承認ということでいえば、プライバシーの権利が挙げられると思います。この権利がイギリスになかったのか、と皆さん驚かれると思いますが、イギリスではもともと法律を作る、権利を創設するのは議会だけであり、判例法でプライバシーの権利を認めることはできないと考えられてきました。ところが、ヨーロッパ人権裁判所ではプライバシーの権利は認められているので、その結果、プライバシーの権利を認めているヨーロッパ人権条約8条が今やイギリスの裁判所を拘束しており、結果、プライバシーの権利を認めざるを得なくなるということです。

　それから人権法3条による適合的な解釈（先ほど公的機関はヨーロッパ人権条約に適合的に解釈しなければならないという義務が課され

ていることをお話しました)、どうしてもそれができなければ、その次に人権法4条による不適合宣言を出すという枠組みです。これは面白い事態を招くことになりました。なぜか。イギリスの裁判所はできるだけ法律は書かれているとおりに、すなわち文理解釈に忠実に、というのが基本です、ところが、ここに一般的、抽象的なヨーロッパ人権条約という道具が入ってきて、これに適合的に解釈するようにとなると、そこで解釈されたものは本当に解釈の枠にとどまっているかという問題です。実は、立法になっていないかということです。

R v A（No. 2）[10]という事件で問題になった法律は、強姦等の性的犯罪の被害者の権利を守るために、被害者が証言をする際に、その事件とは無関係の過去の性的な経験を反対尋問で聞いてはならないということを定めました。しかしながら、裁判を受ける権利という観点でいうと、アドバーサリー・システム、相互に自由に反論をすることによって本当の真実は何であるかを明らかにするという点からいえば、ものすごい制約になります。言い換えると、ヨーロッパ人権条約6条違反になるのではないかということが問題になってきます。しかし、ここでイギリスの裁判所は適合的解釈という形で、今言った、俗名 Rape Shield Act は条約違反ではないと解釈しました。

次の Mendoza v Ghaidan [11]は、同性カップルのうちの1人で、居住していた家の賃貸借契約をしていた人の方が死んでしまったときの問題です。普通、このカップルが法律上の婚姻をした異性間のカップルであると法的な保護を受けることができます。すなわち、亡くなってしまった人の、家を借りている人としてのステータスがそのまま遺族としての配偶者のほうに引き継がれるという保護規定があります。ところが、この配偶者に同性カップルが含まれるのか、これは異性間カップルを対象にしているのではないか、そもそもこ

---

[10] *R v A（No. 2）* [2001] UKHL 25; [2002] 1 AC 45.

[11] *Mendoza v Ghaidan* [2004] UKHL 30.

Ⅱ　イギリスとヨーロッパ人権条約

の法律が制定された年号を考えると異性間を想定しているのではないかと。しかし、そのように考えると、ヨーロッパ人権条約の平等条項に反してしまうのではないか。

そこでイギリスの裁判所は、この配偶者の中に同性カップルを入れて不都合な理由はないはずだと法律の解釈を広げることによって、平等条項に反しないという結果を手に入れたわけです。

この2つの例は、今までイギリスの裁判官がやってきた法解釈の幅からすると、それを逸脱するものではないかという批判があります。

他方、不適合宣言の例でいうと、Bellinger v Bellinger を例に出せます。これは性同一性障害者の方が性別の記載変更を認めてもらうことによって、異性カップルとして法的な結婚をしたいとの主張だったわけです。

これを認めないとヨーロッパ人権条約の8条や12条違反になることは確実です。なぜかといえば、Goodwin v UK でイギリスは負けているからです。すでに負けているから、これで望む通りの判決が出ると思ったわけですが、裁判官は「この法律はヨーロッパ人権条約とは適合的に解釈できない」と不適合宣言を出し原告の訴えを認めませんでした。その理由は、この部分だけ認めても、その結果いろいろなところに波及することになる。言い換えると、性同一性障害者に対して性別の記載を変更することは、単に結婚の問題だけではなく、たとえば子どもの問題など様々なところに波及してくるので、きちんと制度全体の立法改正しなければならない事項で、裁判所がなし得ることではない、と判断したわけです。

そして現実に、イギリスは Goodwin v UK と Bellinger v Bellinger を前提にして、Gender Recognition Act 2004 を作り、かつその内容が先ほど紹介したように、性同一性障害者の中の非常に条件に恵まれた人だけ保護するのではなくて、できる限り保護できる範囲を広げようという形で法律を作った。そこが先ほど言った違いというところで強調したかった点です。かつ、そうした違いが生じた理由の1つには、国内の事情だけではなくて、ヨーロッパ人権条約が大い

にかかわっているというところも強調したい点です。

議会における人権法　次に、議会における人権法ですが、これは憂えるべき問題があります。9.11のインパクトということで、2001年9月11日の同時多発テロの衝撃を最も受けたのはアメリカ合衆国でしょうが、その次に受けたのはイギリスだと言っても過言ではないと思います。言い換えると、イギリス政府はいかにテロの危険からイギリスを守るかということです。わずか1カ月という期間で反テロ法（Anti-Terrorism, Crime and Security Act 2001）を制定しました。

　この法律は大変問題ある内容をいくつも含んでいます。とりわけ批判のやり玉に挙がっているのは、外国人で、テロリスト容疑がかかっているけれども、イギリスの刑法によっては起訴するには十分な証拠がない、あるいは起訴してしまうことによって、本来国家秘密に属する事柄が公開法廷で明らかになってしまうので刑事訴追ができない、という人の取扱い問題です。そういう人だけれども、国外退去もさせられない。なぜかというと、その外国人の本国に送り返すと、本国で、たとえば迫害を受ける、あるいは極端な場合死刑判決を受けることが考えられる場合ということです。なぜそういう国に送り返せないかというと、これもヨーロッパ人権条約の制約からです。ヨーロッパ人権条約は生命に対する権利を保障している観点から、現時点では死刑を持っている国には国外退去はさせられないことになっています。そこへ送ってしまうと、間接的に死をもたらしたことになってしまうからです。ですから、まさに板挟みです。いかにテロの危険から守るかということで、テロ容疑があり、本当であれば国から追いだしてしまいたいわけです。しかし追い出せない。では、本来国が予定している刑事訴追という形で、その人の身体の自由を拘束するというルートが考えられるけれども、先ほど言った事情からこれもとりえない。そこで無期限で、この外国人を収容することを認める条項が反テロ法の中に入れられたということです。ちょっと聞いただけでも、ぞっとしますね。もちろん、そこには日本など比較にならないほど、テロの脅威を現実的に感じてい

るという事情があります。

若干評価できることは、反テロ法が議論される際に、議会内の人権合同委員会が、反テロ法の中に含まれている問題点を報告書として指摘したことです[12]。

もう1つは、議会の議員は、人権についてどう考えているかということです。反テロ法の議論しかり、あるいはイギリスでもう1つの重要問題である移民の問題しかり。移民の取り扱いを規定している法案の審議等において人権という事柄をどれだけ意識しているか。実は、ヨーロッパ人権条約で保障しているところの人権という形で意識しているのか疑いたくなるような言動が議事録の中に結構かいま見られます。それからイギリスはもともと人権という言葉ではなくて、Civil Liberties（その中核はいわゆる自由権、すなわち、人身の自由、表現の自由、言論の自由というもの）を人権と考えてきました。したがって、プライバシー、あるいは自己決定権のようなもの、あるいは具体的な話でいえば、性同一性障害者の問題、同性愛者の問題、犯罪者の人権という問題を人権という観点からとらえるかどうかは、議員によってまちまちです。まだまだ発展段階と言っていいのではないかと思います。

全体　全体ということでは、人権法のインパクトを具体的な制度提案の形で示せるものが人権平等委員会の提案です。先ほどお話ししたように、当初、人権委員会はつくらないということで見送られました。しかし、議会内人権合同委員会で人権平等委員会の問題が議論された上、報告書も出て、現段階では政府から白書が出されるという段階になっています。おそらく法案という形で議会に出てくることが予想できます〔付記：平等法案（Equaiity Bill 2005）が提出されました〕。

そして人権法自体が憲法構造にも波及効果を及ぼしているのでは

---

[12] 2004年12月16日、イギリスの上院上訴委員会は、反テロ法はHRAに反するとして、不適合宣言（4条）の判断を下しています。*A and others v Secretary of State for the Home Department; X and others v Secretary of State for the Home Department* [2004] UKHL 56.

第4章　憲法と国際人権条約［江島晶子］

ないかと思います。1つは議会と裁判所の関係です。裁判所の裁判官はこれまでよりも積極的なアプローチをするようになってきているし、より積極的な発言をするようになってきていると考えられる徴候が見られます。それと裏腹の関係が司法過程の透明化ということです。とりわけ誰を裁判官にするかという任命過程の透明化が問題になってきていると言えます。

以上、駆け足でしたが、ヨーロッパ人権条約が柱となっている話、イギリスが柱となっている話をしました。

Ⅲ　まとめにかえて
―― 「国際人権」の可能性、憲法の可能性

まとめにかえて、「国際人権」の可能性、憲法の可能性、そして国際人権条約の可能性について私が強調しておきたい点に触れておきたいと思います。

1）「国際人権」の実効性確保において欠けている重要なパーツ：個人通報制度

第1に、ヨーロッパ人権条約とイギリスをモデルにして強調してきた、国際人権条約と憲法の共生という関係において、それを作っていく上で何が大事か。言い換えると、日本では今、何が欠けているかということでいえば、私は個人通報制度だと考えています。

当初はそれほど数が多くなかったものが、女性差別撤廃条約に選択議定書という形ででき、社会権規約に関しても選択議定書が草案として出来上がっている段階にきています。日本が、たとえば司法権の独立を害されるおそれ等があるので現在検討中です、という言い訳をすることがいつまで可能だろうか。それをすることが国際社会においてどれだけ日本に対する信頼性、信用性を失わせることになるのだろうか。そうしたことにそろそろ気がついていただいてもいいのではないかと思われる部分です。

2) 憲法の「統治機構」が機能していること:「国際人権」の実効性が確保される絶対条件

2番目に、国際人権条約は聞こえはいいのですが、これが実現するためには国内の実施機構がきちんと機能していることが最も重要な前提です。だからこそ、憲法の統治機構が機能しているということ。それは裁判所にだけ頼るのではなく、たとえば立法過程に必要な権利を守るための法案がちゃんと出てくること。そして政府が人権に合致した形で仕事を行うという意識を持つこと。こうしたことが要になるのではないかと思います。

3) 人権を実現する「手段」という視点

3番目に、イギリスをみていくと、日本との対比で強調したいことは、人権の中身、人権規定をどれだけ作るかではなくて、それを実現する仕組み、手段をどう作るかだということです。これは一個人という観点でみるとどうなるでしょうか。人権デーの近くになるといろいろな標語が張られます。「皆さん、人権を大切にしましょう」「人にやられていやなことは、他の人にするのはやめましょう」と。これは、皆さんに人権を守ってください、理解してくださいということですが、人によってはされてほしくないことはいろいろだと思います。言い換えると、私以外の他の人がどうしてほしいかということは実際には分からないわけです。場合によっては他人の人権を傷つけることもあるかもしれません。言い換えると、傷つけられた側はそれをどうやって元通りにするか。それから傷つけられないようにどう予防するか。言ってみれば、自分の権利をどうやって行使するかという側面について考えることが実は今まで弱かったのではないかという感じがします。たとえば、未だに国内人権機関が日本にはできていないところに、手段が不足しているというところに、裏返しの形で表れているのではないかと思います。

4) 憲法と国際人権条約の共生

最後に、人権を実現するという目的において、憲法と国際人権条

約が共生という関係をつくっていくことが望ましいと考えています。その共生というのは、ヨーロッパ人権条約を具体例として紹介しましたが、どちらかが優越していて、どちらかがそれにどうしても従わざるを得ないという関係ではなくて、それぞれにやるべき仕事、テリトリーがあり、また持っている権限があり、それが上手に組み合わさって相互に影響を及ぼし合うことによって、結果、目的としての人権実現、人権のスタンダードが上がっていくという関係ではないかと思っています。

　言い換えると、「国際人権」の国際がとれて、人権といえば、憲法も国際人権条約も、そこで保障している内容も、規定している実現するための手段も当然含むと考えられるようになることが大事なのではないかと考えています。

　私の話はここまでにさせていただきたいと思います。

第5章 憲法を改正することの意味
―― または、冷戦終結の意味

長谷部恭男

細 目 次

I 憲法改正の(不)必要性 (139)
II 国家の基本原理としての憲法
　　――憲法制定権者の決定内容
　　　　　　　　　　　　　　(142)
III ルソーの「戦争および戦争状態論」(144)
IV Long War ――第1次大戦から冷戦終結まで (146)
V カール・シュミット『現代議会主義の精神史的地位』：議会制民主主義 対 共産主義 対 ファシズム (149)
VI 議会制民主主義の前提――立憲主義 (151)
VII 日本はいかなる国家であろうとするのか？ (154)
討　論 (156)

I　憲法改正の(不)必要性

ただいまご紹介いただきました長谷部と申します。お手元にレジュメが配布されていると思いますが、「憲法を改正することの意味」というタイトルで、副題が「または、冷戦終結の意味」となっております。

ご存じのとおり、現在、憲法改正すべきか否かという問題が議論されています。法律家として申しますと、もちろん、改正すること自体に反対する理由はないわけで、改正手続規定もそのためにあるわけです。それにもかかわらず、改正は反対だという方々がおられるのは、1つは、現在取り上げられている具体的な提案を見てみますと、例えばプライバシーの権利や環境権といったようなものを明確化するという話のように、改めてそんなことを条文化することに一体どういう意味があるだろうと思われるようなものがあります。いずれの権利もすでに判例・法令等を通じてその意味内容が確立している権利ですし、憲法の条文に書いたからといって、それで何か

第5章　憲法を改正することの意味［長谷部恭男］

結論が変わるというものではないはずです。

　また、関心を呼んでいるのは憲法第9条で、自衛のための軍備を持てることを明らかにするという話があります。1つポイントになるのは、従来、内閣法制局を中心にして軍備等については憲法上の制限が、解釈上の帰結として導き出されているわけですが、そうした実務、ないし解釈の中で編み出されてきた様々な制約を吹っ飛ばすつもりだろうかという問題です。吹っ飛ばすつもりはない、単に自衛のために何らかの実力を持てることを明確化するだけだということであれば、これまた全く意味のない改正です。そのようなことのために課題が山積しているはずの国会の審議時間をとってわざわざ憲法改正するのかという話です。他方、吹っ飛ばすつもりなのかもしれません。そうであれば、これはこれで大変な問題です。

　全部なのか一部なのかわかりませんが、何のために吹っ飛ばそうとするのか。前提になっているのはおそらく素朴な想定なのではないだろうか。制約があるよりも、なるべく制約がないほうが自由に行動ができて都合がいいという想定なのではないか、と私は疑っています。ただ、果たして制約がないほうが本当に自由なのか、行動の範囲が広がるのかということをもう少し慎重に考えたほうがいいと思います。

　例えば、外すことが議論されている武器輸出3原則があります。日本の新聞に載っているかどうか確認してこなかったのですが、先週、イギリスのストロー外相が中国を訪問しています。私が読んだイギリスの新聞には、イギリスも含めてEU諸国が中国に対してとっている武器の禁輸措置を解除する方向での話し合いをしに行ったのではないか、ということが載っていました。なぜそうしなければいけないのかというと、当たり前の話ですが、武器の禁輸措置を解除しないのであれば中国への市場参入を制限すると中国政府が言っているからでしょう。

　もし、どこへでも武器を輸出するのが原則だとしてしまうと、当然のことながら中国としては、私のところになぜ武器を売らないのかということになるでしょう。武器を売らないのであれば新幹線は

買わないという話になるのは必定です。天安門事件以来、禁輸措置をとっているのは、暴力的に人権を抑圧するような国家には武器は売らないという話だったはずです。要するに、輸出するのが原則で、禁輸するのが例外なものだから、逆手に取られるわけです。むしろ輸出しないのが原則であるということにしておいたほうが行動の自由度は高まっていると考える余地が十分にある話だろうと思います。

他によく議論されている改正の提案としては、首相公選制[1]があります。これについては、あるところで一般読者向けに原稿を書いたことがあるので詳しくは申しませんが、この提案は改悪であることは明らかです。

また、憲法裁判所[2]を設置してはどうかという提案があります。ニューヨークにいるときに知り合った、あるフランスの憲法の先生は、憲法改正、特に憲法裁判所の設置という提案について日本に呼ばれたことがあったというのですが、その先生は、憲法裁判所というものは国会議員の権限を縛るものだから、なぜ国会議員が憲法裁判所をつくりたがるのか理解ができないと言っていました。ただ、彼はフランスの歴史に省みて１つの理解を示しました。フランスでは、左派と右派との政権交代があるわけですが、フランスの憲法院という違憲審査機関は、政権が変ったとき、左・右にあまり揺れすぎないように歯止めを設ける役割を持っています。それを前提に考えると、歯止めを置くことで政権交代が容易になることを狙っているのかな、と彼は言うわけです。しかし、私の感じですが、日本の自民党と民主党の間に揺れすぎて困るような違いがあるとは思えないし、そうした高級なことを考えておられるのかどうかよくわからないところがあります。

もう少しわかりやすい説明としては、現在、内閣法制局の憲法解

---

[1] 簡単にいうと、市民が直接首相を選ぶ制度にしようとするもののことです。
[2] 憲法裁判所というのは、憲法問題のみを扱う特別な裁判所のことをいいます。日本は、通常の司法裁判所が憲法問題も審査しますので、憲法裁判所という特別な裁判所は現在ありません。

釈によって縛られているわけですが、それよりは憲法裁判所によって縛られることにしたほうが人事を自分たちで直接コントロールできると考えているのかもしれない。ただ、これは諸外国の例を引くまでもなく、自分たちが任命、あるいは指名した裁判官が本当に政治家の言うことを聞いてくれるという保障はないところで、よい考えなのかどうかなかなか結論が出しにくいところだろうと思います。

いろいろ申し上げましたが、一般的な印象としては、現在提案されている様々な改正案が熟慮の上で出されているかどうかよくわからないところがあります。他になすべき政治課題は山積しているはずなのに、こんなところにエネルギーや時間をかけていて本当にいいだろうか。これが、私が持っている懸念の1つです。ただ、憲法の改正を許すなと力を込めてがんばっている方々が懸念しているのは、私が今まで言ってきたような、いかにも法律屋的な観点からみて、あまり意味がないのではないか、という話とは違うのではないかという感じはしています。むしろ、もっと違ったレベルのものが変わってしまうのではないかという懸念をお持ちの方のほうが多いのではないかと思います。

では、もっと違った意味で憲法が変わってしまうとすると、それは一体何が変わってしまうのかという問題をお話しようと思います。これからがむしろ本題になります。

II 国家の基本原理としての憲法
―― 憲法制定権者の決定内容

中心的役割を演じるのは、ワイマール時代のドイツで活躍したカール・シュミット[3]という人です。そういう人を今の時代、それ

---

[3] Carl Schmitt（1888-1985）。ドイツの政治思想家です。ナチスへの転向が問題視されながらも、「魔性の政治学者」と呼ばれ、いまだに多大な影響力をもっています。議会制民主主義に対する批判とその代替制度としての大統領制を唱え、『政治的ロマン主義』、『独裁』、『政治神学』、『現代議会主義の精神史的地位』、『大統領の独裁』、『政治的なものの概念』、『憲法の番人』、『憲法理論』、など、多くの著作でそうした問題意識に応えまし

も日本で議論することに一体どういう意味があるのかと不思議に思われる方もいると思います。

私が最近まで滞在していたアメリカは今、一種のシュミット・ブームです。その一端を示す点ですが、今のブッシュ政権の中に、特に国防省等の主要なポストを占めている人々の中に「ネオ・コンサーバティブ（ネオコン）」(4)と言われる人々がいます。彼らの多くは、レオ・シュトラウス(5)という政治思想家の直接・間接の影響を受けた人々であると言われていて、そのために"シュトラウシアンズ"と呼ばれています。

レオ・シュトラウスはシカゴ大学の先生をしていた人で、主要な研究対象の1つはカール・シュミットの思想です。シュトラウスはシュミットと直接の知り合いです。彼はユダヤ人でドイツから亡命してきた人ですが、亡命する際の紹介状はシュミットが書いています。シュトラウシアンズのサークルでももちろんシュミットの議論は参照されています。また、冷戦終結後に東欧で様々な形で体制の変動が進みましたが、そこで新たに憲法のあり方を考える際にもシュミットの理論が参照されています。

以上はまえおきで本題に戻ります。もっと違ったレベルで憲法が変わってしまうのではないかという際の憲法は、国家の基本原理としての憲法です。カール・シュミットがVerfassungとズバッと言うときには、この意味での憲法を指しています。別の言い方をすると、憲法制定権者が決定した内容がこれに当たります。これは憲法村の

　　た。その後、『合法性と正当性』でワイマール体制の矛盾を突き、『国家・運動・民族』でナチスへの転向を明らかにしています。シュミット理論の特徴として、「緊急時」に焦点を当てている点が挙げられ、こうした論説にネオコンが乗ってシュミット・ブームを呼んでいるようです。

(4) 世界のメディアが使っている「ネオコン」は、「アメリカは民主主義を世界に広げることを国家としての目標にすべきで、世界を民主化するためにアメリカの圧倒的な軍事力を活用すべきだ」と主張する「理想主義者」の集団、の意味で用いているようです。

(5) Leo Strauss。シュミットと親交があり、彼の「The Concept of the Political」に対する透徹した批判を行ったことで知られています。

ジャーゴンでいうと、憲法改正の限界をなすものですし、他の局面でいえば、国家緊急権によって保障される対象になっているのも、この意味での憲法です。したがって、この意味の憲法が変更されるとき、最近の英語の言い方でいえば"レジーム・チェンジ"⁽⁶⁾をすることになり、それまでの憲法によって構成されていた国家はなくなり、新しい国家ができるということになるはずです。

そういう憲法が変わるということは一体どういうことかですが、その1つの局面を示しているのが、実は冷戦の終結です。冷戦はいかにして終結したかを端的にいえば、東側陣営がこの意味での憲法を自ら変えることをよって終結しました。どういう形でそれが起こったかということをこれから申し上げようと思います。

III　ルソーの「戦争および戦争状態論」

話の発端として、政治哲学者のジャン・ジャック・ルソー⁽⁷⁾の「戦争および戦争状態論」という、最近注目を浴びている遺稿についてお話ししたいと思います。先ほどご紹介いただいた新書の中でも若干紹介をしていますが、概略をいえば、ルソーによるホッブズ批判です。

ホッブズ⁽⁸⁾は、社会契約論の1つの典型的な議論を提出した人です。彼に言わせると、国家が成立する以前は自然状態、万人による万人に対する戦いの状態であり、人々が非常に悲惨な暮らしをしている状態だった。こうした惨めな状態、いつ自分の命を奪われるかわからない状態を脱するために人々は結集し、しかも自分たちが持っていた自然権をすべて放棄する形で国家をつくった。その国家

⑹　英文は「regime change」で、ここでは、国家体制が変わるときに用いる意味で使っています。

⑺　Jean-Jacques Rousseau（1712-1778）。フランスの政治思想家。主著に「社会契約論」。

⑻　Thomas Hobbs（1588-1679）。イギリスの政治思想家で、主著に「リヴァイアサン」。自然状態を克服するための国家（リヴァイアサン）の登場を描いています。

は、人々の間に平和をつくり出す。それはそれまで人々が持っていた実力を行使する権限を国家が吸い上げたからです。そうした国家の下で人々は初めて平和に暮らし、文化的な生活ができるようになった、あるいはそのようになるはずだ、というのがホッブズの議論です。

これに対してルソーが提起している核心的な批判は、人々の暮らしている世界は全く平和になっていないということです。つまり、確かに国家はできた、国内では確かに平和になったかもしれない。しかし、そうした国家と国家の関係はなお自然状態にあり、戦争を繰り返しているではないか。そのために自然状態で、およそ想像もつかなかったほどの規模の戦争、人命に対する損害が、国家が並存する状態の下で起こっている。個人は国家に従属し、その国家は自然的な自由をお互いに享受している。言ってみれば、二重の状況の下で人々が暮らしているために、人々は両方のマイナスの面を味わっている。国家には服従しなければいけないし、戦争は起こる。要するに、人々の生活は全く安全になっていない。ホッブズの議論は間違いだというわけです。

ルソーは、批判しているだけではなく、どうすれば解決ができるのかという点についていくつか提案をしています。その中のいくつかはなるほどというセンシブルなものです。例えば、民兵を組織することによって、逆にいえば常備軍を廃止することによって他国からの侵攻に対処すべきだとか、あるいは平和を愛する諸国家の間で相互の安全保障の枠をつくっていけばいいではないかといった議論もあります。

ところが、ルソーは、それに加えて他方で、大変独創的な平和実現のアイディアを出しています。ルソーの考えでは、国家というのは結局、社会契約によって出来上がる法人である。法人である以上は一種の約束事であり、突き詰めていけば人々の頭の中にしかないはずのものである。したがって、国家の存在自体が人々の生存を脅かす、戦争の危険を生み出すということであれば、この約束事をないことにしてしまえばいい。国家と国家が戦争するといっても、そ

の国家が何をめがけて戦争をするかというと、それは国家の基本原理を攻撃の対象にしている。つまり、先ほど言った意味での憲法が敵国の攻撃目標なので、したがって敵国の攻撃目標である憲法もなくしてしまえば、もう国家はない。あなた方が考えるような国家ではもはやないのだと宣言することで戦争の危険は直ちになくなる。

これがルソーの言っていることで、一見したところ昔の政治哲学者が考えた空理空論のようにも見えるわけですが、これは実際に起こったことです。冷戦の終結がそれです。東側陣営諸国が自分たちの憲法を変えることによって、冷戦は終わったわけです。

では、この冷戦はなぜ起こったのだろうかというのが次の問題になります。

Ⅳ　Long War──第1次大戦から冷戦終結まで

冷戦はなぜ起こったのかを考えることで、なぜ終わったのだろうかということがより理解しやすくなるのではないかという算段です。

テキサス大学の憲法学者、フィリップ・バビット[9]という人が、この問題に関連して、"the Long War"という概念を提唱します。この先生は憲法学者で、また戦略論（strategic studies）の専門家でもあります。彼は最近、『Shield of Achilles』、直訳すると「アキレスの盾」という全体で919ページに及ぶ膨大な本を出しました。その中で彼が出しているアイディアの1つがthe Long Warです。彼が言っていることが本当に正しいかどうかということはもちろん十分

---

[9] Philip Bobbitt。アメリカの大学の中でも、比較的多くの憲法学者を抱えるテキサス大学ロースクールの教授です。イェール大学ロースクールでJD（法務博士）をとり、オックスフォード大学でPHD（哲学博士）をとっています。専攻は憲法ですが、その他に、国際安全保障や戦略史などにも通じています。これまでに、The Shield of Achilles : War, Peace and the Course of History（Knopf, 2002）．Constitutional Interpretation（1991），U.S. Nuclear Strategy（with Freedman and Treverton）（1989），Democracy and Deterrence（1987），Constitutional Fate（1982），Tragic Choices（with Calabresi）（1978）など、計6冊（共著を含む）の著書があります。

検証しなくてはいけませんが、冷戦を考えるときの1つの議論の材料として提出させていただきたいと思います。

彼の言う Long War は、第1次大戦に始まって冷戦の終結まで続いた戦争です。この Long War は、19世紀の後半に生み出された戦略および軍事技術の革新によって新たな国家が生み出され、それは彼が国民国家（Nation State）と呼ぶものですが、その国民国家のあり方として、いかなる憲法が正当であるかをめぐって争われた非常に長期にわたる戦争だったのだというとらえ方です。

19世紀後半に起こった軍事技術の革新とは、端的にいえば、銃火器が技術革新のために非常に正確になったということです。射程が長くなり、きわめて遠距離から正確に射程を定めて敵陣を攻撃することができるようになった。

それまでの支配的な戦法はナポレオンが編み出したものです。その手法の1つは、今までは城を攻めるためだけに使われていた大砲を野戦の戦場の場に持ち出して、敵陣を攻撃するというものです。もう1つは、ナポレオンはフランス革命のせいで国民皆兵制度を利用することができた。非常に安価に大量の兵士を調達することができたので、その大量の兵士を敵陣の一点目がけて迅速かつ集中的に投入する。フランス革命以前の国家は、実際の戦闘をあまりしなかった。もちろん軍隊は持っていたが、非常に高度に訓練された少規模の常備軍を動かすことで、いわば陣取り合戦をやり、実際に衝突することはむしろ避ける戦法だった。ナポレオン軍はそれを避けず、安価に調達できる大量の兵力を集中的に投入することで、相手の常備軍を粉砕してしまうという戦法をとった。それが当面はそれが成功した。しかし、19世紀の後半に銃火器が高度に発達してしまうと、この戦法はもうとれません。大量の兵力を集中的に投入しようと思っても、敵陣に到達する前に皆殺されてしまいます。

そうなるとどうすればいいのかということになる。ビスマルク指揮下のプロイセンおよびドイツが編み出したのは、きわめて大量の、しかもよく訓練された軍隊を分散展開することで相手の軍隊をすべて包囲し、その上でせん滅するという戦法です。これは、少なくと

もドイツ統一にかけてのプロイセンおよびドイツの戦法としては成功した。これが他の国にも模倣され採用されていくことになります。

こうした戦法をとることの1つの帰結は、徴兵制を通じて大量の兵士を、比較的長期にわたって兵役につかせなければいけないという事態が要求されることです。そのことから何が生じてくるかというと、1つは、大衆の政治参加が要求されます。場合によっては命を賭けることが要求されるわけだから、それを決定する政治にも参加させろというのは自然の流れです。こうした形での軍事的な必要性と民衆の政治参加の幅が密接な関連を持っていたわけです。これは古典古代のギリシャを見てもわかることです。

古典古代のギリシャは、陸上では重装備の歩兵軍、海上では多数の漕ぎ手を必要とするガレー船団が戦争遂行の手段になっていたわけで、非常に大量の兵士を必要としたわけです。そのことと古典古代のギリシャにおいて、当時の民主制が花開いたということの間には当然のことながら関連があります。

それと似たようなことがドイツで始まった国民国家の登場によって必要になってきたということになります。大衆の政治参加と関連するもう1つの点が福祉国家の登場です。ご存じのとおり、ビスマルクは社会福祉政策にも大変力を入れた人です。場合によっては命を落とす危険を大多数の国民に要求するからにはそれに応じた国家目標も必要になってきます。国民の福祉をなるべく大きな格差を生じないような形で平等に向上させるということが重要な国家目標になってきます。

この時期、ぶつかり合う国家同士の戦争は、いかなる体制がこうした国民国家の国家目標を実効的に達成し得るかという課題をめぐって争われた。そこで相争った体制というのは、リベラルな議会制民主主義、ファシズム、そして共産主義であった、というのがフィリップ・バビット先生の整理です。

この三者が体制の正当性をめぐりお互い相手陣営のせん滅、あるいは消滅を目標として相争ったという構図は、必ずしもバビット先生の新機軸ではありません。そのことを1920年代に言っていたの

がカール・シュミットです。

V　カール・シュミット『現代議会主義の精神史的地位』：議会制民主主義 対 共産主義 対 ファシズム

　カール・シュミットの代表的著作の１つに『現代議会主義の精神史的地位』[10]という、短いが、内容は非常に濃密な書物があります。この中でシュミットは、議会主義はもはや過去の制度である、と言っています。

　議会主義の理念を直截に表しているのは、フランスの政治家であり、政治思想家であったギゾー[11]です。シュミットもギゾーを引照しているわけですが、ギゾーの描いた議会主義観は、教養と財産のある少数の市民が議会に代表され、また議会の代表者を選ぶという議会制のことを想定していました。自由なプレスが涵養する世論を背景とし、議会における公開の審議と決定を通じて、何が社会の真の公益になるのかというものを少数の選良が決定していくという構図です。

　シュミットは、ギゾーの時代にはそうした制度がうまく回ったのかもしれないが、現在では大衆が政治に参加したために、この制度は機能不全をおこしていると言う。なにしろ数が多すぎる。そうした大衆の政治参加が可能になるためには、それを組織する政党、つまり規律の堅い組織政党が必要になってくる。そうした組織政党が議会の審議の主要なプレーヤーになると、真の公益を目指してお互いに話し合って熟議を重ね、見解の一致に至ることはお伽話である。公開の議事堂においてはお互いの非常に堅い議論をただぶつけ合うだけで、実際の政治的な決定は密室の中で相互の主張を出し合って、その上でどうやったら妥協ができるのか、その妥協点を探るというプロセスに過ぎないというわけです。

---

(10)　カール・シュミット（稲葉素之訳）『現代議会主義の精神史的地位』（みすず書房、1972 年）。

(11)　Francois Guizot（1787-1874）。フランスの反動的政治家で、外相、首相を務めたのですが、二月革命により、イギリスへ亡命しました。

また、シュミットは『政治的なものの概念』⑿という書物の中で、こうした議会制民主主義は、彼が提示しているあるべき国家というものと全く両立しないと言っている。「あるべき国家」とは、彼が描く近代国家の理念型をモデルとしている。つまり、それまでの宗教戦争、宗派間の争いに終止符を打ち、かつ封建秩序の下で許されていた、いわゆる中世の法を実現するための私闘をすべて禁止して、国内の平和を実現するという国家です。そうした国家は、典型的な「政治的なるもの」であり、その第1の特徴は、敵と味方を識別することであるとされます。敵と味方の区分は政治というカテゴリーを特徴づけているものだと言うわけです。例えば、善悪が道徳というカテゴリーを特徴づけ、あるいは美醜が美学というカテゴリーを特徴づけているのと同じように、政治的なるものに関しては、まずは敵と味方を識別し、そうした敵と味方の対立を国家の外に括り出さないといけない。国家の中にはそうした意味での敵と味方の対立はもはやあってはならない。敵と味方の対立はすべて国家と国家の対立に還元されなくてはいけない。これがシュミットの典型的に想定する国家観および国際関係ということになります。

そこで先ほどの議会制民主主義に戻ってくると、現代の議会制民主主義はもはや敵と味方の識別ができない。立法過程は多様な利益集団によって占拠され簒奪されている。特にリベラリズムはもともと敵と味方の識別、区別ができない思想であり、そうである以上、議会制民主主義はもはや国家の名に値しないものである。当然のことながら、ギゾーの言っていた真の公益なるものも実現できない、というわけです。

そうすると、議会制民主主義に代わって何が登場するのかということになります。少なくともその当時、シュミットがそれに代わる候補として挙げていたのが、ボルシェビズム（共産主義）とファシズムであり、そして、このいずれも民主的な体制だと言うわけです。

⑿ カール・シュミット（田中浩・原田武雄訳）『政治的なものの概念』（未来社、1970年）。

シュミットの言う民主主義は、治者と被治者のアイデンティティーがその定義です。この治者と被治者のアイデンティティーが成立するためには、その前提として被治者の同質性、人民の同質性がまず実現していないといけない、というのがシュミットの前提です。

となると、それをどうやって実現するのかということですが、ファシズムは「民族」という基準に基づいて同質性を実現する。つまり、ある特定の民族に属さない要素、分子は国外に排除する。国内でも排除するかもしれません。それに対して共産主義は「階級」を基準として国内の同一性を達成する。そうして実質的な意味での被治者の同質性が達成された以上は、同質性を持つ人民が同一の公益を共有するのは当然だという、非常に単純な理屈ですが。しかしわかりやすい理屈ではあります。そうした国民に共通する公益を大衆の「喝采」によってその正当性を担保される指導者が決定し、実現するというわけです。

これが、シュミットが描いていた議会制民主主義の欠陥であり、彼は共産主義かファシズムがそれに置き換わるであろうと言っていたわけです。

しかし、実際に起こったことはどうであったかというと、第2次世界大戦においては議会制民主主義と共産主義の連合軍がファシズムを粉砕したわけです。で、第2次大戦はどうやって終結したかというと、これはファシスト国家であったドイツと日本がその憲法を変更することによって終わったわけです。戦後のアメリカ主体の占領軍がなぜあそこまで日本の憲法を変えることにこだわったかということも、やはりそこから説明がつくところがあります。

VI　議会制民主主義の前提——立憲主義

こうした形で第2次大戦においては議会制民主主義と共産主義がまずは生き残ったが、この2つの陣営の間での国家の正当性をめぐる闘争はまだ終わっていません。その結果起こったのが冷戦であるというのが、フィリップ・バビットさんの整理の仕方になります。

残った1つの議会制民主主義は一体どういうものなのかについて、

第5章　憲法を改正することの意味［長谷部恭男］

私の考えをご説明しておきます。

これは、ものの考え方としては、立憲主義（constitutionalism）を前提にしている体制です。人々が持っている世界観や宇宙観、典型的には宗教がそうですが、そうしたものは非常に様々なものがあります。それぞれの人々は自分の世界観なり宇宙観なりをとても大事なものだと思っており、そういう意味では簡単には譲歩を許さないものだと考えているわけです。こうした世界観、宇宙観、人生観というものが正面からぶつかり合いになると、争いごとが起こり、戦争になりかねないというところがあります。

立憲主義は、そこで1つの区分を設けます。私の領域と公の領域という区分を設けた上で、それぞれの人々にとって大事な宇宙観や世界観、要するに思想信条に基づいて自由に生きるのは私的な空間での問題だという整理をします。その代わり、公的な空間においては、どんな考え方を持っている人にも共通する社会全体の利益の実現を目指して冷静かつ理性的に議論をし、共通の決定を目指して努力をしてもらわないといけない、という切り分けをします。これが立憲主義というものです。

シュミットは、この立憲主義に基づく議会制民主主義は偽善的な制度であり、本当は特殊利益＝私益の実現を目指してお互い妥協しあっているだけではないか、という攻撃をしたわけです。ただ、議会制民主主義はそこがミソです。つまり、公開の場において自分たちの私益を実現しようとすれば、私益をむき出しのまま提出することはかえってマイナスになり、セルフ・ディフィーティングです。自分たちの目指しているところを可能な限り実現しようと思えば、やはり自分たちと違った考え方を持つ人、自分たちと対立する利益を持つ人たちをも説得できるような公益に訴えることでしか、そうした立法や政策決定のプロセスでは十分な成功を収めることはできません。つまり、偽善的であることを強制することが議会制民主主義の政策決定過程の1つのミソです。だからこそ長期的にみれば社会全体、より多くの人々の利益に適うような政策なり立法なりがより多く実現される体制であるはずです。

そうした立憲主義に基づく議会制民主主義と共産主義体制とが、第2次大戦後、対立したわけです。立憲主義に基づく議会制民主主義と対立する1つの典型は、戦前の日本のファシズムがそうでした。これについて丸山真男が分析しています。日本のファシズムの特徴は、公・私の区分をしないという特質がある。要するに、公の領域だろうが、私の領域だろうが何の区別もなく、ただ究極の価値の体現者たる天皇との距離によって各自の価値が決まってくる。すべての人々はその距離に応じて天皇にお仕えをする。しかし、その天皇も実は皇祖皇宗に連なる伝統というものから自由に行動できるわけではない。したがって日本ファシズムの下においては自分の行動を自分で決める人、自律的に自分の考えを決める人は誰一人いない。そのことはまた同時に、どんな行動であれ自分の上位者に仕えるためにそうしているのであるという口実で、どんな行動であっても正当化できる。そうした体制、生活の様式というのを立ち上がらせた。これが、丸山真男の分析です。

ただ、公・私の区分を否定するというのは日本ファシズムだけの特徴ではもちろんないわけで、当然のことながらナチズムもそうであったし、共産主義もそうだったわけです。シュミット流のとらえ方でいえば、民族なり階級なりによって人民の同質性が確保されているわけだから、同質性が確保されている以上、多様な利益なり多様な思想なりはそこにはないという前提です。だから当然、それらのフェアな共存の枠組みというものも考える必要もないし、公・私の区分も必要ではない。そうしたとてもわかりやすい理論の筋道になってきます。

こうした立憲主義に基づく議会制民主主義と共産主義との対立は、結局、冷戦の終結という形で、議会制民主主義の側の「勝利」に終わりました。その勝利は、1990年のヨーロッパ安全保障会議、いわゆるパリの講話の協定においてそこに参加するすべての国（ソ連も含む）が議会制民主主義を採用することに同意するという形で確認されています。

以上、冷戦がどうやって始まって、どうやって終わったかという

1つの分析の材料をお示したわけです。これはおそらくアメリカの一部の人々が見ている世界像なり国際関係観というものと密接に関連していると思います。というのも、フィリップ・バビットという人はネオコンではないけれども、ただの憲法学者ではありません。国務省や国家安全保障会議に勤務した実務経験も持っている人です。皆さんご存じのとおり、アメリカの学者は、少なくとも一部の学者はそうした形で政権が代わるごとにワシントンにいってブレーンとして働くことがよくあります。彼もそうした形で活動している学者の1人です。彼は別にどちらの政権ということではなく、共和党政権でも民主党政権でもワシントンに行っています。そうした人が言っているモデルを材料として出させていただきました。

Ⅶ　日本はいかなる国家であろうとするのか？

仮にこうした枠組みで物事を考えていくことになると、最初の問題に返ってきます。本当に日本は憲法を変えようというつもりだろうか、あるいは憲法が変わってしまうことになる危険はないだろうかということは考えていかないといけません。というのも、少なくとも日本が地勢上位置しているのは東アジアであり、皆さんも認識されておられるように、東アジアでは体制の正当性をめぐる対立は未だに終わっていないわけです。一例を挙げると、中国は当然のことながら立憲主義に基づく議会制民主主義ではありません。その中国は国土の統一を理由として、台湾を武力で統一する可能性を明らかにしているわけです。国土の統一も大事かもしれませんが、もう1つ重要なことは台湾が議会制民主主義国家だということです。これは北京政府の体制の正当性に関わる問題です。私が北京政府のメンバーの1人だとすると、台湾を何とかしないといけないと考えるのではないかと思います。しかもその台湾を少なくとも現在のブッシュ政権のアメリカは事あるときは実力を持って守ると言っているわけです。

したがって、少なくとも日本の安全保障、ないし国際関係を考える上で、まずアメリカとどこまで協力するつもりがあるのかを真っ

先に考えないといけないと思います。これは喫緊の問題です。第2に、これはもう少し原理的な問題ですが、日本はどういう憲法を持とうとしているのか。今までの憲法は、曲がりなりにも立憲主義に基づく議会制民主主義国家だったはずです。これはアメリカの要求で書き換えたわけですが。それを今後も維持するつもりがあるのかないのか。他面でいえば、日本はそうはいっても伝統的には民族の同質性というものにこだわりを持っている国家です。現在でもそうであり、ますますそうなろうとしているのはないのか。日本はどういう国家になろうとしているのかという問題を考えておかなければならないのではないかいうことです。

　ご説明したとおり、日本はどういう国家であろうとするのかが肝心な問題です。というのは日本の憲法は、日本が他の国、特に他の議会制民主主義諸国とどのような関係に立つのかということを基本的に決定するからです。体制の正当性、ないしその下での生活の様式が同一の国家でないと少なくとも長期的に安定した関係というのは築けない可能性が高いと思います。また、そのこととも関係しますが、そもそも国家の目標なり国家の任務なりをどう考えようとしているのか。

　これはバビットさんが言っていることと違うことを言うことになりますが、バビットさんが指摘するとおり、軍事技術や支配的な戦略と国家目標なり国家のあり方は密接な関連があることは確かです。ただ、それだけで決まるものなのか。少なくとも論理的な必然性はないわけです。バビットさんは、冷戦は終わってもはや国民国家、福祉国家として国家が生きる必要もなくなったのだから、つまり冷戦下で核兵器の脅威の下で子どもから老人に至るまですべての国民を文字通り日常的に動員する必要はなくなったのだから、国家も福祉国家であることを止めてもいいのだ、あるいは止めることが必然であるという1つの予測を立てています。そうなると、国家というのはどんどん撤退をしていくことになります。私の憲法学の先生の1人である、樋口陽一教授が言うところの「撤退していく国家」というわけですが、もはや全国民の福祉というものを、なるべく格差

が生じないよう実現しようと国家が配慮する必要もなくなった。むしろ一人一人の個人にできるだけ行動の自由、行動の機会、あるいは選択肢の幅を確保する、それを保障する国家にこれからは変っていくのだという予測を立てているわけです。こうした予測というのは、もし仮に軍事技術なり支配的戦略なりによって一義的に国家の役割が決定されてしまうとするならば、確かに彼の言うとおりなのかもしれないが、果たしてそうなのだろうか。国家の役割、国家の任務は議会制民主主義そのもの、政策の枠組み、政治の枠組みはもうできているのだから、その下で何が人々に共通する、できるだけ多くの人々の利益に適う政策なのかということを冷静に考え、審議をし、合意を目指して決定していくことがなおかつ可能ではないかと考えております。

申し上げたいことは以上です。長らくのご静聴ありがとうございました。

討　　論

◆司会　どうもありがとうございました。それでは、先生のご講演に対して質問したい方もいらっしゃると思いますがいかがでしょうか。

(1) 現実の憲法改正論議と民主主義の存続可能性、立憲主義との両立性

◆質問１　現実の憲法改正論議は議会制民主主義というモデルを、そこに踏み込むようなことまでするという壮大な話ではなくて、おそらく自民党の中で改憲すると言っている人たちの中にも議会制民主主義自体を根本から崩してファシズムの形態を選びとるとか、体制を変革しようというところまで考えてはいないだろう、もっと目に見えるところで、例えば自衛隊を海外に出すかどうかとか、あるいは男女平等の基本的価値に何らかの家族的なものを付け加えていこうとか、そうしたある意味で下世話な話のところで議論は展開されているわけです。それを考えるに当たっての視点というのは、おそらくバビット教授や

カール・シュミットの枠組みの中での議論の中で果たしてどういうふうに収まり切れるのだろうか。あるいは別のところでそういう目の前の細かい問題に対して何らかの視点はないだろうかということについて明確なコメントがあったらお願いいたします。

■**長谷部** 確かに現在提案されている改正案のようなものを見ますと、おっしゃる通り、少しほんわかした話であることは確かであります。もしほんわかした提案にとどまるのであれば、もう少しお考えいただいたほうがよろしいのではないか。本当に必要性がありますか、という話になってくるだろうと思います。私としても議論がそのレベルで収まるのであれば、全くハッピーなことです。ただ、議会制民主主義を壊さない、つまり議会がある、選挙を行うという枠組み自体は壊さないとしても、その前提になっている立憲主義というものの考え方との関係ではどういう距離がとられているのか。ということになると、なかなかハッピーで、ほんわかと言うわけにもいかないところがあるのかなと私は心配に思っております。つまり、いろいろな価値観なり世界観なりがこの社会にはあるのだということ。これは事実だということを前提にした上でどうすればそういった人たちの間でフェアな生活、生きていく枠組みをつくっていくことかができるのかと考えるのが立憲主義ということに簡単にいえばなります。その考え方にどれほど理解があって、改正の提案がなされているのか、あるいはそれに関連する制度改革の動きがなされているのかということになると、なかなかほんわかした提案だとも言えないところが出てまいります。

というのも、ファシズムやボリシェビズムにはすぐにならないだろうし、なってほしくないと思うけれども、こういうものは出来上がっていった過程というもの、歴史を遡ってみると、必ずしもみんなが反対しているのに誰かがゴリ押しして出来上がってしまったというものでもない。ナチスが、つまりヒットラーが首相に指名されるきっかけになった1932年の選挙では、純粋の比例代表制の下での選挙で37％を超える票を得ています。極端な多党制の下で37％というと大変な得票です。やはり民衆の広範な支持があったと考え

たほうが間違いない。それからロシアでボリシェビズムが最初に政権の中に入り込んでいったときも広範な民衆の支持を得ていた。その後になって状況は変わっていますが。

ですから、民主主義でいくから大丈夫だというご主旨ではないことはわかっていますが、民主主義だからといってそれほど安心できるかというと、必ずしもそうではないかなという感じは持っております。果たしてお答えになっているかどうかわかりませんが。

◆質問2　今の日本は官僚指導体制で、官僚は国民に強い、国民は政治家に強い、政治家は本当は官僚に強いはずですが、官僚は政治家よりも強くなってしまっています。だから、国民の民意が官僚に届かなくなっています。これは本当に民主主義なのかなと思ったのですが、どうでしょうか。

■長谷部　官僚制というのは民主主義国家であるからといって力がないかというと、なかなかそういうものでもありません。政治家の方々もそれぞれ勉強されるけれども、日常的に行政活動にあたり、政策決定の材料になるような資料を集め、かつ政策決定がスムーズにいくようにいろいろな関係団体の考え方を調査し、というノウハウを持ってそれを実際に実施するのはどこの国でも官僚機構です。そういうノウハウを持っているということが、今おっしゃった、官僚が政治家よりも強くなっているのではないかというお話になってくるのだろうと思います。そういうことはどこの国でもあることだと言うのは、これまた昔の話で恐縮ですが、シュミットよりももっと古い、マックス・ウェーバーが『職業としての政治』[13]という本を書いています。そこで彼が指摘しているのも、官僚制が大体のところを決めていて、最後にどっちにするかだけを政治家が決めている。そういうことでどこの国も動くのだ、と。だから、ロシアのボリシェビキもそうですが、革命家という人々が革命ということで何をやろうとしているかというと、それはウェーバーによると、官僚

---

[13]　マックス・ウェーバー（脇圭平訳）『職業としての政治』（岩波書店、1984年）。

制を奪取しようとしているということです。官僚制を奪取さえすれば、自分たちがこれだという基本方針を決めたら、あとは官僚がやってくれるだろう、とウェーバーも言っている。

　今度のイラクの占領統治がなぜあれほど混乱しているのかということとも関連します。つまり、イラクは官僚制がなくなってしまい、奪取しようと思っていたものがなくなってしまったものだから、彼らは大変困ったわけです。あるいは日本の占領統治がなぜ比較的うまくいったかというと、日本の場合まだ官僚制が残っていました。だから占領軍があれこれ指令すればそのとおりやってくれるということだった。だから官僚制がある程度の力を持っているというのはそのとおりですが、官僚制が力を持っているから民主主義ではないということでは必ずしもないと思います。

　では、民主主義とは何かというと、民主主義のとらえ方もいろいろあります。先ほどご紹介したカール・シュミットみたいな民主主義の概念だとすると、むしろナチズムのような体制こそが民主主義で、それ以前のワイマール共和国は民主主義ではなかったということになります。それは極端な例としても、曲がりなりにも自由に立候補できて、しかも思想信条を理由として立候補をさせないという縛りはなくて、その範囲内で人々が自由に選挙ができるという体制であれば、世界水準でみれば民主主義国家と言っていいのではないかと考えています。

◆**質問3**　例えば大日本帝国憲法は、歴史的にいえば日本が西洋諸国へのパスポートをつくるような形で憲法もつくられていっただろうし、その中で曲がりなりにも立憲主義というものが司法、立法、行政というよりも、天皇と議会と行政という関係で一応のチェック・アンド・バランスがあって、しかし議会を中心としていくというのも広い意味で立憲主義だというふうに私は言葉としては理解をしていました。日本ファシズムがそこで公・私を消滅させるような形で存続し得たということは、先生のお考えからすると、あれはエセ立憲主義だというふうにお考えでしょうか。そして先生がお考えになっている立憲主義が公私の領域を分けるものだというとき、どこに根拠づけられているの

かをお聞きしたいのです。

■**長谷部** 確かにおっしゃるような立憲主義、非常に幅広い意味での立憲主義という使い方もあります。遡っていくと、中世のヨーロッパにも立憲主義があったのだと、私の先生の1人である、芦部信喜教授は著書の中で書いておられます[14]。そういう意味では、私は先生の教えに背いているわけです。私が使っているような意味での立憲主義というのは、私のもう1人の先生の樋口陽一教授が、岩波新書の『自由と国家』[15]の中で、「冷戦が終結したことによって何が起こったか。それは立憲主義が普遍化したことである。立憲主義が今まで西側だけであったものが東側諸国にも広がったのだ」と言ったときの立憲主義です。そして私がときどき参加をしている、国際憲法学会に参加する世界各国の、特に日本が今までお手本にしていたような国々の憲法学者がごく普通に constitutionalism というふうにいえば、明治憲法もそうですし、あるいはひょっとすると権力の行使を制限したという意味でソ連の憲法もそうかもしれませんが、それも含めての立憲主義という意味ではなくて、私が申し上げたような意味での立憲主義を指していることになるだろうと思います。

　こういう言葉、いわゆる constitution という言葉、今我々が考えるところの立憲主義的意味の憲法、人々の権利を確保し、権力を制限するという意味での憲法という言葉が普遍化したのが18世紀以降のことであります。そのときの constitution、ないしそれに基づく constitutionalism は、歴史的にいえばそれ以前のヨーロッパの宗教戦争の経験を前提にしています。これはホッブズが前提にした歴史的な経験でもあります。要するに、典型的な世界観、宇宙観の姿である宗教というものでお互いに戦争するわけです。それが公・私にかかわりなく丸ごと対立すると、敵側は悪魔の手先のわけだから、プロテスタントからみればローマ教皇は悪魔の手先の典型であり、

---

[14] 芦部信喜『憲法（第3版）』（岩波書店、2002年）。
[15] 樋口陽一『自由と国家』（岩波書店、1989年）。

そういう人の言うことを聞いているカトリックに思想信条の自由を保障するなんてとんでもないという世界です。

それを前提としてお互い血みどろの争いをいつまでやっていてもしようがない。お互い違うのだということを認めようではないかということを前提にして、先ほどの私の例で言いますと、とにかく公と私を分ける。私の領域で宗教をやってくださいと。そのように分けて、公の領域の社会全体の共通の利益を審議決定すべき場に私的な世界観が入り込んでしまうこと、少なくとも直接に入り込んでしまうことは抑えていかないといけないわけです。もちろん入り込んでくることは当然あり得ることです。各自の宇宙観なり世界観はそれぞれの人にとってとても重要なことですから、例えば政策決定の場においてもそこから全く影響が及ばないということは普通考えられません。ただ、影響を受けても構わないけれども、それを自分の信じる宗教を共にする人でないとわからないような理屈で位置づけられるのは困るという話です。宗教が違う人でもわかるような理屈でちゃんと言ってくださいということです。

そのためには、公と私は分けなければいけないということになります。そういうconstitutionならびにconstitutionalismというものが生まれてきた歴史的な起源に照らして考えていくと、私のような立憲主義という言葉の使い方もあながち根拠がないわけでもないではないか、という程度の話であります。

(2) 日本における違憲判断の稀少性と最高裁判所の構造

◆質問4　憲法裁判所にも関係しますが、一昨日、外国人の管理職登用拒否に合憲判決が出たけれども、日本の最高裁はめったに違憲判決を出すことはない。最高裁が出さないから下級審も違憲判決を出さない。それは最高裁が裁判官の人事権を握っているように聞く。アメリカは確かに政治任官で連邦裁判所の判事は大統領が任命しますが、ただし、大統領が替わりますから、党派によって裁判官が違い、違憲判決もしょっちゅう出ます。ですから、憲法裁判所をつくれば解決するかという問題もありますが、今のように人事権が最高裁で持っている

と同質の裁判官ばかりで違憲判決が出てこないのではないか。そのへんについてどのようにお考えでしょうか。

■長谷部　確かに日本の違憲判決の数は少なすぎるのではないかということは、多くの憲法学者が思っていることではないかと思います。ただ、それでお終いではお答えになりませんので、むりやり違うような話をしますと、アメリカのロースクールなり大学の先生は、アメリカの裁判官は最高裁に限らずあまりにも政治化しているという評価をする人が多いです。最も典型的というか、よくない感じで現れたのがブッシュ対ゴア事件のときの最高裁判決の意見の分かれ方だったと思います。裁判官の政治化というのはご指摘のとおり、最高裁だけではなく連邦裁判官も政治部門が任命するので至るところで起こります。アメリカは度を超していないだろうか。

むしろ、今は大統領が指名して上院の過半数の承認ですが、例えばドイツのように3分の2にするとか、もう少しコンセンサス型で選任すべきではないか。そうなると、おとなしい人しか選ばれないかもしれない。おとなしくなってしまって劇的な判決をあまり出してくれないかもしれないけれど、今のアメリカよりもいいではないかという話をする人もいます。

あるいは、日本は悪くないではないかと言う人も中にはいます。どこが悪くないかというと、先ほど話の中でも触れましたが、日本は内閣法制局があるではないか、と。内閣法制局できちんと審査をして、政治家がどうこう言っても、これは先例と違うとか、これは政府がとってきた憲法解釈に反するからといって、なかなか内閣の法案にしてくれない。内閣の法案になった以上、一応、内閣法制局の審査が済んだものが出てきているのであって、そうなると、少なくとも内閣提出で出来上がった法律については最高裁をはじめとする司法はなかなか違憲判断はしないだろうということは予想がつくところであります。それがいいか悪いかは別の問題です。中には憲法裁判所をつくって公開のところでやってもらったほうがはっきりしていいと言う人もいるかもしれませんけれども、現在の制度にはそれなりのよさがないわけでもないかなという気がしています。十

分なお答えになっていませんが、以上でございます。

(3) 憲法9条について

◆**質問5**　1つの議論として、最小限度の自衛力というけれど、自衛隊は結局戦力ではないかということ、言葉の問題、実質的には憲法に違反しているではないかという議論もあります。そうすると、現状の憲法を変えるべきかどうなのかも問題としては残るのではないかという気もします。その点も含めて、憲法をなお改正すべきか、あるいは自衛隊というものをそもそも軍隊に変えて、制度自体を変えていくべきかいろいろ議論があるかと思います。憲法9条について先生のご意見をお伺いしたいと思います。

■**長谷部**　ご質問の主旨をちゃんととらえているかどうかわかりませんが、私の議論の前提は、現在は内閣法制局をはじめとする政府の解釈で、自衛のための最低限度の実力は持てることになっているというものです。その点を条文上、はっきりさせたほうがいいというご意見はもちろんあり得ると思いますが、はっきりさせるために憲法のテキストを変えたときにそれがどういう効果を持つかということになります。それが冒頭に申し上げた話に戻ってきます。はっきりさせることで何も変わらないという考え方はもちろんあり得ます。今まで政府がとってきた解釈は何も変わらないのだ、と。そうだとすると全く意味のない改正であり、そんなことをするために何で時間とエネルギーを使って議論をしているのだろうということになります。

もちろん、わかりにくのではないかという話はあり得ますが、それは9条に限ったことではありません。例えば日本国憲法は21条をとってみると、一切の表現の自由を保障すると書いてあるわけです。そうはいっても、わいせつ文書を発行していいとは誰も思わないし、他人の名誉を毀損してはいけないということは誰もがわかっている。しかし、これはおかしいではないか、憲法の文言に反しているではないか、ちゃんとそのへんをはっきりさせるために、名誉を毀損してはいけない、わいせつ文書は別であると、憲法21条に

第5章　憲法を改正することの意味［長谷部恭男］

はっきり書くべきかということになりますと、普通はそう思われていないわけです。実務上、すでに解決されている問題であり、素人の人たちが21条を見ただけでわからないというのは、それはそうかもしれませんけれども、それで多くの人々が生活上何か不便を感じているかというと、それほどの話ではない。同じことは憲法9条についても言えるのではないか。

逆に文言を変えることで解釈上の結論が変わるかもしれない。それを狙っておられる方々も中にはいらっしゃるでしょう。変わると一体どう変わるのか。冒頭の報告で申し上げましたのは、変わって果たしていいことばかりではないですよということです。もし、変わることを狙っているのであれば、そこは本当に慎重に考えて、単に何か行動の幅が広がればいいことだろうということではなかなか話は進んでいかないだろう。これがまず1つあります。

もう1つは、もう少し今よりも自衛隊規模を拡充できるようにという考え方もあり得るかもしれません。私は、これは少なくとも政策論としてはマイナスであると考えます。もちろん体制の正当性をかけた対立というものが地球上からなくなったわけではありませんが、これからは正規軍同士の大会戦はまず起こらないと思います。対馬沖に敵の大艦隊が現れて正々堂々と日本の海上自衛隊と戦さを挑むということは想定しにくいことです。1つは、軍事技術の発展もそうですし、その他の通信技術、コンピューター技術が発展をした、これが冷戦を終結に追い込んだ要因の1つではあったわけです。そのために大部隊を動員して大会戦をしなくても、敵国、対立する社会の基幹的な部分にテロ攻撃を加えることで打撃を与えるというのは、以前に比べるとはるかに容易になっています。そういう意味では、戦争をするために軍隊を動かす必然性は以前に比べるとかなり少なくなっている。その軍隊というのは、少なくとも第2次大戦までの軍隊に比べると信じられないようなハイテク兵器を使うので、徴兵制で一般の人を徴兵してきて何か使わせようとしても難しいだろうと思います。

もし軍隊を備えるということであれば、やはり少数の、極めて高

度に訓練を受けた常備軍を備えるということにならざるを得ないわけです。そういう意味では、いろいろ危ないことが起こりそうだからどんどん軍隊を大きくしなくてはということには、少なくとも長期的にみるとつながっていかない話であると思います。そういう大きな軍隊をおくことが議会制民主主義の立法過程を正常な形で回していく上で果たしてプラスなのかマイナスなのかということになると、これは日本の戦前の経験をみても、あるいは20世紀の終わりまでの様々な国、例えば南アメリカの各国の政治のあり方を見ても、いや、大丈夫だ、と胸を叩いて言えるような話かどうか、これはまた別の話になってくる。そのようなことを考えています。

(4) 国民国家とファシズム

◆**質問6** 先生は先ほど、国民国家とは同質な国民からなるものだという話をされていました。これを日本についてみれば、例えば小室直樹さんは、日本は明治維新以降、同質な国民からなる国民国家として成り立つために必要であった機関が天皇であったという話をされています。つまり、天皇の前では一視同仁、すべての国民が平等であるというようなモデルをつくり上げることで、たとえフィクションであってもそうしたモデルによって日本は国民国家として曲がりなりにも成立できたという話をされています。でも、そのような日本もやがては、丸山真男に言わせればファシズム化してしまったというのはどのような原因によるものだと先生はお考えでしょうか。

■**長谷部** いくつかの論点が存在しているご質問だったと思います。まず、国民国家というのは、国民の同質性を前提としているかというと、私はそうは考えません。国民国家が国民の同質性を前提としているというふうに考えたのは、カール・シュミットです。それは、彼が議会制民主主義というものを攻撃し批判する中で出てきた議論です。立憲主義に基づく議会制民主主義という枠組みで考えると、同質性である必然性は全くないわけです。国民国家とは何なのかというと、少なくとも生まれてきた歴史的経緯を見てみると、軍事技術が変わって国民を大量に動員しなくてはならなくなった。国民総動員が必要になってくると、それに対応した国家目標が必要になっ

て、なるべく格差のない形で国民全体の福祉というものを平等に向上させていく、そういうものを国家目標として掲げる国家が19世紀の終わりにヨーロッパ各国を中心として現れてきたということを申し上げており、それが国民国家です。ファシズム国家も国民国家の1つではあるとは思いますが、そうでなくてはいけないということではありません。

私は小室直樹さんという方をよく把握していないけれども、どうしてファシズム国家になったかというのは、歴史的必然ではないと思います。ファシズム国家にならざるを得ない理由があってなったということではなくて、その時々の日本の人々の政治的な決断があったと思います。日本のファシズムもドイツのナチズム、イタリアのファシズムと同様で、人民の支持を得ないとそのようなものは成り立たない話ですから、そうしたものがあって出来上がったものでしょう。

そういうものがなぜ出来上がったのかということを考えたのが丸山真男であります。彼が考えたところでは、我々のものの考え方にその原因があった。そのものの考え方とは、すべての価値が天皇との近接性、あるいは遠近感の距離によって計られて、それがすべての人の価値、行動の価値、生活の価値というものが公私ともに決定されている。そうした思考認識そのものに何かあったのではないかということを彼が分析したわけです。もちろんそれだけでそのように転がっていくものではないけれども、やはり丸山真男の分析には私は今でも聞くべきものがあると考えています。

(5) 民主主義の守備範囲

◆質問7　ヒットラーが出てきた過程からいっても民主主義であっても安心できないということが理由の1つではないかと思いますが、民主主義だからといって安心できない面があるとおっしゃった点で何かいい方法がないかということをお聞きしたいと思います。今、丸山真男が出ているので言いますが、民主主義も、先生のお考えの立憲主義と言ってもいいかもしれませんが、民主主義とか立憲主義というもの

は、思想面と制度面、政治面、あるいは行動面というものがあると思います。丸山真男もそのようなことを言っていたと思います。政治形態が立憲主義なり民主主義であっても、国民一人一人の思想が人間尊重なり人権主義にならなければいけないということを言ったり、国民の行動力がないから、要するに民主主義とは絶えず培っていくものだという考え方がありますが、そうしたことからすると国民の行動性がないと民主主義は育たないとか、あるいは立憲主義が生きていかないという言い方もあります。そうなると民主主義でも安心できない面があるかもしれないが、そのへんが克服することがあるのかどうかお聞きしたい。

■**長谷部** 名案はないけれども、今のご質問の中でこれは言っておかなければいけないということを思いつきました。1つは、私は立憲主義と民主主義は違うものだと思っています。民主主義というのは、ご質問いただいた話の中で、統治の1つの手段、形態であると考えています。ものの考え方というふうにはなかなか整理できないところがあると考えています。冒頭でご紹介いただきました、一般読者向け新書の中で書いたことですが、非常に手っ取り早く整理してしまうと、民主主義は早い話が多数決である。多数決というのは何で多数決だろうかというとなかなか難しいところがあり、一通りではなかなか話が出てきません。

話が長くなるので、はしょって申しますと、なぜ多数決にするのか、いくつか理論的な根拠があります。理論的な根拠があると言ってしまうと、それから先ですが、その理論的根拠が当てはまる場合にしか多数決をしてはいけないということです。そのことを実は本の中で説明したのですが、その中の非常に大きな要因の1つは、多数決はやはり立憲主義を踏み越えてはいけないということです。つまり、先ほど申し上げた立憲主義という考え方でもありますし、国家、あるいは体制の基本的な枠組みでもあるものですが、この枠組み自体は多数決の対象ではないというのが前提です。多数決がいいことにしよう、悪いことにしようということではない。多数決で、人々に思想信条があることにしよう、ないことにしよう、というこ

とではないだろう。端的にいうとそういうことですし、あるいは多数決でもって民主主義であることにするかどうかまで多数決で決めていいかというとそういうものでもないだろう。そういう限界がある。

　だから、使っていいときにしか多数決、つまり民主主義は使ってはいけないというのが私の大前提です。これはあまり流行の議論ではないので、これから一生懸命努力して広めていかなければいけないと思っています。ただ、民主主義ないし多数決というものは、もともと守備範囲が限定されているということをもう少し強調したほうがいいかなということは考えています。というのは、戦後の日本の憲法学の責任でもありますが、民主主義とはいつもとてもよいものであるかのような言い方を憲法学者はしてきたと思います。そこのところは入れ込まないで、少し冷静になって多数決の守備範囲も考えたほうがいいと思っています。

◆**司会**　ご質問が殺到しておりますが、これも先生にいろいろお聞きしたいという気持ちの現れですのでご容赦ください。時間もまいりましたので、終わらせていただきたいと思います。

第6章　現在の改憲論——9条を中心に

愛敬浩二

細目次

はじめに（169）
Ⅰ 現代改憲動向を読む（173）
　1）政党・財界・メディアの改憲構想（173）
　2）政党の改憲構想の読み方（175）
　3）岡田民主党の動向：改憲そのものへの「非積極性」と国民投票法案への積極性（178）
　4）改憲構想の共通点と差異（181）
Ⅱ 9条改憲構想の内容（183）
　1）政党の改憲構想（183）
　2）財界の改憲構想（187）
　3）読売新聞2004年試案（190）
Ⅲ 9条改憲論の背景——90年代の軍事法制の展開にもかかわらず、なぜ「明文改憲」なのか？（192）
　1）軍事法制整備の思惑→集団的自衛権行使の容認＝海外での武力行使の合憲化（193）
　2）90年代の軍事法制の展開（198）
Ⅳ いま何を考えるべきか——「リアルな護憲論」の語り口を求めて（206）
　1）憲法9条の「効用」——「武力による平和」と「武力によらない平和」の岐路に立って（206）
　2）「解釈改憲」の問題性とそれにもかかわらず、9条を護る意味と効用（208）

はじめに

「サロン談義のなかでそれぞれが理想の憲法像を出し合うのが、いまの問題ではないはずです。改憲論をめぐる争いは、その社会のその時点での、最高の政治的選択なのです。どんな人たちが何をしたくてそれぞれの主張をしているのかを見きわめたうえで、賛否を決めるべき政治課題なのです[1]」（樋口陽一）。

---
(1) 憲法改正フォーラム編『改憲は必要か』3頁（岩波文庫、2004年）。

この言葉は、最近公刊された、憲法改正フォーラム編『改憲は必要か』(岩波新書) という書物の中で樋口陽一先生がおっしゃっていることです。

　最近、次のような議論があります。憲法を護っているだけでいいのか、将来に向かって何か発信しなくていいのか、護憲派というのはひたすら後生大事に憲法を護ってきているだけではないか、という言い方です。

　去年秋、政治学会で「憲法政治」というテーマでシンポジウムがあり、私もその1人として、憲法9条はなお護る意義があるという話をしました[(2)]。すると、そのあとに報告をした政治学者の方が、彼はイラク戦争にも、改憲にも積極的かつ実践的に反対している方なのですけれども、開口一番、「私は未来永劫、憲法改正をしないという立場には立っていません」という言い方をされたのです。私は驚いて、人の発言に茶々を入れるのはよくないと思ったのですが、「私もそんなことは考えたことはありません」とつい発言してしまいました。

　憲法を一切改正してはいけないと考えたことはありません。例えば、第1章天皇に関する規定に関しては、第1条で国民主権をもっと明確にしたほうがいいと思っています。それから一番気に入らない条文は憲法第10条、日本国民の要件は法律で定めるという規定です。外国人差別に使われていることはご存じだと思います。もともとGHQ側の案にはこの規定はなくて、逆に外国人差別を禁止するような規定を入れるべきだという考え方まであったわけです。ところが、10条を押し込んだのは日本側です。

　第10条があるばかりに、外国人にも基本的人権が及ぶのかという論点が成立してしまっています。憲法学がこの問題に付き合っていることに賛成しません。私は、第10条は当時、旧植民地の人々の権利を剥奪するために挿入された規定だと読んでいます。した

---

(2) 2004年政治学会分科会G・愛敬浩二「戦後政治と憲法9条——テクスト・解釈・コンテクスト」。

がって、第10条は削除してしまってもいいと思っています。どちらにしても国籍法は作らざるを得ないから、憲法に国籍に関する規定があるかどうかはどうでもいいことです。第10条があるばかりに、基本的人権に関する国民の権利及び義務、すなわち、生存権、表現の自由、思想・信条の自由を定めている憲法第3章の人権規定が外国人にも及ぶのかという論点があたかも当然の問題として成立してしまうのです。私は、第10条を削除すべきと考えており、そういう意味では「改憲派」です。しかし、今そうしたことを語ることにどんな意味があるのか。ですから、樋口先生の言葉を冒頭に引かせていただきました。

　今、憲法を改正しようとしている方々は本気だと見ています。向こうが本気である条項を改正しようとしているときに、「論憲の立場です」とか、「まず議論をしてみよう」というのはすごく変な立場です。もちろん、ある改憲案について、賛成・反対の立場を明確化するために、議論するのはいい。憲法に関して議論することすら許さない、けしからんと言って、とにかく反対だけしているとすれば、それはおかしいと思う。しかし、現代改憲の状況は、学問的問題というよりも政治的問題になっていて、その政治的問題に対してどう学問的にアプローチするかというレベルの議論になっていると考えています。

　それとの関係で最近読んでいて大変ショックを受けた雑誌記事があります。興味のある方は、『論座』（2005年3月号）に掲載されている、国際法学者の大沼保昭さんと哲学者の船曳建夫さんの対談を読んでいただきたいと思います。社会党の現実化と湾岸戦争以降の軍事的国際協力の流れの中で、雑誌『世界』（1993年4月号）は、従来の「一国平和」主義的な護憲論はもうだめで、国際社会において日本がどういう役割を果たすか、平和をどのように創造的に展開していくかという観点から、とりあえず自衛隊は認めつつ、かつPKO等に参加する活動を認めていこうと提案する「平和基本法」という共同提言を掲載しました。山口二郎さんはじめ、従来護憲派と思われていた方々の中から出てきた議論としてご記憶の方もおら

れると思います。大沼先生は同じ頃、『国際法外交雑誌』(92巻1号・2号)に山口さんたちの提言とよく似た内容の主張をする論文を書かれました。さらに2004年1月『ジュリスト』の9条特集の中ではほぼ同じ議論を繰り返しています。

1993年と2004年1月の改憲問題では状況はかなり異なっています。1993年段階は、国連を中心にした国際秩序の構築という流れがありました。もちろん国連を否定する気は全然ありませんので、国際社会において国連を中心に平和構築をしていくことは重要だと思っています。国連に様々問題があり、様々な過ちを犯したことがあるとしても、最終的には国連という組織を強化していくしかないと私も思っています。ところが9・11以降は、明らかにアメリカが国連を外してでも自国の考え方に基づいて軍事行動を行うということがわかってきたはずです。普通考えると、1993年段階と2004年段階では違ったことを言ってしかるべきだと思う。さらに93年段階は、日本は有事法制もなかったし、テロ対策特別措置法の名の下にインド洋、ペルシャ湾まで自衛隊が派遣される状態にはなかったわけです。

そうした状態の中で、国際平和のために自衛隊を活用するという議論は、サロン談義の中でしているなら、それは1つの考え方かなとも思うのですが、現在の時点で、93年と同じ議論をすることに、ある種驚きを感じました。と同時に、大沼先生はすでにそうした方向で日本を変えていくと腹を決めたと思っていた。それは1つの政治的立場としてあり得ると思うし、学問的に間違っているというわけではない。私は、政治的に賛成しないだけです。

ところが、『論座』の対談を読むと、大沼先生は腹を決めておられない。もしかしたら『論座』の対談の中で本当のことをおしゃっていないのかもしれませんが。先生は、今の対米追随型の小泉政権で憲法を改正するのは危険だ、さらに93年の時点から考えるとあまりにも危険な状態になっている、と言い切っている。そう思うなら書かなければいいと思うが、私の議論は20年、30年のスパンで考えている議論だから、と言う。

これには大変衝撃を受けました。私の専門は17世紀のイギリスの政治思想家ジョン・ロックの研究であり、実践とはほとんど関わりないことを研究しています[3]。そして、この研究は今の日本国憲法の実践とは関係ないことがわかったというのが、研究成果といえば研究成果でした。私自身、研究は純粋に理論的なことを考えたいタイプなので、例えば何で憲法は普通の法律よりも改正が難しいのかを考えるとか、そうしたことばかりをやっている人間です。他方、改憲問題や平和主義という問題は、理論的に考えて面白い問題だとは必ずしも思っていません。しかし、社会が少しでも暴力的にならないために、憲法学者としてどんな問題提起ができるか、と考えるといろいろ勉強する気にもなるし、発言する気にもなります。

ともあれ、はじめに申し上げたかったことは、サロン談義する段階ではないということを知識人、評論家と言われる方々は知っておいてほしいということです。

I 現代改憲動向を読む

先ほど話の途中で、今、改憲派は本気だという話をしましたが、なぜ本気かという話は後ほどするとして、今の動向を読んでみたいと思います。

1）政党・財界・メディアの改憲構想

政党、財界、メディアそれぞれから改憲構想が出てきていることがすぐわかると思います。主なものだけを取り上げても、自民党が昨年度大きな改憲案、憲法改正プロジェクトチーム「論点整理（案）」（2004年6月10日）と「憲法改正草案大綱（たたき台）」（2004年11月17日）の2つを提案しています。そして民主党が昨年の参議院選挙を前にして「憲法提言中間報告」（2004年6月22日）を出しています。

---

[3] 愛敬浩二『近代立憲主義思想の原像——ジョン・ロック政治思想と現代憲法学（法律文化社、2003年）。

さらに財界からも出てきています。経済同友会[4]がかなり早くから憲法改正に関して積極的にコミットしていました。両院の憲法調査会が始まって1年ぐらいたった時点に「平和と繁栄の21世紀を目指して」（2001年4月）という意見書を出しています。この中で、5年間調査する期間があるが、それを丸々使うな、さっさとやれということを提言していました。さらに「憲法問題調査会意見書」（2003年3月）を早くも公表して、自衛隊の海外での軍事行動を可能にするような様々な提言をしています。

さらに注目すべきことは、昨年末から今年の初めにかけて財界から続けざまに意見書が出ました。まず日本商工会議所から昨年末、「憲法改正についての意見」（2004年12月）が出ました。これ自身中身的には新味がないものだが、自衛隊を軍隊として認めること、集団的自衛権[5]に関しては議論があるようなことだったと記憶しています。今年冒頭に話題となったのが、日本経団連がとうとう改憲問題に関する意見書を出したことです。その「国の基本法制問題検討委員会報告書」（2005年1月）は、集団的自衛権行使に踏み切るべきだということを言ったと伝えられています。

このように財界からも改憲に対して熱心に働きかけがあるという

---

(4) 昭和21年、日本経済の堅実な再建のため、当時の新進気鋭の中堅企業人有志が結集して誕生した団体です。より良い経済社会の実現や国民生活の充実などを中心課題とし、民間主導の経済などを唱えて活動しています。もっとも、経済的観点から憲法問題に言及することもあり、2005年5月20日には、「わが国「二院制」の改革――憲法改正による立法府の構造改革を――」といった提言も行っています。

(5) 同盟国（その国と密接な関係にある国）が他国から攻撃を受けた際に、その攻撃を自国への攻撃とみなして同盟国および自国を共同防衛する権限です。国連憲章51条によって認められていまして、国際司法裁判所の判決（1986年のニカラグアの軍事活動に関する判決）においても、国際慣習法上認められた権限とされています。ただし、この権限の発動には、①必要性、②均衡性、③被攻撃国の表明、・被攻撃国からの援助要請、などの要件を満たすことが必要であるとされています。なお、日本は憲法で平和主義・戦争放棄が規定されているため、このような集団的自衛権を行使できるかどうかについては争いのあるところです。

ことです。

　新しい日本をつくる国民会議（21世紀臨調）は、どちらかというと財界の考え方を政策化する集団だと見ていいと思いますが、「国の基本法制検討会議の3つの提言」（2002年2～3月）を出しています。ここでも初めに出たのは安全保障に関する提言で、海外での軍事行動が広がっていることを容認しつつ、それを広げていくという議論の流れです。議論の仕方としては、解釈できる範囲でどんどん拡大していき、それでできなくなった場合には明文改憲をしようという流れで議論しています。

　このように財界が今回の改憲に関して熱心であることは注目すべきことだと思います。もう1つメディアでは、読売新聞が「改憲試案2004年」（2004年5月）を出したことはご承知のことと思います。

2）政党の改憲構想の読み方

　これらを比べてみると、ものすごくよく似ています。それぞれの改憲案がサロン談義のように出てきていて、それぞれ違うことを言っているという状況ではない。ご承知のとおり、憲法96条で衆参両院の3分の2の賛成が発議要件になっており、自民党単独で発議することはできないので、自民・民主の合同作業にならざるを得ないわけです。したがって、相違点はあまり注目する必要はない。

　参議院選挙前の6月の時点に出た自民党の憲法改正プロジェクトチームの「論点整理（案）」は、憲法24条を削除するなど保守反動的な内容を持っていました。他方、民主党の「憲法提言中間報告」の特徴は国連中心主義で、国連憲章が認める制約された自衛権を認めるという言い方で、海外に出て軍事行動をする場合にも国連決議を中心にするような言い方になっています。後でお話ししますが、「国連決議があったら海外に自衛隊を派遣する」では満足できない人たちが今まさに改憲を推し進めようとしているのであり、そうした側からすると、民主党案ではまだ足りない部分があるわけです。

　ぼくはこの時点では、自民党が保守反動のところを捨て、民主党が国連中心主義的な部分を捨てて、お互い妥協し合って改憲案を出

すと思っていました。

ところが今の状況をみると、自民党の側から妥協し始めています。2004年11月に出た「憲法改正草案大綱（たたき台）」をみると、涙ぐましいほどに復古的に思われないようにしている。「この憲法草案作成の基本的姿勢は復古的なものではなく」「戦前回帰ではない」「復古的と思われたら困るので」という言葉が何度も出てきます。総論の基本的な考え方というところだけで、「復古的ではない」という言葉が3回も出てきており、それほど復古的と思われるのが嫌みたいです。自民党は、党の憲法改正の委員会で話し合っているが、前文のところで議論が割れたということが最近新聞等で報道されました。復古調になったら国民に受けないと考えているのかもしれませんが、第24条の婚姻における両性の平等の問題も11月時点では削除しています。ある意味で、民主党寄りのところに動こうとしているわけで、早くから妥協し始めています。もちろん9条の安全保障の問題に関しては国連の決定がない場合であっても軍事行動をすることを前提にして作っていて、読売試案に完全に近づいているが、とまれ自民党は復古的なところを切り始めています。

これをどうみるか。それだけ改憲がシビアだとみるべきだと思います。復古的なところはどんどん切って、例えば女帝の問題も入れ始めていて、新聞報道は女帝も認めることがクローズアップされた。そうしたら今度は保守的な評論家、例えば高崎経済大学の八木秀次さんら怒り始めて『皇室の本義』[6]という本も書いている。確かに保守の側からすると女帝は困ると思う。たとえば、道鏡[7]は悪人だ

---

(6) 八木秀次『皇室の本義』（PHP研究所、2005年）。

(7) 河内国若江郡の出身で、俗姓は弓削連といいます。保良宮行幸の際、孝謙上皇の看病に当たり、呪術を用いて回復させて以後、上皇の信頼を得、その後、上皇の寵愛を受けながら、出世街道を駆け上がり、上皇が再祚（称徳天皇）した後、太政大臣禅師にまで就任しています。そして、阿曾麻呂が宇佐八幡神の神託として道鏡を皇位につけるべきことを奏上したため、道鏡は自ら皇位に就くことを望み始めるのですが、その後、和気清麻呂が改めて宇佐八幡の神託を伺いにいったところ、帝位は皇系が継ぐべきであるとのお告げを受けとの報告をしたため、道鏡の帝位への野望は困難

と言われているが、女性天皇と結婚して、その人から生まれた子どもが皇位を継承するわけだから、女帝を認めることは、「道鏡の野望」を認めることになりかねません。そうしたことを保守反動の方々は考えるのでしょう。今までの女帝は基本的に「中継ぎ」です。小さな子どもが皇位につくまでの中継ぎとして皇位についているだけであって、その女帝が皇室外の男性と結婚して生まれた子どもが皇位についたことはない。男系の血がつながっていることが建前です。それを崩すと言っているわけだから、保守反動の方々が怒るかもしれない。怒ってくれたらありがたいと思っているけれども。

このように、復古的と思われることが嫌だという方向に向かい、両院の３分の２が必要だから、ある意味では民主党に近づこうとした。にもかかわらず、９条の問題に関しては全然妥協しません。すなわち、自民党のいわゆる改憲オタクの方々を切ってでも、９条だけは改正したいという欲望が強くなってきているというのが、今回の改憲の特徴です。その内容は、自衛隊を容認することではない。自国を防衛するために必要最小限の実力装置を正当化するために改憲をわざわざしないはずです。そうではなくて、今までの解釈改憲ではできないことを達成するために明文改憲が必要だと本気で思っていると思う。

なぜこうした評価をするのかというと、財界がすごく熱心だからです。2003 年の衆議院選挙の前に民主党がマニフェストを出したところ、経済同友会がいきなりそれを評価するコメントを出して、民主党のマニフェストは憲法改正に対する態度が不明確である、といちゃもんをつけている。このように財界が憲法改正に対してすごく熱心である。だから民主党としても、政権担当能力のある政党だというスタンスを示し続けるためには改憲問題が外せないという問題があると思います。かつて社会党が政権に就くときにそれをいじ

になり、その後称徳天皇の崩御により、道鏡は失脚しました。道鏡は称徳天皇と深い関係にあったことがしばしば噂されたため、女系を認めることは道鏡のような野望を持つ者に利用される可能性があると指摘されることがあります。

める方法として、自衛隊をどうするのか、ということを自民党側は追及しました。同じような問題として、もし民主党が政権を取ろうとすれば、財界側が改憲に対するスタンスを明らかにせよと言ってくるだろうから、民主党としてみれば、「改憲には乗ります、しかし自民党とは違います」と言わざるを得ないだろうと思います。だから、国民投票法案については賛成する、しかし改憲に関しては熱心ではない、これが民主党のスタンスではないかと読んでいます。

3）岡田民主党の動向：改憲そのものへの「非積極性」と国民投票法案への積極性

岡田民主党の動向ですが、今申し上げたとおり、改憲そのものには積極的ではなくなってきている印象があります。これは状況次第ではわからないけれども、現在のところは必ずしも積極的ではない。他方、国民投票法案に関しては反対しない、というスタンスだと思う。

なぜこのようなことが起きるかというと、次の総選挙を岡田執行部は政権交代のための選挙と位置づけようとしているようです。そうすると、政権交代の選挙と位置づけておきながら、憲法改正という重要な問題に関して小泉政権と手を握り合ってしまえば、それは攻撃しづらくなるわけです。とすると、少なくとも次の選挙では改憲問題をクローズアップしたくないということが見えている気がします。そのようなことは改憲派のほうからもたぶん見えてきているのではないかと思います。『中央公論』2005年1月号に対談が載っていて、その中で政治学者の御厨貴さんが「最近政党が熱心ではない」と怒っています。改憲派からすればそのとおりでしょう。

---

(8) 国連平和維持活動のことです。安保理（または総会）の決議に基づいて、国連が停戦合意の成立後、紛争当事者の間に立って、停戦や軍の撤退の監視等を行うことにより事態の沈静化や紛争の再発防止を図り、紛争当事者による対話を通じた紛争解決を支援することを目的とした活動をいいます。日本は、特に金銭面で貢献してまして、その資金分担率は毎年20パーセント近くを占めています。

イラクの状況が今後どうなるかわからないけれども、イラクで選挙が終わった後もいろいろ問題は続いているし、そしてコンゴのPKO[8]をみると、現地の武装勢力と戦闘している。PKOがカンボジアのUNTAC[9]のようなイメージであれば、そこに自衛隊が参加するのはいいだろうと国民は思うかもしれないが、ソマリア以降のPKOは結構やばいものもたくさんありますから、そこに自衛隊を参加させることを可能にさせるために憲法を改正すると言うと、国民は引くかもしれない。

憲法96条は衆院・参院の3分の2による発議と国民投票による過半数の承認が必要です。そうすると、国民投票で勝たなければいけないわけです。国民投票をやって、例えば49対51で、49%としかとれなくて負けたとする。それから数年後に、「もう一度、憲法改正にチャレンジ」というわけにはいかないでしょう。60年も憲法を改正していないから改正しよう、時代が変わったのにもかかわらず改正しないのはいけない、国民の意見を聞いてみましょう、と改正論を出しておきながら、国民投票をやって負けてしまったら、改めて改憲案を出す理屈はなくなってしまう。改憲派は、やるなら絶対勝ちたいはずです。

だから私の見るところ、改憲派の人たちは困っているところがあると思う。要するに、国際情勢の中でアメリカが暴れすぎると憲法改正がしにくくなる。他方、9・11以降の政治状況を利用して改正しなければ、そして、「憲法も60年たち、冷戦が終わり、社会が変わった」という意識を国民が抱いている状況の中で変えなければ、憲法改正は難しくなる。だからシビアなのだと思います。シビアだからいろいろな煙幕を張ろうとするし、イデオロギー操作もしようとしてくるわけです。

最近テレビを見ていてつくづく感じるのは、憲法改正は厳しすぎ

---

(9) 国連カンボジア暫定機構のことです。世界の各地域から派遣されたメンバーで行われた大規模な国連平和維持活動のひとつです。日本も、停戦監視、文民警察、選挙および道路・橋などの修理などの後方支援などの活動を行いました。

る、例えば国会の発議が3分の2は厳しすぎるという言い方が目立ってきていることです。だから、憲法改正条項⑽にまず手をつけようという主張が出てきます。要するに、特定の内容を変えようとすると投票で負けてしまうかもしれないから、その前に憲法改正が厳しすぎるという形で、憲法改正条項にまず手をつける。ポイントは9条改正や社会権の問題だと思っているが、そうしたところは後にしておいて、とりあえず前文と96条だけ改正したいという欲望を持っている改憲派が出てきているのかなと感じています。そもそも論理的に考えると、憲法改正規定自体を変えることができるのかという理論的問題があります。ところが、最近の改憲派の口調や自民党の委員会の議論等をみると、3分の2は厳しすぎる、という言い方をしています。これはまさに今の政治状況を現しているのではないかと思っています。

　ここで申し上げたかったことは、市民社会レベルで改憲に反対する議論が高まれば、民主党も改憲に関して積極性を失うわけです。国民が9条問題を大切だと思っている、そのことが政党にも伝わる、そうした状況の中で自民党と民主党が手を握り合えば、民主党は何やっているんだと思われるかしれないと考えます。しかし、国民が9条の問題はどうでもいいと思っていて、それが大して政治的争点になっていない状況ならば、いくらでも手を握り合えます。というわけで、今は正念場だと思っています。市民社会のレベルで憲法9条の明文改憲には絶対反対するという議論がどれだけ高まってくるかがすごく重要だと思います。そういう議論の高まりがあれば、民主党としても次の総選挙まで自民党と手を握るのはよそうと思うかもしれません。そうしたことは期待できます。次の総選挙の時点で自民党と民主党が手を握らず、発議ができなければ、明文改憲は結

⑽　憲法改正の方法に関しては、憲法第96条に規定されています。それによると、改正には、総議員の3分の2の賛成による発議と、国民投票において過半数の賛成が必要となっています。3分の2という特別多数を要求し、さらにくわえて国民投票の過半数を要求するという厳格手続を規定していることから、硬性憲法と呼ばれることがあります。

構難しくなっていくのかもしれません。淡い期待かもしれませんが、私自身は期待しているので、危機的状況であるにもかかわらず、できる範囲でがんばってみようかなと思っています。

4）改憲構想の共通点と差異

共通点　改憲構想の共通点は、自衛隊の海外派兵体制（→集団的自衛権行使）を合憲化するということは、どの改憲案も基本的に同じです。日本商工会議所だけは、状況を見誤っているのか、ちゃんと勉強しないのかよくわからないけれども自衛隊を合憲化するぐらいのところで話をやめていて、集団的自衛権の行使に関しては悩んでいるという言い方をしています。いろいろな言い方はあるけれど他はすべて共通しています。集団的自衛権を容認するという明快な言い方をするものや、イラク派兵段階の法制度を積極的に評価した上で、さらにこれを発展させていくという流れの中で議論しているものもあるが、結局、海外での軍事行動を可能にするというところは共通しています。民主党は国連決議との関係を強調しているので、そういう意味では使いづらくはなっているのかもしれないが、内容的に大差はありません。

さらに、新しい人権というのもかなり共通しています。環境権を入れる、プライバシー権を入れる、生命倫理に関する規定を入れるなど大体同じで、あと、知的所有権の保障を入れるというのもあります。ただ、知的所有権を保障するという規定をいれなければ、知的所有権が保障されないということは全然ないので、入れる意味はありません。日本国憲法は古いということを強調したいのだろうと思います。

若干問題があると思っているのは、犯罪被害者の権利を入れるということです。犯罪被害者の権利を保障すること自体はとても重要ですが、改憲派からすると、今の憲法は基本的に被疑者・被告人の権利ばかり保障していて、犯罪被害者の権利を保障していないではないかという理屈に使いたいのでしょう。それから環境権に関して、権利ではなくて義務として入れたがる人が大勢います。環境を守る

義務という言い方です。いろいろバリエーションはあるが、そのような新しい人権を保障する必要があるという言い方が出てきています。

新しい人権をいう人の多くは、日本国憲法は古い、だから時代に即して憲法規定を変えていこうという理屈で、改憲気運を高めようとしているのだと考えられます。ただその中に、それぞれの人たちがそれぞれの思惑でいろいろなことを入れたがっているわけです。

プライバシー権の保障の問題だって、そう安易に歓迎はできません。今までは人格権と表現の自由のバランシングという形で、プライバシー権は憲法13条で解釈上保障されるという判例学説の考え方がある。ところが新たに憲法の中にプライバシー権を保障するという規定が入ると、下手をするとプライバシー権のほうが上にいき、表現の自由のほうが負けやすくなる可能性が出てきます。実際、改憲派の方々はメディアに対する敵対心が結構すごくて、意外だが、民主党の改憲案の方がメディアに否定的であるという印象を持っています。

そういう状況もあるので、新しい人権も1つ1つ精密に分析する必要があると思います。単純に改憲気運を高めるための煙幕だけではなくて、1つ1つの規定にはもっと実践的な期待が入れられている気がしています。特にプライバシー権の保障に関してはもう少し批判的であってもいいと思う。私自身私的生活を重要視するタイプで、プライバシー権は重要だと思うけれども、今、プライバシー権を憲法規定の中に入れることの是非は政治状況の中で考えるべきだと思います。サロン談義の中で改憲論を議論するのではなくて、なぜ今、改憲派の中から、プライバシー権を保障しようという議論が出てくるのかを見極める必要があると思います。

差異→新自由主義改革後の秩序形成　民主党と自民党の差異は今のところ、一橋大学の渡辺治さんも言っていることですが、自民党や読売のほうが新自由主義的な改革の下、競争主義的な社会が生まれて、勝者と敗者がはっきりする社会になった場合にどう治安を確保するかに関してセンシティブです。

民主党は、どこまで考えて作ったのかよくわからないところがあるが、友人の新聞記者に聞いたら、何回か勉強会を重ねて中間報告を作ったようですが、やはり「脱官僚」がテーマです。「官僚支配から市民の政治へ」みたいな議論がどうしても中心になっているので、国家を抑制するという発想がすごく強い。だから極めて新自由主義的な、国家の権力を抑制し、市民社会の自由に委ねようという要素がすごく強い改憲案になっている。その結果、市場を中心にした競争主義的な社会の中で勝者と敗者に分裂した場合にどう治安を確保していくかということに関しては、自民党や読売ほどはセンシティブにはなっていない。そうした違いはあるにはあると思います。

だから、自民党や読売試案は極めて強権的な秩序形成の欲望を強く持っている。だから憲法24条を改正するというのは、単なる少子化対策、要するに女性が働いていると子どもが減るという、一部愚かな人たちはそんな議論をしたようですが、それだけで読んではいけない。家族を回復し、家族を通じて秩序をつくっていくという流れの中で出てきた議論という側面がある。個人主義的な夫婦関係・家族関係から、ある種団体秩序的な家族イメージを回復する流れの中で、24条改正論は出てきたとみている。そういう意味では、今回24条改憲の話は抜けたけれども、家族の保障という規定は残っているので、そうしたことを考えても、競争主義的な社会の中でいかに秩序を獲得していくかということに関して読売と自民党は結構シビアだろうと思います。

Ⅱ　9条改憲構想の内容

1）政党の改憲構想

自民党　2004年参院選挙前の改憲構想では、集団的自衛権行使が暗黙裡に容認される形でした。論点整理の段階では、自衛のための戦力保持を明記し、さらに米国中心の「有志連合」による海外派兵（＝集団的自衛権行使）の合憲化が言われていました。集団的自衛権を明確化するという言い方よりも、今行われているイラク戦争を中心にした国連決議に拠らない形でのアメリカを中心にした軍

事行動に関わっていくということを合憲化するという流れの議論であり、そして非常事態条項の創設、「一国平和主義」批判が行われていました。これが昨年6月の段階です。

ところが、これが整理されて出た11月の大綱素案では、「個別的、集団的自衛権を行使するための必要最小限度の戦力を保持する組織として、自衛軍を設置する」ということを言い切っています。自衛隊が集団的自衛権も行使できるという議論の仕方になっています。

民主党　他方、民主党の「憲法提言中間報告」は、国連の集団安全保障活動に参加する、かつ国連憲章51条の「制約された自衛権」を憲法に定める、という言い方になっている。この「制約された自衛権」という言い方がミソで、改憲案が出てくると、海外に出かけて戦争するための改憲だと護憲派は言いたがるわけです。イラク戦争、アフガン戦争に賛成するのですか、という問題提起ですね。それに対してそのための改憲ではないと言わないと、国民投票で過半数をとるのが難しいと思っているのかもしれません。だからソフトな言い方になるわけです。例えば国連憲章51条の制約された自衛権を憲法に定めるという言い方を民主党はするが、国連憲章51条は、国連の手続きが発動される前にも各国の個別的自衛権と集団的自衛権の行使は認められるという規定の仕方になっている。結論をいうと、民主党案も個別的自衛権も集団的自衛権も認めるという形になっているわけです。ただ、実際に海外で軍事行動をする場合には国連決議に基づかなければならないとしていることは、自民党案との違いだと思います。

興味深いのは、自民党の大綱素案ではかなり民主党側に寄っている点です。「抑制された自衛権を認める」という形で、民主党的な口振りで自衛権を正当化しています。消極的な正当化の言い方になっている。引用してみます。

「日本国民は自衛又は国際貢献のために武力を行使を伴う活動を行う場合であっても、それは平和的手段によっては問題の解決を図ることが困難な場合であって、武力の行使は究極かつ最終の手段で

あり、必要かつ最小限の範囲内で行われなければならないことを深く自覚しなければならないと定めるものとする。」

　日本国憲法が翻訳調でわかりづらいから改正しようというが、この文章ではどちらがわかりづらいかよくわからない。改憲派は日本国憲法の文言は日本語としてこなれていない、とよく批判しますが、自民党の改憲案の方が、「究極かつ最終の手段」「必要かつ最小限の範囲内」とむやみにしつこい。ともあれ、そのぐらい限定してみせるわけです。けれども、結局は、制約された集団的自衛権と個別的自衛権を認めるという形になっています。私は実際にこんな改憲案が出てきたら、「日本語として難点が多く、わかりにくい」というコメントをしようと思っています。

　そうした回りくどい言い方になってきているが、実は大綱素案はばかにしてはいけないと思っている。大綱素案は、参議院の権限をめちゃくちゃ剥奪したから、参議院が怒ったわけです。以前、渡辺治さんという憲法問題に詳しい方と、今、一般市民に受ける改憲論は何だろうということを雑談していて、２人の意見が一致したのは、参議院の権限剥奪です。参議院の権限を剥奪するというふうにいえば、たぶん多くの市民の方々は「そうだよね」と思う気がする。法律家や憲法をある程度関心持って勉強をしている方は、一院の暴走を止めるために二院制は重要だと思っていると思うけれども、多くの市民にとって参議院の存在意義はよくわからないところがあります。今、日本は時代の転換期にあり、早く責任ある政治決着をしていかなければいけない。だから参議院の選挙によって首相が辞めるようなシステムではよくないから、参議院の権限を弱めて、衆議院の権限を強くして、内閣は衆議院に責任を負う形にして迅速で責任ある政治決着をしていこうという話になる。私が改憲派だったら絶対こう言うと思う。でも、これは参議院が絶対に反対するから通らないよね、と笑い話をしたことがある。

　ところが、その笑い話にしていたことがいきなり出てきたので驚きました。それで確かに潰れました。でも興味があれば後で勉強していただくとありがたいのですが、改憲草案大綱はそこでミスをし

たけれども、民主党支持者にも納得してもらえるものを作ろうして考えていたところがあり、そこが自民党の改憲オタクや保守反動系から嫌われたのかもしれません。

例えば、憲法裁判所[11]の設置です。政府や国会の何分の幾つかで憲法裁判所に提訴して違憲か合憲かの判断を求められるが、国民一般は基本的に使えません。ドイツで憲法裁判所を機能させるために一番使われるものとして紹介されるのが、憲法異議という制度です。基本権が侵害された場合には憲法裁判所に判断を求めることができるという憲法異議の制度ですが、これは入れません。その上で、憲法問題に関する判断はすべて憲法裁判所に集中させます。つまり、今までのように地方裁判所で違憲判決が出ることはありません。憲法裁判に関わった方は感じたことがあるかもしれませんが、1審は結構重要ですね。この権限を剝奪して、憲法裁判所が独占します。だから憲法問題に関しては一旦移送して、憲法裁判所が憲法判断して、その判断に1審、2審は拘束されます。そうした憲法裁判制度を提言しています。

かつ、政府や議員の何人かが集まると、法律が違憲か合憲かを憲法裁判所に聞くことができます。例えばイラク派兵のためのイラク特措法[12]を作ると、直ちに与党の連中が結託して憲法裁判所にお伺

---

[11] 外国の中には、憲法問題を解決する専属機関として憲法裁判所を設置している国がある。これに対して日本は、通常の司法裁判所が憲法判断も行うことになっている。

[12] 正式名は、「イラクにおける人道復興支援活動及び安全確保支援活動の実施に関する特別措置法（平成15年8月1日法律第137号）」といいます。第一条にその目的が規定されてまして、それによると、「この法律は、イラク特別事態を受けて、国家の速やかな再建を図るためにイラクにおいて行われている国民生活の安定と向上、民主的な手段による統治組織の設立等に向けたイラクの国民による自主的な努力を支援し、及び促進しようとする国際社会の取組に関し、我が国がこれに主体的かつ積極的に寄与するため、国際連合安全保障理事会決議第1483号を踏まえ、人道復興支援活動及び安全確保支援活動を行うこととし、もってイラクの国家の再建を通じて我が国を含む国際社会の平和及び安全の確保に資することを目的とす

いを立ててしまえばいいわけです。そこで合憲といえば、国民の側は争う余地がなくなってしまう。では、一般市民がそういうのは困ると思って、基本権が侵害されたということで憲法異議ができるかというと、そうしたことは認めないという形になっているのです。ただ、勉強してこうなったのか、読売改憲試案を読んでそうなったのかはよくわかりません。読売改憲試案によく似ていることは確かです。

　改憲派の方々はみんなでワーワー議論して、議論の中から改憲案を作るということではない。情報発信の拠点みたいなところがあって、改憲派の連中は、それを勉強しながら、皆が似たようなことをワーワーいって、増幅し合っているところがあると思います。そこに自分たちの独自的なものを入れるべく、憲法改正草案大綱は参議院の権限を剥奪しまくったのです。内閣総理大臣は衆議院から選ぶということに変えてしまい、参議院の人は内閣総理大臣になれなくなっている。このように参議院の権限を剥奪したので失敗に終わったけれども、自民党としてみれば基本的にこの路線で、まずかったところを直しながら作っていくということになるだろうから、軽視はできないと思います。

　このように政党の改憲案をみると、9条論に関していうならば、海外での軍事行動を可能にするための改憲を実現しようとしていて、そのためにどういう理屈、どういう文言をとるのかで競い始めているということが言えると思います。

2）財界の改憲構想

経済同友会　財界の改憲構想は、例えば経済同友会は「憲法問題調査会意見書」を2003年3月に出しているが、これは「自らの国益と価値を守る、自立した日本」という言い方の中で、集団的自

る。」とされています。簡単に要約すれば、イラクの治安秩序の回復のために、日本が復興支援を行うというものです。被災民に対する医療等の援助、行政事務の指導などを主に行う。4年が年限の時限立法であるが、必要な場合は延長することができることになっています。

衛権行使の政府解釈変更と有事法制整備を提言しています。これも解釈改憲でやれるだけ軍隊を海外に派兵させていくシステムをとっていくのか、明文改憲をするのか二股かけています。これが今の状況だと思います。解釈改憲でできるところまでやるというやり方と、それではできないことが残るので、しっかり明文改憲をしたほうがいいのではないかという考え方の両方を提言する形になっています。さらに「国益と国民」を守るための国際秩序構築への関与という言い方をし始めていて、歯止めは憲法ではなくて政治的なもので可能だということを言い始めています。

　高坂節三さんという方が朝日新聞（2003年5月27日）のインタビューで答えているのをみると、ここまで考えている人がいるんだなという感じです。この人は栗田工業の顧問で、経済同友会の意見書をまとめた方らしい。記者から、日本企業の海外での権益擁護のために日本も世界の警察官として顔を出す必要がありますかと質問されると、彼はこう答えます。

　「そういうこともある。グローバル化とは日本の資本や人材が世界中に広がっていくこと。これを守るためには何らかの方策が必要だ。だから米国と提携するのだが、ここだけは自分がやる、というところがないといざというときも言いたいことが言えない」。

　これは明らかに国際貢献といった問題ではなくて、自国の国益のために海外に軍事的に展開していくという議論になっています。例えば日本の国益が直接関わるようなところで、例えば政権の転覆とかが起きたとして、そこで、外国人の資産を凍結するなど様々なことをやろうしたとします。

　実際、中南米でそうしたことが起きると、アメリカが様々な形で介入してきたし、旧社会主義圏で政策転換があると旧ソ連は介入してきた。このように帝国は基本的に自国の衛星国と勝手に見なしている地域に関しては様々な形で介入してきたわけです。今、アメリカがアフガンやイラクに行って驚いているかもしれませんが、よく考えてみると中南米に関しては70年代からずっと介入しているわけです。介入しないにしても、例えばニカラグアのケースを見ても

わかるとおり、様々な形で反政府組織への武器供与などいろいろやってきたわけです。冷戦が終わって今、ソ連のようにアメリカと対峙する勢力がなくなった状態の中で、それまで中南米ではやってきた事柄をグローバルに展開しているという読み方も可能だと思います。だから、アメリカは自国の権益と関わるところに関しては軍事行動を起こす可能性のある国だという言い方はできると思います。

　私は、今日本の一部の方々は同じことをしたくなっているのではないかと疑っているわけです。例えば中国との海底の境界線にある天然ガスの問題が出てきたときも、議員の中には自衛の問題だと言った人もいました。要するに、日本に軍事的な力がないからなめられて、あのようなことをされるのだ、と。冷静に考えてみると、国際紛争を解決する手段として軍事力を使わないという戦後の国際秩序に明らかに反する発言なわけですが、そうした発言が公然と出てきている状況があります。

　さらに、一部の軍事評論家の方々は、シーレーン防衛を言い始めている。シーレーン防衛とは、日本はエネルギーや資源の輸入と工業産品の輸出に頼っている以上、自国の繁栄を守るために、"不安定な弧"と呼ぶそうですが、北朝鮮・台湾、そしてマレーシアを抜けてペルシャ湾にいくあたりの地域を自国の権益との関係で守る必要があるという議論です。そうしたことを考えると、今、経済界の中には自国の権益を守るために軍事行動も辞さないという考え方が徐々に現れてきていると読んでいます。というのは、日本の産業もグローバルに展開していく中で、そうした欲望が強まってきているのだろうということです。

　何を言いたいかというと、改憲派からしてみると、日本の国土が侵略された場合に、それに対してどう対応するかということは大した問題ではなくなってきているということです。そうではなくて、海外に軍事行動を展開していくためにどのような憲法改正が必要かという議論になってきている。さらに、日本の権益は深いけれどもアメリカが動かない紛争もあり得るわけで、アメリカがすべての軍事紛争に介入するわけではない。そうしたことを考えると、自衛隊

を実際に単独派兵させることまでできないとしても、単独派兵を可能とするシステムは作っておきたいのだろうと読んでいます。だから、こうした言い方も出てきているだろうと思います。

日本経団連　さらに日本経団連はもう少し俗っぽい言い方になるが、ある種企業としての利益の観点から武器製造を緩和してほしいと思い始めているようです。武器輸出3原則見直しという話が昨年7月に出され、これが12月の新防衛大綱で決着がついて、少なくともアメリカとの関係では武器輸出3原則の見直しという結論に落ち着いたことはご記憶にあると思います。

このように、今まで日本は非核3原則[13]、武器輸出3原則[14]、GNP1％枠[15]とか、他の国とは違う軍事に拠らない国と言ってきたが、そうしたものを基本的に全部外すという流れがあるわけです。それを経済界も強く推進していることがわかると思います。

3）読売新聞2004年試案

読売試案は1994年に第1次試案が出ているが、その段階では国連中心主義でした。国連の行う軍事的な平和維持のための活動に自衛隊も参加するという言い方になっていた。ところが9・11事件以

---

[13] 1967年に佐藤内閣が打ち出した有名な三原則。「核は保有しない、核は製造もしない、核を持ち込まない。」という原則で、今日に至っても通用しています。

[14] 武器輸出三原則とは、通常、1967年の佐藤内閣が出した声明と、1976年に三木内閣が出した統一見解の双方を合わせたものを指します。佐藤声明は、⑴共産圏諸国向けの場合、⑵国連決議により武器等の輸出が禁止されている国向けの場合、⑶国際紛争の当事国又はそのおそれのある国向けの場合、には武器輸出を認めないという政策をいいます。三木統一見解は、⑴三原則対象地域については「武器」の輸出を認めない、⑵三原則対象地域以外の地域については、憲法及び外国為替及び外国貿易管理法の精神にのっとり、「武器」の輸出を慎むものとする、⑶武器製造関連設備の輸出については、「武器」に準じて取り扱うものとする、というものとなっています。

[15] 国防費をGNP1％以内に収めるというものです。

II　9条改憲構想の内容

降の状況を踏まえてかもしれませんが、新たに「その他の国際の平和と安全の維持及び回復並びに人道的支援のための国際的な共同活動に」ということが加わりました。94年試案には「日本国は確立された国際的機構の活動」という言い方になっていた。2004年試案では先のような言い方に変わってきた。これは明らかに国連決議とは無関係に軍隊を派遣することが可能になる形になっています。

さらに読売試案は、国連の限界をものすごく強調しています。NATOのコソボ空爆や米英主導のイラク戦争の例を引きながら、「拒否権を持つ常任理事国の対立で国連安保理が機能しない場合がある以上、国連が動けなくても国際平和協力活動に軍事的に貢献すべき場合がある」という論じ方になっている。94年段階ではすごく国連に期待していて、国連の平和維持活動を強調して、「国連そのものが役割の増大に伴う機構改革や名称変更に発展する可能性もあるから」、敢えて条文は「国連」とは言わずに「国際的機構」という言い方をしたのだと。

ところが2004年試案段階では、国連が機能しない場合がある以上、「その他の国際の平和と安全の維持及び回復並びに人道的支援のための国際的な共同活動」に参加できなければいけないという形になっている。この文言だと、国連を外した形でアメリカが行ったイラク戦争にも協力可能になります。最上敏樹さんは、「イラク戦争という根拠薄弱な戦争を許容しないという態度表明のゆえに、安保理は無力だとされるのであれば、安保理が有力になるためにはアメリカ、イギリスの開戦要求を無批判に許容するしかなくなってしまうではないか。」と言っている。まさにそのとおりだと思います。樋口陽一先生は、アメリカのイラク戦争に「お墨付き」を与えなかった国連安保理について、「戦後初めて安保理が機能した」という言い方をされました。要するに、大国が恣意的な軍事行動をしようとする場合に、それに対して歯止めとして機能するかしないか、それが国連安保理の役割だったはずである。ならば、国連安保理は初めて機能したのだ、という言い方です。

私も同感で、もしイラク戦争に賛成しなかったから安保理が無力

だというのであるのならば、そんな組織はなければいい。また最上さんは、「イラク戦争の後、日本で国連無力論がとりわけ増えた」とも言っているが、そのとおりだと思います。

94年段階での国連中心主義の底が見えたということかもしれませんが、今、日本でこんなに国連が無力だと言う人たちに対して、イラク戦争やアフガン戦争のような形で国際秩序を構築していくことに本気でコミットするのか、と聞きたいと思っている。国連が無力だと言うのではなくて、自国の権益に反する国家があるならば軍事行動も辞さない。そういう国家になりたいのならば、そうなりたいとはっきり言えばいい。それに対して国民の側が判断する形で問題提起をすべきだと思います。国連は無力だ、という言い方はあまりにもひどい言い方だと思っています。

とまれ、読売改憲試案はそうした方向に明らかに舵をとってきています。このようにみると、改憲派の方々は国連決議によらずに、海外でも軍事行動をするために、憲法を改正する。そのためにどういう理屈をひねるか、という段階にきていることはおわかりになったと思います。

では、なぜこれほど9条改憲がシビアなのかということで、次に進みたいと思います。

Ⅲ　9条改憲論の背景――90年代の軍事法制の展開にもかかわらず、なぜ「明文改憲」なのか？

9条改憲論の背景として、90年代の軍事法制の展開にもかかわらず、なぜ「明文改憲」なのかというお話をしてみたいと思います。もうイラク派兵までしてしまったではないか。イラクまで行けたということは、サウジアラビアに行けないという話はない。ということは、イラクまで行けた以上はどこまでも行けるわけです。

ちなみに、テロ対策措置法ができた後、『世界』に書いた論文の中で「インド洋まで行けたということは、法律的にはどこまでも行ける。全世界どこにでも行ける」という言い方をしたら、直接ぼくに対する批判ではないと思うけれども、このような批判に対しては

当時、「それは大げさな言い方だ」と言う人が結構いました。

とまれ、今回はインド洋までしか行かないのだから、自衛隊が世界を駆けめぐるなんて言うのは、狼が来るみたいな言い方だと言っていた人たちがいますが、イラク特措法でそれは簡単に超えてしまいました。イラクに行けて、何で喜望峰や南米まで行けないのか、もう理屈はありません。

今は、世界中どこまで自衛隊を派遣できるし、かつ戦地に上陸させることもできる。テロ対策特別措置法の段階ではアフガニスタンには上陸はしなかったが、今はイラクに上陸している。ならば、もう憲法を改正する必要などないではないか、と言う人もいると思う。行くところまでいってしまったからいいではないか、今さら何で明文改憲などする必要があるのだ、という考え方もあり得ると思う。

それにもかかわらず、改憲したいという欲望がものすごくシリアスだと思いませんか。軍事法制が展開して有事法制もできた、イラク特措法もできた、イラク派兵もできた、さらに海外派兵の本務化をするための自衛隊法改正も出てくる可能性がある。そうしたことも可能になりつつあるならば、明文改正などしないでもいいではないか。にもかかわらず、なぜこんなに明文改憲の欲望がシビアなのかを考えておく必要があると思います。

1) 軍事法制整備の思惑→集団的自衛権行使の容認＝海外での武力行使の合憲化

軍事法制整備の思惑は、先ほどから何度も言っているので飛ばしますが、ポイントはアドホックな同盟に基づいて海外に派兵することが重要な課題になってきています。国連を利用するやり方では不満足な状態になってきています。なぜそうしたいのかということで２つ大きな要素があると思う。

グローバル市場の拡大・維持のための米国の軍事行動に対する軍事的支援の実施と円滑化　１つは、グローバル市場の拡大・維持のための米国の軍事行動に対する軍事的支援の実施と円滑化ということだと思います。要するに、何か新しい事態が起きると、そのた

びに特別措置法を作って対応してきました。テロ対策特措法、イラク対策特措法、あのような形で特別措置法を作る形では、その都度議論をして、その都度時間がかかる。だから恒久法を作りたいわけです。永久に海外派兵を可能にする法律が必要になってきます。

ところが恒久法は結構難しい。なぜかというと、テロ対策特措法とイラク特措法を見てください。今回は特別の事態であり、国際社会も一致している、それに対して日本も関わるという理屈で、これらの法律は国連決議を膨大に引用して自らを正当化しました。さらに、今回は時限立法であり、今回の件にしか自衛隊を送らない、だからいいではないかという理屈で通したわけです。「今回は特別だから」という理屈です。

そのため、これを恒久法に変えていくにはかなりの理屈が必要です。ものすごい事態であるかどうかを判断しないで派遣することになるわけだから、そうすると恒久法を作る上でも、実は憲法9条はかなりのハードルなのかもしれません。アメリカとしてみれば、今の日本の支援ではやはり不十分だと思うわけです。もちろん、イギリスと同じようにアメリカと一緒に先頭に立って戦うことまでは期待されていないと思う。しかし、次のことは期待しているのではないか。

例えばAという都市が反米の闘争拠点になっていて、アメリカがそこを占領したとする。その後、アメリカ軍が抜けていって、また反米勢力が戻ってきたら困るわけだから、この地域の治安を確保する軍隊が必要になってくるわけです。これをアメリカ軍がずっと担当していれば膨大な人員が必要になる。アメリカ軍を派遣するのに日本は今お金を払っているかもしれないけれど、アメリカが自国の判断で行っているのに、日本にお金の負担を要求するのも変な話。そうすると、米軍がこの地域の治安を確保し続けるとなると、莫大な費用が必要になる。

ご存じかもしれませんが、ラムズフェルド国防長官はお金をかけたくない人で、軍事費を削減するために必要最小限度しか送り込まないプランで戦争をしたがる人らしい。だからアメリカは、アメリ

カ軍が全部拠点を押さえつつ、展開していくことは嫌なので、治安確保の仕事を同盟軍に請け負って欲しいわけです。でも、今のイラクの情勢を見ればわかるとおり、占拠した都市が穏やかに平和になるわけではないから、当然、そうしたところでは軍隊が軍事的な行動に出ます。例えばファルージャはデモが来たところにアメリカ軍側が発砲して、その結果、報復戦争みたいな形になってしまった。

ところが、今のイラク特別措置法では、自衛隊は今言ったような活動はできません。道路建設、水道建設等はできるし、物資を送ることはできるが、地域の治安を確保するという活動はできない。アメリカはこれを自衛隊にやってほしいと思うわけです。

そうすると、円滑化という観点から、恒久的なシステムをつくってほしいということ、かつ、軍事的支援を深めてほしいというところがあると思います。それに対して日本がついていく必要があるのだと思います。2004年9月、日本が国連常任理事国に入りたいと言ったときに、パウエル国務長官やアーミテージ国務副長官ら政府関係者が憲法改正が必要だという言い方をしたが、あれも明らかにこの文脈で理解できます。

報道を見ると、アメリカ側の要求ということばかりが強調されているが、私はそれだけではないと思っています。

日本企業が特殊権益を持つ地域の安定のための軍事プレゼンスの確保　2番目に、日本が特殊権益を持つ地域の安全のための軍事的プレゼンスの確保という欲望を持ち始めていると思う。例えばアフガニスタンにアメリカが攻め込む前に次のようなことも考えていたようです。

隣のパキスタンは、核兵器を持っている国です。アメリカ側が十字軍だという形で宗教戦争のような形態をまとってアフガニスタンに攻め込むとすると、パキスタンのイスラム教徒が反発するかもしれない。かつ、ムシャラフ大統領がアメリカ側についたとすると、反政府運動が高まり、治安が崩れて、あるいはイスラム政権ができてしまうかもしれない。そうすると、イスラム原理主義者が核兵器を持つことになるかもしれない。アメリカは、そうなったら怖いと

いうことで、ムシャラフ政権を守るために軍事介入するというシナリオがあったみたいです。

今のケースは極端なケースかもしれないが、帝国というのは自国の権益との関係で、ある政権が転覆しそうになった場合に一定の軍事的関与をすることはあるわけです。アメリカの軍事行動に詳しい方はご存じかもしれません。例えばキューバ革命のときも介入しようとしたわけです。

日本でもそうした問題がシビアな問題として生まれつつあるのではないかという気がしています。だから今重要なのは、自衛隊を実際に派遣することではなくて、いつでも派遣できる体制をつくり上げていくことだと思います。そのためには国民意識との関係で、海外での軍事行動を繰り返す必要があると思います。もちろん日本はかつての戦争の問題があるから、いきなり東アジア地域に自衛隊を派遣することは無理だと思います。けれども、少なくとも国内レベルの議論として言うならば、アメリカの軍事行動にどんどん参加していく形で自衛隊が海外に出かけて行き、そこで例えば人を殺し殺されるという事態が起きたとする。その状況で、例えば在外邦人を救出するために自衛隊を派遣するべきだという議論が出てきた場合に、自衛隊を派遣しなくていい、と言うでしょうか。海外で軍事行動の実績を積み重ねておいた上で、さらにそうした問題が起きた場合に、海外に自衛隊を派遣することは、相手国側の意識はともかく、日本側の意識はかなりハードルが低くできる。

ということを考えると、単にアメリカ側の要求に基づいて海外に軍事展開をするだけではなく、自国の権益との関係でも海外での軍事行動を繰り返すことで、実績をつくっていくことを考えているのだと思います。

簡単に言えば、PKOの武器の使用に関する改正の仕方が典型的だと思います。初めはカンボジアに派遣する際には、隊員の武器使用は各自の生命を守るための正当防衛に基礎づけた。だから自分の命を守るためにだけ撃つことができるから、遠くの人を守るために撃つことは当然できないし、かつ指揮官が命令することもできませ

ん。だからPKO協力法を作るときにはおかしな議論があって、指揮官が命令することができるのかということに対して、政府の見解は、指揮官が各隊員の意思を束ねる、というものだった。これはたぶん英語にはできない表現ですね。

こうした見解のもと何とか派遣した。ところがテロ対策特別措置法の段階では、自己の管理下に入った者の保護のために撃つことができる。この「自己の管理下に入った」というのは解釈が広げられて、例えば自衛官がある病院を守っているとすると、その病院全体が自己の管理下に置かれているということで、そこが攻撃されそうになった場合には、当然、それに対処できるということになります。

ただ、今の日本のPKOや海外派兵体制の下では、駆けつけて防衛することはできない。例えば今ぼくたちがこの建物を守っているとして、少々離れた国会のほうに敵軍が近づいて来ているとしても、それは放置するしかありません。ところが、そこに駆けつけて軍事行動ができるようになれば、普通の軍隊になってしまうわけです。このように着実に海外の軍事行動を可能にするように変えていっているわけです。

今、自衛隊が「安全」なのは、助けに行く必要がないからです。さらに、軍事行動が起きた場合には隠れていいわけです。現地の声を新聞報道等で見る限りは、自衛隊に関して、「とてもいい人たちである、だけどもう少しがんばってほしい」という言い方が多いと思うけれども、そのレベルだからこそ憎まれもしない状態で何とかイラクに駐留していると思う。例えば駆けつけて軍事行動に参加すれば、反政府勢力もイラク人だから、イラク人を殺してしまえば自衛隊の評価も変わってくるはずです。それが今はないわけです。憲法9条との関係で何とか軍事行動の実績を積み重ねていこうとしているが、できない。できないから平和的な軍隊に見えるわけだけれども、確実に歯止めを外していっていることは明らかです。

私がけしからんと思っているのは、テロ対策特別措置法[16]で、自

---

[16] アメリカの同時多発テロを受けて急遽成立した法律です。正式名は「平

己の管理下に入った人の命を守るために軍事行動ができるという形に変えた。そうしたら、テロ対策特措法と平仄を合わせるという理屈で、2001年12月にPKO協力法がいきなり改正され、管理下に入った人も守るようにするために変えるというわけです。早くも翌年の2月の時点で、山崎拓さんと中谷元防衛庁長官はもう一度会って、今度はPKO協力法を国際標準にしようと言い出した。国際標準ならば、駆けつけて軍事行動ができる。そうすると次は、PKO協力法に平仄を合わせるという形で、特措法関係の法律の武器使用の問題も改正しようという話になってくる。

このように、武器使用を拡大させようということは、専門的に見ていないと全然わかりませんが、政府は涙ぐましい努力をして、海外で軍事行動が可能になるようにしてきたわけです。それはなぜか。海外で軍事行動をするために、軍隊としてあまりにも中途半端は嫌だというのがあるのかもしれませんが、それだけではないと思っています。海外での軍事行動を積み重ねることによって、最終的には自国の権益のために軍事力をちらつかすことを可能にするための国内的なコンセンサスづくりをねらっていると読んでいます。

以上が、今の海外での軍事行動の展開をなぜ欲望しているのかという話です。

2）90年代の軍事法制の展開

90年代ものすごい勢いで軍事法制を展開してきているわけです。

成13年9月11日のアメリカ合衆国において発生したテロリストによる攻撃等に対応して行われる国際連合憲章の目的達成のための諸外国の活動に対して我が国が実施する措置及び関連する国際連合決議等に基づく人道的措置に関する特別措置法」といいます。「……国際連合安全保障理事会決議が、国際的なテロリズムの行為を非難し、国際連合のすべての加盟国に対しその防止等のために適切な措置をとることを求めていることにかんがみ、我が国が国際的なテロリズムの防止及び根絶のための国際社会の取組に積極的かつ主体的に寄与するため、次に掲げる事項を定め、もって我が国を含む国際社会の平和及び安全の確保に資すること」を目的として掲げ、自衛隊の軍事行動の枠を広げることを規定しました。

Ⅲ　9条改憲論の背景

そうすると、なぜ今さら明文改憲が必要なのかを確認してみたいと思います。

冷戦期の軍事法制の限界　冷戦期の軍事法制の限界は、あくまでも自衛のための必要最小限度の実力組織という言い方をしてきたから、海外派兵の禁止、そして集団的自衛権行使の禁止（違憲性）という2つの制約がかかっていました。この海外派兵の禁止からまず外されていきます。

PKO等協力法と周辺事態法　　湾岸戦争後の掃海艇のペルシャ湾派遣とPKO等協力法[17]の制定によって、海外派兵体制が整備され、海外派兵が常態化していきます。PKOはあくまでも国連決議に基づく行動でしたが、次に周辺事態法でアメリカの後方支援という形で海外に自衛隊が展開していくシステムがつくられていきます。

ところが周辺事態法[18]には、よく指摘されることですが、2つの不満がありました。1つは地理的限定です。これは当然です。日米安保条約の目的は、日本本土及び極東の安全だから、極東を超えて展開することはできない。それから時代状況もあった。1995年に沖縄少女暴行事件があり、冷戦後に日米安全保障条約そのもの必要性が揺らいでいた、そうしたことが議論されている中での新ガイド

---

[17]　正式名は、「国際連合平和維持活動等に対する協力に関する法律」といいます。「国際連合平和維持活動、人道的な国際救援活動及び国際的な選挙監視活動に対し適切かつ迅速な協力を行うため、国際平和協力業務実施計画及び国際平和協力業務実施要領の策定手続、国際平和協力隊の設置等について定めることにより、国際平和協力業務の実施体制を整備するとともに、これらの活動に対する物資協力のための措置等を講じ、もって我が国が国際連合を中心とした国際平和のための努力に積極的に寄与する」ことを目的として掲げて制定されました。

[18]　正式名は「周辺事態に際して我が国の平和及び安全を確保するための措置に関する法律」といいます。「そのまま放置すれば我が国に対する直接の武力攻撃に至るおそれのある事態等我が国周辺の地域における我が国の平和及び安全に重要な影響を与える事態に対応して我が国が実施する措置、その実施の手続その他の必要な事項を定め、日米安保の効果的な運用に寄与し、我が国の平和及び安全の確保に資する」ことを目的として掲げて制定されました。

ラインの変更でした。そのため、周辺事態法を制定した際には、どうしても達成できなかったことがあった。1つは民間部門の動員です。周辺事態が生じて軍隊が活動する場合に、それに民間の協力を義務づけることができませんでした。2つ目に地方自治体の動員体制の不備です。

ご記憶だと思いますが、この時期、高知県の橋本大二郎知事が、高知港に関して神戸方式をとると言った。神戸方式とは、核兵器を搭載しているかどうかに関して証明書を出させるというやり方です。そのやり方を橋本知事が条例にしようと問題提起したところ、外務省と旧自治省が猛反発した。要するに、安全保障に関わる問題は国家事項であり、地方自治体の権限ではないと言って、高知県の動きをつぶそうとした。

地方自治体にそうした形で協力拒否とかされたら、アメリカの軍事行動との関係からすると困るわけです。ご承知のとおり、沖縄密約を否定しているのも、米軍による核持ち込みを否定しているのも日本政府だけです。アメリカ政府は別に否定していません。持ち込んだ側が持ち込んでいると言っているにもかかわらず、持ち込まれた側が持ち込んでいないと言っている。変な話ですね。

ともあれ、私が高知県知事だったら考えます。核兵器を搭載している艦船が高知湾にいるときにミサイルが飛んできて爆破されたら、自分の県が大被害を被ります。そうであれば入ってきてほしくない。これは地域エゴでしょうか。私は全然そうは思わない。基本的にアメリカ軍は日本の本土を守るためにいるわけではない。沖縄にある軍隊はほとんど海兵隊です。海兵隊は、基本的には攻めていって使うものです。

ドイツと韓国に在留の米軍は陸軍がめちゃくちゃ多かった。どちらも分断国家の一方だから、攻めて来られたら米軍が対処するということがあったと思います。ところが日本は陸軍がすごく少なくて、海兵隊がほとんどです。ということは、もともと米軍は日本の安全を守るためにいるわけではない。旧安保条約はそもそも日本を守る義務も規定されていなかった。日本を基地として利用することにア

メリカの目的があるわけです。

　自国の安全と関わりなく、アメリカが自分の港に来ているにもかかわらず、そこでミサイルを撃ち込まれて核兵器を爆破されてしまったらたまらない。だから、入港するには核兵器を持ち込んでいないかどうか調べさせてほしいと、橋本知事と同様に、私もたぶん言うと思います。でも、外務省や旧自治省はそれに猛反発したわけです。ご承知のとおり、港湾管理権は地方自治体にあるわけだが、いざというときにはこれを停止しなければいけません。それで使われたのが有事立法です。

　テロ特措法と有事法制　その前にテロ対策特別措置法（2001年）で地理的限定を突破しました。さらに派遣の根拠が曖昧になりました。これは重要です。なぜかというと、PKO協力法は国連決議がなければ派遣できない。国連が動かなければ派遣できません。他方、周辺事態法は日米安全保障条約の範囲内の協力だから、極東の範囲を超えることができません。その範囲を超えていくためには派遣の根拠を曖昧にする必要があります。テロ特措法は、国連決議をいっぱい並べた上で、国際社会が今回の戦争を支持していて、これに日本が主体的に関与していくとなっている。国際的コンセンサスとして今回の戦争を支持している。それに対して日本が独自に主体的に関与していくという定め方になっています。こう定めることによって自衛隊の派遣が国連決議に基づくのか、日米安全保障条約に基づくのか、そこが不明になっています。派遣の根拠が不明になってしまえば、根拠なしに行くことができるわけです。その結果、地理的限定を突破し、どのような理由でも海外に派兵できるシステムをつくり上げたわけです。

　さらに有事三法[19]（2003年）ですが、これは小泉首相が「備えあれば憂いなし」という言い方をして通したものです。日本が攻められ

---

[19]　武力攻撃事態対処関連三法のことです。①武力攻撃事態等における我が国の平和と独立並びに国及び国民の安全の確保に関する法律、②安全保障会議設置法の一部を改正する法律、③自衛隊法及び防衛庁の職員等の給与等に関する法律の一部を改正する法律、の三法を指します。

た場合にどう対処するかという法律ではないことは明らかです。そうではなくて、アメリカ側が軍事行動をした場合にどう対処するかという問題の法律です。

 これは国会審議の際も問題とされましたが、米軍が東アジアのA国で軍事行動を始めたとすると、それは周辺事態と認定され、自衛隊が後方地域支援を行い始めます。そうすると、日本はA国との間では国際法上、交戦国になる。有事法制論議のときに問題となったのは、周辺事態と有事法制の予測事態が並立するかしないのかという議論です。それに対して答弁に立った中谷さんや安倍さんは、併存すると言い続けた。これがなぜ重要かというと、周辺事態と有事法制の予測事態が併存するということは、アメリカが軍事行動を行い、それに対して自衛隊が周辺事態法に基づいて後方地域支援を行う。その時点で予測事態が認定できるわけです。予測事態が認定されると日本は有事法制を発動できることになる。周辺事態法では地方自治体の協力は努力規定だし、民間を動員する規定はない。ところが有事法制が発動できれば、民間も地方自治体も義務的に動員できることになる。ということは、周辺事態法が動き始めると有事法制が動き始めるというシステムなのです。

 これがなぜ怖いかというと、94年の北朝鮮核危機の際に、最終的にはカーター元大統領の調停でとりあえず暴発せずに終わったが、当時、アメリカ側と日本側の実務者レベルで、アメリカ側が実際に攻撃を行った場合のシミュレーションをして、北朝鮮にできることは2つしかないということだったそうです。1つは散発的にミサイルを撃ち込むこと、もう1つが福井県や新潟県にある原発に対して破壊活動を行うことです。こうした行動に対して日本側に何かできるのかと質問したところ、「何もできません」と答えたそうです。日本は危機管理ができていなくて危ないではないかと思うかもしれないが、ところがそれは逆で、この状態で日本が何もできないとするならば、アメリカ側は軍事行動の選択に対して1つの足枷を負うことになる。イラク戦争でも、トルコ国民が反対して、トルコ議会が米軍がトルコから攻め込むのを許さなかったから、結局、南から

しか攻めることができなかった。

　米軍も軍事行動をするためにはその地域の様々な状況を考えるはずです。日本が軍事行動に一切貢献できなければ、アメリカが軍事行動する上で１つの負のインパクトになる。少なくとも94年段階では日本に何も整備されていないということは、アメリカが軍事行動に踏み切る際の１つの負の要素になったわけです。ところが、今は有事法制があるから、アメリカが東アジア地域で軍事行動を起こせば、日本側は有事法制を発動して、たとえば住民を原発のある地域から移動させます。そうすると米軍は安心して攻撃に着手できるわけです。

　沖縄戦を経験した人の話を聞くと、軍隊は住民をどう扱うかというと、戦略との関係で住民を移動させている。それが国民保護の本質です。そうしたことを考えると、有事法制ができることによって、東アジア地域でのアメリカの軍事行動がしやすくなったという見方も可能なわけです。私はそうした見方をしています。違う見方をする方もいらっしゃるとは思いますが。

　実際、日本本土に本格的な侵略があると考えている人はいないでしょう。政府にもいません。最近、小泉首相の私的諮問機関である安全保障と防衛力に関する懇談会も、日本に対する大規模な侵略はあり得ないという言い方をしている。頑固な非武装平和主義者の方に叱られるかもしれませんが、韓国や西ドイツが軍隊を持っていることはわからないわけではない。なぜかというと、分断国家は正当な理由を持って侵略してくる国がありますから。東ドイツが地域を回復するために攻め込んでくるかもしれない。また韓国・北朝鮮の関係についても、統一という名の下に攻め込んでくる可能性があるし、朝鮮戦争の際には実際攻め込んだわけです。分断国家というのはお互いが相手に対して攻め込まれるかもしれないという恐怖を持つのはわかるけれども、日本に対して国際法上侵略する正当な権利を持っていると、嘘でもいいからいえる国がどこにありますか。例えばイラクがクェートに攻め込んだのも、あの地域は元々イラクの19番目の州で、にもかかわらず、列強が分断してクェートとして

203

独立させたと言っているわけで、一応の理屈はあるのです。

では、日本にどう攻め込むのでしょうか。神武天皇が「東征」する前には自分たちの地域だったというのも無茶な話ですね。日本に攻め込む理由はないし、かつ資源もない国に攻め込んでどうするのか。侵略者の側に何か、おいしいことがあるのでしょうか。また、日本は残念というべきか、幸せにもというべきか、まともな反政府勢力はない。反政府勢力と結託してその地域を支配するのはわかるけれども、まともな反政府勢力がないところに出かけてきて外国軍は何をするのですか。だから、日本に大規模侵攻はたぶんない。まず、理屈がないし、する利益がない、そして単一民族国家だとは思わないけれどもかなりの人たちが共通の言葉をしゃべり、共通の文化を持っていると信じている。そういう地域に来て何ができるのだろうかと考えると、そもそも日本が攻め込まれるという想定は極めてリアリティーを欠いたものだと思う。

ともあれ、今の軍事法制の展開は、日本が攻め込まれたときにどうするかという問題ではなくて、改憲論を正当化するために使うけれども、海外で軍事行動をさらに進展させていくために何が必要かという議論になっている。

イラク特措法とイラク派兵　イラク特措法まで実現したが、にもかかわらずまだ不満はある。戦争には参加できないわけです。小泉さんも2003年12月のイラク派兵を決めた国会で、「戦争に行くわけではありません」ということをかなり強調しました。憲法前文を使って、国際社会で名誉ある地位を占めたいと言いながら、かつ、戦争に行くわけではないという言い方をしました。やはり、戦争に行くとは言えないわけです。小泉さんがある日の答弁で、非戦闘地域の内容を聞かれたら、「自衛隊が存在するところは非戦闘地域である」と答えたのはご記憶にあると思います。本当に自衛隊が行けば、そこが「非戦闘地域」になるならば、どんどん世界中に派遣すればいいと思いますけど。

私は小泉さんにお会いしたことはないので、もともといい加減な方なのかもしれないが、普通、恥ずかしいですよね、あんな答弁を

するのは。だけど、言わざるを得ないわけです。そのように言わなければ、そこはどういう状態なのか答えざるを得なくなってくる。答え始めれば、その情報の出所はどこかとなる。そして、その情報の当否が議論される。それを蹴るためには、「自衛隊がある以上、非戦闘地域である」と答えざるを得ないということがポイントだと思う。あのような発言しかできないような形になっているからこそ、まだ正真正銘の軍事行動ができない状態にあるわけで、それは9条の下で派遣せざるを得ない状態だからだと思っています。

最後に9条との関係でぜひ申し上げたいことは、1960年日米安全保障条約改定に関わって安保闘争があったのはご存じだと思います。国会を国民が包囲して岸首相が退陣した。かつて内田健三さんが『戦後日本の保守政治』[20]という岩波新書の中で紹介されていたが、最近は関係者であった中曽根康弘さんも明言しています。あのとき岸さんは、国会を守るために自衛隊を派遣するつもりだった。もし、この時点で自衛隊が憲法上、正真正銘の軍隊として存在していれば、たぶん派遣されました。中曽根さんがなぜ反対したかというと、今ここで自衛隊が国民に銃を向ければ自衛隊は存続できなくなると考えたからです。つまり自衛隊の存在が曖昧なままで、そこで自衛隊を使ってしまえば、もう維持できなくなる。だから中曽根は反対したし、当時の防衛庁長官だった赤城宗徳さんも反対をした。だから、私は幸いだと思うけれども、自衛隊は国民に銃を向けていない。

皆さん考えてみてください。東南アジアの地域で、国民に銃を向けていない軍隊がありますか。韓国は最近、民主的・平和的な国のように見えているが、かつて軍隊は国民に銃を向けている。確かダグラス・ラミスさんが言っていたことですが、フィリピンの軍隊は国外で殺した人数と国内で殺した人数を比較すると、国内のほうがずっと多いそうです。私たちはつい、ヨーロッパやアメリカの軍隊

---

[20] 内田健三『戦後日本の保守政治――政治記者の証言』(岩波書店、1969年)。

と比較しますが、アジアの地域では国内向けに軍隊は使われている、という事実を軽視してはいけない。国内で軍事行動をしてきた軍隊はいっぱいあるわけです。

そうしたことを考えると、1960年の段階で憲法9条がなかったら、日本も普通の軍事独裁政権になっていたのかもしれません。それはわかりませんが、少なくとも60年の段階で憲法9条があり、自衛隊の存在が曖昧なままだったことはとてもよかったことだと思っています。それと同様に今、アメリカが国連を軽視する形で軍事力を行使するという状況の中で9条があることはとても重要なことではないかと思っています。

Ⅳ　いま何を考えるべきか
——「リアルな護憲論」の語り口を求めて

1）憲法9条の「効用」——「武力による平和」と「武力によらない平和」の岐路に立って

憲法9条の理想はいかに素晴らしいかを語るのも重要ですが、今、9条があることによってどんないいことがあるかを語る必要があると思っています。敢えて「武力による平和」と「武力によらない平和」の岐路に立ってという言い方をしていますが、今アメリカは明らかに武力によって国際秩序をつくっていくという方向になりつつあります。

アメリカ政治外交史の方にお聞きしたいと思うけれども、クリントン政権のときは、リビアなどを指して「ならず者国家」と言っていた。リビアが軟化すると、今度はイラク、イラン、北朝鮮を「悪の枢軸」と指して言った。イラクがとりあえず潰れると、悪の枢軸が使えなくなって、「圧制の拠点」というのを入れて、北朝鮮、イラン、ミャンマー、キューバ、ベラルーシ、ジンバブエの6カ国が名指しされたそうです。ジンバブエの大統領がすごく怒っていましたね。なんでうちが入るのだ、という感じで。すごくいい加減で、なんでこれらの国が圧制の拠点なのかがよくわからない。

最近、ウズベキスタンに行ってきたが、そこは独立してから12

年間ずっとイスラム・カリモフが大統領をやっている。最近、ウズベキスタンに行って驚いたのですが、ホテルに写真が飾ってあって、ホテルの社長だと思って見ていたら、同じ顔が大学や教育省にも飾ってある。要するに大統領の顔が全部飾ってある。これはフセインに似ているのかもしれないし、北朝鮮にも似ているのかもしれない。けれども、ウズベキスタンは親米政権です。だからアメリカから「圧制の拠点」に名指しされない。

いい加減なのは、9・11前までは中国の新疆ウイグル地域に対する政策をアメリカは批判していたし、ロシアのチェチェン政策も批判していた。ところが9・11以降いきなり変わって、今はチェチェンが国際的にはテロ組織になっている。そうしたことを考えてみると、アメリカのような形で自国の政治状況との関係で敵国を指名し、それに対して最終的には軍事力の行使も辞さないという方向に進めていくのがいいのかどうか、今、世界は岐路にあると思っている。日本はどちらの力を強めていくのかを考えるべきだと思う。

幸か不幸か、アメリカの軍事戦略はかなりの程度日本の基地に依存しています。特にペルシャ湾に展開していくためには、沖縄にかなり依存するわけです。ということを考えると、日本政府が米軍に協力することを可能な限り止めていくことによって、アメリカが安易に軍事力を行使することを止めていく。これは一国平和主義と言われる事柄ではないと思っている。国際社会においてとりあえず、今、武力による平和と武力によらない平和とがある。もちろん武力によらない平和はNGOとか一部の人たちの弱い運動かもしれない。でも、今、アメリカを中心にした武力による平和という流れがこれ以上強まってしまえば、そんなものは本当に弱くなってしまう。そうしたことを考えると、やはり武力による平和の流れを少しでも止められるものがあるならば、何でもすべきだと思っているし、何でも使うべきだと思っています。

憲法9条には、まだその可能性が残っていると思うわけです。

2）「解釈改憲」の問題性とそれにもかかわらず、9条を護る意味と効用

例えば解釈改憲の問題に関して、論文を書くときに最近よく使うのですが、阪田雅裕・内閣法制局長官が就任時に朝日新聞（2004年10月2日朝刊）のインタビューに答えて、「憲法9条の下で集団的自衛権の行使までできるのであれば、何で憲法9条があるのかわからない」と発言している。内閣法制局としてみれば、長年積み重ねてきた解釈です。それをいきなり変えてみてください。法解釈機関としての正当性を疑われてしまいます。私たちは法解釈者としてこう解釈してきたという積み重ねがあるにもかかわらず、政治的に何か言われたから、今日から集団的自衛権の行使はOKですと言ったら、内閣法制局の権威は失墜してしまいます。そうしたことを考えると、9条はまだ効いているのです。だから改憲派は、内閣法制局いじめをやるわけです。

9条は軍隊の保持を完全に禁止しているから、従来の政府解釈は、憲法でも禁止できない自然権としての自衛権を出してくるのです。人間でも正当防衛をする権利は禁止できない。国家でも正当防衛的な自然権としての自衛権は放棄できないと言います。自然権としての自衛権の解釈との関係で何とか正当化してきたわけです。そうすると、自国の防衛と関わりのない軍事行動まで正当化することはそう簡単にはできないわけです。だから、今、政府解釈の積み重ねをいきなり変えることは難しいという状況を軽視していいとは思いません。もちろん自衛隊があることは憲法9条と齟齬があるではないかというのはそのとおりだと思います。ただ、私が関心があるのは、そこは将来的に少しずつ減らすべきだと思うけれども、そこよりもアメリカが中心に行う軍事行動に日本が加担しないことです。日本が加担することによって軍事行動がしやすくなってしまうことを止めることが一番重要だと思っています。

さらに海外派兵の本務化ということが、安全保障と防衛力に関する懇談会や自民党の改正草案大綱で挙げられて、12月段階では今国会にも自衛隊法改正を出すという話もありました。本務化にした

IV いま何を考えるべきか

ところで9条が残っている限り、実際に本務とすることは難しいわけです。自衛隊法に入れたとしても、やはり本土防衛のための軍隊という性格は残り続けるわけです。

ところが憲法9条を改正してしまえば、そういうことはなくなってしまいます。そうしたことを考えると、今、憲法9条を改正しないということは、国際社会においてアメリカが行っているような軍事行動を少しでも止めていくために重要な意味を持っていると思っています。憲法9条を護ることは消極的な行為ではないと思っています。今まで護ってきたことをただ護り続けようという話ではなくて、将来世界が進んでいこうとしている方向に対して何とか歯止めをかけるための努力です。

あと付け加えたいことは、日本は平和国家だとは思っていません。よく日本は平和国家だという言い方をする方がいますが、80年代、北欧に核軍縮の動きがあると、それへの障害となったのがアメリカと日本です。アメリカがその動きに反対すると、日本もそれに追随する。さらにイラク戦争の前に国連で日本がロビーイング[21]をしたのはご存じですか。一生懸命ロビーイングをしてアメリカを支援する国連決議が出るように活動した。日本は国際社会に対して働きかけていないということを言う人がいるが、アメリカの軍事政策が受け入れやすくするために日本は結構がんばっている。日本は今、平和の主体というよりは、少なくとも国際的にはアメリカと一緒に国際平和を不安定化させる要因だと私は見ています。でも日本が露骨に国際平和を不安定化させるために活動できないのは、憲法9条があるからだとも思っています。もし、憲法9条の歯止めを外せばアメリカに追随する形で様々な国に軍事介入する方向で動き始めかねない国だと思っています。

私自身は、日本がそういう方向にいってほしいとは思っていません。私が今考えつくこととしては、サロン談義の中でよりよい政府

---

[21] 政府関係者、政治に携わる者に働きかけることによって、自分の利益や特定の目標のために変更させる活動のことをいいます。

のあり方を議論するよりも、憲法9条をとりあえず護って、政府が行おうとする様々な軍事行動に対して歯止めをかけていくことが重要ではないかと考えています。

　時間を超過してしまいましたが、ご静聴ありがとうございました。

第7章 『国家と宗教』の周辺をめぐって

斉藤小百合

細 目 次

はじめに (211)
Ⅰ 「神々の復活」 (215)
Ⅱ 「世俗化」のパラドックス (219)
Ⅲ 「祀る国家」か、「祀らない国家」か (222)
むすびに代えて (225)

ご紹介いただきました斉藤と申します。今日は「『国家と宗教』の周辺をめぐって」というタイトルでお話しさせていただきます。言い訳をさせていただきますと、一昨日オーストラリアのシドニーから帰ってきて、また日曜日に戻ります。通常、大学の研究者が海外にいく場合は、在外研究あるいは集中講義が多いと思いますが、私の場合は、学生が語学研修でシドニーにて勉強しており、その「引率」をやっています。こちらでお話をすることや他の仕事もあり戻ってきました。2週間ほど日本を離れ、なかなか準備が整えられずにお話をすることになってしまいまして、資料も手元になくて不十分なお話になってしまいますがご了承いただきたいと思います。

はじめに——宗教の過少と過剰

宮沢俊義先生の絶筆は「公の神様」というタイトルの論稿だそうです[1]。そのことにも象徴されるように、宮沢先生は一貫して「政治と宗教」あるいは「国家と宗教」の問題に強い関心を示しておられたようです。

その宮沢先生の『憲法と天皇』[2]に収録されている「神々の復活」という論稿は、「法律時報」誌25周年の講演会でお話しされたことがまず『法律時報』に掲載され、それがバージョンアップされて

---

(1) 高見勝則『宮沢俊義の憲法史的研究』(有斐閣、2000年) 207頁。
(2) 宮沢俊義『憲法と天皇』(東京大学出版会、1954年)。

第7章 『国家と宗教』の周辺をめぐって［斉藤小百合］

『文芸春秋』にお書きになられたようです。その論稿の中の一節を引用し紹介させていただきます。政教分離違反的なる様々な徴候がすでに現れてきているという指摘がずっとなされていますが、最後に、

> 「繰り返して言うが、神々の運命は即ち憲法の運命である。神々が蘇るときは憲法が黄昏るときである。したがって神々が蘇りつつある徴候が見られるということは、憲法の基礎がぐらつきつつある徴候が見られるということになる。」

と指摘して、神々の「復活」とその「再武装」に対して警戒せよということを、すでに54年の段階で指摘されています。

それから50年経過した現在の日本の社会において、宮沢先生が警戒されたように、神々は蘇ったのでしょうか、ということが私はいつも気になっています。よく見回してみますと、現代社会は宗教で溢れんばかりに思われますし、逆に宗教は衰退しているといいましょうか、見えません。すなわち、宗教が過剰にも見えますし、切り口を変えると過少とも見えるわけです。

例えば、昨年のアメリカ合衆国大統領選挙とそれに引き続くブッシュ大統領就任をめぐる経緯の中で、報道によれば、いわゆるキリスト教右派の人たちの存在が大きくクローズアップされていたことはご記憶に新しいことと思います。そのアメリカが"テロリズムとの戦い"ということで戦っていたイラクでは、新たな政治体制をつくろうとしたときに、イスラム教のスンニ派とシーア派がどう分け合うかといったことが生じています。

そのように宗教という要素が政治に大きく絡んでいる構図が否定できないわけです。そしてこれらの両者に関連して、そしてより大きな文脈で見てみますと、国際関係の主軸であった資本主義と共産主義という世俗的イデオロギー間の対立が1990年代以降、後退・解消し、冷戦構造が終わった後の対立構図は何かというと、宗教が浮かび上がってきているように思います。

あるアメリカの研究者は、宗教的価値観に基づく様々な政治的要求を"宗教的ナショナリズム"と位置づけて、それが世俗的ナショ

ナリズムと対峙していく状況を"新しい冷戦"と称しているようです[3]。暴力が神の名の下に行われ、あるいはそれが宗教的に正当化されています。現代世界の政治空間には宗教が際だっているように見えるかと思います。

あるいは違う位相になるかもしれませんが、日本では"癒し"とか"こころの闇"とか"こころのケア"など、こころの問題という形である種拡散されたものではありますが、日本社会には宗教的な気分が蔓延しているようにも思われます。書店に行きますと、スピリチュアリティーという棚ですとか、ヨーガ、気功、心理療法、神秘主義といった書物がもてはやされています。これをどう考えるのでしょうか。

他方、具体的検討作業が始まった、女性天皇の即位の可能性を視野に入れた皇室典範の改正の問題、いわゆる女帝問題[4]ですが、それらの議論の中で、天皇の存在の宗教性についてはなかなか言及されません。もちろん、憲法の規定による存在としての天皇と考えれば宗教性を論ずる必要性はないわけですが、ところが実存といいましょうか天然自然としての天皇、歴史的存在としての天皇は決定的に宗教性を否定し得ないわけです。しかし、この天皇の宗教性が、私たちには全く不可視であります。例えば、宮中祭祀のある種のものは、神道上の宗教的理由によって女性天皇は行うことができないというわけです。

2月7日付けの朝日新聞夕刊に原武史さんという『大正天皇』等たくさんの書物を出され、天皇制を研究されている人が、「宮中祭

---

[3] M. K. ユルゲンスマイヤー『ナショナリズムの世俗性と宗教性』(玉川大学出版会、1995年) 15頁以下。

[4] 日本国憲法は、皇位継承に関しては皇室典範でこれを定めると規定しているため、皇室典範の定めに基づいて皇位継承が行われることになります。皇室典範には、男系によって皇位が継承されていくことが規定されていますが、皇室には1965年(昭和40年)以降、男子は誕生していないため、どうやって皇位継承を行うかが問題となっています。その一つの方法として、女子に皇位を継がせるという方策があります。しかし、これでは「皇統男系」を求める皇室典範の改正が必要になってきます。

第7章 『国家と宗教』の周辺をめぐって［斉藤小百合］

祀はどうするか」と題して寄稿されていました。彼の指摘のひとつは、女性天皇には宮中祭祀はできないぞ、という話です。そこでは祭祀王という天皇の性質、天皇の宗教性問題を浮かび上がらせています。このような指摘は珍しいものであり、巷に喧しい女帝問題論議の中にはその点が落ちているように思われます。

宮中祭祀が行われる皇居は空虚で空疎であると同時に、それ以上に不可視、見えないように思われます。わけても「万世一系の天皇」というイデオロギーの再生産装置であります、「宮中三殿」というのは宮内庁のホームページを見てもどこにも記載はなくてわかりません。天皇が自ら祭司として行う宮中祭祀は、それが行われていることすら国民はほとんど知る余地がありません。天皇の宗教性を認知する機会がないわけです。

宗教はないのでしょうか、薄れているのでしょうか。あるいは霊感商法問題や、元信者や被害者から告発された統一教会、95年の地下鉄サリン事件をはじめとする一連の事件を起こしたオウム真理教（現アーレフ）などのカルト問題が深刻に受け止められるようになってくると、宗教一般をカルトとして、何となく嫌悪の対象とする傾向や宗教的ニヒリズムがさらに強まってきているようにも思われます。宗教は終焉を迎えつつあると言う論者もいます。

そうしたことを背景としながら、国民の心の拠り所がないではないかとその不在を嘆き、復活の必要性が主張され、かくして日本固有の伝統文化としての神社神道、皇室神道の役割の見直しや、神道祭祀などへの国のかかわりを政教分離原則の縛りから解放すべきだという主張にも表れてきています。

日本に帰ってきた翌日、厚生労働省の驚くべき調査、その結果を新聞で見てびっくりしてしまいました。配偶者がいるか、子どもがあるかといった家族構成の調査をした報告書が出てきて、そこから少子化対策のために何をなすべきかということなのですが、その批判のターゲットになっているのが継続独身者です。継続独身者は親孝行など伝統的価値観が薄いとした上で、結婚の意義や大切さを伝える取り組みを推進する必要がある。これが厚生労働省の少子化対

策というわけです⁽⁵⁾。そのように「伝統的価値観」「固有の日本の文化」というものの見直しの主張が目立ってきました。

I 「神々の復活」

2004年11月に自民党憲法調査会の憲法改正プロジェクトチームが事務局案として提案し、参議院の位置づけをめぐり参議院自民党が反対して撤回された、「憲法大綱素案」の中には、私たちが危機感を持って考えなければいけないような「国家と宗教」をめぐる内容が含まれていました[6]。

これは突如として出てきたわけではもちろんなく、それまでにも自民党の議論の中で符合するような議論が随分出ていたわけです。その大綱素案は、先ほどの宮沢先生の論稿に従えば、日本の運命を決定すると懸念されると警告されていた神々の復活に道を開くような提案なのではないかと危惧されます。

具体的には、国事行為をめぐる7条[7]、政教分離原則の20条3項[8]、政教分離原則を経済的側面から補強している89条[9]についての改正提案です。その中でもとりわけ問題と思われる点についてのみお話しします。

---

(5) 「結婚に出産、意義説くべし？～国の少子化調査男女『7分類』」朝日新聞2005年3月17日18面。

(6) 2005年8月1日に、自民党が「新憲法案」を発表し、政教分離関係については20条3項を「国又は公共団体は、社会的儀礼の範囲内にある場合を除き、宗教教育その他の宗教的活動をしてはならない」と、改正案を示しています。

(7) 天皇の国事行為に関する条文。内閣の助言と承認により、天皇は、法律等の公布、国会の召集、衆議院の解散、官吏の任免、などの国事行為を行うと規定されています。

(8) 「国及びその機関は、宗教教育その他いかなる宗教的活動もしてはならない。」

(9) 「公金その他の公の財産は、宗教上の組織若しくは団体の使用、便益若しくは維持のため、又は公の支配に属しない慈善、教育若しくは博愛の事業に対し、これを支出し、又はその利用に供してはならない。」

第7章 『国家と宗教』の周辺をめぐって［斉藤小百合］

　国家と宗教を考えるときに、この3つになろうと思います。1つ目は、天皇をめぐる条項において、天皇がなし得る行為を国事行為に加えて、新たに公的行為を憲法の中に明文として加えるというものです。「公的行為」とは、学説の中で解説されている、いわゆる「おことば」等の「象徴」としての天皇の一定の行為をどう位置づけるかというときに公的行為であると言うわけです[10]。あるいは認証官の認証式への臨席、外国訪問、災害地へのお見舞い等々を「象徴としての行為」として憲法上の認知を与える。もう1つが問題であり、皇室内部の様々な行事を実施することと、そして宮中祭祀を主催することは「皇室行為」ということで、「公的行為」として入れるというものです。

　2つ目は、20条3項を「国、地方自治体その他の公共団体及びその機関は、我が国の社会的又は文化的諸条件に照らし、社会的儀礼、宗教的行事とされる範囲を超えて、宗教的効果、特定の宗教への援助・助長、若しくは促進、圧迫若しくは干渉となる……」という津地鎮祭最高裁判決[11]を条文の中に盛り込もうという提案です。

　そして3つ目は、89条の「……公の支配に属しない慈善、教育若しくは博愛の事業に対し、これを支出し、またはその利用に供してはならない。」を削除するということを挙げているようです。

　いずれもそう簡単にはできないだろうと思いますが、中でも7条についての改正で、宮中祭祀の位置を憲法に適合的に行われるものとして、れっきとした公的性格のものとして行われるようにするというものです。現在はそうではないはずですが[12]、それが公的な性

---

[10] 天皇の行為は、憲法上「国政に関する権能を有しない」ことを大前提としたうえで、「この憲法の定める国事に関する行為のみ」が規定されています。しかし、天皇も人間ですから、日常的な諸行為をはじめ、私的行為の自由は認められます。これら二種類の中間にあって、象徴としての天皇の行為を「公的行為」として認めるべきかどうかには、学説上、肯定・否定の対立があります。

[11] 最大判1977（昭和52）・7・13民集31巻4号533頁。

[12] しかし、最高裁は、天皇の即位に伴う皇室の宗教上の儀式である「大嘗祭」への知事の参列や、関連儀式の「抜穂の儀」への知事の参列を、政教

格のものとして行われるとすれば、当然それらは国民の間の議論にならなければいけないはずです。ところが冒頭に言いましたように、宮中祭祀など国民が見る機会はないわけです。

　宮中祭祀は、戦前から継続したもので、粉砕することができなかった残骸のようなものがそのまま残り続けていて、現在、憲法上の原則を侵食しながら行われてきているのです。その皇室の宗教的儀式に対する国家機関の関わりや経費の支出等について民主的な統制がこれまで十分行われてきたでしょうか。むしろ国会によるこれらの民主的統制は後退してきているとみるべきではないでしょうか。万が一、公的行為として認めるとしても、それは国民の批判に晒すことができるか、今後それが期待できるかというと、リラクタントになる他ないと思います。

　2つ目の憲法20条3項に関しての改正案は、1977年の津地鎮祭大法廷判決における政教分離原則に関する判断枠組みのある部分に由来しています。それを用いて、20条3項の政教分離原則に関する解釈をある一定の方向に制約する目論見でしょう。津地鎮祭大法廷判決は政治的には、いうなれば靖国神社参拝へのゴーサインだったろうと思います。

　というのは、1955年に「グレーゾーンである」という政府統一見解が出されており、閣僚等の靖国神社公式参拝は比較的控えめであったはずです。ところが津地鎮祭判決が出たことによって、最高裁自らがお墨付きを与えるような格好になってしまったのです。

　そして大法廷判決の判断枠組みが、その後の自衛官合祀訴訟や箕面忠魂碑訴訟[13]の流れをつくっていったとみることができると思います。しかし、下級裁判所の中には、津地鎮祭判決で呈示されたいわゆる目的効果基準[14]を厳格に適用して、問題とされている行為に

　　分離原則に違反するものではないと解しています。最小判2002（平成14）・
　　7・11民集56・6・1204、最三小判2002（平14）・7・9判時1799・101。
(13)　最三小判1993（平成5）・2・16民集47巻3号1687頁。
(14)　「当該行為の目的が宗教的意義をもち、その効果が宗教を援助、助長、
　　促進しまたは他の宗教に圧迫、干渉を加えるもの」であるかどうかで政教

ついて政教分離原則違反の判断を示すことも多々ありました。さらに最高裁判所は1997年の愛媛玉ぐし料訴訟[15]で、津地鎮祭大法廷判決の判断枠組みを基本的には踏襲しながら、基準を具体的に適用するところにおいて、愛媛県と宗教団体による宗教上の祭祀の関わりが相当とされる限度を超えるものだという判断を示しました。

愛媛玉ぐし料大法廷判決は、本体は比較的コンパクトですが、補足意見、反対意見が膨大でした。しかもその中で三好達長官、可部恒雄裁判官の反対意見は、多数意見に比べて過剰に長く、過剰に饒舌なものでした。靖国支持派の立場として、饒舌に、それだけ膨大に書かなければいけないという危機感だろうと思います。つまり、愛媛玉ぐし料判決の多数を形成した政教分離論は、靖国を支持する側からすると大変な危機感をもって受け止められただろうと思います。

そこで、「政教分離の壁」(wall of separation) を津地鎮祭判決のところまで押し戻して、あるいは低くして容易に超えられるもののようにして、社会的な儀礼やいわゆる習俗の幅をより広く確保するということで、20条3項のところに津地鎮祭判決的なる趣旨を明文で入れるという改正案が目論んでいるのはそのあたりにあるのではないでしょうか。

そのような改正案は、自衛官合祀訴訟[16]で問題となった、自己の信仰にそぐわない宗教的意味づけによって配偶者が慰霊されようとするときに、「あなたがどんな宗教を信仰するのも自由ですが公の宗教は別なのだ」とか、「日本人なら公には護国神社に祀られるのが当たり前だ」というときの公の神様も[17]、宮沢先生が危機感を持っておられた、その「公の神様」の復活なのではないでしょうか。

3点目の89条の関連ですが、後段の「公の支配」という解釈に

　　分離違反を判断する基準を、一般に「目的効果基準」と称します。
(15)　最大判1997（平成9）・4・2民集51巻4号1673頁。
(16)　最大判1988（昭和63）・6・1民集42巻5号277頁。
(17)　田中伸尚『合祀はいやです——こころの自由を求めて』（樹花舎、2003年）180頁。

関しての見解は学説上も大きく分かれています。自民党の大綱素案は、私学助成をはじめとする慈善、教育、博愛の事業に対する公的補助が憲法適合的に行われることを明確化することを狙ったものだと目的を書いています。

しかし、そうであると同時に、この大綱素案が出てくる流れの中では、他方で私学助成をはじめとする教育予算は抑制傾向にあり、あるいは重点配分されるということのようですから、89条後段を削除する目的とは辻褄が合わないようにも思えます。

そうすると、この削除によって何が目的とされているかというと、「慈善、教育、博愛の事業」に、「英霊顕彰」であるとか、「死者の祀り」といった事業を含めようとしていると読みとれるのではないでしょうか。あるいは文化財保護法のカバーする領域を広げていくことにも支障はなくなると思います。少なくとも89条後段の規定によって確保されているはずの、国家の中立性の原則と財政民主主義の原則が、この領域で明らかに後退していくことになろうかと思います。

II 「世俗化」のパラドックス

現行憲法上ではできないことで、これらの改正提案によって何が可能となるのでしょうか。まずは首相の靖国神社公式参拝や皇室の宮中祭祀にかかる費用の国庫負担に憲法適合性が与えられることになるのではないでしょうか。その先には、伊勢神宮で20年に1回行う式年遷宮祭の国庫負担も含めた皇室関連神社の公的領域への復活が期待されているのではないかと疑われます。

現行憲法下ではできないが、だからこそ改正の提案をしていると言いましたが、正確にいえば、現行憲法の枠組みの中で憲法適合的に行うことができないということであって、実際には憲法上疑義のある行為が既に憲法上の原則を侵食しつつ行われてきているであろうと思います。

よかれあしかれ、対外的トラブルとなる靖国神社参拝とは異なって、首相や閣僚、国会議員などの伊勢神宮参拝が何の問題もないか

のように、恒例化しています。菅直人さんや岡田民主党党首も行っており、野党といえども政権を担う能力があるということを何らかの形で誇示するためには伊勢神宮に行くということなのでしょうか。不可思議でしかないのですが、着実に恒例化しています。

2001年8月13日の小泉首相の"奇襲攻撃"靖国参拝に対する一連の訴訟のうち、参拝を首相の職務執行と認め、それが憲法によって禁止される宗教的活動であったと認定した福岡地方裁判所の判決に対して小泉首相は、

「おかしいと思う。なぜ憲法違反かわからない。歴代首相が年頭に参拝している伊勢神宮のほうが古いではないか。なぜ伊勢神宮は問題にならないで、靖国神社だけ問題にされるのか。」
という趣旨のことを述べたと報道されています（東京新聞2004年4月7日付け夕刊）。問題にならないわけではありません。伊勢神宮参拝も大問題です。

なぜ首相や閣僚、国会議員などが伊勢神宮に定期的に参拝するのでしょうか。なぜそれぞれの出身地、居住地の神社や神宮では事足らないのでしょうか。川崎大師とか三島大社だけではだめで、伊勢神宮にみんなでぞろぞろと行かないとだめだというのです。なぜでしょうか。

ごく単純に考えれば、伊勢神宮は天皇家の祖先としての天照大神を祀り、天皇家と特別の関係にあるからだと考えざるを得ません。そして伊勢神宮側も自身を、「皇位と国家の根幹」だと規定し、そして「国家と皇位は離るべからざるものとしてその関係は公的なものであるべき」だと言って、国家による承認を切望しています。伊勢神宮への政権担当者たちによる定期的な参拝が継続的に行われていけば、公的に特別な存在としてお墨付き（エンドースメント）を与えられることになりはしないでしょうか。

今年の年明けにも小泉首相は閣僚を伴って伊勢神宮を参拝しています。多少巧妙といいましょうか、彼は初詣と称して他の神社仏閣等にも訪れています。靖国以外の所に行くことで、靖国参拝、伊勢神宮参拝を「個人的心情」に基づいているということを演出してい

るのでしょうか。そして、その際に用いられるのが「私人（プライベート）」としての小泉純一郎が心を込めて参拝したというレトリックです。要するに、個人の信教の自由を行使しているのだといいます。彼の論法でいえば、個人としての信教の自由の領域は徹底的に私的なものであるから、それがいかなる文脈で行われようとも決して公的性質を帯びることはない。それゆえ政教分離原則に抵触することはないという論法のようであります。

　私たちも何となくそうかなと聞き流してしまいそうになるときがありますし、あるいは一般ジャーナリズム的には食いついたりしませんが、その私人としての小泉首相の、信仰は私的なものだ、プライベートだというのは、近代リベラリズムのある種の帰結ではないでしょうか。人間が生きていくということについて、何が善か、よく生きるにはどうあるべきなのかといったような議論を政治的な論争の周辺に追いやってきた近代リベラリズムの帰結があるのではないでしょうか。どんなものであれ、宗教的な営みを私事とし、あるいは内心に押し込めてしまったことの皮肉な末路ではないかと考えています。

　もっとも政教分離原則が採用されなければ立憲主義は成り立たないわけで、立憲主義は宗教的にスンニ派であろうがシーア派であろうが、ユダヤ教、プロテスタント……であろうが、宗教的にあるいは哲学的に、道徳的にその分野では相容れない、絶対に人には譲ることはできないという根元的な価値観を持っている人たちの間でも、それらの対立にもかかわらず、政治的な共同体で共生していくことを立憲主義は課題としているのですから、そこには宗教的なるもの、道徳的なものは引っ込んでいなければならないのです。

　しかし、そうであるからといって、宗教的背景を持っている政治的な主張を一切政治過程に乗せることが許されないということではないように思われます。問題はその乗せ方です。公的な領域、政治空間に出てくるためには、その宗教的な背景を持っている政治的主張も、信仰を持たない人や他の信仰を持つ人との間でもコミュニケーションが可能な、すなわちその意味で公共性を持っている語り

方でなければならないだろうと思います。つまり、特定の宗教的心情を共有するものの間でしか理解できないような語り方であるとすれば、それがわかる人たちだけで話していてくださいということにならざるを得ないのであって、そうだとすれば公共空間には乗ってこないでほしいということになるのだろうと思います。

そのような吟味を前提として、宗教的な淵源を持つ道徳観とか道義意識といったものが政治過程に乗ることを想定すれば、条件が必要であると思います。

あるアメリカの研究者は、そのための条件として、パブリック・インテリジビリティー（public intellgiblity）とか、パブリック・アクセシビリティー（public accessibility）と称して、宗教的には相容れない人でもよく理解でき、アクセスできるものでなければならないという考え方を提示しています[18]。

そのような吟味を前提として、政治過程に登ってくることを想定すれば、宗教的な営み、イコール「私事」ということは、イコール公的性質を一切帯びないという短絡的な発想がまかり通ることにはならないように思います。むしろ、他の宗教的な信条を持つものには理解することができないような、けれどもそれが政治空間に登ってきたときに、その意味で公共性を欠く価値観が登場してきたときに、それに光を当てることができるのではないかと考えています。

III 「祀る国家」か、「祀らない国家」か

今、コミュニケーションが困難で、すなわち公共性を欠く価値観に裏打ちされた政治的な主張の1つが、国家のために犠牲となった戦没者を政府が追悼するのは当然である、というものです。そして首相や閣僚が靖国神社を参拝したり、あるいは新しい追悼施設の設置を検討したりします。しかし、その参拝される側の靖国神社の社憲には、「国事に殉ぜられたる人々を奉斎し、永くその祭祀を斎行

---

[18] Michael J. Perry, Love & Power (New York : Oxford University Press, 1991), pp.105-112.

して、その御霊を奉慰し、御名を万代に顕彰する」神社であると自己規定するわけです。靖国神社は戦没者の霊を祀っているのです。

ところが、それを「戦没者の追悼」という位置づけをすれば、社会的儀礼と推定されるようであります。おそらく戦没者の追悼という言葉を使うのは、「英霊の顕彰」という言葉を正面切って開き直ることまでは控えられているからだろうと思います。つまり、英霊の顕彰とは戦没者を神として崇敬する行為であり、それまでが私人の資格としてであれ、現職の首相が政教分離原則に抵触することなく、正面切って戦没者を神として崇敬する行為が許されることはできないので、「戦没者の追悼」と言うわけです。

しかし、よく考えてみると、靖国参拝派の人たちが言う戦没者の追悼は畏敬崇拝の意を表す宗教的行為である祀りとそれほど明確に峻別することができるのでしょうか。参拝派の人たちは、これは祀りではなく追悼だからできる、と言うわけです。それほど明確に峻別できるでしょうか。

例えば岩手靖国訴訟の控訴審判決[19]で、仙台高等裁判所は靖国神社に祀られている戦没者の霊の追悼を目的とする参拝は、とりもなおさず宗教的行為であるとして、追悼と祀りの両者を分別することはできないという判断を示しています。そもそも死者の追悼は、その死の意味づけであり、その生き死にどのような意味があるのかという問いは本質的に宗教的な問いではないでしょうか。死者の追悼は宗教的な行為ではないでしょうか。さらにいえば、個人が自己の身近な人の死を悼んだり、慰霊したり、追悼するのと、国家が死者を慰霊したり、追悼するのとでは相当に異なるわけです。意味合いが異なるからこそ、亡くなられた方の遺族は自分たちが追悼するだけでなく、国家による慰霊、追悼を切望しているのでしょう。

戦没者の追悼は、社会的儀礼であるとする主張の根拠として、他の諸国でも戦死者慰霊施設、墓地・墓苑等が存在することが掲げられます。

---

[19] 仙台高判1991（平成3）・1・10判時1370号3頁。

第7章 『国家と宗教』の周辺をめぐって［斉藤小百合］

　私はつい最近、オーストラリアの首都キャンベラにあるパーラメントハウス（国会議事堂）とウォー・メモリアル（戦争記念館）を見学してきました。戦争記念館の入り口に立つと、距離は離れていますが、正面に国会議事堂が建っている格好になっています。そしてその間には様々な戦争モニュメントが並んでいます。そうした戦争記念館の位置づけの仕方は、おそらく自分の意に反して死んで行った人を"栄光ある"・"名誉ある"犠牲である、ということを国家が承認を与えるということではないでしょうか。そして自己の意に反するということは「国権の発動たる戦争」や「武力行使」による死であります。

　しばしば小泉首相が使う「戦争犠牲者のすべてに対し深い反省とともに謹んで哀悼の意を捧げ、平和を祈念する」という言葉とは全く逆説的に、その本質は死者を祀ることです。その「祀る国家」は「戦う国家」になるだろうと思います[20]。

　最近、たまたま興味深く読んだ論稿に、オーストラリア国立大学の教授であるテッサ・モーリス・鈴木さんという方の論文があります。日本の様々な論壇にも寄稿されていたり著書も多いのでご存知の方も多いと思います。この方が小泉首相の8.13靖国参拝があった年の2001年10月に『Lest We Forget（「記憶と記念の脅迫に抗して」）』[21]という論文を書いています。すなわち、私たちが忘れないためにということですが、その例として挙げられている1つにオーストラリアでは「ANZAC（Australia and New Zealand Army Corps）デー」というのがあります。その日は4月25日ですが、これは第一次世界大戦のときにトルコのガリポリにANZAC軍が上陸した日を記念して様々な戦争記念イベントが執り行われるそうです。

　すなわち、何を記憶するのか、何を忘れないでおけというのかというと、戦いの記憶であります。戦争における犠牲者の記憶は、そ

---

[20] 子安宣邦『国家と祭祀——国家神道の現在』（青土社、2004年）30頁以下。

[21] テッサ・モーリス・鈴木「Lest We Forget（「記憶と記念の脅迫に抗して」）」世界2001年10月号34頁（2001年）。

れぞれの人々にとってかけがえのない多様さを持っているはずです。しかし、その多様さを記憶するのかというと、例えば ANZAC デーがそうであるように、あるいは日本の 8 月 15 日がそうであるかもしれませんが、ひとつのある抽象化された物語に仕立てて国家主義や原理主義の材料となるものを提供するような戦いの記憶として「記念」するのではないのでしょうか。ですから、"Lest We Forget" が含意している問題は、記憶するかしないかという問題ではなくて、どのように記憶するのかという性質だろうというのが彼女の趣旨のようです。その本質は何かというと、「我々」と「彼ら」の境界線を補強する、つまり「我々」と「彼ら」を峻別することのために記念するのではないだろうか、と言っています。

このオーストラリアの ANZAC デーにおいて戦没者として慰霊される対象に先住民のアボリジニーの人たちは含まれていません。ヨーロッパから侵略してくる勢力から自らの国を守るために戦って亡くなられたアボリジニーは、ANZAC デーにおいて戦没者として慰霊される対象には含まれていないわけです。そこに移民の国でありながら非白人の先住民を排除してきた、オーストラリアのありようが象徴的に示されています。そうした移民の国で、非白人を排除してきたオーストラリアという国家が、「我々」と「彼ら」の境界線を補強するための戦争の記憶を ANZAC デーということで記念しているのではないでしょうか。これがモーリス・鈴木さんの指摘です。「祀る国家」と「戦う国家」とは分かち難く結びついているのではないでしょうか。

むすびに代えて

「戦う国家」ならぬ「戦う集団」の英霊に該当するのが、すなわち "栄光ある死者" が、パレスチナのイスラム過激派のハマスであるとか、イラクのイスラム過激派の人たちによる事前のビデオ収録などのパフォーマンスがついた自爆テロを行うイスラム聖戦士が栄光ある死者ということになるのでしょうか。

宗教テロリズムの担い手というのは、その多くはわずかでも政治

的な共同体において権力や影響力を何とかして少しでも手中に収めようと必死になっている、疎外された集団によると見ていいかと思います。

　世界各地で後を絶たないテロ行為をともなった政治的対立の中で、和平に到達しつつある北アイルランド問題をみてみますと、確かに和平への道は険しい。そう簡単にはいかないわけですが、ともかく停戦の道を進むと、これは戻らないはずです。その停戦と和解の経緯をどのように跡づけることができるか。すなわち、IRAのテロ行為をどのように終結させたかは、世俗政府のほうがテロを終結していくために、敵対する相手に最低限の信頼と敬意をもってIRAと対応したのであろうと、ある研究者は指摘していますし、私も同感です。あるいは世俗政府が宗教に関連した価値を含めて道徳的価値観を受け入れることが重要であるという考えを持ち、それにIRAも理解しようという姿勢を示す。IRAのようなテロ行為にかかわった集団を相手にして、最低限相手に対して信頼を持つということは難しいことですが、そのような経緯を踏んだのではないでしょうか。

　世俗政府のほうも理解を示すことによってテロ行為の終結、停戦、和解が跡づけられてきたのではないでしょうか。

　ある論者はこのように言っています。

　　「宗教暴力の解決策というのは、宗教そのものの価値を改めて認識することにあるのかもしれない。」[22]（マーク・ユルゲンスマイヤー）

　それは、先ほどの信仰は「私事」かということとも関連しますが、公的領域における宗教をどのように位置づけていくべきなのかにかかわります。好むと好まざるとにかかわらず、21世紀の社会は、ますます宗教的にも、文化的にも、道徳的にも、多元的とならざるをえないでしょう。日本社会も例外ではないはずです。宗教的、文化的あるいは道徳的に多元的社会を前提として、異なる価値観を持つ人々から構成される政治的共同体において、立憲主義に基づく議

---

[22]　M. K. ユルゲンスマイヤー前出(3)

会制民主主義を採用するばあい、「国家と宗教」を、そして「信教の自由」をどのように位置づけるか。それを再考すべきところにきているのではないだろうかと考えています。

第8章　憲法の想定する自己決定・自己責任の構造

中島　徹

細目次

はじめに（229）
Ⅰ　生活感覚としての「自己決定・自己責任」（232）
　1）イラク人質事件における「自己責任論」と大学生の反応（232）
　2）自己決定と自己責任の連環——一例としての喫煙をめぐる自己決定・自己責任（233）
　3）生活感覚からの回答——当然に本人？（234）
　4）法律学からの回答（234）
Ⅱ　憲法の想定する「自己決定・自己責任」（237）
　1）憲法学における自己決定権の理解——自己決定権は"特殊な"人権か？（237）
　2）一般的自由権説と人格的自律権説——それぞれの帰結（239）
　3）自己決定権と〈自己決定・自己責任〉（241）
　4）「強い個人」の自己決定（246）
Ⅲ　改憲構想における〈自己決定・自己責任〉（250）
　1）生存権条項における改憲構想の「不在」——その意味を考える（250）
　2）日本は「福祉国家」であったか？（251）
　3）改憲構想における自立・自己責任論（252）
　4）社会保障と自己責任——両者は当然に両立する観念か？（255）
　5）日本型「福祉国家」の解体と社会保障（257）
Ⅳ　日本国憲法の想定する〈自己決定・自己責任〉（259）
　1）日本の社会保障制度を支えてきた社会経済構造と自己決定・自己責任論（259）
　2）暫定的な対抗構想としての日本型「福祉国家」の再建（260）

はじめに

ご紹介いただきありがとうございました。早稲田大学大学院法務研究科の中島徹でございます。

第8章　憲法の想定する自己決定・自己責任の構造 [中島　徹]

　本日、私に与えられたテーマは自己決定についてですので、表題のように、「憲法の想定する自己決定・自己責任の構造」ということで話をさせていただくことにいたしました。

　本日の全体の構成は大きくいって、細目次の番号で申しますと、Ⅰ)とⅡ)およびⅢ)とⅣ)の2つに分かれます。まず、Ⅰ)日常の生活感覚レベルでの言葉の理解から始めて、Ⅱ)法律学、とりわけ憲法学における理解、そしてⅢ)改憲論に見られる自己決定・自己責任論、最後に、Ⅳ)日本国憲法が想定する自己決定・自己責任を考える、という構成になっています。

　本日のテーマである自己決定・自己責任ですが、今や流行語の域を超えて、ごく当然の言葉として日常生活に定着しつつあるようです。例えば2004年の春、イラクで人質となった人たちについて日本政府がどこまで救出の責任を負うかという形で論じられた際のキーワードが「自己責任」でした。その前提には、「自分でイラクに行くと決めたのだから」という意味での自己決定が想定されていたことは、申し上げるまでもありません。

　もっとも自己決定・自己責任といっても、イラク人質事件の問題と、例えば科学技術の場面でのそれは、必ずしも同一の性質の問題とは限りません。一方で、自己決定に軸足をおき、「責任は自分でとる。だから自分でやりたいようにやらせろ」というように自己決定を強調する場合と、責任を負わせることを納得させるために自己決定を説く場合とでは、問題の性格が異なります。

　前者は、自分で決めれば何でもやれるのかという問題です。一例をあげれば、クローン人間の製造や、比較的最近NHKスペシャルで取り上げられた遺伝子治療のために胎児の細胞を利用することが許されるかという問題などがそれです。これらが、法的側面だけではなく倫理面でも重大な問題を引き起こすことはいうまでもありません。これに対して、自己責任に力点をおく例としては、日常生活の中からあげると、今まで子どもの面倒を見ていた親が、子どもが成人したときに「これからの人生は自分の責任だよ。何か問題があっても私は知らないからね」といって突き放すような場面を想い

起こすことができるでしょう。この場合、親は通常、子どもの自己決定を権利として認めるという意識を持っていません。そして、こういう片面的思考は、親子関係にとどまらず、社会的にも広く見られるように思います。

今日お話しさせていただこうと思うのは、主として責任を自分でとらせる前提としての自己決定論です。ここでは、自己決定権というように、「権」をつけていない点にご留意いただきたいと思います。

というのも、私は、自己決定権の本来の趣旨は前者、つまり自分の生き方は自分で決める、それを権利であると把握することにあったはずであり、自己責任に法的な、あるいは政治的な意味を持たせるために前座的に自己決定を言い募る最近の自己決定・自己責任論（あなたには、自己決定権があったじゃないか）は、権利論としては極めて胡散臭い、というよりは、権利論たりえない、と考えているからです。しかし、先ほど申しましたように、日常生活の中で実際に幅を利かせているのは後者の論法なので、本日は主としてそちらに焦点を当てて検討してみようと考えたわけです。

前者の自己決定権論、あえて純粋系と表現しておきますが、その問題を考えるには、『海を飛ぶ夢』[(1)]という尊厳死を扱ったスペイン映画が、とてもよい作品だと思います。映画の中では、法律家は「自己決定を阻害する悪しき隣人」として描かれていて、その点でも興味深いのですが、そのように法律家が出てくるからというのではなく——その場面は大したエピソードではありません——、尊厳死を望んでいる主人公と彼に関わる人々との関係の描き方が、ドラマとして非常によくできているのです。

映画をご覧になっていらっしゃらない方のために、詳しいことは申しませんが、尊厳死を扱っているというと堅苦しくて退屈な映画

---

(1) 2005年に公開された映画で、英題は〈The Sea Inside〉。監督は、アレッハンドロ・アメナバール。28年間、四肢障害を背負いながら生きた男性の尊厳死を巡るドラマを描いた作品で、2004年アカデミー外国語賞及びゴールデン・グローブ外国語賞を受賞しています。

を想像されるかもしれません。しかしこれは、むしろ非常に繊細なラブストーリーでして、それが尊厳死という重いテーマを背景に描かれているといってよいでしょう。余計な一言かもしれませんが、ヒントは最初にワーグナーの「トリスタンとイゾルデ」[2]の第3幕への前奏曲がほんの少しだけ流れる点です。それも有名な第1幕の前奏曲ではなくて、第3幕のためのものであることに大きな意味があり、その曲のもつ意味とトリスタンの物語をお知りになれば、この映画が尊厳死とラブストーリーの二重構造の中で、いかにうまくできているかということがお分かりになるだろうと思います。

I 生活感覚としての「自己決定・自己責任」

1) イラク人質事件における「自己責任論」と大学生の反応

先ほどのイラク人質事件に話を戻しますと、私は事件当時、約400人を対象とした学部学生の憲法の授業で、この問題についてディスカッションをしました。400人でディスカッションが成り立つのかと思われるかもしれませんが、かなりの数の学生が積極的に手を挙げて自らの意見を披露してくれました。

そして予想どおり、その意見の大半は、自己責任だ、政府は彼らを救出する義務を負わない、というものでした。受講者の大半は1年生で、必ずしも法律学の専門的知識を十分に持ち合わせているとはいえません。その意味で、当時の世論の動向と質的に大きく隔たったものではないだろうと思います。実際、当時の日本国内では、学生たちと同様、自己責任論のほうが、少なくとも当初は優勢であったように思います。そしてまた、政府の公式見解も自己責任論であったことは、ご存じのとおりです。

私自身は、憲法というものを政府の果たすべき責任を定めた文書であると考えますので、政府のいう自己責任論は、ずいぶんと杜撰

---

(2) 『トリスタンとイゾルデ』は、ワーグナーが作曲した楽劇で、マルケ王の妃となったイゾルデと、彼女と媚薬の魔力で結ばれた騎士トリスタンの悲恋を描いています。第3幕では、ひん死の重傷を負ったトリスタンがイゾルデによって救済される（愛の死）までが描かれています。

I 生活感覚としての「自己決定・自己責任」

なものだと思っています。ただ今日の主題はイラク事件ではありませんので、以下では、その問題を、生活感覚としての自己決定・自己責任という形で一般的に整理をしておきたいと思います。

それを予め簡単に要約しておきますと、自分で決めたらその結果について自分で責任を負うという図式が、日々の生活の中で一見すると当然であるように考えられていること、しかし実は法の世界では当然とは限らないこと、そして、そのことを翻って考えてみると、実は、日常の生活感覚においてすら自明の事柄とはいえない場合があるということです。

2）自己決定と自己責任の連環——一例としての喫煙をめぐる自己決定・自己責任

例えば、私がタバコを吸い続けた結果、肺がんにかかって入院し、多額の治療費を支払わなければならなかったとします。このことについて、私は全責任を負わなければならないのかという例で考えてみましょう。

この場合、私は自分の病気について全責任を負うのでしょうか、それともタバコ会社の責任を追及して治療費や医療費を請求することができるでしょうか。逆に、タバコの有害性を承知の上で喫煙をする者には、政府が高額の税金を課すことにし、タバコの価格にそれを転嫁するとか、医療保険の財源にする、あるいは喫煙者に対しては医療保障を廃止する、というようなことができるかどうかという問題に置き換えて考えてみてもよいかもしれません。

先ほど小町谷事務局長から、私はトロント大学で在外研究をしていたことがあるとご紹介頂きましたが、私が滞在していたのは1996〜97年でして、そのころカナダでは、もともとは日本の価格と大差なかったタバコの価格が、ある日を境に数倍に値上げされることになりました。そして、価格が切り替わる前日には、タバコ屋さんにすさまじい行列ができているのを目にしたことがあります。私自身はタバコを吸わないので他人事でしたが、愛煙家にしてみれば、大幅な値上げは切実な問題であったに違いありません。ちなみ

第8章　憲法の想定する自己決定・自己責任の構造［中島　徹］

にこの値上げは、タバコの消費者に医療費の負担を転嫁することを目的として行われたものだったと記憶しています。これを自己決定・自己責任という理屈でもってストレートに説明できるのか、できないのか、というような問題が今の例には含まれているわけです。

3）生活感覚からの回答──当然に本人？

自己決定・自己責任という図式を日常の生活感覚で理解すると、病気にかかったことは、その原因──喫煙──を考えると自業自得であり、自分で責任を負うべきであるようにみえます。とすると、タバコを吸い続けた人間は医療保障を否定されてもしかたがないということになりそうです。法律の専門家には釈迦に説法ですが、ここには因果関係等々いろいろやっかいな問題が絡んできますので、「原因を考えると」と簡単にいってすませるわけにはいきません。一般論として、自己決定・自己責任でタバコを吸った人が悪いと切り捨てることができるかというと、実は、因果関係という点を脇においても、話はそう単純ではないのです。そしてその点こそが、生活感覚レベルでの自己決定・自己責任論のもつ問題点なのです。

4）法律学からの回答──以下の(a)、(b)、(c)の条件による

先ほどの例を(a)タバコを吸い続け、(b)肺がんにかかって入院し、(c)多額の医療費を支払わなければならなかった、と3つに分解してみます。私が成人で判断能力を十分に備えており、タバコが健康に有害であることを熟知していたとすれば、それにも関わらずタバコを吸い続けたとすると、肺がんにかかって入院したとしても、タバコ会社の責任を追及することはかなり難しいでしょう。つまり、この3つの条件が揃えば、例外的な状況がない限り、自己決定・自己責任という図式がそのまま当てはまると思われます。

しかしさきほどの条件を、私は未成年者である、あるいは未成年者ではないが十分な判断能力を備えていない、またはタバコが健康に有害であることを知らなかった、以上のうちいずれかを充たすというように置き換えてみると、法の世界では自己決定・自己責任と

いう図式は当然には成立しなくなってきます。また、日常感覚のレベルでもそのように考える人が出てくるに違いありません。

私が未成年者であるか、あるいは成人であっても判断能力に欠け、あるいはタバコの有害性に関する情報を十分に提供されていなかったとすると、自発的に自分で好んでタバコを吸い続けたとしても、タバコ会社は、あるいは、事情によっては政府も、発病について法的責任を負わなければならない可能性がでてくるわけです。

実際、アメリカ合衆国では、喫煙により健康を害した人がタバコ会社を訴えた事件で、裁判所は会社側が経営を断念せざるを得ないほどの巨額の損害賠償を認めています[3]。これは、1950年代には、消費者は有害性を知らされていなかったけれど、企業側はそのことを知っていたことなどを根拠としています。余談ながら、この事件はアル・パチーノとラッセル・クロウの出演する『インサイダー』[4]という映画の中で、非常に綿密に描かれています。

他方、カナダのタバコ値上げの場合は、日本とは比較にならないくらいに、タバコの有害性が政府・民間を問わず公言され、タバコの箱の表記や宣伝にも有害性が周知されるような工夫がなされている社会的環境を前提にしてのことでした。つまり、アメリカとカナダの例は、コインの両面の関係にあるわけです。

さて、本日の直接のテーマはイラク問題でもなければ、タバコの健康被害をどう救済するかでもなくて、憲法の領域において自己決定・自己責任という意味を考えることにあるわけですので、いままでの具体的な例を念頭に置きながら、話を少しだけ抽象レベルにスイッチさせていただきます。

なぜ、未成年者であるか、成人であっても判断能力に欠け、ある

---

[3] アメリカにおける喫煙と健康に関する文献として、松村弓彦「アメリカのタバコ訴訟における健康被害との因果関係に関する議論」ジュリスト1011号56頁（1992年）参照。
[4] 2000年に公開された映画で、英題は〈The Insider〉。監督はマイケル・マン。実話を基に、ある大企業の隠蔽工作を告発する人間たちの葛藤を描いた作品です。

いはタバコの有害性を知らされていないと、自分で決めたことに責任を負わないですむ可能性があるのかが、ここでの問題です。

この3つの条件に共通する事柄が"判断能力"です。もちろん未成年者といっても、成人に近い年齢であれば判断能力が十分に備わっている場合があるでしょう。しかし、判断能力の有無を具体的に問うということになると、誰がどのように判定するかという問題がでてくるので、とりあえず未成年者には判断能力がないと一律に考えておくわけです。また、成人でも精神障害や心身喪失状態にある者は判断能力を欠いていると見なされますし、仮に判断能力はあっても、判断に必要な情報が十分に提供されていなければ──これが情報公開の理屈につながるわけですが──的確な判断はできません。これもまた、ある意味では判断能力の欠如といえますから、自己決定・自己責任という図式は、一定の判断能力の存在を前提にしているということが分かってきます。

このように考えてくると、憲法上の自己決定権もまた、判断能力のない人には保障されないということになりそうです。しかし、人権とは人の権利を意味しますから、人である以上、判断能力のない幼児や、あるいは意識不明の重体に陥っている人にも人権は保障されるはずです。とすると、自己決定権は判断能力を有する者にのみ保障される"特殊な"人権だということになり、人であれば誰にでも保障されるはずの人権という言葉と一致しない可能性があります。

冒頭で紹介した『海を飛ぶ夢』という映画は、実話に基づいているそうですが、尊厳死を望む主人公は、若いときに無理やり海に飛び込んで首を折り、全身マヒに陥ってしまいました。したがって、法廷に出ていく身体的状況にないわけですが、弁護士の説得でいやいやながら法廷に出ていきます。それは、自分が判断能力をちゃんと備えているということを裁判官に示すためなのですが、それは、判断能力がその主人公に十分に備わっていなければ尊厳死が認められないからに他なりません。

ですから、最近アメリカであったような、本人が意識不明で、家族の一部が尊厳死を望むものの、家族の中でも意見が分裂している

という場合に、尊厳死を認めるべきかどうかについて揉めるのは当然です[5]。こうした場合は、どう考えたらよいのでしょうか。

いま見てきた問題を要約しますと、自己決定権というのは、判断能力を備えた者にのみ保障される"特殊な"人権なのか、ということでした。このことは、とりあえず疑問として残しておくということです。

II 憲法の想定する「自己決定・自己責任」

1) 憲法学における自己決定権の理解——自己決定権は"特殊な"人権か？

次は、憲法学における自己決定権の理解ということですが、現に法律を生業としている方、あるいはこれからその仕事に就こうとしている方々には、大変恐縮なのですが、その後の話を進めるために、ここで憲法学において自己決定権がどのように説明されてきたのかということを、ごく簡単にご説明しておきたいと思います。

憲法のどこを探しても、「自己決定権」という名前のついた権利は見あたりません。ただ、条文がなければ権利が存在しないかというと、もちろんそうではありません。改憲論者がよくいう、知る権

---

[5] 一般に、テリー・シャイボ事件と呼ばれる事件です。15年間植物状態が続いたテリーを尊厳死させるか否かが、夫側と両親側で争われました。夫側は尊厳死を求め、両親側は延命継続を主張したのですが、はっきりしないテリーの意思をどちらが代弁できるかという、ひじょうに難しい判断をフロリダ州裁判所は迫られました。悩んだ末に州裁判所は、夫側の主張を認めて、栄養チューブを外す命令をだします。ところが、この事件はこれで終わらず、政府機関をも巻きこんだ事件にまで発展しました。というのは、裁判所の判断に保守派であるジェブ・ブッシュ知事が反発したからです。こうして、テリーの自己決定をめぐる問題は、政府機関の間の争いという形に変容してしまいます。最終的には、連邦最高裁判所で事件が審理され、州裁判所の判断が尊重されて、テリーは尊厳死することになりました。しかし、この問題はいまだに法廷の内外で論争の的であり続けています。See, e. g., O. Carter Snead, *Dynamic Complementarity: Terri's Law and Separation of Powers Principles in the End-of-Life Context*, 57 FLA. L. REV. 53 (2005).

利やプライバシーの規定が欠けている現行日本国憲法は欠陥憲法である、だからすみやかに変えるべきだという議論は不勉強の証に他なりません。自己決定権についても、少なくとも学説上は、その存在が認められているといってよいと思います。問題は、その範囲と根拠です。

ちなみに、自己決定権は定評ある教科書、例えば佐藤幸治先生の教科書によれば、「一定の個人的事柄について、公権力から干渉されることなく、自ら決定することができる権利」と定義されています[6]。このように定義されて、いやそうした権利は存在しないのだと反論することは、とても難しいでしょう。憲法の主たる目的が、国家権力を制限し個人の自由な領域を確保することにあるという憲法学の常識からすると、憲法に書かれていないから自己決定権など存在しないとはいえないのです。ただ、その根拠や範囲となると、必ずしも明確ではありません。

自己決定権らしき考え方が法律研究者の間で意識され始めた時代、欧米ではおそらく1960年代の後半から、そして日本では1980年代以降だと思いますが、この時代は国のレベルだけでなく、企業や学校などがそれぞれの領域で個人をがんじがらめに規制する管理社会と呼ばれる状況が進行した時代であり、自己決定権は、そうした社会状況に対するアンチテーゼとして、一種の希望の星でした。人々は、希望の星にはうるさい詮索をしません。かくして、自己決定権の存在は自明とされ、実質的根拠の探求は深められないまま今日に至っているのです。

ただ、日本では自己決定権の性格を、一般的自由権と同質のものと理解するか、それとも人格的自律権と限定して把握するかという論争があります[7]。これが自己決定権の根拠に関するいくつかのヒントを与えてはくれます。

---

[6] 佐藤幸治『憲法（第3版）』459頁（青林書院、1995年）。

[7] この論争をわかりやすく解説したものとして、戸波江二・小山剛「幸福追求権と自己決定権」法学セミナー47巻4号28-34頁（2002年）。

Ⅱ　憲法の想定する「自己決定・自己責任」

2）一般的自由権説と人格的自律権説——それぞれの帰結

一般的自由権説　一般的自由権説というのは、「自己決定権を個人的事柄について、公権力から干渉されることなく、自ら決定することができる権利」と定義します。

ここで、先ほどの定義の引用から「一定の」という言葉が脱落している点にご注意下さい。一般的自由権説というのは、その名前の通り、自己決定権を人が一般的に持つ自由権そのものと理解するわけですから、「一定の」という限定が落ちるのは当然です。逆にいえば、「一定の」という限定をつけると、自由権一般ではなくなってしまうわけです。この点、一般的自由権説は、個人的事柄については、その内容が何であれ、私的自治の原則が妥当するので、公権力があれこれと口を出すのは余計なお節介だと考えるわけです。

そうだとすると、憲法に明記されている、例えば信教の自由（20条）とか表現の自由（21条）のような権利の他にも、いちいち名前を挙げることができないさまざまな自由があり、それらすべてを包括する権利が憲法上存在するはずだと考えることになります。条文上の根拠としては、13条の幸福追求権[8]をあげるのが一般的です。この場合、権利の中身は、やりたいことを自分で決めて実行することだから、結局それは自己決定権と同じだということになります。逆にいえば、自己決定権とは一般的自由権の別名に他ならないと考えるのが、この説です。

これに対しては、このように考えると個人がやることは何でもかんでも権利として保障されることになってしまい、結局はその権利を制限しなければならなくなるので、かえって権利の保障が無意味なものになってしまうという批判がなされてきました。

人格的自律権説　そうであるのならば、一般的自由と考えるよりは、最初から権利の範囲を限定して理解し、それだけはしっかり

---

[8]　憲法13条は、「すべて国民は、個人として尊重される。生命、自由及び幸福追求に対する国民の権利については、公共の福祉に反しない限り、立法その他の国政の上で、最大の尊重を必要とする」と規定していまして、この条文から幸福追求権という権利が導き出されるものとされています。

と保障する。つまり容易には制限を認めないほうが、回り回って人権保障の強化に役立つはずだと考えて、自己決定権の範囲を「人格的自律の存在として自己を主張し、そのような存在であり続ける上で必要不可欠な権利・自由」と限定して理解する立場があります。それが人格的自律権説です。

実は、先ほど定評ある教科書と申しました佐藤幸治先生の教科書における自己決定権の定義がこれでして、権利の中身もその立場からのものです。だからこそ、「一定の」という限定が「個人的事柄」に先だって付されているわけです。くどいようですが、一般的自由権説には、この限定がつきません。

ここでいわれる「人格的自律」とは一体何かということを考え出しますと、実は相当にやっかいなのですが、ここではとりあえず「自律」という言葉を、自分のことを自分で判断し行動できること、そして人格を一人前の人間であることといった程度に把握しておきたいと思います。つまり、人格的自律とは、自分の人生を自らの力で構想し、選択し、生きていくことができる一人前の存在であることだ、というわけです。

人格的自律権説は、そのような人間であることを前提に、かつそのように生きていくために必要不可欠な限りで、自己決定権が憲法上保障される、と主張しているのです。

余談ながら、こうした学説の対立というのは、研究者が勝手にやっていればいい話であって、以上の点を理解しなければ自己決定権について論じることができないというわけではありません。むしろ、あとからみると、研究者は無意味な論争をやっていることが少なくありませんから、自己決定権とは一般的自由権なのか、それとも人格的自律権と性格づけるべきなのかといった論争に意味があるのかないのかも、よく考えてみる必要はあるかもしれません。

さて、一般的自由権説に対する人格的自律権説からの批判の要点は、何でもかんでも憲法上の自由権としてしまうと、権利のインフレ化を招き、逆に個々の権利の価値を下げてしまうという点でした。そのように考えると、せっかく権利であると考えても、結局は制限

を受けやすい権利となってしまうから、そう考えるべきではないのだというのです。これに対し、人格的自律権説は人格的自律に必要不可欠な権利だけを憲法上の自己決定権として保障するので、そのおそれは少ないといえます。

ただ、この立場がタバコについてどう考えるかというと、タバコは個人的嗜好であり、それを吸う人間もいれば、吸わない人間もいる。そしてタバコを吸うことは、人格的自律に不可欠とまではいえないだろう。そういう意味では、人権とはいえないけれども、人格的な自律を全うさせるために手段的に憲法上保護すべき場合もある、と説きます。

タバコが好きな人に対して、タバコを吸うなというのは、その人の人格の一部を否定することになりかねないから、場合によっては、そういう権利を尊重しようという考え方といってもよいでしょう。ですから、先ほどのタバコの例でいうと、タバコの価格に医療保険の財源としての性格を持たせるということは、その程度によって可否の判断が異なってきます。例えば、カナダのようにタバコの価格が一挙に数倍にはね上がるということになると、人格的自律権説でも、もしかすると権利侵害ありと認めるかもしれません。もっとも、カナダでは、私の知る限りそのような主張はなかったように思いますが。このへんの具体的な帰結は主張者にもよりますが、私自身は、この場合でも権利侵害があるとは考えません。

他方、一般的自由権説も、すべての自由を憲法上の権利として同程度に保障すると主張するとは限らず、自由の具体的中身に応じて保障の程度に強弱をつけると考える立場もあります。こうなると両者の間には、事実上ほとんど差がなくなってしまいます。ですから、ますます論争の意味はないということになりそうなのですが、それで話が終わってしまうのであれば、この説を紹介した意味がなくなります。実を言いますと、この両者には大きな違いがあるのです。

3）自己決定権と〈自己決定・自己責任〉

両説の対立は無意味なのかというと、もちろんそうではありませ

ん。両説には、実は大きな違いがあります。先ほど、自己決定権が一定の判断能力を前提とする"特殊な"人権かどうかという問いを、未解決のまま残しておきましたが、実は両説の違いはここに現れます。

人格的自律権説は、自分の人生を自分自身の力で構想し、選択し、生きていくことができる一人前の個人に対して自己決定権が保障されるのだ、といいます。こうした考え方は、自らを律することができる一定の判断能力の存在を前提としていますから、自己決定権というのは権利主体の限られた"特殊な"人権ということになります。

具体的にいえば、人格的自律権説における自己決定権の権利主体は、自分の生を主体的に生きることができる自律的個人だけ、ということになります。こういう個人が自分で決めれば、その結果に責任を負うべきであることは当然だということになるはずです。人格的自律権説は、以上の意味において自己決定・自己責任という本日のタイトルの図式にぴたりと当てはまる考え方だといえます。

これに対して一般的自由権説のほうは、自由一般を人権として保障することから推測すると、自律的個人といえるだけの判断能力の存在を権利保障の前提としていないはずです。というのも、一般的自由というのは、人が人であることによって当然に持っている権利だからです。この場合、判断能力の未成熟な子どもに対してもそうした自由は否定されるべきでないと考えなければ、筋が通りません。もちろん、判断能力が未成熟であることによって、パターナリズムの見地から、後見的配慮に基づいて権利行使が制約されるということはありえます。あるいは、制約されるだけではなくて、補助されるということもあるでしょう。未成年者に対して、喫煙とか飲酒が禁じられているのは、その一例です。

しかし、とにもかくにも最初から権利主体となり得ないとは考えられていません。この説では、自分で決めたとしても、その結果に責任を負うことになるとは限らないので、自己決定・自己責任という図式は、当然には当てはまらないのです。

話が抽象的になってきて分かりにくくなっているかもしれません

Ⅱ　憲法の想定する「自己決定・自己責任」

ので、冒頭のタバコの例に置き換えて考えてみます。

　日本では、未成年者がタバコを吸うことは法律上禁じられています。それにもかかわらず、未成年者が喫煙をして、病気になった場合、それは自業自得であり、法律に反して喫煙した以上、その責任を政府やタバコ会社に負わせることはできないと考えるのが世の常識というものでしょう。

　そう考えると、一般的自由権説の場合でも、自己決定・自己責任という図式が成立するようにみえます。しかしこれは、実をいえば、法律違反に対する制裁の代用品として世間に流布している、日常感覚に基づく説明に過ぎないのではないかと私は思います。むしろ、法律で未成年者の喫煙を禁じている以上、政府や企業は、未成年者がタバコを容易に購入できない環境を作る義務を負っていると考えれば、それを怠った責任を追及する余地が出てくるはずです。

　こうした考え方は、人権の担い手である個々人を、弱い個人、必ずしも自分の人生を自律的に生き抜くことができるわけではない存在、少なくとも私は自分のことをそうだと思っていますが、人をそういう「弱い個人」とみて、個人の自己決定権を認めつつ、同時に弱い個人に対する国家の後見的な配慮、ないしは社会連帯というものを肯定する立場を背景としています。それをあえて単純化していえば、最近ではあまり人気があるとはいえない福祉国家を肯定的にとらえる立場といってもよいと思います。つまり、一般的自由権説は、背後にそういう含意を持っているのです。これは教科書等々にはあまり書かれていない点ですが、そのように理解することは充分に可能です。

　他方、人格的自律権説のほうは、自己決定権の権利主体として、自律的個人というものを想定しますが、これを一般的自由権説における「弱い個人」と対比させていうならば、「強い個人」ということになります。「強い」とか「弱い」というと、腕力の話みたいに聞こえますが、もちろんそうではありません。

　どんな困難にも自らの意思で立ち向かい、自分の人生を切り開いていく人間を「強い個人」、あれこれと悩みを抱えて、自力で自分

の人生の諸問題を解決していく自信や気力に少しばかり欠けた人間を、「弱い個人」と呼ぶわけです。そして、自己決定・自己責任という自己完結した定式は、前者の「強い個人」にこそふさわしいものだといえます。そういう「強い個人」のような自律した人々が作り上げる社会であれば、政府の役割は最小限のもので足りるはずですから、いわゆる"小さな政府"論は、このような考え方を背景にしているといえます。もちろん、そういう立場からすれば福祉国家は政府権限の増大をもたらすだけですから、もってのほかだということになるでしょう。

この説は、先ほどの佐藤幸治先生の定義が示すように、人権を「強い個人」であるために必要不可欠な権利だと理解します。その結果、やや誇張した言い方をすれば、憲法が人権を保障していることにより、逆に人々は「強い個人」であることを強要されることになります。それを具体的にいえば、次のようになります。

「あなたは憲法上、裁判を受ける権利を保障されている。もし購入した電気製品に欠陥があって被害を受けたなら、裁判所に行って製造会社を訴え、自分自身で権利の救済を実現しなさい」。少し前までは、政府が事前に規制を加えて、国民が欠陥製品で被害を受けないように保護策をとっていたわけですが、それではコストがかかるし、新たな産業育成の妨げにもなる、それに人権の意味をよくよく考えてみれば、自律的個人の自己決定を尊重するということにあったはずではないか、というわけです。そうであるなら、本来、国民1人1人が自ら主体的に権利を勝ち取るべきではないか。もちろんそのためには、弁護士の先生方の助けを借りやすいように法曹人口を増やすし、裁判所も利用しやすく変えていこうではないか。ただし、それにかかる費用は自己負担だし、訴訟を起すかどうかも自己決定だ、起さないことに決めたら、被害を甘受することは自己責任だ、というわけです。

ちなみに、ここでは一般的自由権説と人格的自律権説のいずれが妥当かということは関心の外にあります。私自身は、憲法理論としては人格的自律権説を支持しますが、だからといって、現に存在す

Ⅱ　憲法の想定する「自己決定・自己責任」

る「弱い個人」を「強い個人」に擬制できるとも思いません。ここで学説の対立をご紹介した目的は、あくまでもこうした対立から、「強い個人」と「弱い個人」という人間像を抽出し、ご理解いただくことにありました。

なるほど、近代憲法が人権を保障する際に念頭においた人間像というのは、確かに「強い個人」でした。しかし、それにはわけがあります。近代以前の社会では、居住地域や生活領域ごとに、封建領主や教会等々それなりの権力者がいましたが、逆に近代国家のような圧倒的な権力を持つ組織は存在しませんでした。また、封建社会にはギルドのように、入会するのは大変だけれども、一旦入会すれば、その後はお互いに支え合い、既得権を擁護してくれる組織もあり、結構気楽で居心地のよい面もあったわけです。ところが市民革命によって、そうした旧体制が一掃された結果、個人は突如として国家という得体のしれない化け物と直接に向き合わなければならなくなりました。これと対等に渡り合うためには、個人の側も強くあるべきであり、そのための武器として人権が保障されたのだと考えたわけです。

この場合、重要なことは人権を保障することそれ自体に力点があり、そのことを通じて国家と個人は対等に渡り合う存在となり得るということが含意されていたわけです。この意味での「強い個人」は、あくまでも近代社会における個人のあるべき姿にすぎません。そして、そのあるべき姿を追い求めることで人間社会が変わっていくという役割を果たすだろうと期待したわけです。その意味において、この個人像は極めて重要な意味を持っていました。

しかし、この「あるべき姿」を「現実に存在する」と読み替え、個々人に自己責任を課すということになると、無理が生じます。抽象的、形式的にいえば、各人に自己決定の可能性があることは誰も否定しないでしょう。そして、人生を送っている限り、人は誰でも日々選択を突きつけられます。日常の些細な例でいえば、スターバックスに行って、どのコーヒーを飲むかの選択を迫られ、うっかり種類や大きさの異なるものを頼めば、なるほど自己責任で、飲み

たくないものを我慢して飲まなければならないかもしれません。しかしこれを抽象化し、生じた結果を何でもかんでも決定した個人の自己責任に転嫁するとすれば、そうした自己決定・自己責任論は、憲法の想定する姿とは違ってくるのではないでしょうか。

以上の点を念頭に置くと、憲法が建前として想定する自律的個人、すなわち「強い個人」をめぐって、一方ではすべての人間が現実にそのとおりの個人であるわけではないということをどのように考えるのかという問題、それから他方で、「強い個人」であれば何でも決定して実行に移すことができるのかという冒頭で指摘した二重の問題が、法的性質を帯びて出てくるということ。これは日常生活感覚で用いられている自己決定・自己責任とは大いに異なるということを、ここでは確認しておきたいと思います。

4)「強い個人」の自己決定

ちなみに、後者の「強い個人」であればいかなることでも決定できるのかという問題を、ある問題点を抽出するために、ここで少しだけ考えてみたいと思います。

「強い個人」になれるのか　そういいながら前者のほうに話を戻しますが、すべての人間が「強い個人」になれるわけではないという問題についていえば、判断能力を持たない、あるいは持っていても行使する気がない、あるいは行使できない「弱い個人」の人権保障をどうすべきかということが問題になります。

これに対する日本国憲法の答えは、大まかにいうと、生存権をはじめとする社会権の保障ということになります。それは、何らかのやむを得ない事情で自律できない個人を社会全体で支え合うという社会連帯の考え方に基づいて、政府が生活を保障する仕組みであることはご存じのとおりです。

しかし最近では、少子化や社会経済構造の変化等々を理由とする福祉国家批判を背景に、「強い個人になれないおまえが悪い」という自己責任論が台頭してきています。これまでは、そのことを別の側面からお話してきたわけです。自由競争市場を前提にして、各人

が死力を尽くして競い合い、負ければ自己責任という、いわゆる市場原理主義の考え方はその一例です。痛みを伴う改革なるものも、どこまでそれを本当に貫くことができるかという点に疑問はありますが、少なくとも建前としてはそういう主張です。

これまで見てきたように、自己責任という観念は、あくまでも「現に強い個人である」ことを論理的には前提としており、そうだとすると、「現実には弱い個人」を「強い個人とみなす」ことによっては問題を解決することができません。ここでは自己決定・自己責任論は、現実には弱い個人である我々に向かって、強い個人たれとハッパをかけ、返す刀で、なれないのであれば自己責任だ、退場しろと切り捨てる働きをすることは、繰り返し指摘してきた通りです。

「強い個人」であれば何でも決定し実行に移すことができるのか

他方、後者の「強い個人」であれば何でも好きなように決定できるのかという問題は、買春や臓器売買、あるいは奴隷契約、クローン人間の製造等々、「強い個人」は他人に迷惑をかけない限り、何でも自由に行うことができるのかという問題です。言い換えれば、人間の尊厳を冒す決定でも、自分で責任をとりさえすれば自己決定として正当化できるのかということですが、実はここにはもう1つやっかいな問題が含まれています。

それは、そもそもなぜ「強い個人」は自己決定できるのかという問いです。この点については、自分という存在が自分の物だから、という直観を根拠にして正当化が図られてきました。簡単にいうと、私の身体は私のものだから、私に関する事柄については自分で決定することができる、というわけです。この考え方は一般的に「自己所有権」論といわれ、通常、ジョン・ロックの「市民政府論」[9]に起源があると説明されています。

では、私が私の身体を所有しているのであれば、その所有物の一部である心臓を売買の対象にすることもできるのでしょうか。ある

---

(9) ジョン・ロック「市民政府論」(岩波文庫、1968 年)。

いは、あなたは本当に心臓を所有しているのかと問われたならば、皆さんはどう答えるでしょうか。「そう信じている」という答え以外に確信をもってうまい説明をできる方がいるでしょうか。

なぜ「強い個人」は自己決定できるのか　この点については、"眼球のくじ"という不気味な寓話を用いた説明があります(10)。これは、眼球を100％の成功率で移植することが医学的に可能になったと仮定して、この場合、生まれつき——生まれつきということは逆に自分に責任がないという意味を持っているわけですが——、目に障害を持っているか、あるいは眼球を持たないという人がいた場合に、2個の健康な眼球を持った人のそれを移植して再配分すべきか、と問うものです。再配分をすれば、目の見える人が増えるという効用があることは言うまでもありません。この場合、自分の目を移植したいと積極的に志願する人がいれば問題はないのですが、志願者がいないときにどうするのか。その場合には、全国的な抽選を行って、当選者に眼球を寄付するように強制すべきか、と問うわけです。

この問いに対してはおそらく多くの方が、ノーと言うのではないかと思います。その理由として予想できるのは、仮に眼球の再配分を強制するならば、その人物を犠牲にすることになるし、強制された人物の人格を無視することになるだろうというものでしょう。もしそう感じるのだとすれば、それは我々がみんな自分自身の身体の所有者であるということを承認していることを意味するというのが、眼球のくじを引き合いに出す人のレトリックであり、自己所有権論の正当化でもあるわけです。

これが何を意味しているのかといえば、富の再配分を肯定する福祉国家論を批判する意図を持っていることは、容易にお分かりいただけるだろうと思います。つまり、自分の身体は自分のものであり、自分の身体を使っていろいろな物を手に入れ、財を蓄えたら、それ

---

(10)　「眼球のくじ」と自己決定権に関する問題については、中島徹「市場と自己決定(上)——憲法学における自覚なきリバタリアニズム」法律時報72巻5号70-71頁（2000年）参照。

Ⅱ 憲法の想定する「自己決定・自己責任」

は全て自分の物であり、累進課税等々で再配分されるいわれはないということをいわんがために、自分の身体に対する所有を語り、眼球の再配分など許されないじゃないかという直観的同意を求めるわけです。

これはまさに市場主義者であるかどうかのリトマス試験紙であり、この眼球のくじに対してノーを突きつけるのならば市場主義者であって、私たちの仲間だ、構造改革の旗手としての小泉さんを信奉しているはずだ、と。そこまでいうかどうか分かりませんが、少なくとも市場主義者の仲間ではあるというわけです。

この自己所有権という考え方は、一見もっともらしい説明ですが、そう簡単に自分の身体に対する所有ということを肯定できるかというと、実はできないのではないかと私は思います。私がここに本を持っていて、この本を所有するという場合、私と本は別物です。逆にいうと、私は本の外部にあるわけです。ですから、例えば本を売却しても私は存在し続けることができますが、心臓を自分の所有物であるとして売却すると、私はもはや生存できません。それに何よりも本を手に入れるときには、私は仕事をしてお金を稼ぎ、それで本を購入するといったような手順を踏むはずです。それと同じようなプロセスを自分の心臓とか眼について踏んだかといえば、踏んでいません。逆に、たまたま健康な眼球を持って生まれなかった人の自己責任とは一体どのような責任なのか。そんなものを肯定することはできません。そういう疑問が次から次へと沸いてくるのです。

くり返しになりますが、要は、自分の身体は自分のものだと思うかどうかがポイントです。もしそうお考えでしたら、そういう方は、では援助交際や売春（買春と表現すべきですが、ここでは自己決定の文脈で論じていますので、あえて売春と旧来の表記を用います）はいうに及ばず、臓器売買やクローン人間の製造をきっぱりと肯定するのか、とお尋ねしたいと思います。

自分で決めたことに自分で責任をとるということは、いくつかの例外はあるにしても日常的には当たり前の事柄です。しかし、責任をとりさえすれば何でも決めることができるわけではないのではな

いかということ、それがいまの後者の問題です。そして自己責任を帰結させるために自己決定を語る場合、その前提に「強い個人」という強烈なフィクションが存在しているということ、このフィクションは近代憲法の成り立ちと関わって、人に人権を保障することの意味を考える鍵となる概念であって、政府が果たすべき責任を果たさないことを正当化するための都合のよい道具であるわけではありません。自分のことは自分で、ということで済むのであれば国家などいらなかったはずです。仮に、そんなことはない、国家は国民の安全を保障するために必要なのだというのであれば、冒頭のイラク人質の自己責任論は、それすら放棄しているという点で、矛盾した議論といわなければなりません。

いずれにしても、ここでは「強い個人」とか「自律的個人」という言葉で抽象的に自己決定を語るだけで、自己決定の権利性ということは全然重視されていません。あくまでも、決定しようと思えば決定できる立場にいて、気がついたらある結果にたどり着いていた場合に、自己決定があったと擬制しているにすぎないのです。そうした自己責任を語るだけの自己決定・自己責任論、先程から問題にしてきている昨今の自己決定・自己責任論ですが、これは憲法の想定する自己決定権とは全く異質であるということ、これが憲法上の自己決定権を考える場合、忘れてはならないポイントであると思います。

以上が、レジュメのⅡ)までの課題で、自己決定・自己責任をめぐる一般的議論です。次に、以上のような自己決定・自己責任の議論が改憲構想の中でどのように出てきているかという点を、眼球のくじの例でふれた社会保障制度との関係で考えてみたいと思います。

Ⅲ 改憲構想における〈自己決定・自己責任〉

1) 生存権条項における改憲構想の「不在」——その意味を考える

改憲構想における生存権と社会保障を考えるといっても、そもそも生存権や社会保障について改憲論などあったっけ、というのが大

方の反応ではないかと思います。確かにこれらについては、これまでのところ明確な改憲構想は示されてきておりません。生存権の保障というのは、福祉国家の行方に関わる点で、改憲論が目指す「この国のかたち」と切り離せない問題であるはずですが、それに対する具体的な提案はないに等しいのです。これを単に、改憲論の主眼がそこにはないからだと説明することは簡単ですが、なぜそうであるのかはよく考えてみる必要があります。

　一般的にいって、改憲論には、現在の憲法が想定する社会の現状、あるいはあるべき姿を変えたいという願望が込められているはずです。では、生存権条項に関して、改憲論者が何としても変えたいと願う現状は存在するかというと、結論を先にいえば、答えはノーということになります。

　最高裁は憲法25条で保障されている生存権[11]を、裁判所を通じて権利の実現を求めることができる具体的な権利とは認めてきませんでした[12]。また学説上も、それを認める立場は少数説にとどまります。そうした現状の下では、政府が生存権の保障を怠ったとしても、市民がその責任を法的に問える可能性は限りなくゼロに近いわけですから、25条に裁判規範性を認め、生存権を実効性のある憲法上の権利として再定義するというのが改憲論の目的でない限り、現行規定を変える必要は全くといってよいほどないわけです。

2）日本は「福祉国家」であったか？

戦後の日本を「福祉国家」とみたてて、それを「構造改革」の対象とみるのが90年代以降の内閣に共通する姿勢ですが、実際に戦後の政府が「福祉国家」の名に値するだけの社会保障費を支出してきたかというと、そういう事実はありません。その点を事細かに述べるつもりはありませんが、このことは実証的福祉国家研究におい

---

[11] 25条は、「すべて国民は、健康で文化的な最低限度の生活を営む権利を有する」と定めています。

[12] たとえば、生存権に関する憲法訴訟として朝日訴訟があります（最大判1967（昭和42）・5・24民集21巻5号1043頁）。

ては、ほとんど常識といってよい認識です。一例をあげれば、フランスやドイツでは、政府予算に占める社会保障費の割合が55％－65％くらいですが、日本の支出は40％を切っています。ここでは、そもそも「福祉国家」とは何かを検討する余裕はありませんので、そうした福祉国家研究の成果を引用して、戦後の日本政府は、自らが規定するような福祉国家ではなかったということを指摘しておきたいと思います。

3）改憲構想における自立・自己責任論

それにもかかわらず、政権党、あるいは財界は、従来の日本社会を「福祉国家」、すなわち大きな政府と見立てて、その解体の一環として社会保障支出の削減を主張しつづけてきました。

経団連報告書「わが国の基本問題を考える」　例えば、経団連報告書「わが国の基本問題を考える」（2005年1月18日）によると、「歳出改革における最重要課題は社会保障制度改革である。急激な高齢化の結果、2025年度の社会保障給付費は2004年度の1.8倍にも増大すると予想されており、財政の悪化のみならず、企業負担の増大や国民負担率の増大につながり、活力の低下、税収の減収を招く。『自立・自助・自己責任』を社会保障の原則としつつ、年金、医療、介護の各制度について、公的保障の範囲見直しなどを進めるべきである」と指摘しています。

もちろんこうした指摘を待つまでもなく、政府はとっくの昔に、とりわけ90年代以降、行政改革、規制緩和、構造改革論等々を背景にして社会保障の後退を推進してきています。つまり、憲法25条は裁判過程のみならず、現実の政治における理念的な歯止めとしてすらほとんど機能してきていないのです。9条は、たとえ空洞化しているといわれようが、現実の政治における理念的な歯止めとして役に立った部分があると思いますが、25条のほうは、とりわけ最近では、理念としてすら歯止めの役割を果たせない状況にあります。ですから、そうした現状を肯定的に評価する立場からすると、実際上も差し迫った改憲の必要はない、ということになるわけです。

加えて現在では、自立と自己責任、あるいは自己決定・自己責任というものが今後の日本社会の基本原理であるかのように喧伝され、それがいつの間にか我々の時代の気分になってきています。それがイラク人質の自己責任論のような形で噴出しているともいえる状況があるわけです。

　こうした時代状況からすると、憲法25条を「改正」する必要はとりたててないという認識になるでしょう。むしろ、へたに25条に手を加えて、生存権保障を否定するニュアンスを「改正」案に込めようものならば、9条をはじめとする憲法「改正」論議の本丸に思わぬ火の粉が及ぶ危険すらあります。とすれば、憲法の条文レベルにおける生存権保障問題は現状のまま放置しておくほうが、改憲論者にとっても無難です。このように考えると、生存権条項をめぐる改憲構想の「不在」には、実は、単なる関心の欠如以上の意味があることをお分かりいただけるだろうと思います。

　先ほども申しましたように、社会保障は福祉国家であり続けるのかどうかの選択と密接に関わるという点で、国のあり方と直結しますから、25条が今後も改憲論議の中で軽視され続けるとは限りません。ただ、先日公表された「衆議院憲法調査会報告書」は、あまりにも量が多くその割に実質的な内容がないので、こと細かには見ていませんが、少なくとも25条関係の部分は現状のまま社会保障をより整えていくように努力すべきであるということが確認されただけで、特に踏み込んだことは書かれていないようです。この点、私が見落としている可能性もありますが。

社会保障は自己責任？——自民党憲法調査会「憲法改正草案大綱（たたき台）」[13]　しかし、今みてきたような憲法25条をめぐる現状を、どさくさに紛れて明文でだめ押ししようとする可能性はあるかもしれません。

　例えば、自民党憲法調査会の「憲法改正草案大綱（たたき台）」

---

[13] なお、2005年8月1日に、自民党新憲法草案が公表されています。この草案では、25条についてはほとんど改正されないままの条文となっています。

(2004年11月18日)は、その「第四節 社会目的(プログラム規定)としての権利及び責務」の注で、以下のように述べています。

「第二に掲げる『基本的な権利・自由』と異なり、『権利』性が弱く、その保護のためには国や地方自治体による制度の具体化が必要な、いわゆる『制度的保障』といわれる規定に属するものを、別の節としてまとめて規定しようとしたものが本節である。そこでは、個人の権利とする部分と、国家・自治体の責務とされる部分とが一体化されている場合が少なくないので、『第二節・基本的な権利・自由』及び『第三節・国民の責務』の後に『プログラム規定としての権利・責務』という形で規定している(なお、このような観点からは、現行憲法の権利規定の一部(例えば、25条の生存権規定など)についても、この説の中に位置づけるような見直しが必要となろう。)。」といっているのです。これは、プログラム規定説のような旧来の権利性格論にこだわっているだけともいえますが、権利のプログラム性を再確認する姿勢も垣間見えます。

第 3 次読売改憲試案　これに対して、第 3 次読売改憲試案(2004年5月3日)は、現行25条に第3項として「国民は、自己の努力と相互の協力により、社会福祉及び社会保障の向上及び増進を図るものとする」との規定を付け加えるべきだと主張しています。そして、「個人も国に守られるべき『弱い存在』ではなく、社会保障を支える『主体的な存在』ととらえ直す必要がある。それにふさわしい憲法上の位置づけが求められている」と述べています。これが先ほど申し上げた「強い個人」とどう関係する議論であるかはお分かりいただけるだろうと思います。

ただ、そうした認識に基づいているということの説明のすぐ後で、「社会連帯の理念を入れることで、国の責務を相対的に低めかねないとの懸念が生じるかもしれない。だが、……第3項を、生存権の理念を定めた第一項、その生存権の保障を含め、より広い範囲にわたり制度の構築を始めとした国の責務をうたった第2項と一体的にとらえれば、第3項を設けたことが、国の責任のがれを許すことにならないと考える」と、わざわざコメントしている点が、逆にこの

第3項の本質を露呈していて面白いと思います。というのも、このコメントは試案が国の責任を法的責任と理解していなければ、論理的には無意味であるからです。

しかし、裁判上も政治上も25条がそのように理解されてこなかったことは、先ほど申しました。しかもこの試案自体、国の責任を、法的効果を伴わない「国の責務」と巧妙に言い換え、「国の義務」とはいっていません。ですから、その点の認識は違わないのです。とすると、この案は同一の規定の中に「国の責務」と「国民の責務」を併存させることを意図していることになります。これは、法の定め方としては極めて異例であり、私には理解できません。というのも、このように規定すると、25条は「国も頑張るけど、国民も頑張ってね」という、法的にはおよそ無意味な規定となってしまうからです。

それにもかかわらず、あえて「国民の責務」を明文化するというのであれば、それはどのように言いわけをしようとも、社会保障を自己責任原則の下におく、つまり、国の責任のがれを許すことを意味します。試案は、第3項でいう国民は、個人というより国民総体を意味し、その心構えを示したもので、個人に義務を負わせるものではないとします。このように、「個人の義務ではありません、責務というのは法的な責任を意味しません」と説明することで、この第3項の「プログラム」性を強調するわけです。

しかし、仮に法的には無意味でも、依然として立法の指針ではあるわけで、それがプログラム規定説の特徴です。そしてその内容が、国民に責務を課すことで国の責務を軽減する指針であれば、現行規定のような国の責任だけを定めるものとはその機能が異なってくる可能性があります。例えば、「国民の責務と憲法に書いてあるではないか」として、年金保険料強制徴収論の根拠に容易に使われるでしょう。

そういう意味でいえば、読売試案の第3項は、25条をこれまで以上に徹底的にプログラム化する規定だといえます。

4）社会保障と自己責任——両者は当然に両立する観念か？

第8章　憲法の想定する自己決定・自己責任の構造［中島　徹］

　ちなみに、社会保障は自己責任という言い回しは、先ほどご紹介した経団連の報告書にも見出すことができます。社会保障と自己責任を結びつけて怪しまないセンスは、私には驚き以外の何物でもありません。もっとも、読売試案であれ何であれ、これまで指摘してきましたように、それぞれを批判することは容易ですが、実は私はこうした改憲案を真剣に法理論的観点から検討してみても、特に得るものはないだろうと考えています。というのも、それらはしょせん、前半で検討したような「自己責任」とか「国民の連帯」といった法的には無内容なスローガンの言い換えに過ぎないからです。先ほど申しましたように、これを理論的に検証すると、結局のところ、「国も頑張るけれど国民も頑張ってね」という話になってしまい、法理論的検討に耐える作りにはなっていないのです。

　そもそも社会保障は、"社会"の部分に意味があるわけですが、自己責任は"自己"だから自分です。それらは、法的には別々の概念です。もし人生が予測可能なものであるならば、そこでの失敗は自己責任だということができるでしょうが、現実はそうでないからこそ、特定の個人が陥るかもしれない苦境に備えて社会保障制度は作られてきたはずです。社会保障＝自己責任という改憲構想は、この点をまさに無視して、生活自己責任の原則を強調するだけであり、社会保障の論理と自己責任をリンクさせる原理的説明を欠いていると私は思います。

自立・自助・自己責任という「時代の気分」　以上の意味で、自立・自助・自己責任を原則とする社会保障を語って怪しまないのは、相当に杜撰だと私は思います。

　にもかかわらず、なぜこれが「時代の気分」なのか。そのことを理解するためには、いったん25条を離れて、戦後日本社会のありようを考えてみる必要があると思います。というのも、社会保障に関わる改憲構想の照準は、実は25条ではなくて、従来の日本型システムそのものに合わされているからです。

5）日本型「福祉国家」の解体と社会保障

従来の日本型システム＝日本型「福祉国家」、その解体　では、社会保障の文脈において変革されるべき従来の日本型システムとは一体何でしょうか。もちろん、福祉国家です。しかし、日本が社会保障支出の点で福祉国家の名に値しないことは、先ほど指摘しました。福祉国家でない国で、その解体が叫ばれるというのは、何とも不思議な話です。しかし、生活水準の面でいけば、これまでの日本を福祉国家と感じてきた人たちもいると思います。従来の日本が福祉国家であったかどうかは言葉の定義にもよりますが、結論だけをいえば、日本は、政府が社会保障の責任を果たさないですむ「福祉国家」であったといってよいと思います。そして現在、日本で解体が主張されているのは、この意味における「福祉国家」に他なりません。

この日本型「福祉国家」は、高度経済成長の果実であるところの企業収益の分配を通じて形成されてきました。具体的にいえば、一方では従業員への企業内福祉を通じて、他方では経済成長による税収の増大を原資とする補助金とか公共投資を通じて、主として自民党の支持基盤である農村や建設業、運輸業等々のいわゆる低生産性部門へ分配するという形をとって行われたことは周知のとおりです。そうした一連の経済政策を支えたのが"護送船団方式"と呼ばれる官庁主導による経済運営であったことも今さら指摘するまでもないでしょう。

私自身は、それが本当に文字通り官僚主導であったかどうかは検証の余地があると考えていますが、その点はさておき、一応、戦後経済政策をこのように描いても誤りではないでしょう。

これを法律学上裏書きしたのが、規制二分論[14]における積極規制カテゴリーでした。小売市場判決における有名な一文は、「憲法は……福祉国家的理想のもとに、社会経済の均衡のとれた調和的発展

---

[14] 経済的規制について、消極目的規制と積極目的規制とに分け、前者よりも後者の規制の方に立法裁量を広く認めるという考え方のことです。

を企図しており……国の責務として積極的な社会経済政策の実施を予定し」「社会経済の分野において、法的規制措置を講じる必要があるかどうか、その必要があるとしても、どのような対象について、どのような手段・態様の規制措置が適切妥当であるかは、主として立法政策の問題として、立法府の裁量的判断にまつほかない」。このおなじみの一節ほど、そのことを如実に物語るものはありません。

かくして、市場競争を制限する法や行政指導等々による多くの積極的な経済的規制が福祉国家的理想の名の下に、少なくとも1980年代の末まで裁判所の審査をくぐり抜けてきたのです。こうした経済的規制とか、あるいは輸入制限や補助金等の保護政策、あるいは公共投資などが中小企業や自営業者、あるいは農民等々、いわゆる「社会的弱者」に対する富の再配分効果を生み出して、国家レベルでの社会保障支出を圧縮する効果を生み出したことは、今日ではよく知られています。

つまり、本来政府の責任であるはずの社会保障支出を、企業が事実上肩代わりしたということです。もちろんこれは企業の利益に役立つ限りのことですから、それと無関係な「社会的弱者」に対する最低限度の保障は、政府が担わざるを得ません。けれども、逆にいえばそれで足りたわけですし、過去に比べれば国内的には社会保障制度の充実を語ることもできたわけです。結果として、日本の戦後の社会保障支出は、財政に大きな負担となる医療保険制度を持たないアメリカ合衆国すら下回りました。福祉国家とはいえない「福祉国家」の誕生です。

もちろん、憲法25条にプログラム性を認め、あるいは経済的自由の（積極的）規制権限を政府に委ねるという規制二分論の議論が、こうした事態を法的に支える機能を果たしたことは、改めて指摘するまでもないでしょう。

「『大きな政府』を『小さな政府』へ」というスローガンの意味

このような日本型「福祉国家」の特質を考えると、欧米で通常福祉国家と結びつけて理解される「大きな政府」の実体は、日本においては福祉国家の実質を伴わない、単なる"規制国家"――やや雑

な表現ですが——であるということが分かります。

つまり「大きな政府」を「小さな政府」に転換すべきだという主張[15]は、日本の文脈では本来的には、上に述べたような規制国家の縮小を意味するだけであり、欧米流の福祉国家解体論や政府負担の削減論とは前提が異なるわけです。

市場主義に基づく構造改革　企業の側からすると、国際競争力の観点で、人件費を含むコスト削減は至上命題ですし、また、産業構造の変化によって、政府規制はいろいろな方面で桎梏となってきていることも事実でしょう。そうした状況の下で、規制緩和や市場主義的諸施策が推進されれば、企業はこれまで担ってきた社会保障の負担から大幅に解放され、より自由な企業活動が可能となってきます。構造改革、すなわち事実上の日本型「福祉国家」の解体の意味というのは、こういうものであるわけです。

では、それを解体した後、誰が社会保障に必要な財源を負担するのでしょうか。企業が負担せず、政府も負担しないというのであれば、残るのは国民しかありません。かくして自立と自己責任という「時代の気分」が作り出されたわけです。

このように、生存権や社会保障をめぐる改憲動向は、実は25条だけではなくて、経済的自由権保障のあり方とか、あるいは自立をキーワードとする「この国のかたち」論などをも考慮しないと、見損なうおそれがあることを忘れてはならないと思います。

Ⅳ　日本国憲法の想定する〈自己決定・自己責任〉

1) 日本の社会保障制度を支えてきた社会経済構造と自己決定・自己責任論

これまで自己決定・自己責任というものをキーワードにあれこれと考えてきましたが、自立も自己責任も、抽象的に理解する限り、われわれの社会の構成原理として間違ってはいません。もちろん、

---

[15]　一般に、「大きな政府」と「小さな政府」といった場合、前者は政府の役割（活動）を広範囲に認めるのに対し、後者は政府の役割（活動）をできるだけ縮小させる考え方を指します。

私自身もそれを否定するつもりはありません。さらに、現在の社会状況を考えると、少子高齢化であるとか、企業内福祉と雇用、税制の両面でもって負担の軽減を図りたいという企業の思惑、その背景にあるグローバリゼーション、そしてその結果でもある社会保障財源の不足といったような社会変動を無視して生存権論を組み立てたところで、改憲構想に対する説得的な対抗案とはなり得ないと思います。とりわけ財源問題については、それなしでは社会保障制度を維持できませんから、憲法論上避けて通ることはできないでしょう。

2）暫定的な対抗構想としての日本型「福祉国家」の再建

ただ、生存権論に財源問題を組み込むことはかなりの難題であり、財政学や社会保障法制等々の知識に乏しい私には、そう簡単に構想できる事柄ではありません。しかし自分で何も提案しないまま、そうしたことを考えようというだけで逃げたのでは卑怯ですから、ここではごく簡単に、私が当面実現可能な道筋と考えるものを提示しておきたいと思います。

それを一言でいえば、日本型「福祉国家」を再建するということです。なぜなら、日本型であれ欧米型であれ、とにもかくにも社会保障制度を維持するためには、個人の責任だけではなくて、安定した経済システムが存在していることが必要だからです。このようにいうと、構造改革を唱える改憲派は言うに及ばず、護憲派からもおそらく非難や嘲笑を浴びるだろうことは十分自覚しています。しかしながら、日本の社会保障制度を支えてきた社会経済構造を自己責任のキャッチコピーひとつで根本から覆すことには非常な無理があります。自己決定を可能にする条件なしに自己決定を強要し、その結果を自己責任に帰せば、個人には過剰な負荷がかかります。そうすれば社会に大きな亀裂が生じるでしょう。それでも日本社会がうまく成り立っていくと考えるのは、無理があると私は思います。

ただし再建の方向は、従来のものを再現しろというのでは、愚かな話です。その中身は、従来とは大幅に異なります。以下では、簡単に、論証なしに結論だけをお話させていただきます。

Ⅳ　日本国憲法の想定する〈自己決定・自己責任〉

　第1に、経済構造の面では日本の市場構造はすでに脱工業化の段階にありますから、重化学工業を中心とする高度経済成長路線の復活というのは、あり得ないだろうと思います。いいかえれば、製造業を中心とした大企業体制は終焉を迎えているわけで、そうであれば、従来の日本型システムを支えてきた広範な規制を伴う総需要管理型の経済政策はもはや必要ではありません。

　したがって、この分野に限っての一般論でいえば、規制緩和の推進は当然であるということになります。ただし、これは一般論であり、およそ規制は不要ということをいっているわけではありません。本日のテーマとの関係でいえば、抽象的な議論になってしまいますが、自己決定を支える規制は、ぜひとも必要だと考えます。

　第2に、今後社会保障制度の基盤となるであろう安定した経済システム、これが社会保障制度には必要だと申しましたが、その中核をなすのは、私に経済の予言ができるわけではありませんが、おそらくは知識とか情報、サービスを中心とする産業だろうと思います。しかし、これらは大企業であることがメリットである産業ではありません。それに加えて、大企業体制が黄昏を迎えている現状を考えると、大企業の収益を企業内福祉と税収入という形で再配分することで維持してきた従来の日本型「福祉国家」をそのままの形で再現することは不可能ですし、その必要もありません。むしろ、新しい市場構造に対応した法人税収入とサービス産業を軸とした財源確保の道というものが考えられるべきことになります。

　第3に、従来行われてきた政府規制を通じての再配分方式が、既得権保護とか利権構造の温存、あるいは政治腐敗といったさまざまな弊害を生んできたことは今さら指摘するまでもありません。規制緩和をはじめとする構造改革路線というのは、本来、そうした政治社会の構造をも改革する意味を持つべきものであるはずです。ここでも、従来型に伴う弊害であった規制権限と情報の独占による密室政治、それらに付随する集票構造をそのまま再現すべきであるなどと考えることはできません。そんな議論をすれば笑われるのがオチですし、私もそんなことを考えているわけではありません。むし

ろこれらを徹底的に解体して、2番目の課題、つまり安定した経済システムを作り、そこからどういう形でこれからの日本型「福祉国家」を支えていく財源を確保するかということ、それを、いかにも憲法研究者のお題目的な言い方ではありますが、多様な民意を反映させた討議の場に乗せる必要があります。以上の点を可能にすることこそが日本型「福祉国家」再建の基本的な道筋であると考えます。もちろん、このことを実現するために憲法を改正する必要など全くありません。

おそらくこれらのうちでは、第2の点が改憲構想に最も反するだろうと思います。経済界は、企業の活力を削ぐような法人課税強化など非常識極まりないと非難するに違いありません。なにしろ一部の財界人は、将来的には法人税を無税化すべきだとすら主張しているのです。そういう人たちからみれば、私の提案は全く逆のものですから、彼らが一笑に付すだろうことは容易に想像がつきます。しかし、社会保障は自己責任と国民の連帯でまかなわれるべきだと主張しながら、企業がその連帯からはずれて怪しまないのは、何とも不可解です。法人にも人権はあると主張しながら、納税の義務を果たさないのでは、「権利ばかり主張して義務を果たさない今どきの個人」に対する財界からの批判は、そのまま自らにも当てはまることになるのではないでしょうか。

有名な八幡製鉄政治献金最高裁判決[16]は、「憲法第3章に定める国民の権利及び義務の各条項は性質上可能な限り内国の法人にも適用されるものと解すべきである」としています。これは周知の一節ですが、法人も人権を持つというこの一節は、以上の点を考えると、二重の意味で虚しく感じられます。

最後に補足ですが、3)で述べたように、憲法25条を改正しなくても改憲構想に痛手とならないのは、生存権の実現には法律で権利内容を具体化する必要があるという事情によります。しかし、それは権利の性質ゆえにそうであるのではなくて、憲法の文言だけでは、

---

[16] 最大判1970（昭和45）・6・24民集24巻6号625頁。

Ⅳ　日本国憲法の想定する〈自己決定・自己責任〉

政府機関が具体的な活動を行うための条件が明確に示されているとはいえないからにすぎません。

　他方、権利の実現に法律制定が必要だからといって、法律の形式によりさえすれば、どんな内容でも盛り込めるわけでもありません。日本国憲法は社会保障を充実させる「国家の・責・務・」を明言しています。ここに読売の第3項のような規定を入れるのは理論的混乱であって論外ですが、現行規定のままでも、憲法外の構造改革論議で25条を骨抜きにするような事態、例えば法人税の無税化、あるいはそれを極端に軽減する法律を制定すれば、これもまた改正と同じ効果を持つということを忘れるべきではないと思います。

　このように考えてきますと、実は憲法25条にも隠れた改憲構想が存在することはお分かりいただけると思います。現在流布している自己決定・自己責任論はそうした役割を果たす可能性を非常に強く持っています。しかしこれは、日本国憲法が想定する自己決定・自己責任の構造とは大いに異なっているというのが、私の平凡な結論です。

　ご静聴いただき、まことにありがとうございました。

第9章　表現の自由の公共性

毛利　透

細　目　次

はじめに (265)
Ⅰ　松井＝長谷部論争 (265)
Ⅱ　カール・シュミット「全体国家」論 (271)
Ⅲ　公と私の区別？ (275)
Ⅳ　理性の公的な使用 (280)

はじめに

ご紹介いただきました毛利です。本日は表現の自由に関する訴訟を担当しておられる多くの弁護士の先生方もご出席とのことで、本来であれば私の方が教えていただかなければならないところであります。法科大学院では「情報法」の授業もさせられておりますが、たとえば実際にどの程度取材をすれば「真実と信じるに足る相当の理由」があったと主張できるのかというようなことは、結局私などにはよくわからず、実務を知らないで冷や汗を書きながら学生と議論しているというのが正直なところです。

本日は、何のお役にも立たないかもしれませんが、研究者として表現の自由について最近考えていることをお話してみることにいたします。

Ⅰ　松井＝長谷部論争

松井茂記先生と長谷部恭男先生の論争は、最近の憲法学界で一番注目されたものでして、表現の自由論にも密接に関係しておりますので、まずその紹介から始めてみたいと思います。この論争で中心となったのは、「憲法を、利益集団多元主義[(1)](の政治プロセスを保

---

(1) ここでいう多元主義 (pluralism) とは、多様な利益集団がそれぞれに

障する仕組みとして理解することの正当性」をめぐる問題であったと思います。

　松井先生の論旨は短くまとめれば、「司法審査の正当性は、憲法が利益集団多元主義の政治プロセスを保障していることによって説明できる。そのプロセスを構成するものとして、表現の自由には厳格な審査を及ぼすべきである」というものですが、このような日本国憲法解釈の道を取ることが妥当なのか否かが問題となります。この点について、厳しい批判をされたのが長谷部先生です。お二人の間では、何度か議論の応酬がありましたが[2]、私の主観が入るかも入れませんが、大方の人々は、松井先生側の説得力がちょっと弱いのではないかという受け止め方をしているように思います。

　松井先生は、日本国憲法は国民主権と民主主義の立場をとっているのであり、多元主義の政治プロセスを保障していると、一足飛びに憲法解釈をしてしまう。そこに説得力が弱い原因があります。この点について、松井先生以外の人々が総攻撃しています[3]。日本国憲法の全体像として、そのような憲法像が浮かび上がってくるのは無理があると感じているからです。松井先生は、憲法15条は人権規定の最初の方に出てきていて、選挙権、政治参加を重視している。

　　とって有利な政策を獲得すべく自由に抗争・妥協・取引するものとして政治過程を把握するような政治観をいいます。
(2)　松井先生の議論については、松井茂記『二重の基準論』（有斐閣、1994年）、同「プロセス的司法審査理論　再論」『佐藤幸治先生還暦記念　現代立憲主義と司法権』（青林書院、1998年）68頁、同「なぜ立憲主義は正当化されるのか上・下」法律時報73巻6号88頁、8号62頁（2001年）等を、長谷部先生の議論については、長谷部恭男「政治取引のバザールと司法審査」法律時報67巻4号62頁（1995年）、同「憲法典というフェティッシュ」国家学会雑誌111巻11、12号（1998年）等を参照。
(3)　例えば、市川正人「違憲審査制と民主制」佐藤幸治他編『憲法50年の展望Ⅱ』（有斐閣、1998年）281頁、棟居快行「プロセス・アプローチ的司法審査観について」『憲法学再論』（信山社、2001年）394頁、土井真一「司法審査の民主主義的正当性と『憲法』の観念」『現代立憲主義と司法権』前掲註(2)115頁、阪口正二郎『立憲主義と民主主義』（日本評論社、2001年）第5章等を参照。

私的な自由よりは政治参加を重視していると主張されるわけです[4]。しかし、これは「溺れる者は藁をも掴む」的な論理であって、15条の前には13条があり、そこでは典型的な個人主義である「個人の尊重」が表明されているではないかと言われてしまうと思います。長谷部先生は、松井教授の考えが受け入れられるためには、憲法典を書き直す必要があるという非常に皮肉を込めた批判をしておられます[5]。

この点に加えて、もう1つ問題になっているのは、「そのような政治プロセスを保障することが、果たして魅力的な民主政像なのか」という点です。この点に関しては、「憲法がそのような民主政像を取っている」と考えれば、魅力的であろうがなかろうが関係ないことになります。しかしこの点が明確でないということになれば、実質的に規範として取るべき根拠があるかどうかの問題になってくる。そこで、「果たして魅力的な民主政像なのか否か」の問題を長谷部先生は提起しておられるわけです。松井先生は自身の著作の中でこれをどうでもいい問題だというように述べています[6]が、しかし、日本国憲法の条文解釈として無理があるとなれば、「無理があってもその立場を取るべきだ」と言えないと、松井説擁護が難しくなります。

この点に関しては、長谷部見解と私の個人的見解はかなり一致します。プルーラリズム（利益集団多元主義）は私的な利益を互いに主張しあって、そのせめぎ合いでバーゲニングベクトルを合成するような形で出てくるのが政治の成果である。そのせめぎ合いのプロセスが開かれていることを保障するのが憲法である。それが憲法が保障する民主政治であるというわけですが、しかし、「プルーラリズムが機能するためには前提条件がいるはずである」というのが、長谷部先生の批判の要点であろうと思います。つまり、利益集団が、自分たちの要求を実現するためには、開かれたところで議論するこ

---

(4) 松井「なぜ立憲主義は正当化されるのか　下」前掲註(2) 8号63頁。
(5) 長谷部「政治取引のバザールと司法審査」前掲註(2) 66頁。
(6) 松井「プロセス的司法審査理論　再論」前掲註(2) 77頁。

となど迂遠な方法ですから、閉鎖的なところにエリート集団が固まって妥協を行い、政治的成果の分捕り合戦をする。これがコーポラティズムのイメージですが、結局、利益集団が自分たちの要求を実現しようとするならば、普通に考えるならばコーポラティズムに行くはずです。

プルーラリズムは政治的な言論保障を言っているわけですから、公開でのバーゲニング、すなわち堂々と勝負しようということになります。しかし、それは実現されないだろう。もしアメリカで近似的にも政治プロセスがそうなっているならば、アメリカには多様な利益、多様な政治主張の土俵があるからであって、日本にそのような背景があるとは思えない。長谷部先生はそのように主張しています。

そうなると、プルーラリズムの条件を保障しても、開かれた競争すらできないのであれば、条件を裁判所が保障する説得力が、ますますなくなってしまうことになります。松井先生の考え方は、プルーラリズムを可能にする状態を裁判所が保障しておけばいい、ということになります。しかし、なぜそうなのかについて、長谷部サイドからすると、松井先生は答えられない。つまり、プルーラリズムを可能にする状態を保障しても、そこからプルーラリズムが出てこないのであれば、そのようなものを守る意味はないではないか、そのようになってしまいます。

ここで一番大きな問題であると思われるのは、プルーラリズムが前提とする政治観が、開かれた討論を規範的には求めていないということだと思います。だから、放っておけばコーポラティズムになってしまう。コーポラティズムにならずに、公開のバーゲニングに皆が訴える、つまりプルーラリズムになるのは、非常に特殊な状況である、とおっしゃるのです。つまり、自己利益を自由に追求するために公開の表現で訴える必要はないわけで、隠れた取引の方が好ましい。この点は、長谷部先生はそこまではっきりとおっしゃっていませんが、実は学者も知っているはずのことであって、学者がもし、自分の考えを本当に実現したいのであれば、論文を書いて訴

えるなどという迂遠なことをするよりも、政府などの審議会に入って活動したほうがいい。論文なんかいくら書いても世の中全然変わらないが、審議会の答申に自説を盛り込めば、実現可能性はぐっと高まる。このことは、実は皆知っていることではないか。

このように、自己利益を追求するために表現の自由に訴えることは、必ずしも必要ない。そうなると、それが表現の自由の基礎づけとして有効なのかどうかという問題が生じてきます。

松井先生は自由主張のバーゲニングの条件さえ守っていれば、公正な取引が行われると仮定しておられるのかもしれませんが、しかし、実はそれは保障されない。そうなると、狭い限られたエリートが閉鎖的に行った取引の結果を「公益」とみなす理由は、非常に弱くなることになります。現在のアメリカでもプルーラリズムの政治観については批判が強い。戦後のアメリカ政治学が隆盛と見られていた時代、具体的にはベトナム戦争以前にはプルーラリズムが公正な結果をもたらすという考え方が多数を占めていました。しかし1970年代以降になると、プルーラリズムの政治観に対する批判が強まってきました。国民の意思を反映させるという点で、欠陥を持つという指摘が強いわけです。

これに対して、松井先生が支持しているアメリカのジョン・ハート・イーリー[7]――プロセス理論の大物ですが――も、プルーラリズムの立場であるとみなされていましたが、その後、イーリーはプルーラリズムの立場を明示的に取ったわけではないと述べています。松井先生自身も実はプルーラリズムの立場を取っているのかどうかよく分からない。このあたりも腰が定まらないと長谷部先生が批判される点です[8]。このあたりの揺らぎは、アメリカの中でプルーラリ

---

(7) John Hart Ely (1938-2003)。アメリカの憲法学者。ハーバード大学、スタンフォード大学教授などを務めました。司法審査の役割は実体的な価値の実現ではなく、政治過程のプロセスの維持・確保・是正であることを論じた DEMOCRACY AND DISTRUST: A THEORY OF JUDICIAL REVIEW (1980) が代表作。
(8) 長谷部「憲法典というフェティッシュ」前掲註(2) 163 - 164、166 - 167 頁

ズムに基づく民主主義の魅力が薄らいできたことに起因しているのだと思います。

アメリカにおけるプルーラリズムへの批判の要点は、既存の体制で利益を得ている集団が、その利益を政治に持ち込んで自己の主張を実現させようとするのであれば、現状の利益配分の体制が中立的であるとみなされて、現状に対する批判の目がなくなってしまう、という点にあります。現状の利益集団のせめぎあいがあっても、その結果が公正であるという保障は、どこにもないではないか、という批判です。こうした点をみていけば、国民全員が平等に民主的な意思形成に参加する能力を有するべきであるという民主政治の要請には合致しないのではないか。そのような批判がアメリカでも強まっています。

そうなりますと、私的な自由の主張のせめぎあいから、統治の根拠となり、それを正当付けるような民意が生まれると考えることは困難ではないのか。この点が今回の論争の問題点として存在するのではないかと思われます。

表題に「表現の自由の公共性」と掲げましたが、従来の日本の憲法学が、二重の基準論として理解してきたのは、「表現の自由は民主政治のために重要だから」であり、そのことを否定する人は誰もいませんでした。しかし、表現の自由がどのような意味で、民主政治にとって重要なのかという点については、それほど深く考えてこなかったのではないか。普通、自由といえば、「自分の言いたいことを言う」ことを意味します。それは松井先生のおっしゃる「私益の主張」である。しかし、私益の主張が合わさったら民意となり、それが国家権力の発動を正当化する法律となるという考え方でいいのか。

松井先生は、「それでいい。憲法はそのようにしている」と言います。しかし、憲法は本当にそうしているのかと言えば、松井＝長谷部論争からは「それはおかしい」ということになりそうだ。そう

等を参照。

なると、表現の自由、私的な自由がなぜ民主政治という「政治」、国家権力という「権力」の発動と正当化にとって重要であるということになるのだろうか。その点への反省がなされるべきである、ということになります。

II　カール・シュミット「全体国家」論

今まで述べてきた点を最も深く考えていたと思われるのが、カール・シュミット[9]です。彼はドイツのワイマール時代の理論家で、戦後も活躍しました。長谷部先生がこの講演会でお話された時もシュミットを論じられたようです。シュミットの主張も様々に変化しているので、どの段階のシュミットなのかも問題になりますが、レジュメに挙げた「全体国家論」は1930年頃の主張です。全体国家といってもナチスの正当化ではない。だからこそ、論じる価値があるわけです。

シュミットはもともと、有名な『憲法理論』の中で、「基本的人権は私的な権利である」と述べています。シュミットは基本的人権を重視するわけで、シュミットが人権を無視していたとは言えない。広い意味でリベラリズムを考慮することを怠っていたわけではない。

しかしシュミットは、そこの自由を個人が前国家的に持っている自由であり、それは私的な自由であると主張した。つまり国家権力には関わってくれるな、という意味です。それが私的な自由としてのみ意味があるということは、政治的な意味を持ち始めるや否や、基本権（基本的人権）を強く保障する意味が失われることになる。つまりバラバラの個人個人が、自分がしたいようにする自由としては非常に重要だが、個人がそれを使って何か政治的なメッセージを

---

(9) Carl Schmitt（1888-1985）。ドイツの公法・政治学者。ケルン大学、ベルリン大学教授などを務めました。ナチスへの転向が問題視されながらも、その理論体系と議会制民主主義に対する批判は、今日の憲法学・政治思想に大きな影響力を持ちつづけています。主著として、『独裁』、『政治神学』、『現代議会主義の精神史的状況』、『政治的なものの概念』、『憲法理論』、『合法性と正当性』など。

発信する、あるいは政治的な意味を持ったことをし始めると、公共的な意味を持つことになる。そうするとその自由は、純粋な自由ではなくなる。そのようになったならば、それを強く保障すべきではないし、制限してもかまわない、とシュミットは言うわけです。

シュミットはそれらを「無責任な社会的勢力として規制すべきである」と主張します。なぜならそれは、国民を分断する試みである。様々な人間が無責任にいろいろなことをしゃべって、そのことによって国民を惑わすというのです。表現の自由が社会的政治的意味を持つとするならば、それはまさに無責任な社会的勢力が国民を惑わし分断する試みであると考えたわけです。したがって、このような表現の自由の行使は制約してもかまわないということになります。

しかし、その裏には統一的な意志を持った国民が存在していることが、前提になっています。これをレジュメには「実質的一体性」と書きましたが、「同種性」などと言う危うい言葉で表現したりするわけです。公平に言えば、シュミットがワイマール期に同種性と表現したとき、人種のことを言っていたかどうかは定かではありません。ナチスの時期になれば、明らかにユダヤ人排斥で「同種性」を言い始めるわけですが、ワイマール時代に「同種性」と言った場合には、そこまで含んでいたかどうかは曖昧です。シュミット自身はワイマール時代にユダヤ人とも付き合っていたので、ユダヤ人排斥を主張していたわけではありません。

しかし、「実質的一体性」を自覚して、(議論するのではなくて)結集する国民の意思こそが、民意である。すなわち、民主主義において国家を動かすのは、そのような国民の民意であり、その国民が公共的な意味を持つのである。それが公論であると主張しました。この場合の「公論」とはパブリックオピニオンのパブリックですが、パブリックは議論から生じるのではなくて、結集した国民の「同種性」に対する意識の強さから生じるのだと主張します。これが「相対的安定期」からのシュミットの理論だったわけです[10]。

---

[10] カール・シュミット『憲法理論』(尾吹善人訳、創文社、1972年) 203 - 212、281 - 313頁。

Ⅱ　カール・シュミット「全体国家」論

　彼の主張は、私的な自由の保障と民主主義を完全に分離することになりました。このことが、数年後に「全体国家論」を主張するとき、影響を持ってきます。彼によると全体国家には量的全体国家と質的全体国家があって、量的全体国家は現実である。国家があらゆる社会の分野に介入していくことである。つまり国家の領域と社会の領域とが分かれるのではなくて、それが融合して国家があらゆる社会問題に介入していく。いわゆる「社会国家」であり、ワイマール時代に大恐慌が起きて、国家が社会に全面的に介入せざるを得ない状況を指しているわけです。

　しかし、シュミットによれば、これは量的な全体国家に過ぎない。しかも彼は、この状況は実は国家の弱さを示しているのだと言います。社会的勢力の様々な要求、利益主張に国家が振り回されているのが、量的全体国家の状況である。しかし、このような状況では統一的な政策も出来ないし、混乱状態を招くだけである。これに対してシュミットは、質的な全体国家になるべきであると主張しました。質的全体国家とは、現実の利益主張に対抗し得る「真の民意」に支えられた決断であり、社会に対して決断のできる国家、社会に対して国家が主権的に独立して、あらゆる社会問題に対して決断できる。そのような決断能力をもった国家こそが、質的な全体国家である、と主張しました。

　この主張の一つの特徴は、マスメディアなどの言論団体もまた一つの利益集団であると見られ、そのような利益集団の特殊利益の主張は、真の統一的な国家意思の出現を邪魔するものであると理解されることにあります。それでは真の統一的な国家意思とは何かといえば、当時の段階であれば大統領への圧倒的な支持（喝采）であり、それに基づく外交面での攻撃的な政策で民衆を圧倒的に動員する。そのようなイメージです。

　つまり、マスメディアなどによる無責任な主張を省いた、大統領と国民との直接的な結びつきによって民意が示され、そのような民意によって支えられた国家は、現実の利益主張に対抗して決断できる。そのような民意に支えられた国家こそが、経済から手を引く。

273

第9章　表現の自由の公共性［毛利　透］

様々な社会があれこれ要求するのに対して、それにいちいち応じていてはやっていけないのであって、経済から手を引くことが可能になるのは、「真の民意」に支えられた国家である。そのときにはマスメディアなどの現実の主張は邪魔になる。現実の主張は無責任な撹乱であるとみなされるようになります[11]。

そうなると経済から手を引く国家は「消極国家」となり、強い国家こそが消極国家たり得るというテーゼが出現することになります。政治リーダーに対する国民の感情的支持に支えられながら、国家が経済から、リーダーの「決断」に従って、手を引いていくという話。これはいつの、どこの国の話かという疑問がわいてくる人も多いと思います。まさに、シュミットの現代性が、そこには現れているということになるわけです。

いわば、危機の時代に国家の自立性を救い上げる論理として、シュミットは現代的な意味を持っていると思われます。私的な利益主張、そこにはマスメディアも含めた私的な言論も入りますが、それらが非公共的なものとして位置づけられる。今日でも営利的な主張が民意に対する撹乱要因として見られている要素があるのではないだろうか。それでは国家をどうするのかとなれば、「真の民意」なるものが要請される。それは何かとなれば、よく分からないから、誰かが「真の民意」だと思うものが、真の民意となるという話になります。

このシュミットの全体国家論に対して、そのイデオロギー性を批判するのは簡単であって、ハンス・ケルゼン[12]をはじめとする様々

---

[11] Carl Schmitt, Weiterentwicklung des totalen Staats in Deutschland, in : Verfassungsrechtliche Aufsätze（1958）, S. 359; Das Problem der innerpolitischen Neutralität des Staates（1930）, in : ebd., s. 41. カール・シュミット『合法性と正当性』（田中浩・原田武雄訳、未来社、1983 年）124 - 139 頁。

[12] Hans Kelsen, Wer soll der Hüter der Verfassung sein?（1931）, S. 30-47. Hans Kelsen（1881-1973）はオーストリア出身公法学者。ウィーン大学、ケルン大学、カリフォルニア大学教授を務めました。また、オーストリア憲法を起草し、同憲法裁判所の判事も務めました。法理論から道徳的価値判断や社会学的判断などを取り除くことによって実定法体系を「純粋」に

な人が、現実の利益主張と離れたところに民意があるなどという滅茶苦茶な主張には現実性が全くないと当時から批判していました。しかし、シュミットの主張に対する理論的反駁としては、私的な表現にも公共性を認めるべきだという立場を取らなければならないのではないか。そう思われるのですが、実際にそのような立場をどう取るのかということになります。

Ⅲ　公と私の区別？

　松井先生の説の批判的検討からカール・シュミットへと横滑りしましたが、これからお話するテーマでは、松井＝長谷部論争での長谷部先生の見解を取り上げてみようと思います。

　長谷部先生は、日本国憲法は立憲主義を取っているという立場です。これは当たり前と言えば当たり前の命題ですが、立憲主義という主張の内容には、長谷部先生の特徴があるわけです。長谷部先生は、立憲主義は公と私の領域を区別するものであり、私の領域を政治権力から保護するものであると主張します。ここまでは一般的な内容であり、カール・シュミットも同じような主張をしています。

　長谷部先生の特徴は、公の場が理性的な討論の場であると考えているところにあります。理性的な討論をすることによって、社会秩序を維持しよう。つまり多様な考えを持ち、異なった価値観を身につけている人々がさまざまにいる。そのような人間たちが一緒に生きていくためには、それぞれの人間の価値観によって生きるプライベートな「私の場」を保障する。一方、公の場、国家権力をどのように運営し、枠づけるのかの問題についての議論は、それぞれの価値観とは切り離された社会全体の利益について理性的に討論する場であると位置づけるわけです。そして、政治的な表現といったものが、公の領域の問題とされる。

　しかし、そのように規定すると、私益主張といったものをどうす

　　把握しようと試みた「純粋法学（Reine Rechtslehre）」を提唱しました。邦訳されている主著として、『一般国法学』、『純粋法学』、『デモクラシーの本質と価値』『法と国家の一般理論』などがあります。

るのか。「私はこう考える」、あるいは、「私はある宗教が正しいと思うから、この宗教にしたがって国家が運営されるべきだと思う」。そのような見解は、政治的な表現としては表明すべきではないという結論が導き出されるのではないだろうか。しかし、自分の考えをそのまま発言しても、社会共同の利益の観点から理性的な討論を行うべき政治の場など公の領域では、意味を持たないと考えるべきである、というような主張が、果たして表現の自由を根拠づけるのだろうか。そのような疑問を私は持つわけです。

　遡って考えますと、長谷部先生の「公と私の区別」「立憲主義」（長谷部先生は、これだけではなくてたくさんの持ちネタを持っておられますが）に重要な影響を与えているのは、ロールズ[13]のポリティカル・リベラリズムであろうと思います。

　ロールズは著作である『ポリティカル・リベラリズム[14]』の中で、「自分の正義の理論は政治的なリベラリズムである」と主張しました。包括的世界観に関して、相容れない世界観を持っている人々がいると、ロールズは指摘します。それがロールズの前提です。ロールズは、包括的世界観がリーズナブル（reasonable：理性的）である限りにおいて、「重なり合う合意」（オーバーラッピング・コンセンサス）を形成し、それによってリベラルな共同体を安定的に構築・維持できると主張しました。すなわち、それぞれがさまざまな私的観念を持っているが、そのような人たちも「政治的正義」という観点においては橋渡しするような合意ができる。それぞれが相容れない

---

[13]　ジョン・ロールズ（John Rawls）（1921～2002）。アメリカの政治哲学者。ハーバード大学教授。実質的価値の判断を個人の選考に委ね、全体としての幸福の最大化（ないし苦痛の最小化）を目指す「功利主義」が隆盛を誇った時代に、「正義」への問いを復活させた『正義論』（1971）があまりにも有名です。その他主著として、POLITICAL LIBERALISM（1993），THE LAW OF PEOPLES（1997）などがあります。

[14]　JOHN RAWLS, POLITICAL LIBERALISM（1993）。以下のロールズについての叙述は、毛利透「自由な世論形成と民主主義」憲法問題15号（2004年）17頁、20-26頁を元にしたものですので、より詳しくはこちらをご覧ください。

Ⅲ 公と私の区別？

価値観を持ちながらも、こと政治的秩序に関してはコンセンサスが得られる。つまり下の私的世界観と重なる上に架ける合意によって、リベラルな共同体を安定的に構築・維持できると考えたわけです。

これはリーズナブルな包括的世界観に限るわけですが、それではリーズナブルとは何かといえば、異なる包括的世界観の持ち主とも公正に共生できる、すなわち「異なる包括的世界観の人たちと一緒に生きていきますよ」という考えを持っている人はリーズナブルな包括的世界観の持ち主で、そのような人たちはオーバーラッピング・コンセンサスをお互いに構成してリベラルな国家を作り、運営していけますよ、ということになります。この図式によって、私的な包括的世界観の多元性と正義の秩序を維持するという側面とを両立させようというのが、ポリティカル・リベラリズム段階でのロールズの主張です。

ロールズの正義論[15]は有名なオリジナル・ポジションから導出されます。原初状態、すなわち、皆が無知のベールで、自分がどういう人間であるかが分からない段階で、どういう条件の下で皆で生きていくかを決めれば、正義の諸原則が出てくる。これが、正義論のよく知られている方法ですが、ロールズに対しては、民主政をより重視する立場から、正義の中身がこのオリジナル・ポジションで決まってしまう。そうなると、その後の実際の社会を作った後の民主政治の意味がなくなってしまう、あるいは民主政治の意味を軽視しているのではないか、との批判がなされます。それに対してロールズは、「私は民主政治を軽視しているつもりはない」と反論します。重なり合う合意の中身を不断に見直す。すなわち、最初に重なる合意がガチッと決まって、後はそのまま運営していくだけではなくて、その中身について常に問い直す。そのことを認めているのだと、ロールズは言うわけです。

ただし、そうなると、ロールズの理論の元々の出発点からして、包括的世界観を「重なり合う合意」に関する問題、大雑把に言えば

---

[15] JOHN RAWLS, A THEORY OF JUSTICE (1971). 邦訳としてジョン・ロールズ（矢島鈞次監訳）『正義論』（紀伊國屋書店、1979 年）。

重要な政治問題についてそのまま提唱することは、認められないということになります。これが「公共的理由」(public reason) です。つまり社会構成員全員が受け入れ可能な public reason によって、政治的な決定を導かなければならない、と言うわけです。つまり、現実の政治で社会・秩序にかかわる重要な問題について決定する際には、「自分の包括的世界観に基づいてこうする」ではなくて、皆に妥当しうる public reason を提示することを求める、とロールズは主張するわけです。

問題なのは、ロールズのこの主張が、表現の自由と両立しうるのかという点ですが、これについてロールズは自覚的であります。「公共的理由」は、法的ではなくて道徳的義務であると主張します。法的義務だとすると、それ自体が正義の一内容である表現の自由に反してしまうからです。そしてまた、「公共的理由」が求められるのは決定に際しての理由付けにおいてのみである、という限定づけもおこないます。実はロールズはこの点が曖昧なのですが、好意的に見れば、決定に際しての理由づけとして公共的理由は必要であるが、そのさらに前の自由な議論をする際の要求ではない、と解することも可能なわけです。

ところがこれは、実はより大きな問題を示しています。ロールズにおいて、なぜ立憲的理由は「自由な議論の際の要求ではない」と理解できるかといえば、そこで自由な議論は意味がない、ないしは政治的な決定を導くような役割を与えられていないからだと思われます。ロールズは「それはバックグラウンドにおいて行われる議論であって、政治的な決定に対して影響をもたない」とする。すなわち、政治的決定に対して影響をもつというのは、それぞれの市民が投票する際の理由づけのことを意味する。投票という決定の際に市民に公共的理由を求めるわけでして、投票にはもちろん政治的意味があるわけですが、その前段階としての議論は政治的意味を持たされていない。言い換えると、ロールズは市民を、「政治的決定を担う役職者」としてみなしているのであって、決定という役職から離れた議論には政治的意味を持たせていない。

この点が、ロールズが依拠したと思しきカント[16]との大きな違いですが、それについては次の項で明らかにします。

　このようなロールズと長谷部先生の主張を比較した場合、長谷部先生は、表現の自由を行使する発言の場自体で理性的発言を求めていると思われます。これによって長谷部先生の理論は、ロールズが避けることができた「表現の自由との衝突」という問題を正面から引き受けなければならなくなる。そこでその帰結は、長谷部先生が立憲主義を受け入れるものに要請する性格の強さであります。長谷部先生はリベラリズム、立憲主義は人為的な秩序、不自然な秩序であって、それを支えるには強い性格が必要だと言うわけですが[17]、この立場はロールズとは異なっています。

　ロールズは、自らの主張は自然な帰結であるという立場を取っている。すなわち、自由に皆に包括的世界観を認めると、それは普通にやっていればリーズナブルになって、アンリーズナブルにはならない。自然に自分の言っていることになるはずだ、と述べています。ロールズは自分の言っていることは自然な帰結であるとして、政治的リベラリズムの説得力をこの「自然さの想定」に依存させているわけです。井上達夫先生がロールズを批判されるのはこの「自然さの想定」に対してであり、それは非常に現状肯定的であって、アメリカにおいてもリーズナブルな多元主義が自然に現実として成立してなどいないにもかかわらず、自然な秩序、現実のアメリカがそうなっているかのように言うのは、理論的な後退だとされます[18]。

---

(16) イマヌエル・カント（Immanuel Kant）(1724-1804)。ドイツの哲学者で、近代において最も有名で影響力を有する哲学者のひとりです。ケーニヒスベルク大学教授を務めました。『純粋理性批判』、『実践理性批判』、『判断力批判』、『道徳形而上学言論』、『啓蒙とは何か』、『永久平和のために』などの邦訳が多数あります。なお、カントもロールズの対比を明快に示す最近の業績として、Peter Niesen, Kants Theorie der Redefreiheit (2005), S. 205-220. があります。

(17) 長谷部恭男『憲法学のフロンティア』(1999年) 3、7頁、同『比較不能な価値の迷路』(2000年) 60頁。

(18) 井上達夫『他者への自由―公共性の哲学としてのリベラリズム―』(創

しかし、ロールズとしては自然にそうなるのだ、普通にやっていれば「重なり合う合意」、あるいは「公共的理由」を皆が思うはずである、というように「自然さの想定」に依拠しています。しかし、この点に関して、長谷部先生はロールズとは全く逆に、立憲主義は非自然、人為的なもので、それを受け入れるものには性格が強い必要があると主張します。

その差はどこにあるのかといえば、アメリカと日本の差ということもあるのでしょうが、理論的にいえば、ロールズは自分の言いたいことをいう場はある。しかし、その場は政治的な決定とは切った上で認めるという構造です。長谷部先生は表現の自由の場自体を理性的な討論の場であると言って、表現の自由の行使そのものに理性を求めている、ということになります。したがって、そのようなものを受け入れるためには性格が強くなくてはならない。非常に人為的で、本当は嫌なのだが多元的価値観の下で平和に生きていくためには仕方がない。そのことを自覚して受け入れろ、という話になるわけです。

このように非自然、性格が強くなければならないという論理は、ますます表現の自由の保障の趣旨と合致するのか、疑問となります。表現の自由は「言いたいことを言う」というのが、元々の出発点だったはずで、言いたいことを言うのではなくて、少なくとも重要な政治問題、例えば憲法問題などについては、言いたいことは言うな、というのは、確かに現実政治的な意味を持っているのかもしれませんが、理論的にいうと、表現の自由の保障の趣旨と一致しているのかという点には、疑問をぬぐえないわけであります。

IV　理性の公的な使用

Public reason（公共的理由）というのは、カントが言った「理性の公的な使用」である public use of reason と似ているのですが、ロールズの主張が今まで紹介してきたようなものであるとすれば、

文社、1999 年) 17 - 20、117 - 121 頁。

IV 理性の公的な使用

それとはまったく違うことになります。カントが「啓蒙とは何か[19]」という有名な文章で述べた「理性の公的な使用」は、市民が役職者としてではなくて一人の個人として理性を使用することで、しかもそれは、全世界の人間（人類）に対して理性を使用することです。カントは、その使用が自由でなくてはならないことを力説するわけです。つまり、個人及び国家（社会）は、共に自律していると言えるためには、理性の公的な使用が自由でなければならない。「理性の公的な使用」とは何かといえば、それぞれ個人個人の人間が一人の個人として、つまり役職者としてではなくて個人として、他の全ての人に対してしゃべることだ、ということになります。

カントは自説正当化の一助として、しゃべるだけなら無害であるということを力説します。法律には従うが、それを批判することはできるはずである。なぜなら、批判するだけでは無害ではないか、ということです。しかし、無害で無力な言論が徐々に民意を形成して、国家のあり方を変える可能性を有することに、理性の公的使用の意味を見出すことができます。この点に着目したのが社会理論家のハーバマス[20]であり、私が最も影響を受けているのはハーバマスであると主観的にも客観的にも見られていますが、ハーバマスは理性の公的な使用によって、公共での議論が政治的な影響力を有するようになる。このことを「公共圏」という言葉で示そうと考えたわけです。

ロールズは、すでにご紹介したように、民主政は市民皆による決定であると理解しています。しかし、現実にはそうではない。イデ

---

[19] カント（篠田秀雄訳）『啓蒙とは何か』（岩波文庫、1974年）。
[20] ユルゲン・ハーバマス（Jurgen Habermas）（1929～）。ドイツの哲学者、社会学者。フランクフルト大学教授などを務めたフランクフルト学派第2世代の中心人物。現代ドイツを代表する思想家であり、国際的にも著名な学者です。邦訳されている主著は、『公共性の構造転換』、『コミュニケーション的行為の理論』、『近代の哲学ディスクルス』、『事実性と妥当性』など多数あります。以下のハーバマスについての叙述も、より詳しくは毛利前掲註[14]をご覧ください。

オロギー批判的に言われることですが、民主政だからといって我々皆が決定しているわけではない。したがって、理想的な概念によって現実の自由への制約を正当化すべきではないと言えます。しかし、私がより強調したいのは、民主政は理念としてもそのように考えるべきではないということです。

民主政を市民皆による決定であると理解すると、決定するそれぞれの人間、つまり決定するものは国家権力を直接行使することになりますから、市民に対してそれなりに責任が負わされて、それは自由の場ではなくなってしまう。つまり、国家権力の行使になりますから、それは自由であってはいけない。これは法治主義の大前提です。だから公共的理由で縛るべきだという話にもなるわけです。しかし、そのように考えると、市民の自由の政治的意味を捉え損ねることになってしまう。民主政において支配する正当性のために、個々の市民の自由が枠づけられる必要はないはずです。

この点を整合的に考えるためには、公共圏での議論の結果が、公論（public opinion）に支配する正当性を付与するという道筋を採るべきだと思います。公共圏という場を設定することによって、自由と公共を媒介することが理論的に可能になると思うわけです。

ハーバマスはロールズに対して「公共圏に着目していない」と批判しますが、ロールズは逆に「公共圏という概念が理性的結論を生む保障などないではないか」と批判します。「手続きは結論を保証しない」のだから「公共的理由」という実体的制約がいるのだというわけです。これに対してハーバマスは「理性の脱主体化」を主張します。つまり「手続きに化体される実践理性」という回答を示すわけです。「理性の脱主体化」はハーバマスの中心的な主張です。

長谷部先生の念頭に置く「理性的討論」とは、皆が発言する際に個人がきちんと考えて自分が思っていることとは違うことを言わなければならない、本当に思っていることとは違う、皆が納得するようなことを言わなければならないというものでしょう。しかし私の理解では、ハーバマスはそうではなくて、理性というものは個人個人の頭を規制するものではなくて、公共圏という議論の過程で働く

IV　理性の公的な使用

ものである。つまり、その場で働くものが理性である。だから発案する人間に理性を求める必要はないし、そうするべきでもない。自由な討論がなされることによって、その討論の過程で理性が働く。だから、その討論の結果が、国家権力を動かす民意としての正当性を有するのであるという論理を取るべきであると言うわけです。

　ここから、結論としてレジュメには次のように書きました。「表現の自由の公共的意味は、自由が公開の討論を生み出し、その中から統治する正当性を有する民意が生み出されるとの規範的期待にある。」

　このことの帰結としては、公論を形成するためには一定の時間が必要であるということになります。つまり発案それ自体が理性的であることを求める必要はない。理性的な発案を求めれば、それが自由を制約することになりますが、理性の公的な使用が公共的な意志を形成するというメカニズムのポイントは、公共圏の議論の過程で理性が働くことになるわけですから、そうなれば理性が働くために一定の時間が必要となるという帰結が導き出されます。

　民主政治においては、一定の時間をかけて議論をすることが必要であると言われるわけですが、しかし、なぜ時間が必要なのかについてあまり理論的に突き詰めて考えられていなかったのではないか、と思うわけです。なぜ時間が必要かといえば、時間をかけた上での民意のみが公共性を持つ正当な民意だと見なせるからではなかろうか。

　ハーバマスが昔、若くて威勢のいい頃に、「理性の党派性」などと言っていました。「理性の党派性」というのは誤解を招く表現ですが、このような考え方、公共圏に着目するというような考え方は党派的な主張であるということです。それは、一つの考え方である。ロールズも一つの考え方であり、いろいろな考え方があるわけですが、ハーバマスは自分の主張は一つの考え方である。ただし、この考え方を取るべきではないかと言うわけです。私もそうではなかろうかと思うわけです。

　その根拠は、そのように考えることによって、表現の自由、つま

り自由を行使することと、それが民主的な意味を持つ、つまり、皆が勝手に自分の思いたいことをしゃべることが民主政において重要であることを、この論理で根拠付けることができると考えるからです。

そうなると、個別の発言ではなくて、自由な討論が許されることが公共的な意味を持っているのだということになります。ただし、個別の発言がそれ自体、意味を持つわけではないとなると、実際に参入する動機が少ないわけです。先ほども言いましたが、誰かが何かを言ったからといって、社会が突然変わるわけではない。しかし、だからといって、誰かがしゃべっておけばいいやという、いわゆる"フリーライド"を皆が起こすと、議論が過少となって公共圏の機能不全を招くであろう、と思われます。経済学で言う「公共財[21]」はフリーライドを招くような財であるというようなことが言われるわけですが、表現の自由もそのように考えれば、同様な性格を持つことになる。

普通、公共財は市場では十分供給されないから国家が強制的にお金を取ってサービスを提供するというような話になるのですが、表現の自由の場合にはそうはできない。みんなの意見を国家が言いましょうということはできない。そうなると、せめてそこへの参入障壁を低くしておくべきであろうと思うわけです。

そこで名誉毀損などで出てくる論理ですが、萎縮効果論というも

---

[21] 公共財（public goods）とは、国防や警察、消防、道路などのように、対価を支払わない者にもその利益が及ぶという「消費の非排除性」と、ある人の消費量が増加したとしても他の人の消費できる量が減少しないという「消費の非競合性」という2つの特徴を有することから、市場メカニズムのもとでは適切に供給されないような財やサービスをいいます。このような公共財は、他の人によっていったん供給されれば自分自身も利用可能になりますから、合理的な人であれば、他の人に公共財の供給費用を負担してもらい、自分はその利益に「ただ乗り」しようとするはずです。しかし、すべての人が「ただ乗り」しようとすれば、「公共財」自体が提供されなくなるおそれがあることから、公共財の供給には国家権力が関与すべきだと主張されます。

IV 理性の公的な使用

のが必要となるのではないかと思われます。萎縮効果論は、許される表現への自己規制を避けるために、本来は許されない表現であっても認めておく必要があるという論理です。表現の自由とは自己規制しやすいので、自己規制をかけないために広めに保障しておく必要があるだろうという論理が萎縮効果論です。この萎縮効果論もよく考えると、何でそんなことが必要なのかがよく分からない論理です。つまり別に許されない表現は許さなければいいのであって、何で許される表現の自己規制をさけるために本来許されないような表現まで保障しないといけないのだ、という疑問に対して、これもまた正面から答えられていないと思うわけです。

個別の表現ではなくて、公共圏全体での議論が重要だという観点からすると、個別の表現が意味を持つわけではないにもかかわらず、いろいろな議論が出される必要がある。そうだとすれば、参入障壁をできるだけ低くすることが必要で、そのことによって公共圏での議論を豊かにすることが必要になってくるのではなかろうかと思うわけです。そのような活発な議論をすることによってのみ、統治する正当性を持った民意が生まれるということが期待できる。だから萎縮効果を防止することが憲法上求められるのではなかろうかと考えるわけです。

したがって、個別の自由に、公益に奉仕する、いわば公益追求の目的化を求めるべきではないわけで、営利のための表現であっても、それがまた議論を生むことによって議論が活発化されるわけですから、個別の表現活動それ自体が何か公共的な意味を持たないといけないというわけではない。そうすると営利と公共は相反しないはずです。逆に、営利のための表現活動を認めておかないと、お金もうけのためでなかったら、誰がそんなことを好んでするかという話にもなるわけです。政治的な表現をするインセンティブは、個別の表現をするインセンティブというのは実は少ないわけですから、その意味でマスメディアが営利企業として存在するということには一定の意義があるはずであって、その主張がいわば利益追求であるということでもって消極的に判断するべきではなかろうと考えるわけで

す。

　つまり、個別の表現ではなくて、表現の自由を保障するという、その全体に公共的な意義があるというふうに理解して、表現の自由と民主主義、いわば正当な権威ある公論を形成することとを両立させるべきであろうと考えるわけです。

　以上で私の話を終わらせていただきます。どうもありがとうございました。

第10章　思想良心の自由と国歌斉唱

佐々木弘通

細 目 次

I　はじめに (287)
II　従来の憲法第19条解釈論（の私なりの整理）(289)
　1）「不利益取扱い」型 (292)
　2）「不利益取扱い」型と結合した「思想調査」制度の違憲性 (294)
　3）「外面的行為の強制」型 (298)
III　公立高校の儀式における国歌斉唱への当てはめ (301)
　1）前　提 (301)
　2）対・生徒の関係 (302)
　3）対・教員の関係 (306)
IV　「自発的行為の強制」型 (311)
　1）新しい解釈論の提示 (311)
　2）公立高校の儀式における国歌斉唱への当てはめ (317)
V　おわりに (321)

I　はじめに

「思想良心の自由と国歌斉唱」の問題を考える契機となったのは、1999年8月の「国旗・国歌法[(1)]」制定です。制定当初から学校現場で、日の丸・君が代の強制が行われるのではないかという危惧がありました。

この法律が制定されたきっかけは広島県立世羅高校の校長の自殺です。卒業式での日の丸掲揚をめぐって広島県教委からの命令と現場教職員の反発の板ばさみになり、世羅高校校長が自殺したことが法制定の要因になりました。

---

(1)　正式名称を「国旗及び国歌に関する法律（平成11年8月13日法律127号」といい、次の二つの条文と附則、2つの別記から成る法律です。「第1条　①国旗は、日章旗とする。②日章旗の制式は、別記第一のとおりとする。　第2条　①国歌は、君が代とする。②君が代の歌詞及び楽曲は、別記第二のとおりとする。」

第 10 章　思想良心の自由と国歌斉唱［佐々木弘通］

　私は、学校現場で国歌斉唱を実施することに関して、憲法 19 条の思想良心の自由の既存の解釈論の枠組みで、違憲と言えるのかどうかについて、心許ないものを感じていました。違憲か否かに関して、どのように議論を組み立てるべきなのか、分からない点がありました。

　この時に、良心の自由についてドイツ憲法の研究をされていて、その蓄積をベースにして憲法的な視角から論陣を張られたのが、西原博史さんです(2)。しかし、彼の議論を読んでも納得できない点が多かったのです。

　この連続講演会で最初の講演を行われた奥平康弘先生は 1999 年 12 月、「現状を憂える憲法研究者の集まり」（「憂える会」）を始められました。私は翌年の 6 月、「憂える会」で報告の機会をいただいたので、「西原さんの解釈論では、うまくいかないのではないか」との問題提起を行いました。

　しかし、西原さんの議論では戦えないと言っているだけなら、単に足を引っ張っているだけですから、アルタナティブな解釈論を出さなければならないと考えて、2000 年 11 月に私なりの解釈論をまとめました(3)。

　憲法 19 条に関して憲法解釈論の現状では、現実に生起している問題をうまく掬えない。むしろ現実に迫られて、理論自体を練り直す必要が出てきたと思っています。

　その傍証として、昨年、ロースクールが出発することに伴って、様々な教科書の改訂版が出されました。すでに国旗・国歌法の制定を梃子にして国旗掲揚・国歌斉唱が学校現場に導入されてから 5 年近くが経っているわけですから、新しく出た教科書の憲法 19 条の

---

(2) たくさんの時事的論稿を発表されていますが、ここでは、この問題についての西原さん自身の憲法解釈論がいちばんはっきりと書かれているものとして、西原博史『良心の自由・増補版』（成文堂、2001 年）第 4 部第 1 章（423 頁）と同第 2 章（449 頁）を挙げるに止めます。
(3) 拙稿「『人権』論・思想良心の自由・国歌斉唱」成城法学 66 号 1 頁（2001 年）。

項目でこの点がどのように論じられているのか注目したのですが、ほとんど触れられていません。触れている場合も「強制は許されない」という従来の紋切り型のわずかな叙述だけでした。

しかし、「強制は許されない」という言葉だけでは、現実に切り込んでいくことができません。何が強制か、どの行為を強制するのが憲法問題になるのか、なぜ、その行為を強制すると憲法19条に触れることになるのかの理論構成が問われるはずなのに、そのような問題には触れない教科書が多かった。

このことは、国歌斉唱の強制問題に関して、憲法19条論で簡単に違憲だというのが理論的には難しい。その傍証になっているのかな、とも感じました。

さて今日は、そんなことも含めて、私がその当時考えた内容に、その後の若干の考えの展開を加味して[4]、お話したいと思います。

Ⅱ 従来の憲法第19条解釈論（の私なりの整理）

憲法19条の解釈論にとっての課題は次の点にあります。すなわち、内面的な精神活動の自由の憲法的保障が、現実生活のうえで固有の意味を持つのはどんな場面か。この憲法的保障は、個人の外面的活動のどんな側面に保護を及ぼすのか、という点です。

個人の尊厳、個人主義と言ったときに、「個人の内面は、侵すことが許されない、貴重なものとして保障されるべきだ」と原理原則論を言うことは重要ですが、憲法解釈論で問題となるのは、それが本当に現実生活のうえで、どのような形で憲法的な力を発揮するのか、という点です。そうすると、原理原則を言っているだけでは力にはならない。現実生活の上でどのような力を持つかが、ここでは問題となるはずです。

精神活動の自由という点で言えば、それが内面に止まるのではなくて外面に出て行くときは外面的な精神活動の自由という問題にな

---

[4] 拙稿「『国歌の斉唱』行為の強制と教員の内心の自由」法学セミナー 595号42頁（2004年）。

り、その中心的な条文は憲法 21 条の表現の自由になります。この場合、表現の自由で保障される外部的行為はたくさんあります。しかし、外面的な精神活動の一歩手前である、憲法 19 条の内面の精神活動の自由を保障することは、現実生活のうえでどのような力を発揮するのか。これが憲法 19 条の解釈論の問題であると思うわけです。

そのようにして構成された憲法 19 条の解釈論は、内面的な精神活動の保障に関わるものです。憲法 21 条に関して、表現の自由の優越的地位の理論が憲法学にはありますが、それは外面的な精神活動の自由についてです。しかしそれよりも強く、憲法 19 条の解釈論に関わってくる問題については保障されるべきだということになるはずです。

さて、憲法 19 条について教科書を紐解くと、伝統的に 3 つの解釈論の型が出てきます。それらは、「不利益取扱い」型、「沈黙の自由」、「特定の思想の強制・勧奨の禁止」、の 3 つです。しかしこれには不十分なところがある、というのが私の考えです。

まず、「沈黙の自由」は、独立したカテゴリーとして取り上げるものではなくて、「不利益取扱い」型のサブカテゴリーとして出てくるものではないかと考えました。この点については後で、「Ⅱ－2)」のところで、もっと詳しく述べます。

次に、「特定の思想の強制・勧奨の禁止」ですが、第一に、確かに特定の思想を「強制」することはひどいことだと思うわけです。しかし、少なくともこれまでの常識的な見解では、個人の内面の中に何らかの形で公権力が立ち入って、無理やり別の形に作り変えることはなかなかできない。特定の思想の強制が憲法上禁止されることはいいのですが、現実にそのようなことは起きない。例えば「洗脳」のような場合であれば、思想の自由の問題に行く前に身体の自由の拘束というところで捉えて、それはいけないと言えるわけですし、「特定の思想の『強制』」を現実の事件として想定するのは、なかなか難しいのではないか。

第 2 に、その手前である、公権力や政府が特定の思想を「勧奨」

してはならないという命題です。しかし、公権力は様々な問題に関して、「こうするほうがいい」と発言する場合があるわけで、これが一律に憲法19条で禁止されると言えるのか。

最近のアメリカの問題を引っ張ってきて、日本では「ガヴァメント・スピーチ（government speech）の問題」と言われています[5]。確かにガヴァメント・スピーチを憲法上、どのように統制するかは重要な課題ではありますが、憲法19条論として、それが一律にだめだという話にはならないのではないか。

もう少し話を進めますと、憲法20条では宗教の領域で信教の自由とは別に政教分離原則があって、その原則によれば政府が宗教に関わる発言をすることは一切、禁じられている。しかし、憲法19条には政教分離原則を定めているような条文はない。ところが20条や89条（「公の財産の支出利用の制限」）が定める政教分離原則はないのに、宗教に関わらない領域についても同じようなことが言えると簡単に断言できるのか。これはなかなか難しいのではないか。私はそう考えています。

このように考えると、「特定の思想の強制・勧奨の禁止」というカテゴリーを憲法19条解釈論として維持するのは難しいのではないか。もっと理論的に根拠付けないと、そのように言い切れないのではないかと考えています。

ですから、ここから先の話としては、「沈黙の自由」は、「不利益取扱い」型のサブカテゴリーとして位置づけられ、「特定の思想の強制の禁止」に関しては「外面的行為の強制」型に一部取り込まれ

---

[5] 政府は表現行為を規制するだけでなく、特定の観点に基づいて政府自らが発言者として表現活動も行っています。政府や地方公共団体の公報活動などがこれに該当します。こうした政府による表現活動は、国政や政府の立場に関する情報を国民に提供することによって民主主義に仕えるという積極的な意義を有する一方で、それが過剰に行われることで世論が歪められ、政府の都合のいいように操られてしまいかねない、という問題点も有しています。それゆえ、こうした政府の表現活動を、憲法上どのように位置づけるべきかについて議論されています。

ることになります。つまり公権力が人の内面の中に土足で踏み込んで、それを作り変えることが現実にはできないのだとすると、何をするのかと言えば、その人の内面とは反するような外部的行為を強制するということです。そのような外部的行為を強制されて、その人の内面と激しくぶつかる時に、それに対して何らかの憲法的保護を与えることができるのではないか。そのような「外面的行為の強制」型として位置づけられることになります。

1）「不利益取扱い」型

そこで「不利益取扱い」型に話を進めます。

まず、「不利益取扱い」型についての定義ですが、憲法19条で保障されるこの場面では、どのような保護命題が出てくるのか。こうです「公権力が、特定内容の『内心に有るもの』を侵害する意図をもって、その特定内容の『内心に有るもの』を保持する個人を、正にそれを内心に保持するゆえをもって、不利益に取り扱うことは、絶対的に禁止される。」

絶対的に禁止されるわけですから、これは非常に強い規範だということになります。

「内心に有るもの」という表現があるので、日本語として読みにくい感じがされると思いますが、憲法の教科書では「内心に有るもの」を3つぐらいのレベルに分けて論じることが一般的です。1つは宗教的な信条、ないしは信仰に匹敵するような、しかしそれが世俗化された形の、「世界観、人生観など個人の人格の核心をなすもの」。これが一番深いレベルの内面的確信であるとすると、2つ目が、それよりももう少し浅い、「事物の是非、善悪の判断」といったレベルの問題。一番浅いレベルが、3つ目の、「たんなる事実の知不知」です。

従来の憲法19条論では、このレベルに応じてどのように話が変わってくるのかという形で議論がされてきましたが、内面を区分けして議論することはあまり生産的でない。後で述べます「外面的行為の強制」型では、どうしてもこの問題に立ち入らざるを得ません

Ⅱ　従来の憲法第19条解釈論（の私なりの整理）

が、ここの「不利益取扱い」型の場面では立ち入る必要がないと私は考えています。どういうレベルのものかは問わないで、とにかく人の「内心に有るもの」として一括して捉えればいいのではないかと考えています。

　「不利益取扱い」型の解釈論の定義はそのようなものです。公権力が、特定内容の「内心に有るもの」を侵害する意図をもって、その特定内容の「内心に有るもの」を保持する個人を、まさにそれを内心に保持するゆえをもって、不利益に取り扱うことは、絶対に禁止されるということです。

　これに当てはまる場合は、その特定内容の内心を保持している人全てとの関係で当該措置が違憲とされ、無効とされる。そうした効果になろうと思います。典型的には公務員を採用する場面です。採用に関して、試験で80点を取ったら一律に採用することにしているが、ある人が85点を取ったが共産主義思想を持っているため、その一点で公務員として採用しない場合には、その個人が共産主義思想という特定内容の「内心に有るもの」を持っているがゆえに、それを理由に他の人と違って不利益取扱いをしている。こういうことは絶対に許されないということです。

　それではこのとき、どのような効果が出てくるかというと、例えばその時、80点以上で採用すべき人が100人いて、その中で10人が共産主義思想を持っているため採用しなかった場合は、その10人について採用しなかった部分が無効となる。ですからこの10人は、たとえ共産主義思想を持っていたとしても、それとは関係なく公務員として採用されるべきだ。それでは残りの90人の部分はどうかといえば、それは有効なものとして保持してよいのではないか、という発想です。

　ですから共産主義思想を持っているという理由で不採用になった、その人たちとの関係で一律に公務員採用事業は無効とされる。そのように効果としては考えられるだろうということです。

2）「不利益取扱い」型と結合した「思想調査」制度の違憲性

次に、「不利益取扱い」型と結合した「思想調査」制度の違憲性について、お話したいと思います。これが従来、「沈黙の自由」として論じられてきた事柄の中身であろうと思われます。

ここで「思想調査」あるいは「思想調査」制度というのは、公権力が個人の「内心に有るもの」の開示を求めることを指します。

そこで「思想調査」の制度XとYを考えてみます。制度Xは、制度の設置目的が「不利益取扱い」型である場合です。つまり「内心に有るもの」が、先ほどの例で行くと共産主義思想であることが分かったら、その人に不利益を与えるという意図をもって「思想調査」制度を作った場合が、「思想調査」制度Xです。それに対して「思想調査」制度Yというのは、制度の設置目的がそれ以外である場合です。

それから、「思想調査」制度AとBを考えましょう。制度Aというのは、「内心に有るもの」の開示をしない者、先ほどの例でいえば、「どのような思想を持っているか」と聞いても答えない者、あるいは虚偽内容の開示を行う者に対して制裁手段を備える。それが制度Aです。それに対して制度Bは、開示を求めるけれども、答えない者、虚偽内容の開示を行う者に対して、とくに制裁を加えることはしないというものです。

そのように整理したうえで、次にYとAの制度がくっつく場合を考えたいと思います。Y－A制度で「内心に有るもの」の開示を求める。ここでは、そこでどのような内容が開示されたのかは問題にならない。開示をすればそれでOKとなり、開示をしない場合、あるいは虚偽内容の開示をする場合には、そのことに対して制度内在的な制裁が課されるというものです。制度内在的というのはA制度、B制度の区別を念頭に置いているわけですが、そのような制度を1つ考えることができる。

もう1つは正に「不利益取扱い」型、一定の思想が出てきたら一定の思想の持ち主に対して、不利益を加える目的で「思想調査」制

度が設けられている場合です。この制度Xを、ここでは話を分かりやすくするために、制度Aではなくて制度Bとくっつけることを考えてみます。この場合には制度内在的な制裁手段を備えない。ですから開示をしないとか虚偽内容の開示をした場合、そのことを捉えて制裁を加えるものではない。しかし、制度目的は「不利益取扱い」型にあるわけですから、開示をした結果、その人が例えば共産主義思想の持ち主であることがわかったのなら、共産主義思想を持っていることを理由として、その人に不利益を与えることが、そのあと続くことになります。

あるいは開示しない人はどうなるのかといえば、開示しない人は開示しないから制裁を加えるというのではなくて、開示しない奴は共産主義思想を持っているに違いないと考え、したがってそれを理由として不利益に取扱う。そのような制度としてX－B制度を考えることができます。

このようなX－B制度（これはX制度がA制度とくっついても同じことになりますが）は、憲法19条に違反する。したがって、全体として誰に対しても違憲無効になる。これが従来、「沈黙の自由」として論じられてきたことだと思います。

公務員制度の場面での共産主義思想を理由とした採用拒否については先ほど述べましたので、これに「思想調査」制度がくっつく場合を考えてみます。そうすると公務員採用事業の一歩手前に「思想調査」制度が設けられている。「思想調査」制度で共産主義思想だと分かったら、公務員として採用されないという不利益が加えられることになるわけですから、公務員採用事業そのものは、「不利益取扱い」型だとして、共産主義思想を持っている人たちとの関係では一律に違憲無効になるわけです。

共産主義思想を持っている人との関係で言えば、「思想調査」制度はいいが、公務員採用事業で不利益取扱いが行われたとき、そこだけ捉えて違憲無効とする、というのではなくて、その一歩手前の「思想調査」制度を含む全体を1つとして考えて、そもそも「思想調査」制度自体が入り口のところから違憲無効であると考えること

ができる。結局、共産主義思想の持ち主との関係では、この「思想調査」制度は一律に違憲無効だということになります。

　しかし、共産主義思想の持ち主以外の人にも思想調査は行われているわけですから、この人たちの部分が有効なものとして残ることになります。この部分をどう考えたらいいのかについてですが、2つほど考え方の筋があると思います。1つは、この人たちは「思想調査」制度で一定の圧力にさらされている。つまり、自分はリベラリストで共産主義思想を持っていない場合、リベラリストだと言えば何の不利益も加えられない。しかし、答えたくないとして黙っていると、共産主義思想の持ち主だと見なされて不利益を加えられる。そうした形での圧力にさらされるわけです。そうした圧力にさらされること自体が、憲法19条の思想良心の自由を侵害すると捉えて、共産主義思想を持っていない人との関係でも「思想調査」制度は違憲無効だと論証する筋が1つあります。

　もう1つは、この制度目的そのものが、共産主義思想の持ち主を探し出して、その人物に不利益を加えることにあるわけですから、共産主義思想の持ち主との関係で、その制度が違憲無効とされるのであるならば、残った部分だけを維持することについて、この制度自体にどのような存在意義があるのかが問題になります。つまり、こうです。「思想調査」制度のもとで、「内心に有るもの」の開示を求められる段階で、思想良心の自由の問題として捉えられます。そこでこれの許否を憲法的に判断することになります。その際に、「自由」の規制の合憲性を判断する基本的な判断枠組みとして、まず自由に対して規制を加える目的が正当化できるかどうかという問題と、つぎにその目的に対してその自由を規制する手段とが十分に関連しているかという問題とを検討する、ということがあります。司法審査の場面ではこれらをそれぞれ、目的審査と手段審査と言いますが、目的の場面で、このように「不利益取扱い」型を目的としているような「思想調査」制度は、目的で違憲だとしてはねられることになるのではないか。

　したがって話をまとめると、「思想調査」制度については、共産

Ⅱ　従来の憲法第 19 条解釈論（の私なりの整理）

主義思想の持ち主に対してだけではなくて、どのような思想の持ち主に対しても、つまり「思想調査」制度が適用される万人に対して、違憲無効だと言うことができると考えられます。

それに対してY－A制度はどうか。これは「不利益取扱い」型と結合していません。しかし、制度固有の制裁手段を備えている。開示を求めたが答えない、あるいは虚偽内容の開示をした場合に、そのことをもって制裁を加えるという制度です。

これはどうなのかという問題ですが、この場合は憲法 19 条の問題ではなくて憲法 21 条の問題になるのではないか。すなわち、消極的表現の自由の問題です。よく取り上げられるのが、裁判における証人の証言義務です。ここでは正当な理由なく証言を拒む者に罰則を科すというシステムがとられています。

それではY－A制度とX－B制度とを比べた場合、何が違うのかというと2つぐらい挙げることができます。1つは「内心に有るもの」の開示を求める理由ということで、先ほど述べた制度Xなのか制度Yなのかという違いです。つまり「不利益取扱い」型と結合しているのか否かの違いです。

もう1つは「内心に有るもの」の内容です。X－B制度においては、その人の深い、人格の核心をなすような思想を推知せしめるような事実の開示を求められる。それに対して、ここで問題となっている裁判における証言義務などで証言しろと求められている「内心に有るもの」は、単なる事実の知不知の問題といった次元のものである。したがってここが違うという議論です。

従来の議論の仕方では、「内心に有るもの」の内容、つまり「内心に有るもの」のレベルがどうかというところにもっぱら着目して、Y－A制度は合憲的なものとして維持できるがX－B制度は違憲だとしていました。

しかし、むしろ、「不利益取扱い」型と結合しているかどうかを重視すべきではないのかと私は考えます。このY－A制度では「不利益取扱い」型と結合しないので、憲法 19 条の問題とはならない。基本的に憲法 21 条の問題である。これは表現する自由の問題では

なくて表現しない自由の問題ですから、消極的表現の自由の問題と言われますが、基本的な考え方、これによって行われる規制の違憲合憲の問題は、表現の自由の一般理論にしたがって考えればよい。ここでは一定の表現内容を情報として出さないことが問題になるわけです。この内容について証言しろと言われたことについて、それを拒否したり虚偽内容の陳述をすることが規制されているわけですから、表現の内容規制の問題となります。

ですから、表現する自由の場合には、「特定内容のメッセージを発することがもたらす社会的害悪のゆえに、その表現行為を規制する」ことになります。それが目的審査をやり、手段審査をやって厳しい審査にパスすれば、表現の自由の規制は合憲的なものとして維持されるという話になります。

それと同じ枠組みで、表現しない自由の場合には、特定内容のメッセージを発しないことがもたらす社会的害悪のゆえに、その沈黙行為を規制することが、憲法21条に照らして果たして許されるのかという枠組みで考えていけばいいのではないか。裁判における証人の証言義務の場合、一定の事実をしゃべれということは、その事実が明らかになることによって、公正な裁判に資するということが、そこでの規制の目的になりますから、この規制目的との関係で沈黙行為に対して規制を加えることは合憲的なものとして認めてよいのではないか、というのが憲法学の一般的な考え方です。

以上で、本家本元は「不利益取扱い」型で、「不利益取扱い」型のサブカテゴリーとして従来「沈黙の自由」として論じられてきた問題は位置づけられるという話をしました。

3）「外面的行為の強制」型

次に憲法19条の解釈論の型として、まったく別の「外面的行為の強制」型に入っていきたいと思います。

まず、どういう法命題が憲法19条から出てくるかということですが、こうです「公権力が、特定内容の『内心に有るもの』を侵害する意図なしに、一般的な規制措置を行う場合に、その規制による

II 従来の憲法第19条解釈論（の私なりの整理）

『外面的行為の強制』が、或る個人の保持する特定内容の『内心に有るもの』と、深いレベルで衝突するとき、同規制からその個人を免除することが憲法上の要請である。ただし、免除しないことを正当化する非常に強い公共目的が存在する場合には、この限りでない。また、可能な場合には、免除される者に、当該規制に代替するような負担が課せられるべきである。」

まず「不利益取扱い」型と「外面的行為の強制」型とはどこが違うかといいますと、「不利益取扱い」型では公権力が特定内容の「内心に有るもの」を持っている人に、不利益を与えようという意図を持って、そういう措置を行う。それが「不利益取扱い」型です。「外面的行為の強制」型では、そのように特定内容の「内心に有るもの」を持っている人に意図的に不利益を与えるわけではない。しかし、結果的に不利益を与える、というのが「外面的行為の強制」型で、私は「非『意図』型」と論文では表現しました。

この解釈論は従来、憲法19条の解釈論の1つとして学説の中でも広い支持はなかったと思います。「II」の最初のほうでお話しした、憲法19条についての伝統的な3つの解釈論の型にも、この解釈論は入っていません。この解釈論が学説として支持を集めるようになってきたのは、憲法20条に関わる「剣道実技拒否事件（神戸高専事件）[6]」が契機となりました。

この事件の概要ですが、剣道が高校の体育の科目の中に入っている。しかし、ある高校生が「エホバの証人」の信者だったために、捔技は信仰上の理由からできないとして、代替的なレポートを書いて提出はしていましたが、剣道の授業に参加しなかった。結局、原級留め置き処分を受けて、最終的には退学処分になってしまった。

これは、その人の信仰の自由、内心の自由を侵す措置なのではないかということで訴訟になり、第1審[7]では負けましたが第2審[8]、最高裁では原告側が勝ったという事件です。

---

[6] 最判1996（平成8）・3・8民集50巻3号469頁。
[7] 神戸地判1993（平成5）・2・22判タ813号134頁。
[8] 大阪高判1994（平成6）・12・22判時1524号8頁。

第 10 章　思想良心の自由と国歌斉唱 [佐々木弘通]

　ここでは剣道の授業を行うこと自体は、「エホバの証人」の信者に不利益を加えるためにやったことではない。しかし、結果的にある特定内容の「内心に有るもの」を持っている人に対しては、それが不利益に働き、深いレベルで衝突する。本当に深いレベルで衝突するのかどうかについて、まずチェックしなければなりません（「衝突」審査）。

　その上で、確かにこれは深いレベルで衝突していると認定されたら、次に、それにもかかわらず、「エホバの証人」の高校生に対して剣道の授業をどうしても取らなければならないと主張し続けるほどの、強い正当化目的があるのかどうかが今度は問われる（「公益」審査）。あるとなれば、そうしてよいとなりますが、ないとなれば、この文脈では剣道の授業からその高校生を免除しなければならないことになります。しかし、免除したといっても、その間、遊んでいていいのかという問題になります。そこで可能な場合には免除される者に当該規制に代替するような負担が課されるべきであるとして、剣道ではない別のレポートや他の運動をやらせることがあってしかるべきである。そのような解釈論です。

　この「外面的行為の強制」型の解釈論の特徴は、大きくいって2つあります。1つは「内心に有るもの」の内容が、どうしても鍵になってしまう。先ほど「内心に有るもの」を3つぐらいのレベルに分けるのだが、それにはあまり立ち入りたくないと言いましたが、この「外面的行為の強制」型の解釈論ではどうしても立ち入らざるを得ない。

　ですから宗教的信仰に準ずるような「世界観、人生観など個人の人格の核心をなすもの」との深いレベルでの衝突があって初めて、こういった免除が認められることになるだろうということです。

　2つ目ですが、この場合の効果は個別的免除です。つまり、その「エホバの証人」の信者だけが剣道の授業を受講しなくていい。あるいはそれに替わる代替的な負担が賦課されることに止まるのであって、剣道の授業全体が違憲無効となるわけではない。この点は「不利益取扱い」型の効果とはずいぶん、違っています。

以上が「外面的行為の強制」型の解釈論です。従来の憲法19条解釈論では、「不利益取扱い」型と「外面的行為の強制」型が車の両輪で、ここに当たる場合には憲法19条の問題として拾い上げ、場合によっては救済を与えていく仕組みになっていたのだと思います。

Ⅲ　公立高校の儀式における国歌斉唱への当てはめ

1）前　提

それでは公立高校における入学式や卒業式の国歌斉唱にこの枠組みを当てはめたら、どれほどのことが言えるだろうか。そのことについて考えていきたいと思います。

話の内容に入る前に、前提をお話しておく必要があります。

まず、国旗・国歌法の制定を憲法19条に照らして違憲だと言えるだろうか。これは、そう言えないのではないか。先ほど、政教分離原則とのアナロジーでお話しましたが、要するに政教分離原則に当たるものが憲法19条にはないわけです。ですから国旗・国歌法を定めたことが憲法19条を侵害するとは言えないのではないか。

次に2番目ですが、1989年の学習指導要領で定められた文言、「入学式や卒業式などにおいては、その意義を踏まえ、国旗を掲揚するとともに、国歌を斉唱するように指導するものとする」についてです。公立学校の入学式や卒業式で国歌を使うことが、憲法19条に照らして違憲だと言えるか。これも違憲だとは言えないと思います。

結局は使い方になります。入学式、卒業式などにおいて、国歌を斉唱するように指導する場合に、抽象的命題としてはそれでいいのだが、しかしやり方によっては生徒、教員に対して憲法19条の思想良心の自由を侵害するものになり得る。したがって、その場合には許されないことになります。要するに、やり方が問題であると考えるわけです。

もう少し具体的に見ていきますと、公立高校の入学式や卒業式で、式の前後や入退場の際などに国歌がBGMとして流される。これは

誰か個人の憲法19条による思想良心の自由を侵害するとは言えないのではないか。もう一歩進んで、式次第に国歌斉唱の部分がある。しかしそれを行うのは主催者側だけだ。例えば国歌斉唱の部分があって、10人ぐらいの国歌を歌うグループがその時間に歌う。その場にいる生徒や参列者は、その歌を聞くに止まる。この場合も、憲法19条に照らして、生徒、参列者の思想良心の自由を侵害するとは言えないのではないか。

更に踏み込んで、式次第に国歌斉唱の部分があり、参列者に起立し斉唱することが求められる場合、このあたりから憲法19条の問題になってくるのではないかと考えられます。

そこでは、生徒の思想良心の自由の問題と教員の思想良心の自由の問題に場面は2つに分かれるので、以降は2つに分けて論じることになります。

2）対・生徒の関係

対・生徒の関係には、3つのチェックポイントがあります。それは、第1に、強制してはならない「国歌の斉唱」行為とは、公立高校の卒業式等の場面では、具体的にどの行為を指すのか。第2に、その具体的行為を強制することは、憲法19条の解釈論のどの型に当たるのか。つまり「不利益取扱い」型に当たるのか、それとも「外面的行為の強制」型に当たるのか、ということです。第3に、そこでいう「強制」とは何か、どのようであれば強制ありと言えるのか。この3つの問題だということです。

それでは、まず強制してはならない「国歌の斉唱」行為とは卒業式等の場面の、どの行為を指すのか、についてです。これについて、その考え方としては、その卒業式等に参列している生徒個人の立場に立ったときに、「あれは主催者側が勝手にやっていることで、私には関係がない」と感じられる次元を越えて、そこで行われていることに自分もコミットさせられていると感じられる次元に到るところが、それではないか。

そう考えると、主催者側が勝手に演奏している。確かに国歌斉唱

の部分が式次第に1項目あるが、その時間は学校側が音楽を流したり演奏するだけで、自分たち生徒は着席したままで1分ほど聞いていればいい。これは、まだ憲法19条の問題にはならないのではないか。

しかしそれを越えて、現在行われているように式次第が国歌斉唱の部分になると、全員が起立して歌い始める。この場合、まず「国歌斉唱。」という号令があって皆が起立する。その後に音楽が流れて歌い始めるという展開になるわけですが、号令に呼応して起立する。ここが強制してはならない「国歌の斉唱」行為ではないのか。起立した後、君が代を歌わない人もいると思いますが、起立させられた段階で、自分がやりたくないことを無理矢理やらされたという嫌な感じは明らかに残ると思いますので、強制されてはならない「国歌の斉唱」行為とは、この儀式の文脈では起立する行為を捉えて、この行為を問題とするのがよいのではないかと考えられます。

次に、その具体的行為を強制することは、憲法19条の解釈論のどの型に当たるのかですが、これは基本的に「外面的行為の強制」型で考えられていると思います。西原さんの議論は私の読む限り、ときにはこの型の解釈論と論理的に一貫しないこともおっしゃっていますが、しかし基本は「外面的行為の強制」型として理解できると思います。

この場合は個別的な「衝突」審査を行い、内面の深いレベルで実際に君が代を歌う行為と衝突するような内面を持っている人に限って、個別的免除が認められる、ということなのであって、国歌斉唱を卒業式に含めるという儀式全体は有効なものとして維持される。この点は1つのポイントになると思います。この解釈論では、ここまでしか言えません。

最後に、「強制」とは何かですが、典型的な強制、誰もが異論なく強制と認めるのが、法的強制です。生徒の場合は懲戒処分の発動、あるいは成績評価への反映がそれに当たります。しかし、政府は国旗・国歌法制定の時から、それはやらないと表明していたわけです。生徒に対しては、強制ではないから違憲ではないという議論は通り

第10章　思想良心の自由と国歌斉唱［佐々木弘通］

やすいわけです。

そこで、強制をどのように新たに構成しなおすのかが、憲法解釈上の課題となるわけです。ここで従来出されている代表的なものが、西原さんの議論です。私はこの議論には納得できないところがありますので、西原さんの議論を紹介した後、批判させていただきます。

西原さんの議論の論理構造は、次のようなものです。事後的な不利益措置を、法的なものから事実上のものに拡大するということです。事実上の不利益措置が事後的に働くだろう。つまり、国歌斉唱のときに1人の生徒が着席したまま、歌わないでいる。そうすると、その後、その生徒は周りからいじめの対象となるのではないか。これが事後的な不利益措置としてあるので、これがある限り、儀式の中に国歌斉唱の部分を入れること全体が違憲であると西原さんは主張なさっているわけです。

それでは、どうすれば儀式の中に国歌斉唱の部分を入れても合意になるのかですが、事前に学校側からいじめ防止のための説諭がない限り、強制ありとして国歌斉唱の挙行自体が違憲となる、と西原さんは述べています。

この、儀式全体の違憲無効を言う部分は、「外面的行為の強制」型の解釈論では本当は言えないはずですが、この点はここでは脇に置きます。西原さんの議論を時系列に整理すると、次のようなものになります。まず、学校側から「今度、卒業式があり、そこには国歌斉唱をやる部分があるが、国歌に対しては色々な人が色々な思い入れを持っているから、歌うも歌わないも自由なのであって、歌わないからといっていじめるようなことは許されない」という趣旨を、あらかじめ生徒に周知徹底させる。これがまず最初にあって、次に卒業式（入学式）が行われ、そして最後に、いじめが発生するのか、しないのかの問題になっていく、というものです。

1つ問題なのは、全員起立時に1人だけ着席したままでいるといじめが発生するという場合、学校側がその効果を狙って意図的にいじめをやらせているのであれば、それは許されないことです。しかし、学校現場で起きているいじめは学校側が意図的に起こしている

のではなくて、学校側の預かり知らぬところで起きているのではないか。いじめ自体は許されないことだから、それに対して防止措置を取る。あるいはいじめが起きたら、事後的な救済措置を取ることは重要ですが、しかし、いじめがあるから儀式における君が代斉唱部分が違憲だ、というのは論理的に無理があり、憲法解釈論としては言えないのではないか。

そのように考えるのならば、最初の部分、仮に儀式の前にそのような説諭がなかったとしても、学校側からの説諭がなかったことを捉えて卒業式（入学式）において君が代斉唱部分を含めること自体が違憲だ、という議論も、強制論としては無理があるのではないだろうか。

もう1つ私が疑問に思うのは、西原さんの強制論を前提とするなら、学校側はどのようにすれば国歌斉唱という部分を卒業式・入学式において憲法適合的なものとして取り入れることができるのかという道筋が、見えにくいのではないか、という点です。

1つの考え方は、事前にいじめが許されないということを言っておけば、仮に事後的にいじめが起きたとしても、学校の責任は果たしたということで儀式は合憲になるという議論が考えられますが、そのようなことを意図して主張しているのかと考えると、そうではなさそうである。事前に説諭しても事後的にいじめが起きてしまったら、学校側としては十分な対応策を取らなかったということで、儀式自体が違憲になる、と主張されるのではないだろうか。

しかし日本の学校で、いじめが起きないような理想的な学校になるということは現実的でない。いつでもいじめの起きる可能性は、日本の学校にはある。そうすると結局、国歌斉唱の部分を儀式に入れること自体ができないような議論構造になっているのではないか。これはどうも、フェアーではない。

学校側は、こうすれば国歌斉唱の部分を儀式に合憲的に取り入れることができる。そのようなことを出せる形で、強制論を組み立てていく必要があるのではないか。そうでないと、君が代という特定の歌に賛成か反対かというのとは別の、思想良心の自由という土俵

で議論を行うのだ、という看板に偽りがあることになるだろう、というのが私の考えです。

3）対・教員の関係

ここでも同じ3つのチェックポイントが出てくることになります。

まず1番目は、強制してはならない「国歌の斉唱」とは、どの行為を指すのかということです。後で説明しますが、何がその行為にあたるのかということは、どの解釈論の型を取るのかと連動している面があります。ここでは「外面的行為の強制」型を取ることが前提になっていますので、中心的には起立する行為がこれに当たるわけです。これは生徒の場合と同じです。しかし、国歌斉唱に関連する職務行為の諸々が同じく入ってくるだろう。

訴訟で問題になっているのは[9]ピアノを伴奏する行為などだったりします。あるいは司会者として、「国歌斉唱」という号令をかけろと言われたら、その行為もここにかかってくるでしょう。

いずれにしても、中立的な形でこれこれのことをやりなさいと言った時に、その人の内面の深いレベルでの衝突が起きる場合に、それに免除を認めうるというのが、「外面的行為の強制」型の解釈論ですから、あらゆる外面的行為の義務付けがここでは対象となってくる。

次に、強制論に入ります。教員に対しては、法的意味での強制が現に発動されているわけです。すなわち、地方公務員法上の懲戒権の行使、勤務成績の評定への反映とその結果としての人事異動などです。

ところで政府は、国歌斉唱が強制になることは許されないということを、生徒に対しては認めている。しかし、その同じ行為がどうして教員に対して強制されていいのだろうか。この点が当然、問題になると思います。

---

[9] 東京地判 2003（平成 15）・12・3 判時 1845 号 135 頁、東京高判 2004・7・7 判例集未登載。

III 公立高校の儀式における国歌斉唱への当てはめ

　政府による国会などでの答弁を見ると、次のように発言しています。基本的に教員の内面は大切なものとして保障されるが、外部的行為は合理的範囲内で制約される。教員には教育指導を行うという職務があって、その教育指導を行う内容として儀式の中に国歌斉唱を取り入れることがあるのだから、それに関わる諸々の職務をこなすのは外部的行為として当然の義務である。職務命令に違反し、職務義務を遂行しないのであるから、これに対して法的な制裁が加えられるのは当然である。こういう理屈です。

　これはいろいろな形で批判できると思います。例えば憲法 19 条の問題を純粋に内面の問題として捉えていて、現実生活のうえではほとんど意味をもたないような解釈論になっているという点です。また、行政法学の伝統的なタームで言えば、特別権力関係論[10]的メンタリティの残存という色合いが非常に濃い。

　要するに、職務だから仕方がないだろうというわけです。しかし、「人権」論というのは、そうではないだろう。職務上の行為義務は確かに課される。教員にはそのような職務上の行為義務が義務として課され、生徒にはそのような義務がないから課されない。それは確かに違う。しかし、どのような義務が課されようと、その課された義務が個人の人権を侵すようなものであれば、それに対してノーと言えるのが「人権」論のはずです。したがって、この場面でも職務上の行為義務に抗して、個人の思想良心の自由を主張できるはずではないのか。

　それを頭から、これは職務上の行為だから人権主張はできないというのでは、従来の特別権力関係論と変わらない。「これは特別権

---

[10] 特別権力関係論とは、公権力と一般国民との通常の関係（一般権力関係）とは別に、公法上の原因（法律の規定または本人の同意）に基づき公権力と特殊な関係に立つ諸個人（例えば監獄法に基づく在監関係、本人の同意に基づく公務員の勤務関係、国公立大学の在学関係）については、公権力が法律による根拠がなくとも包括的に諸個人の権利を制約でき、またそれら制約に対して司法審査が及ばない、とする理論で、戦前のドイツ公法学に由来する理論です。

力関係なので、人権は立ち入るべからず。人権の出番はない。」という発想に非常に近いのではないか。

話を戻しますが、生徒については強制をどのように構成し直すかは、非常に難しく重要な憲法解釈論上の課題ということになりますが、教員についてはそのような課題は何もない。明らかに法的意味での強制がそこでは行われているということです。

最後に、その具体的行為を強制することは、憲法19条の解釈論のどの型に当たるのかという問題に移りたいと思います。

これは基本的に「外面的行為の強制」型になると思います。まず個別の教員個人について「衝突」審査を行うという手順になります。しかし、これは深いレベルでの衝突でなければなりません。アメリカの信教の自由などに関わる判例やドイツの良心の自由に関わる議論なども、基本的に同じ方向を指し示していて、非常に深いレベルでの内心と衝突していれば例外的に義務免除が認められるが、それほどでない場合にはその義務は義務として維持されるということです。

それによれば、宗教的信念はOKだと認められます。しかし、政治的信念では不十分であり、免除に値しない。つまり政治的信念は宗教的信念と比べるとレベルが浅いと見なされるわけです。

現実に国歌斉唱を拒否する人たちの内面の、どのようなものが動機となって君が代を歌いたくないと考えるのかというと、宗教的な深いレベルでの何かに抵触するから歌えないのだという問題ではなくて、政治的にそれを良しとしないから歌わないといったレベルの人が多いのではないか。

そうすると、「外面的行為の強制」型の解釈論でいきますと、憲法解釈論として憲法19条違反だと言える人は、非常に限られてくるのではないかと思います。宗教的信仰に反するということであれば、OKだろう。それから、広義の戦争体験を理由とした拒否も、判例になっていませんが可能性があるのではないか。例えば身内の方が戦争で亡くなっていて、そこには戦争にまつわる記憶が張り付いている。そのように自分がこれまで生きてきた人生にかなりの刻

III 公立高校の儀式における国歌斉唱への当てはめ

印を与えている事象があるので、君が代を歌うことはできない。ここまで行くと、「外面的行為の強制」型でもクオリファイ（qualify：資格がある）する可能性が出てくる。しかし、そうでない限り、なかなか難しいのではないかと思います。

これは棟居快行さんが論文でお書きになり[11]、私の論文の中でも紹介しましたが、この場合の深いレベルでの衝突とはどのようなものかというと、これは剣道実技拒否事件を念頭に置いておっしゃっているのですが、そこで剣道ができないという学生を、ただのサボりの学生と同一視すべきではない。身体的理由でか、あるいは心身症のような形であるのか、ともかく体が物理的に動かない人と同視するような形で考えるべきだ。その意味で、非常に深いレベルでその行為を行うことができない、というのであって初めて、「外面的行為の強制」型において義務免除が資格付けられる。そうではない場合は、それなりに強い反対ではあっても、憲法論としてその義務を課されることが思想良心の自由に反するとまでは言えない。これが比較法的な知見でもあるわけです。

もう1つは「不利益取扱い」型で行けないだろうかということです。これは国旗国歌法が制定されて以降、学校現場で国旗掲揚、国歌斉唱が取り入れられていったのですが、今見てきたように法的意味での強制を課されているのは教員です。教育社会学者の広田照幸さんが指摘されていたことですが[12]、国旗国歌法制定の主たるターゲットは、教員に対する強制によって異分子をあぶり出し排除することであり、それが主たる目的である。

君が代を歌うことによって、生徒が愛国者としてイデオロギー教化されるかというと、ほとんどそのようなことはない。君が代を歌わせることで天皇主義者にさせることを狙っているのではなくて、異分子を教員から排除することが主たるターゲットになっているという趣旨のことを当時、書かれていました。

---

[11] 棟居快行『憲法学再論』（信山社、2001年）316頁、329頁。
[12] 広田照幸『教育言説の歴史社会学』（名古屋大学出版会、2001年）376頁。

この儀式において、国歌斉唱を行わない教員を処分していくという場合、儀式全体が身体レベルで、つまり、「国歌斉唱。」という号令がかかったときに、座ったままでいるという形で、異分子である教員をあぶり出し、君が代を歌いたくないという、その内心ゆえに不利益取扱いをしている。だから、これは「不利益取扱い」型で行けるのではないかと思えるわけです。

しかし、それに対しては、内心ゆえに不利益を課しているのではない。職務義務違反ゆえに懲戒処分を行っている。だからこれは、あくまで外的行為を問題としているのだ、と言われると、反論しにくい。つまり、そこで問題となっている職務行為自体に、それなりの社会的意義がある限りです。

例えば、昔の踏絵などの場合は、マリア像を踏んだことによって、何か社会にいいことが起こるということは全くない。マリア像を踏むか踏まないかということによって、端的にクリスチャンか否かをあぶり出すだけの機能を踏絵は持っている。

しかし、ここで国歌斉唱を行うことは、それによって卒業式（入学式）の儀式において、国歌斉唱という部分をつつがなく行う。この外部的行為には、内心の問題とは離れた、それなりの社会的意義が客観的にあるので、それを行わなかったために懲戒をするのであって、内心ゆえにではないのだと言われたら、ここで議論は終わってしまいます。

だから、「不利益取扱い」型では対処できないのではないかというのが、私の考えです。

以上ですが、とくに教員については「外面的行為の強制」型の限界についてお話しました。つまり、「外面的行為の強制」型では実際に義務免除が認められる範囲は、狭く限らざるを得ない。それから、効果の問題もあります。儀式に国歌斉唱を入れる部分の全体が違憲無効になるのではなくて、深いレベルで衝突するような「内心」を持っている人に限って免除が認められる。その効果しか認められない。

しかし、私たちが国歌斉唱行為の今のやり方をおかしいと感じる

のは、そのような筋道でおかしいと認定され、そして、今のような筋道で個別的免除という形で、救済が与えられるというのと、違うのではないか。解釈論で捉えている姿と、現実に私たちがおかしいと思っている実感との間には、かなりのずれがあるのではないか。

Ⅳ 「自発的行為の強制」型

だから、「外面的行為の強制」型ではない、しかし憲法19条論として掬い取れるような新たな解釈論の型が、求められるのではないかと考えられるわけです。そこで、次に述べる「自発的行為の強制」型を、私は提案してみたわけです。

1）新しい解釈論の提示

「外部的行為の強制」型から、「自発的行為の強制」型を特殊類型として取り出して、残りを「外面的行為の強制」型としました。そのうち、「外面的行為の強制」型については、これまで見てきたとおりです。

それでは「自発的行為」とはどういう行為か。それに対置される「外面的行為」とはどういう行為か。まず、「自発的行為」ですが、「行為者の自発性ないしは自主性に基づいていてはじめて、意味があると社会的・文化的にみなされる行為」を「自発的行為」と定義します。

それに対して「外面的行為」は、「当人の自発性に基づいていなくてもその行為が現実に行われること自体に意味があるという性格の行為」です。「外部的行為」は、非常に多くが「外面的行為」ですが、しかし「自発的行為」と見なされる類型の行為が、いくつかあるだろう。もう少し言えば、ある方がいい社会ではないのか。

「外面的行為の強制」型については、先ほど述べたような解釈論が成り立つ。「自発的行為」については、「公権力が、自発的行為を強制することは憲法上許されない」というのが、「自発的行為の強制」型の憲法的な解釈命題です。その効果としては、その強制が全体として（誰に対しても）違憲無効となる、と考えられる。こうい

第 10 章　思想良心の自由と国歌斉唱 [佐々木弘通]

う内容を、憲法 19 条の解釈論として主張してよいのではないか。

この解釈は新しい型の提起であるので、それを正当化する根拠が問われるわけです。そこで第 1 に私が指摘したいのは、それが従来から憲法学説や判例の中に伏在していた、という点です。私は論文では、憲法 19 条に関するリーディング・ケースのひとつである「謝罪広告事件」の最高裁判決[13]での、何人かの裁判官の意見の中に、それが伏在していることを示唆しました。そこで、ここでは学説から、浦部法穂さんの議論を紹介します[14]。

浦部さんはあるコンメンタールの中で憲法 19 条の部分を担当しておられ、そのなかの「特定の『思想』の強制の禁止」という項目のところで、「自己の『思想』に反することを理由に法への服従を拒むことができるか」という問題を論じられています。これは基本的に「外面的行為の強制」型の話です。そして、限定的にのみ認められる、という結論を出します。それではどのような場合に限定的ないしは例外的に認められるのかというと、2 つの場合を挙げられています。

1 つは、「法への服従が自己の人間性の核心部分を否定することになる場合」で、これはまさに「外面的行為の強制」型です。これと並んでもう 1 つ、「基本的に個々人の自律的な意思決定・価値判断に委ねられるべきことがらにつき、法が、本人の意思と無関係に、特定の決定・価値判断に沿った行為をなすべきことを要求するような場合」を挙げていて、具体例として神社への参拝を強制するようなケースと、もう 1 つは謝罪広告の強制を挙げておられます。この後者の場合は、私がいま提唱している「自発的行為の強制」型と非常に近いと思われます。

これを浦部さんは独自の解釈論の型として挙げられているわけではないのですが、「外面的行為の強制」型と重なるようにして論じられていたわけです。私は憲法 19 条に関するあらゆる文献を見て

---

[13]　最大判 1956（昭和 31）・7・4 民集 10 巻 7 号 785 頁。
[14]　樋口陽一・佐藤幸治・中村睦男・浦部法穂『憲法 I〔前文・第 1 条〜第 20 条〕』（青林書院、1994 年）374 頁〔浦部法穂執筆〕、379 - 381 頁。

いるわけではなく、さしあたって目に付いたのがこの論文です。このような発想は、まったく馴染みのない考え方ではなくて、前からあったのではないか。それが正当化の1つの根拠にならないかということです。

「自発的行為の強制」型の解釈論を正当化する根拠の第2は、憲法20条の礼拝行為の自由からの類推です。この世俗版が「自発的行為」であると捉えられるのではないか。

ちょっと、憲法20条論に迂回しますが、憲法20条では一般的に3つの内容が保障されていると言われている。1つは信仰の自由、これは宗教的な内面の自由です。2つ目は宗教的な外面的精神活動の自由、宗教的な表現の自由に当たるものです。3つ目が宗教的結社の自由です。結局、19条と21条の宗教版が憲法20条の信教の自由で保障されている。これが教科書的な説明になるわけです。

そこで、礼拝行為の自由はどれに当たるのか。多くの教科書では、2つ目の、宗教的な外面的精神活動の自由だとの位置づけがなされています。しかし、これは正しくないだろうと思うわけです。結論的に言いますと、礼拝行為の自由は確かに外部的行為として礼拝行為を行うのですが、これはむしろ1つ目の、内面的自由、信仰の自由のところに位置づけられるものであろうと思うわけです。

すなわち、礼拝行為とはどのような行為であるかといえば、これは第1次的には人間、他者とのコミュニケーションを行う行為ではありません。そうではなくて、これはキリスト教を念頭に置いて言うのですが、内心でその人が神とコミュニケーションを行うときに、その人の身体が必然的にとる動作です。ですから、内心における信仰、ないしは神とのコミュニケーションという内心作用がまずあって、これを自発的に行いたい。それがあって、それを保障するというのが礼拝行為の自由の本質です。したがってこれは内心の自由の一形態として捉えるべきであろう。

礼拝行為は内心の自発性が一番の核心にあるわけです。したがって、礼拝行為の自由を禁止することは、この自発性に対する冒涜だとして禁止される。つまり、礼拝行為を禁止されると内面において

神とコミュニケートすること自体が大きな制約を受ける。だから礼拝行為についてはこの自由が認められてきた。これは21条の筋から出てくるのではなくて、19条の筋から出てくるということです。

それからまた、特定宗派の礼拝行為を万人に強制するような場合を考えるわけですが、これはやはり、これこれこういう形での礼拝行為はこういう信仰に基づいた行為である。だからこの信仰を持っているという自発性があって初めて、この行為が行われるのだという理解が社会にあることがひとまず、前提になります。

だからこそ、当の特定宗派の信者でない人は、「俺はブッディストなのになぜ、キリスト教の礼拝行為をやらなければならないのか」として、その礼拝行為の強制に対して自分の内面的自由が侵害されていると感じるわけです。

それから、当の特定宗派の人にとっても、礼拝行為は自らの自発性に基づいているからこそ意味があるわけです。それが万人に強制されているとなると、結局、自分が自発的に礼拝行為を行っていることの意義付けが完全に損なわれてしまい、強制されているから礼拝行為を行っているのだろうと他の人から言われたとき、抗弁できないわけです。したがって礼拝行為を万人に強制するということは、その特定宗派の人にとっても、自分の自発性、内心の自発性に関する冒涜だと感じられ、したがって、そのようなことを公権力はしてくれるな、こういうところに公権力は立ち入ってくれるなという主張がなされる。それが筋道だと思います。

ですから、その意味で礼拝行為の自由は、憲法上、内心の自由の重要なものとして、しかもその内心の自由が現実生活のうえで効果を持つものとして、憲法的な保障を受けていると考えられるでしょう。

これを世俗化したものとして、「自発的行為」が憲法19条で保障されていると考えていいのではないか。

それでは、そのような「自発的行為」として、何が考えられるだろうかということです。ここで重要なのは、「私はこれが自発的行為であると考えます。」と言いさえすれば、それが「自発的行為」

IV 「自発的行為の強制」型

になるのではなくて、これは先ほど、礼拝行為の自由の文脈で触れましたとおり、そのような積み重ねもあるのですが、その上に最終的には社会的意味付けの次元で決せられることになるだろうと考えられるわけです。

1つは謝る行為です。これはその人の心に本当に反省があって、悪かったという気持ちがあって意味があるものであって、当人の自主性、自発性に基づいて初めて、謝る行為は成立します。強制的に謝らせるのは、謝る行為自体の本質的な意義を損なうものです。

それから、寄付、献金を行う行為もこれに当たるだろうと思います。その人の自発性に基づいてお金を出すからこそ、寄付、献金として貴重なのであって、強制的に徴収するなら、お金は経済的価値を持っているので何かに使えるわけですから、その限りにおいて意味があるでしょうが、そこには寄付、献金としての意味はありません。その場合には、寄付、献金の看板を下ろすべきで、それを名乗りながら強制することは認めるべきではありません。

ここまでは論文に書いておいたのですが、もう1つ、当人の自主性、自発性に基づいてはじめて意味のある行為として社会的に意味付けられているものに、性行為があると思います。しかし、性行為を憲法19条に位置づけるのはやや座りがよくない。憲法13条に基づく性的自己決定の自由などの形で論じられるほうがよいかとは思いますが、基本的には性行為も「自発的行為」として共通の性質を持つものではないかと考えています。

ですから、「自発的行為の強制」型という、1つの解釈論の型を出したわけですが、「自発的行為」としてクオリファイする行為は、この社会においてそんなに多くない。「外部的行為」の大部分は、「外面的行為」に当たるのだということで、これはこれで、狭き門であるということです。

この「自発的行為の強制」型について、先ほど正当化する根拠を2つ挙げましたが、日本社会において普通に一般人にどれくらい受け入れられるのかというと、疑問がないわけではない。

これは高橋和之先生がお書きになった教科書に出てきますが、

「日常生活で深い意味もなく謝罪文言を多用」するのが日本社会である[15]。私は、謝る行為は「自発的行為」で、これに対する強制は許されないと考えていますし、「自発的行為の強制」型の理論によれば、謝罪広告の強制も憲法違反だということになりますが、「まあ、そう硬いことを言わないで。」という形で、すり抜けられてしまうのかなとも思います。

あるいは犯罪加害者に対して、被害者の家族の方が謝罪要求をする。これは被害者、あるいは被害者家族である当人の立場に立ってみれば、非常に理解できるものでありますが、同時に周囲のテレビ視聴者などの群衆も一緒に謝罪要求を声高に言う。そのような場面に、私たちは日常的に遭遇しているわけです。

それから、半強制的な「寄付」、あるいは強制的な「寄付」も、珍しくありません。判例にも「震災被害に関わる寄付を強制的に徴収することは、合憲だ」という判決があります[16]。こういうことが認められていますので、その意味でこの「自発的行為の強制」型の解釈論を受け入れる余地がどの程度あるのかは、少し分からないところではあります。

しかし、「自発的行為」という類型を認めて、これに対する強制は憲法 19 条違反だと考え、それを法理論として組み立て、そのように運用していくことは、実は重要なのではないか。

まず自由論です。自由を形式的に保障する枠組みはあるわけですが、しかし、実質的に自由を行使する諸個人の一番奥のところで、自由の行使を実効的なものにするのは、各人の自発性です。ですから、その自発性に対して冷たい文化ではなくて、自発性に対して友好的な環境を法的に作っていく。これは日本国憲法の個人主義的文化を作っていく上で、意味のあることなのではないかと思うわけです。

---

[15] 高橋和之『立憲主義と日本国憲法』(放送大学教育振興会、2001 年) 93 頁。

[16] 最判 2002（平成 14）・4・25 判時 1785 巻 31 頁〔群馬司法書士会復興支援拠出金事件〕。

それからまた、「自発的行為の強制」型という類型を認めるかどうかが、人間理解の問題にも関わると思うのです。謝罪要求、先ほどは犯罪被害者の場合で言いましたが、とくに殺された人の遺族の方が、加害者に対して謝罪してほしいという気持ちを持つことは、非常によく分かるわけですが、しかし、謝罪は強制して出てくるものではない。むしろ授かりもののようにして謝罪が加害者から出てくるからこそ、被害者の遺族の側にある種の癒し、許しのようなものが出てくる。これが人間なのであって、その手の「自発的行為」を強制的にやらせても、被害者の家族の方にはむしろ空しさばかりが残るものなのではないのか。その意味でも、「自発的行為」の強制を憲法上許されないものとして、そのような解釈論の型を作っていくことは、社会にとって意味があるのではないかと思うわけです。

それでは、「自発的行為の強制」型の解釈論を認めるとして、これを公立高校の儀式における国歌斉唱に当てはめるとどのようなことが言えるのか。これについて、お話します。

2）公立高校の儀式における国歌斉唱への当てはめ

先ほどと同様に「自発的行為の強制」型の解釈論の当てはめを生徒、教員にそれぞれ行い、チェックポイントに沿って論じていきます。

対・生徒の関係　まず、何が強制してはならない「国歌の斉唱」行為なのかですが、これは何度も言っているように起立する行為になります。

次に、国歌の斉唱を行う行為は「自発的行為」に当たるのかですが、当然、「自発的行為」に当たると思います。国を愛する心を育てるため国歌の斉唱を儀式に取り入れることに意味があると言われていますが、愛するという心は自発的に出てきてはじめて意味があります。したがって国歌斉唱行為は、その趣旨からして自発的に行ってはじめて目的を達することになります。強制的に行うと、その意味が無くなってしまう行為なのではないか。したがって「国歌の斉唱」行為は「自発的行為」としてクオリファイするだろうと私

第10章　思想良心の自由と国歌斉唱 [佐々木弘通]

は思うわけです。

　まあ、種明かしをすれば、「国歌の斉唱」行為をどうすれば憲法19条論で掬えるか、と考えたすえに「自発的行為の強制」型の解釈論を立てたわけですから、当然クオリファイするわけです。

　最後に強制論ですが、先ほども述べましたように法的意味での強制は、生徒には不在である。したがって「自発的行為」としてクオリファイしても、生徒に対する関係では、法的意味での強制論に止まる限り、現在の卒業式（入学式）で行われている国歌斉唱の部分は、全体として合憲であるといえます。

　そこで、強制論をもう少し組替えることはできないのかについて、検討してみます。これは私の試論です。「国歌の斉唱」行為が行われた後の事後的な不利益措置、これを法的なものから事実上のものに広げる説を西原さんは取られていたわけですが、私はむしろ事後的なものではなくて、「国歌の斉唱」行為が行われるその時・その場所において、「強制」の要素を見出していくアプローチを取ることはできないだろうか、と考えました。具体的に言えば、卒業式（入学式）における、周囲に合わせて起立するように促す同調圧力です。

　しかし、このような議論は、一般社会においてあまねく言えるものではなくて、学校の特殊性を加味して初めて言えるのではないか。第1に、その主体が一人前の大人ではなくて生徒であること。第2に、その環境が学校社会であるという特殊性です。ヨコから同調圧力が働くだけではなくて、教師であるタテの関係からも同調圧力が来ているだろう。

　そのように考えていくと、卒業式（入学式）において本当は歌いたくないのに周囲にあわせて国歌を斉唱する。自主的・自発的に歌ってはじめて意味がある国歌斉唱行為であるのに、同調圧力に屈するような形で「国歌の斉唱」行為が行われてしまう。ここに「強制」がある。だから生徒に対して「国歌の斉唱」を強制することは憲法19条に違反していると言える。そういう議論です。

　それでは、学校側はどういう形であれば「国歌の斉唱」行為を憲

法適合的なものとして行うことができるのか。結局、同調圧力が働かないようにしつつ、自発的に歌いたい人は歌えるような形で国歌の斉唱ができればよい。1つの案は全員起立させて国歌の斉唱を行うのではなくて、座ったまま歌えばいい。そうすれば、歌いたくない人は黙っているし、歌いたい人は自主的・自発的に座ったまま歌う。これならば、「自発的行為」としての国歌の斉唱を尊重しながら、卒業式（入学式）という儀式に「国歌の斉唱」部分を憲法適合的なものとして入れることができるのではないか。

「自発的行為の強制」型の解釈論では、現状が違憲であることを、生徒との関係では、さきほど述べたような形では言えるが、今述べたような手直しをすれば合憲的なものになる。それでもなお、卒業式（入学式）で国歌斉唱をやりたくないのであれば、憲法の「人権」論ではその目的を達成できないが、民主的なプロセスを通して、多数決で運用を改めることをすればいいのではないか。国旗・国歌法が多数決で定められ、民主的なプロセスを経て卒業式（入学式）という儀式に「国歌の斉唱」部分を入れると決まったのであれば、「人権」論として言えるのはここまでではないか。「自発的行為」としての「国歌の斉唱」行為を尊重する形で、儀式が運用されることをもって、よしとする他はない。

対・教員の関係　ここでも、第1に、何が強制してはならない「国歌の斉唱」行為かですが、起立する行為です。第2に、何が強制かですが、法的意味の強制が現に働いている。

第3に、「国歌の斉唱」行為は教員にとっても「自発的行為」のはずですから、また、そうあるべきものですから、「自発的行為」であろう。

ただここで、「自発的行為の強制」型で行くことを前提として、あらためて第1の問題、つまり何が強制してはならない行為かという問題に戻りましょう。ここで、何が「自発的行為」としてクオリファイするかと言えば、これはやはり狭き門なわけです。「国歌の斉唱」行為は、確かに「自発的行為」と言えるだろう。しかし、卒業式（入学式）という儀式の中で、国歌の斉唱に関わって行われる

その他諸々の行為は、「自発的行為」とは言えないのではないか。

例えば、司会者が「国歌斉唱。」と発声を行う行為、これは「自発的行為」ではないだろう。その人の自主性・自発性に基づいていなくても、その行為が行われることに意味がある。それから、君が代のメロディーを流すために音響装置にスイッチを入れる行為、これも自主性・自発性に基づいていなくても、その行為が現実に行われることに意味がある。もう1つは、訴訟になっていますが、ピアノの伴奏を行う。これも「自発的行為」としては、クオリファイしないのではないかと思います。

さらに、儀式の場面を離れますが、音楽の授業時間に教員が、日本の国歌が君が代で、その歌詞とメロディーはこういうものだと教える。これも「自発的行為」としてはクオリファイしないだろうと考えられるわけです。

つまり「自発的行為の強制」型の解釈論が、現状に対してどういう力を発揮するかと言うと、「国歌の斉唱」行為を行わなかったという理由で処分された大量の教員を救うことはできる。しかし、国歌の斉唱に関わるその他の職務の義務違反を理由とした教員への処分の違憲性を論証する力は、残念ながら持ちません。

それでは「自発的行為」としてクオリファイされないと、およそ救いようがないのかと言えば、そうではありません。先ほどから話をしてきたことで、「外面的行為の強制」型の方に入りますが、そこで考えることができるのではないか。

最後に教員個人の思想良心の自由ではないですが、別にもう1つ、次のような議論が法的議論としては成り立ちます。すなわち、「違法な職務命令に対する服従義務の不在」論です。生徒に対する憲法19条違反の行為を行うよう命じる職務命令には、教員に服従義務がないということです。だからそれを、「人権」論ではなくて、服従義務がないということで拒むことができるだろう。これを訴訟の場で通すためには、いろいろと法的な議論をしなければなりませんが、基本の骨子はこういう形で組み立てることができるのではないか、ということです。

ただ、この場合には、生徒に対する憲法19条違反をまず論証しなければならない。これをどういう形で論証するのかということです。「自発的行為の強制」型で行くのか。この場合には、さっき述べたような筋道で考えるならば、現状のやり方では儀式全体が違憲であるということになります。そうではなくて「外面的行為の強制」型で行くのか。この場合であれば、個別のこの生徒に対して強制は許されないということになるので、その個別の生徒に関わる限りで職務義務が不在であると言えるかもしれません。全体の儀式との関係では、職務義務の不在とは言えないだろうと思います。

V　おわりに

最後に2つ指摘して、話を締めくくりたいと思います。

第1に、「強制」反対派には思考停止のきらいがありはしないか、という点です。どうも個別事例での望ましい結論、この場合では卒業式とか入学式で国歌斉唱を行う行為が違憲だ、あるいは現に処分されている教員についての処分は違憲違法だという結論。もちろん、このような結論を出すことは重要ですが、そこにばかり目が行ってしまって、憲法解釈の一般理論との関係で、そこで行っている議論が果たして整合しているのかどうかということに対して、目配りが足りないのではないか。

これをやらずに、とにかく望ましい結論さえ出ればいいのだと言うのであれば、きつい言い方をすれば、思考停止で歌を歌わそうとしているあちら側の人たちと同じではないか。とりわけ法律家としてこの問題に関わっている人は、ぜひ、訴訟の結論もさることながら、憲法19条論の一般理論との整合性を考えていただきたいと思います。

第2に、「強制」推進派は愛国主義ではなくただの権威主義である、という点です。すなわち、国を愛する心のために国歌斉唱行為を行うことが必要だと言うのであれば、その核心は国歌斉唱行為が「自発的行為」である点にあるはずです。その行為が自発的であることを前提に、自発的に歌うからこそ、国歌斉唱行為の意味がある

のであって、国歌斉唱行為を強制するということは、礼拝行為のところで述べたのと同じで、自発的に国歌斉唱行為を行っている人からも、自発的に国歌斉唱行為を行っているという基盤を掘り崩していることになるわけです。これは正に、愛国に反します。

ですから、今のようなやり方では「国を愛する心」は到底育たず、「国に服する身体」が育つだけである。したがって愛国者ということであれば、「強制」推進派ではなくて、むしろ「自発的行為」としての国歌斉唱行為を守れと主張している私のほうがよほど愛国者である、と言って、今日の話を締めくくりたいと思います。

第11章　外国人の「人権」保障——コンメンタール風に

近藤　敦

細目次

I　はじめに（323）
II　第3章　国民の権利および義務（324）
　第10条［国民の要件］（327）
　第11条［基本的人権の享有］（328）
　第13条［幸福追求権］（331）
　第14条［平等］（332）
　第15条［公務員選定罷免権］（335）
　第17条［国家賠償請求権］（337）
　第22条［居住・移転・職業選択の自由、外国移住・国籍離脱の自由］（339）
　第25条［生存権］（345）
　第26条［教育を受ける権利］（349）
　第32条［裁判を受ける権利］（351）

I　はじめに

タイトルについて、若干の注釈をしておく。人一般が享有する権利が人権であるとする定義からすれば、「外国人の人権」という表現は、誤解をもたらす可能性の大きい言葉である。むしろ、「外国人の権利」と呼ぶ方が適当であろう[1]。ただし、憲法の「人権」規定の解釈を問題とするという意味において、ここでは「人権」保障と呼ぶ。

コンメンタール「風」に、外国人の権利をめぐる比較的最近の判決と憲法解釈上の論点を「主な」条文ごとに取り上げることは、実務や勉強の参考になるものと思われる。ここでは、一般的なコンメンタールのように通説・判例の紹介を中心とするものではなく、「新たな理論の展望」に留意するものである。

---

[1]　近藤敦『外国人の人権と市民権』（明石書店、2001年）11頁。

Ⅱ　第3章　国民の権利および義務

憲法の第3章の表題は、「国民の権利及び義務」となっている。このことを根拠として、当初、外国人の人権は憲法上保障されないとする「無保障説」や[2]、憲法の人権規定のうち、「何人も」で始まれば外国人も含まれ、「国民は」で始まる場合は、外国人は含まないとする「文言説」も唱えられた[3]。しかし、すべての人がもつ権利であるとする人権の普遍性と、日本国憲法前文がかかげる国際協調主義から、外国人の人権の享有主体性は肯定され、文言ではなく、権利の性質によって、判断するという「性質説」が通説とされ[4]、今日、学説は性質説でほぼ一致していると評されたこともある。判例も、マクリーン事件最高裁判決[5]以後、性質説を採用し、「基本的人権の保障は、権利の性質上日本国民のみを対象としていると解されるものを除き、わが国に在留する外国人に対しても等しく及ぶものと解すべき」としている。もっとも、今日の通説は、権利の性質だけでなく、定住外国人などの外国人の態様に応じて、判断するように修正されている[6]。いわば、「性質・態様説」とでも呼ぶべき内容が今日の性質説といえる。

しかし、よく考えてみると、今日の通説には、克服されるべき4つの問題点が残っているように思われる。第1に、成文憲法をかかげ国家権力から個人の権利を守るという立憲主義の基本を無視していないだろうか。たとえば、すべての人権規定が、その主体を明示する場合に、「国民は」と書いてある韓国のような憲法ならば、性質説という解釈手法が好ましいといえるかもしれない。しかし、「何人も」という権利規定は、国際人権諸条約や立憲主義諸国の憲法の人権規定にあっても、在留外国人を含むのがスタンダードな解

---

(2) 佐々木惣一『日本国憲法論』（有斐閣、1949年）467頁。
(3) 入江俊郎『日本国憲法読本』（海口書店、1948年）66‐67頁。
(4) 芦部信喜『憲法学Ⅱ　人権総論』（有斐閣、1994年）126頁。
(5) 最大判1978（昭和53）・10・4民集32巻7号1223頁。
(6) 芦部・前掲註(4)130頁。

釈であろう。そこで、いわば「立憲性質説」とでも呼ぶべき解釈手法を提唱したい。すなわち、「国民は」という規定と主体を明示していない規定の場合は、「権利の性質上日本国民のみを対象としていると解されるものを除き、在留外国人に対しても等しく及ぶ」という性質説の趣旨を一部で維持しながら、「何人も」という規定の場合は、「日本の領土にある外国人」も権利の享有主体であるという立憲主義の基本を大切にし、権利の性質と外国人の態様に応じた保障の内容と程度を判断すべきと考える。

第2に、判例の説く性質説は、マクリーン事件最高裁判決以後、外国人の基本的人権の保障は「在留制度のわく内」の問題とされることが多く、差別的取扱いを追認することの多かった判例傾向の歯止めに無力だったのではないだろうか。あたかも入管法が憲法の上位法であるかのようなマクリーン事件最高裁判決の転倒した思考方法から脱却すべきである。憲法の人権保障が「在留制度のわく内で与えられているにすぎない」のであれば、もはや日本国憲法の人権は在留制度に関する「法律の留保」を伴うことになり、明治憲法下の「外見的人権」の評価と同様、立憲主義を外見だけのものに貶めてしまう。こうしたマクリーン事件判決の負の遺産を克服するためにも、立憲性質説は有益である。

第3に、通説は、権利の性質により判断するといっても、性質の判定基準が必ずしも明らかとはいえないのではないだろうか。たとえば、後国家的性格の権利は国家構成員たる国民にかぎられ、前国家的性格の権利は外国人にも保障されるかというと、多くの例外がある。一般に、裁判を受ける権利をはじめ受益権は後国家的権利でありながら、外国人の享有主体性が認められる。その意味で、前国家的な権利か否かによって、人権の享有主体性の可否を判断する見解は適当ではない。前者の受益権は、外国人にも保障され、後者のうち、居住の自由や職業選択の自由は、外国人への制約が問題となることが多い点は、11条のところで後述する図1により明らかである。国際人権諸条約を性質の判定基準とする考えが原則的には採用されてよいように思われる。しかし、例外的に、たとえば、国際

人権規約（市民的・政治的権利）規約12条の居住の自由が正規滞在者のみに限る規定をしているように、日本国憲法の規定が本来もっている人権保障のレベルを人権諸条約の規定のレベルに合わせて引き下げる問題もありうる。そこで、憲法が人権諸条約の上位法であることを無視することなく、外国人の態様に応じた、権利保障の内容と程度を解明する緻密な憲法解釈として、立憲性質説が発展させられていく必要がある。

第4に、通説は、外国人の態様に応じた定住外国人などの権利保障についての憲法の明示的な根拠が不明ではないかと指摘されている[7]。そこで、自説は、後述する憲法11条および97条の「将来の国民」の規定を媒介として、外国人の態様に応じた権利保障の強化の度合いを説明することが可能と考えている。この点、主体が「国民は」と明示されている人権規定の場合、「国民だけは」と解釈することが必ずしも立憲主義の要請とはいえず、憲法11条などの「将来の国民」にも基本的人権を保障する一般規定を通じて、外国人の態様に応じた権利保障が導かれる余地は十分にある。また、主体が「何人も」と明示されている人権規定の場合、外国人の権利保障をまったく否定することは許されないものの、「何人も絶対的に平等に」権利が保障されるとはかぎらず、「将来の国民」とみなしうる客観的な充足度に応じて、外国人の権利保障の内容が異なる場合も認められる。

実際、従来の性質説と、立憲性質説が具体的にはどのような違いがあるのかについては、個別に、「何人も」と定めている憲法17条の国家賠償請求権、同22条1項の、居住の自由、職業選択の自由、同条2項の国籍離脱の自由などの条文に則して、検討することにしよう。

---

[7] 安念潤司「『外国人の人権』再考」樋口陽一・高橋和之編『現代立憲主義の展開（上）』（有斐閣、1993年）180頁。

第 10 条［国民の要件］

日本国民たる要件は、法律でこれを定める。

「日本国民たる要件」を定める「法律」とは、国籍法をさす。しかし、1952 年の法務府（現在の法務省）の通達（民事甲 438 号民事局長通達）「平和条約に伴う朝鮮人台湾人等に関する国籍及び戸籍事務の処理について」により、在日コリアン等の日本国籍を喪失させたことは、「法律」によらず、法律よりも上位の法形式である「条約」の内容上は明らかではなく、もっぱら法律よりも下位の法形式である「通達」によるものであり、憲法10条違反との見解がある[8]。もっとも、旧植民地出身者とその子孫の日本国籍喪失の手続的違憲性は、憲法 10 条に求められるが、国籍喪失の実質的違憲性は、後述する憲法 14 条 1 項の人種差別禁止、および 22 条 2 項の国籍離脱の自由に求めることもできるものと思われる。

また、細かな論点としては、ほかに、国籍法 2 条 3 項により「父母がともに知れないとき」は、例外的に生地主義を定めている。しかし、父が不明であり、母の行方や国籍が不明な場合において、子が無国籍とならないためには、「父母の特定ができないとき」というようにゆるやかに解釈する必要をアンデレ事件最高裁判決[9]は認めた。実際には、さまざまな理由から、無国籍者の数は増えており、抜本的には、「父母の本国の国籍法により、子が国籍を取得できないすべての場合に」生地主義での国籍取得を認めるための国籍法の改正が必要であろう。また、国籍法 3 条 1 項が、準正子、すなわち「父母の婚姻及びその認知により嫡出子たる身分を取得した子」の届出による国籍取得を認め、父母が内縁関係にある子の場合には、これを認めないことが不合理な差別として違憲とした最近の東京地裁判決[10]が注目される。しかし、判決が根拠とした家族としての共同生活の成立について、今後、これを認定する行政実務の基準づくりは容易ではないだろう。むしろ、生後認知と胎児認知を区別する

---

[8] 大沼保昭『在日韓国・朝鮮人の国籍と人権』（東信堂、2004 年）312 頁。

[9] 最判 1995（平成 7）・1・27 民集 49 巻 1 号 56 頁。

[10] 東京地判 2005（平成 17）・4・13 判時 1890 号 27 頁。

こと[11]自体に問題があり、多くの血統主義国と同様、生後認知の場合の国籍取得を認める法改正が望まれる。

第11条［基本的人権の享有］
国民は、すべての基本的人権の享有を妨げられない。この憲法が国民に保障する基本的人権は、侵すことのできない永久の権利として、現在及び将来の国民に与へられる。

定住外国人などの外国人の態様に応じた権利保障についての憲法の明示的な根拠は、「将来の国民」規定の解釈の中に見出しうる。いわば、「将来の国民」とは、将来の国民となりうる現在の国民に近い客観的な条件の充足度に応じた外国人の段階的な権利保障を導く根拠規定と解しうる。そのうえで、定住外国人、広義の難民、その他の一般外国人という従来の外国人の態様の3分類[12]は、永住市

---

[11] 国籍法2条1項は、「出生の時に父又は母が日本国民であるとき」に、子どもが日本国籍を取得すると規定している。この規定により、母親が外国人、父親が日本国民の非嫡出子（つまり婚姻関係にない両親から産まれた子ども）の場合については、出生後に父親が「認知」（生後認知）したとしても、法的に見れば「出生の時に」父親が日本国民ではないので、日本国籍が認められないことになる（これに対し、母親が日本国民、父親が外国人の非嫡出子の場合は、「出生の時に」母親が日本国民であるから、子どもに日本国籍が認められることになる）。子どもが母親のお腹にいる間に父親が「胎児認知」（戸籍法第61条）すれば、「出生の時に」父親が日本国民ということになり、子どもに日本国籍が認められる。このように、国籍法上、認知の時期によって、子どもが日本国籍を得られるかどうかが決まってしまうことになる。この国籍法2条1項の区別が憲法14条1項に違反するかどうかについて、最高裁判例（最判2002（平成14）・11・22判時1808号55頁）では、国籍の取得は子どもの出生時に確定することが望ましい点にこの区別の合理的根拠を見いだし、いわば国籍の浮動性防止を重視して認知の遡及効を否定しながら、合憲とした。しかし、そこでは、5人のうちの3人の裁判官が補足意見において、国籍法3条1項が父母の婚姻を要件としている点、および非嫡出子を差別している点について、違憲の疑いを指摘していた。最近の東京地裁判決では、この補足意見の論点がまさに争われ、憲法14条1項違反が導かれた事例である。

[12] 大沼保昭『〔新版〕単一民族社会の神話を超えて』（東信堂、1993年）

民、有期の正規滞在者、非正規滞在者の3分類を中心とする方が今日の問題状況に即している点を説明しておこう。たしかに、難民条約等の批准により、新たに入国した難民の社会権保障と同時に定住する外国人住民の社会権保障が認められた1980年代にあって、従来の3分類が唱えられた事情は理解しうる。しかし、今日、外国人の権利の態様を区分する上では、別の類型がより重要と思われる。

なぜならば、第1に、その他の一般外国人のうち、非正規滞在者の数は多く、正規の在留資格の有無が権利状況を大きく異にするからである。

第2に、広義の難民とは、権利状況の異なる庇護希望者や経済難民等と呼ばれる非正規滞在者を含むのか否かが不明確である。2004年の改正入管難民法にあるように、庇護希望者、すなわち難民申請者に仮滞在など一定の正規の在留資格を取得できる制度を導入したとしても、狭義の難民とは権利状況が異なる。狭義の難民、すなわち条約上の政治難民ならば日本ではその数はごくわずかにすぎず、難民として入国しても在留資格は定住者であり、インドシナ難民用の短期の定住支援プロジェクトが2003年より条約難民にも拡充されたことを考慮しても、他の定住者と比べて、特筆すべき権利状況の違いは少ないからである。

第3に、定住外国人と呼ばれるのは、以下の3ゲートモデルから逸脱し、帰化要件よりも長い10年以上の居住期間を一般に必要とする日本の永住許可の実務に大きな原因がある。3年ないし5年の居住を目安として、永住権と一定の参政権が保障される制度への変更の必要性を日本で意識する上では、永住市民と呼ぶ方が適当と思われる。図1にみるように、正規化、永住許可、帰化という3つのゲートを経て、非正規滞在者、有期の正規滞在者、永住市民という具合に権利保障は、段階的に強化されるのが原則である（厳密に言えば、日本人の配偶者等、永住者の配偶者等、および定住者は、原則として在留期間の更新が認められる安定した居住権、一定の公職を除く幅

203-210頁。

広い職業の自由、生活保護までも含む社会権の面では、永住市民に準じた権利保障が認められるものの、一部の自治体で導入されはじめた住民投票権や、国会に提案されている永住外国人の選挙権法案における選挙権は認められない点で、有期の正規滞在者と永住市民の両方の要素を備えている)。

図1　3ゲートモデルにおける権利の段階的保障

非正規滞在者	＜	有期の正規滞在者	＜	永住市民	＜	国民
		正規化		永住許可		帰化
大半の市民的権利 (自由権・受益権・包括的人権)		一部の居住権 一部の職業の自由 一部の社会権		ほぼ完全な居住権 ほぼ完全な職業の自由 ほぼ完全な社会権 (一部の参政権)		完全な居住権 完全な職業の自由 完全な社会権 完全な参政権

　永住市民権は、こうした権利の段階的保障の理論の一部であり、国民の市民権、永住市民権、居住市民（有期の正規滞在者）権といった具合に、市民権の主体と内容の違いを整理することができる。同心円に表すならば、図1の内容を同心円において表記すべきであり、主権者の有する憲法改正国民投票は国民に限られる点などを省略した形により、多くの点で不正確な図示がなされたことがあるので[13]、ここで指摘しておく。諸外国にみられる永住市民権の実例は、憲法改正国民投票などは国民に限られるとして除かれ、多くは地方レベルの参政権にとどまるが、国会の選挙権を含む例もみられる。

　なお、「将来の国民」とは、次世代以降の国民であり、外国人のことを語っているものではないという批判がある[14]。しかし、この批判は、憲法11条を無保障説の根拠規定としてしまうことに無自覚である。憲法の体系解釈からも、帰化や届出制の採用により外国人住民が将来の国民となりうる事実からも、将来の国民とは現在の外国人住民をも念頭に置いた用語であると理解する必要がある。も

---

[13]　中谷実「外国人の人権」ジュリスト1244号（2003年）161頁図F参照。

[14]　長尾一紘『外国人の参政権』（世界思想社、2000年）57頁、廣田全男「外国人市政参加の法的検討」宮島喬編『外国人市民と政治参加』（有信堂、2000年）65頁。

ちろん、「将来の国民」というのは、比喩であり、実際に国民となるかどうかの主観的な意思の有無にかかわらず、現在の国民に近い客観的な条件の充足度に応じた外国人の権利保障を導くための用語である。「出稼ぎ外国人」ではなく、「将来の国民」と考えることにより外国人の権利保障が進むことは多くの国で一般的である。外国人の対応に応じた3ゲートモデルにおける権利の段階的保障の憲法解釈上の根拠は、この「将来の国民」に対する基本的人権保障規定から導かれる。

もともと、定住外国人という用語を考案し人口に膾炙させた徐龍達[15]、研究者の間に普及させた大沼保昭[16]の両氏が、それぞれ3年、5年を定住外国人の居住要件としたのは、帰化して国籍を取得するのに必要な居住要件が最短3年、原則5年となっていることに依拠している。こうした「将来の国民」とみなしうる居住期間の客観的要件を基準とした帰化資格準拠説の要素を踏まえ、狭義の永住資格要件説を拡充しながら、日本の現行の永住者よりも広い概念であるとして、ここでは永住市民という言葉で説明しているのである。したがって、定住外国人と永住市民の対象とする範囲に大きな違いはないが、ヨーロッパにおいてEU市民の有するEU市民権という法制度が登場する時代にあって、外国籍でありながら一定の参政権を有することの理解を助け、日本の永住許可制度の問題点を同時に認識する点に、定住外国人や定住市民という用語ではなく、「永住市民」という用語を使う意義がある。

第13条［幸福追求権］

すべて国民は、個人として尊重される。生命、自由及び幸福追求に対する国民の権利については、公共の福祉に反しない限り、立法その他の国政の上で、最大の尊重を必要とする。

13条は、性質上、外国人にも適用されるものと考えられている。

---

[15] 徐龍達「定住外国人の地方参政権」徐龍達編『定住外国人の地方参政権』（日本評論社、1992年）5-6頁。

[16] 大沼・前掲註[12] 205頁。

たとえば、指紋押捺事件最高裁判決[17]では、「憲法 13 条は、国民の私生活上の自由が国家権力の行使に対して保護されるべきことを規定していると解されるので、個人の私生活上の自由の 1 つとして、何人もみだりに指紋の押なつを強制されない自由を有する」と判示している。また、国際人権（市民的・政治的権利）規約 27 条と同様の民族的少数者の「自己の文化を享有する権利」について、二風谷事件札幌地裁判決[18]では、「少数民族にとって民族固有の文化は、多数民族に同化せず、その民族性を維持する本質的なものであるから、その民族に属する個人にとって、民族固有の文化を享有する権利は、自己の人格的生存に必要な権利ともいい得る重要なものであって」、アイヌ民族は、「憲法 13 条により、その属する少数民族たるアイヌ民族固有の文化を享有する権利を保障されている」と判示している。

なお、自由権の原則規定にとどまらず、社会権としての 13 条の役割については、後述する 25 条および 26 条で触れることにしよう。

第 14 条［平等］

(1)すべて国民は、法の下に平等であって、**人種**、信条、性別、社会的身分又は門地により、政治的、経済的又は社会的関係において、差別されない。

「人種」差別に関し、損害賠償が認められるいくつかの判決が出ている。小樽入浴拒否事件札幌地裁判決[19]および札幌高裁判決[20]では、ドイツ国籍者、アメリカ国籍者およびアメリカから日本に帰化した者が、外見上、外国人に見えることを理由に公衆浴場への入浴を拒否したことが人種差別にあたるとされ、「憲法 14 条 1 項、国際人権 B 規約 26 条、人種差別撤廃条約の趣旨に照らし、私人間においても撤廃されるべき人種差別にあたる」と判示している。同様に、

---

[17] 最判 1995（平成 7）・12・15 刑集 49 巻 10 号 842 頁。
[18] 札幌地判 1997（平成 9）・3・27 判時 1598 号 33 頁。
[19] 札幌地判 2002（平成 14）・11・11 判時 1806 号 84 頁。
[20] 札幌高判 2004（平成 16）・9・16 判例集未登載。

ブラジル人が、宝石店への入店を拒否されたことが人種差別にあたるとされた浜松入店拒否事件静岡地裁浜松支部判決[21]、インド人が、賃貸住宅の不動産仲介業者に電話で皮膚の色を繰り返し聞かれたことが人種差別にあたるとされたさいたま地裁判決[22]などがある。

　従来、日本では、憲法が人種による差別を禁じる規定を定めているのは、アメリカの影響を受けたからであると考えられ、皮膚の色を中心とした人種差別がアメリカなどのように顕著でなかったために、人種差別の問題が法的問題となることは日本では少ないと考えられてきた。一方、在日コリアンなどに対する民族差別の問題が深刻でありながらも、民族差別は人種差別と同様に憲法上禁じられるべき問題であるとの認識が不十分であったように思われる。学説上も、かつては憲法14条の解釈において、民族差別に関する言及をしない「民族差別不問説」が有力であった[23]。ただし、中には、民族差別には言及しないものの、アイヌに対する差別を例示する指摘や[24]、アイヌ、国際結婚で生まれた子ども、および帰化者に対する差別も、人種差別の問題とする理解もみられた[25]。これに対し、今日、憲法14条1項後段の人種には民族が含まれると解する見解、もしくは民族差別を人種差別と同様に扱う見解が多数になりつつある[26]。後段の列挙事由を例示とするならば、後段の人種差別と一応は区別しながら独自の差別禁止事由とする「民族差別独自禁止説」

---

[21] 静岡地判浜松支部1999（平成11）・10・12判時1718号92頁。

[22] さいたま地判2003（平成15）・1・14判例集未登載。

[23] 宮沢俊義『憲法Ⅱ〔新版〕』（有斐閣、1974年）273-276頁。

[24] 宮沢俊義〔芦部信喜補訂〕『全訂日本国憲法』（日本評論社、1978年）209頁。

[25] 佐藤功『憲法〔新版〕上・下　ポケット注釈全書』（有斐閣、1983年）214-236頁。

[26] 長尾一紘『日本国憲法』（世界思想社、1997年）148頁、浦部法穂『全訂憲法学教室』（日本評論社、2000年）108頁、辻村みよ子『憲法』（日本評論社、2000年）206頁、樋口陽一『憲法〔改訂版〕』（創文社、2001年）204頁、野中俊彦・中村睦男・高橋和之・高見勝利『憲法Ⅰ〔第3版〕』（有斐閣、2001年）272頁等を参照。

もみられる[27]。しかし、人種差別撤廃条約との整合性を重視する上でも、また、民族差別に関する違憲審査について厳しい審査基準を適用する上でも、14条1項の後段の人種差別に含めて禁止する「民族差別後段禁止説」が適当と思われる。日本が1995年に批准した人種差別撤廃条約1条によれば、人種とは、広く「人種、皮膚の色、世系又は民族的若しくは種族的出身」を意味することになる[28]。ここで、「民族的若しくは種族的出身」というのは、「国をつくって国民となることを意識した民族の出身 (national origin)」、もしくは「国をつくって国民となることを意識していない民族の出身 (ethnic origin)」の両方を問題としている。いずれにせよ、人種差別は、民族的出身による差別を含むというのが、人種差別撤廃条約の立場である。日本政府がこの条約の1条について、留保や解釈宣言を行うことなしに憲法に適合するものとして批准した以上、今後は、日本国憲法14条後段の禁ずる人種差別は、民族的出身による差別を含むものと解すべきであろう。

この点、日本に住み続けながらも、朝鮮戸籍等を理由として、1952年の平和条約の発効により日本国籍を剥奪された在日コリアン等にとって、（婚姻による場合を除いて）朝鮮戸籍等は民族的出身の徴表とみなされたのであり、そのナショナル・オリジンゆえに、日本国籍を剥奪され、恩給、援護法、年金、参政権などにおいて不利益扱いを受けている問題がある。同様の問題は、今日、ラトヴィアがロシア系住民に国籍を認めず、その不利益扱いが国際的に非難されている。したがって、在日コリアン等の国籍による不利益扱いは、憲法14条前段の国籍差別の問題ではなく、14条後段の人種差別（民族的出身による差別）の問題として、厳しい審査基準のもとに違憲審査がなされるべきものと思われる。

しかし、1982年の国民年金制度の国籍条項の撤廃時に救済されず、今日に至っている在日コリアンの無年金障害者と無年金高齢者

---

[27] 初宿正典『憲法2 基本権』（成文堂、2001年）165頁。
[28] 野中他・前掲註[26] 271頁。

の訴えは、京都地裁と大阪地裁において、しりぞけられている[29]。何らかの救済措置がこうじられることが望ましいとのリップサービスがみられるものの、社会保障制度における広範な立法裁量が合憲論の主要な根拠である。しかし、かつて日本国籍を有していた者から本人の同意なしに、民族的出自をもとに、外国人として扱うことがこの問題の出発点であり、広義の人種差別の問題として、審査する視点を裁判所に求めたい。

第15条［公務員選定罷免権］

(1)公務員を選定し、及びこれを罷免することは、国民固有の権利である。

「国民固有の権利」とは、「国民が当然にもっているとされる権利、したがって、他人にゆずりわたすことのできない権利」を意味する[30]。かつて、天皇主権の明治憲法においては、官吏の任免権の根拠が究極的には天皇にあり、国民から奪われていたこととの対比で、公務員の選定罷免権が、国民から奪ってはならない基本的な権利であることをさす。このことは、憲法の公定英文に明らかであり、「固有の (inalienable)」とは、「〈権利など〉譲渡できない、奪うことができない」という意味である。英語で、inalienable rights とは、「不可譲の権利」をさし、「自然法思想に基づき人間としての基本的な権利で法律によっても奪いえないとされるものをさす[31]」。欧米の憲法学の伝統に基づいた、基本的な用語である「固有の権利」とは、不可譲の権利としての人権の性質としての固有性を表す表現である。本来は、人間から奪うことのできない権利として用いられる言葉を、日本国憲法では国民から奪うことができない権利といいかえたにすぎず、国民「のみ」に限定する意味は含んでいない。戦後のナショナリズムの昂揚期に国家主権を根拠とする外国人参政権否

---

[29] 京都地判2003（平成15）・8・26判例集未搭載、大阪地判2005（平成17）・5・25判例集未搭載。

[30] 宮沢〔芦部補訂〕・前掲註[24] 219頁。

[31] 田中英夫編『英米法辞典』（東京大学出版会、1991年）431頁。

定論が有力であった時代の法制局の憲法解釈においても、憲法15条1項のいう「『固有』の権利とは、国民のみが『専有』する権利であると解す」のではなく、「『固有の権利』とは『奪うべからざる権利』の意味に解するのが正しく、一般に外国人に対して公務員を選定する権利が認められないのは、直接本条から引き出される結論ではな」いと説明されている[32]。今日、永住外国人の地方選挙権に反対する根拠として、「国民固有の権利」とは、「国民だけが有する権利」であり、「他人（外国人）に譲り渡すことができない権利」と解する見解が一部にみられ[33]、自民党内の違憲論の有力な根拠とされている。しかし、「譲り渡す」とは、「自己の権利を他人に移転すること」を意味するのであって、永住者等の外国人住民に一定の参政権を認めても、国民の参政権が認められる以上、参政権は譲り渡されるものでも、奪われるものでもなく、「国民固有の権利」の文言に反するものではない。

最高裁は、国会の選挙権について、日本人を配偶者とするイギリス人が参議院選挙において選挙権が認められないことを争ったアラン参議院選挙権訴訟[34]では、マクリーン事件最高裁判決の趣旨に徴して明らかであるとして、訴えをしりぞけた。また、国会の被選挙権についても、在日朝鮮人3世を代表とし、多様な国籍からなる外国人政党「在日党」が提訴した李英和ほか参議院選挙権訴訟[35]では、訴えをしりぞけるだけであった。一方、地方選挙権については、在日韓国人の提訴が1990年になされたのを皮切りに、いくつかの訴訟が続いた。最初の金正圭ほか地方選挙権事件[36]では、要請説に立つ上告人の訴えをしりぞけたものの、許容説に立って、「永住者等

---

[32] 1953年3月25日法制局一発第29号内閣総理大臣官房総務課長あて法制局第一部長高辻正己回答（いわゆる高辻回答）。

[33] 百地章「憲法と永住外国人の地方選政権—反対の立場から」『都市問題』92巻4号（2001年）32頁。

[34] 最判1993（平成5）・2・26判時1452号37頁。

[35] 最判1998（平成10）・3・13裁判所時報1215号5頁。

[36] 最判1995（平成7）・2・28民集49巻2号639頁。

であってその居住する区域の地方公共団体と特段に密接な関係を持つに至ったと認められるもの」について、「法律をもって、地方公共団体の長、その議会の議員等に対する選挙権を付与する措置を講ずることは、憲法上禁止されているものではない」と判示した。他方、地方の被選挙権については、在日韓国人の洪仁成ほか地方選挙権・被選挙権訴訟において、大阪地裁判決は、立法裁量の問題とする許容説の立場を示したものの[37]、大阪高裁および最高裁判決はもっぱら訴訟技術的な論点に終始し、この点の判断を示していない[38]。

第 17 条 [国家賠償請求権]
何人も、公務員の不法行為により、損害を受けたときは、法律の定めるところにより、国又は公共団体に、その賠償を求めることができる。

この「法律」として、国家賠償法がある。同法 6 条では、「この法律は、外国人が被害者である場合には、相互の保証があるときにかぎり、これを適用する」と定めている。もともと、国賠法 6 条については、憲法 17 条が「何人も」賠償請求権を有すると定めている「趣旨に適合しないきらいがある」との有力な見解もあった[39]。しかし、外国人受刑者に対する革手錠の継続的な使用を違法とした東京地裁判決[40]では、国賠法 6 条が「相互の保証のある場合に限定しているのは、我が国の国民に対して国家賠償による救済を認めない国の国民に対し、我が国が積極的に救済を与える必要がないという、衡平の観念に基づくものであり、外国人による国家賠償請求について相互の保証を必要とすることにより、外国における我が国の国民の救済を拡充することにも資する」との「一定の合理性が認められる」として、憲法 17 条および同 14 条 1 項に反しないと判示し

---

[37] 大阪地判 1997（平成 9）・5・28 判タ 956 号 163 頁。
[38] 大阪高判 1999（平成 11）・2・24 判例集未搭載、最判 2000（平成 12）・6・27 判例集未搭載。
[39] 宮沢〔芦部補訂〕・前掲註[26] 230 頁。
[40] 東京地判 2002（平成 14）・6・28 判時 1809 号 46 頁。

た。もっとも、判決がいうように、相互保証主義が「外国における我が国の国民の救済を拡充する」かどうかは、経験的には確認できない。しかも、「本国法の不備のゆえに、現実に日本政府から蒙った損害を、なぜ自分の負担として甘受しなければならないのか」という疑念からの違憲論もある[41]。しかし、一見、極めて明確な違憲論としては、立憲性質説の立場から、「何人も」と定める憲法17条に相互保証主義の限定を加える国賠法6条は、成文の憲法をかかげ、個人の権利・自由を国家権力の恣意的な侵害から守る立憲主義に反することになる[42]。国賠法6条の相互保証主義の合理性をかろうじて支える例証として、ドイツのライヒ責任法がこれまでは指摘されてきた。しかし、1993年にライヒ責任法7条は改正され、ドイツも相互保証主義を原則廃止し、住所を有しない外国人への法規命令による例外の定めもなされないままである。

　相互保証主義の厳格な適用は、当事者にとって過酷であるとの認識があるためか、これまでの裁判例は、いずれも相互保証主義の認定をゆるやかに認めてきた。たとえば、朝鮮民主主義人民共和国に国家賠償制度がなくても、大韓民国にあれば、在日朝鮮人の場合、京都地裁判決は「二重国籍者」として[43]、広島地裁福山支部判決は「分裂国家」として[44]、大阪地裁判決は「本籍」が大韓民国内であるとして[45]、相互の保証を認めている。革手錠の事件でも、相互保証主義を柔軟に解し、連邦制で判例法のアメリカとの比較は困難であるものの、厳密な比較をすることなく、相互の保証があるものと認定している。日本にいる外国人の出身国は多岐に分かれ、相互保証を立証・審査する過度な負担を原告・裁判所に課すことは合理的ではなく、国賠法6条の早急な削除が望まれる。

　しかも、2005年6月23日の東京高裁判決では、強制連行による

---

[41] 奥平康弘『憲法III　憲法が保障する権利』(有斐閣、1993年) 393頁。
[42] 近藤・前掲註(1) 278頁。
[43] 京都地判1973 (昭和48)・7・12判時755号97頁。
[44] 広島地福山支判1992 (平成4)・4・30判例地方自治104号76頁。
[45] 大阪地判1971 (昭和46)・2・25判時643号74頁。

強制労働を強いられ、北海道で 13 年間の逃亡生活を続けた中国人の国賠訴訟では、当時、中国には国賠法がなく、国賠法 6 条所定の相互保証が成立していないことを理由に、逆転敗訴している[46]。「何人も」とかかげる憲法 17 条に反して、相互保証の限定を付した国賠法 6 条を根拠に、泣き寝入りを余儀なくされる実例が登場しつつある中、立憲性質説の意義は大きなものがあると思われる。

第 22 条［居住・移転・職業選択の自由、外国移住・国籍離脱の自由］

(1) 何人も、公共の福祉に反しない限り、居住、移転及び職業選択の自由を有する。

(2) 何人も、外国に移住し、又は国籍を離脱する自由を侵されない。

「居住の自由」については、「居住・移転の自由」として、一緒に扱うことが一般である。しかし、外国人の在留権の問題を考える上では、「居住の自由」という概念に着目する方がわかりやすい。文理解釈からすれば、日本にいるすべての人が居住の自由をもち、制定史解釈からは、居住の自由とは、住居選択の自由の意味に解すことができる。体系解釈からすれば、「公共の福祉に反しないかぎり」と明示していることは、政策的制約が認められる権利といえる。比較法解釈からすれば、カナダのように入国の自由と居住の自由は、原理的には区別されうるし、ポーランド憲法のように、「何人も」居住の自由が保障されるものの、「法律において定められた制限を受けることがありうる」旨を定めている例もある[47]。この点、日本国憲法では法律の留保ではなく、公共の福祉に反してはならないとの制約根拠を規定しているのであって、この場合の公共の福祉とは、公共の安全などの具体的な利益と個人の制限される利益とを比較衡量しながら、比例原則を適用することを意味する。自由権の核心が国による妨害排除の請求権であることに留意すれば、居住の自由は、

---

[46] 東京高判 2005（平成 17）・6・23 判例集未搭載。

[47] 近藤・前掲註(1) 280 - 281 頁参照。

「恣意的に住居の選択を妨害されない権利」の1つとして、以下にみる「恣意的に退去強制されない権利」を内容として含んでいると解される。

立憲性質説では、第1に、国民の場合、国外に退去強制されること自体が恣意的であり、条約上の政治難民、無国籍者の場合も、退去強制それ自体が恣意的となりうる程に強化された「恣意的に退去強制されない権利」を享受している。したがって、ノン・ルフールマンの原則[48]や日本にいる者の庇護請求権は、憲法22条1項から直接に導かれると考えることができる。

第2に、永住者の場合、一定の犯罪を侵すなどの理由がなければ、退去強制は恣意的となる。特別永住者の場合は、重大な犯罪を侵すなどの理由があり、入管特例法9条1項4号所定の「日本国の重大な利益が害された」という国の側のどうしても必要な利益の基準は高く、実質的には第1のグループに近づく。

第3に、有期の正規滞在者については、在留期間の更新に関する法務大臣の裁量に服すとはいえ（その裁量の幅は入国の許可についての法務大臣の裁量よりも狭く）、一定の犯罪を侵すなどの理由があり、退去強制という手段が公正な出入国の管理の目的と実質的に関連しているかどうかについての裁判所の審査を必要とする（ちなみに、マクリーン事件は、在留期間の更新許否の事例であるが、同じ英語教師としての転職と憲法適合的な政治活動を許否理由とすることは、公正な出入国の管理の目的と実質的な関連性は乏しい。また、何度か在留期間の更新が繰り返された場合には、特別に許否する新たな事由がないかぎり、原則として更新することが「信頼保護」の原則からは導かれうる）。

第4に、非正規滞在者は、法務大臣の裁量による在留特別許可を

---

[48] 1951年に採択された「難民の地位に関する条約」（日本は1981年に加入）の第33条1項は、「締約国は、難民を、いかなる方法によっても、人種、宗教、国籍若しくは特定の社会的集団の構成員であること又は政治的意見のためにその生命又は自由が脅威にさらされるおそれのある領域の国境へ追放し又は送還してはならない」という原則を定めている。この原則を一般に「ノン・ルフールマンの原則」と言う。

得て、在留資格の正規化が認められないかぎり、原則として退去強制されうる法的地位にあるとはいえ、退去強制により達成される利益が侵害される利益を上回っており、憲法の諸規定や国際人権諸条約に照らし違反がなく、条理や国際慣行に照らし合理的な理由を備えているかどうかについての裁判所の審査が必要となる。この最後の基準は、他の場合にも適用されるように、恣意性の審査密度は重層的に強化される。「恣意的に退去強制されない権利」の内容は、以上の大きく4通りの場合に分けて整理されうる。

非正規滞在者の恣意的に退去強制されない権利に関する裁判例として、たとえば、学齢期の子どものいる長期の非正規滞在の家族の受ける著しい不利益を考慮して退去強制処分を「比例原則」違反とした事例では[49]、比例原則の根拠は「憲法13条」に求められており、子どもの権利条約3条の「児童の最善の利益」を考慮しながら、長期間平穏に在留し既に善良な一市民として生活の基盤を築いている事実を、在留特別許可の審査に際して有利に考慮すべきとする実務上の基準を無視した退去強制処分が「平等原則」に反する点など、条理としての「社会通念」に反する法務大臣の裁量権の濫用を導いている。また、中国帰国者の継子（いわゆる「連れ子」）の子らの福祉・教育・退去強制後の生活困難性等を考慮した事例では[50]、子どもの権利条約3条の「児童の最善の利益」の保障の規定や、国際人権（市民的・政治的権利）規約23条に求められる「家族結合の擁護」の趣旨に照らして、「社会通念」に反する法務大臣の裁量権の濫用を導いている。

そもそも、永住者の配偶者に類似する場合などを含め、在留特別許可はすべて法務大臣の自由裁量とするかのような判例[51]の姿勢は見直すべきである。公正な出入国管理の一般的利益よりも、退去強制により受ける当事者の不利益の方が上回る「比例原則」違反のような、「公共の福祉」により正当化されない退去強制は、憲法22条

---

[49] 東京地判2003（平成15）・9・19判時1836号46頁。
[50] 福岡高判2005（平成17）・3・7（判例集未登載）。
[51] 最判1979（昭和54）・4・24民集13巻12号1493頁。

1項の「居住の自由」の侵害に当たるとして、非人道的な退去強制の禁止を導く立憲性質説の方が、近年のヨーロッパの立憲主義諸国の「国際慣行」に適合しうるものと思われる。そこでは、ヨーロッパ人権規約3条の非人道的な取扱いを受けない権利と同8条の家族の権利を侵害する退去強制を禁ずる判例が集積され、ヨーロッパ基本権憲章19条2項は「非人道的な退去強制」を禁じている[52]。

今後は、少なくとも、2000年の第2次出入国管理基本計画における「日本人，永住者又は特別永住者との身分関係を有するなど，我が国社会とのつながりが十分に密接と認められる不法滞在者に対しては，これまで行ってきたように人道的な観点を十分に考慮し，適切に対応していく」方針は、法務大臣の自由裁量における判定基準を超えて、「公共の福祉」により正当化されない憲法22条1項所定の「居住の自由」の侵害の場合の1つの判定基準として、裁判規範性が認められてしかるべきであろう。

職業選択の自由についても、「何人も」公共の福祉に反しない限り有するとする日本国憲法22条1項は、世界的にも最も広く外国人への権利保障を定めている規定である。しかし、現実は、公務就任権の性質が参政権に類似するものと考えられ、「当然の法理[53]」という不文の要件のもと、外国人の公務員という職業を選択する自

---

[52] 参照、近藤敦「比例原則に反し恣意的に退去強制されない権利と立憲性質説」国際人権15号（2004年）17、23-4頁。

[53] 外国人の公務就任権については、従来、「公務員に関する当然の法理として、公権力の行使又は国家意思の形成への参画にたずさわる公務員となるためには日本国籍を必要とする」という理解（前掲註32の高辻回答）や、「地方公務員の職のうち公権力の行使又は地方公共団体の意思の形成に携わるものについては、日本の国籍を有しない者を任用することはできない」という理解（1973年5月28日自治公一第28号大阪府総務部長あて公務員第一課長回答）がされていた。「国家意思の形成」と「地方公共団体の意思の形成」をともに含んだ用語として「公の意思の形成」と言い換えられる場合もあるが、公権力を行使したり、公の意思の形成に参画したりする公務員には、法令の根拠の有無にかかわらず、外国人を任用することができないとしてきた行政解釈は、一般に「公務員に関する当然の法理」と呼ばれている。

由が狭められている⁽⁵⁴⁾。これも憲法規定を無視する性質説に遠因があるものと思われる。最近下された最高裁判決⁽⁵⁵⁾では、上告理由においても、被上告人の答弁書においても中心的な論点として、高裁判決⁽⁵⁶⁾が認定した「職業選択の自由」違反に関する論点については、まったく言及しないまま、「法の下の平等」違反の論点だけがしりぞけられている。金谷裁判官の意見では、「日本国民の公務就任権については、憲法が当然の前提とするものとして、あるいは、国民主権の原理、14条等を根拠として、解釈上認めることができるが」、「その権利の性質上、外国人に対しては及ばないものと解するのが相当である」との判断が示されている。職業選択の自由に関する憲法の条文を無視して、いとも簡単に外国人の権利を否定するキーワードとして、「当然」とか、「権利の性質」という言い回しが用いられる。多数意見も、「想定の法理」とでも呼ぶべき不文の要件でもって、外国人の権利保障を否定した。ただし、従来の「当然の法理」とは違って、外国人の一定の公務就任を禁止する意味合いではなく、憲法上、保障されていないことを説明するものであって、結果として、どのような公務員の職の門戸を外国人に開くかは、自治体の裁量の問題とされたと評されている⁽⁵⁷⁾。憲法の国民主権原理に基づき、「統治の在り方については日本国の統治者としての国民が最終的な責任を負うべき」であり、「原則として日本の国籍を有する者が公権力等地方公務員に就任することが想定されている」との判旨の論理の飛躍は著しく、管理職任用制度の運営の便宜のために、一律に外国籍者を排除することを「合理的な理由」とする説得力も疑問である。最高裁判決は、「統治」という概念を広げ過ぎており、公務員が行う「行政」には国民主権原理が制約根拠とはならないとするドイツの議論からすれば、あまりにナショナリズム（自国民中

⁽⁵⁴⁾ 近藤・前掲註⑴ 157 - 232 頁。

⁽⁵⁵⁾ 最大判 2005（平成 17）・1・26 判時 1885 号 3 頁。

⁽⁵⁶⁾ 山内敏弘「外国人の公務就任権と国民主権概念の濫用」『法律時報』77 巻 5 号（2005 年）74 頁。

⁽⁵⁷⁾ 東京高判 1997（平成 9）・11・26 判時 1639 号 30 頁。

心主義)に偏した憲法解釈である。国民主権原理は、国民の総意により国の統治のあり方を最終的に決定することを意味するにすぎず、公権力行使等の行政を担当する公務員が個々の国民であることを原則とするものではない。法令の定めなしに、国民主権から、地方公務員の国籍要件を導くことは、法治主義に反し、「何人も」公共の福祉に反しないかぎり「職業選択の自由」を有すると定める日本国憲法にあっては、立憲主義の基本を無視するものである。また、「平等」に関するアメリカの議論からすれば、職種の性質にかかわらず、一律に管理職に国籍要件を課す背景には、国民によって「一定の魅力的な安定した職へのアクセスを独占したいという意図」があるかのように受け取られかねないように思われる。

「国籍離脱の自由」について、通説は、性質上、日本国民の権利を定めたものと解する。立憲性質説の場合、国籍離脱の自由は、個人の自由意思を尊重する「国籍自由の原則」について、国籍の喪失の側面を定めたものと解する。自由は、一般に、あることをする自由とあることをしない自由の両面をもっている。したがって、国籍離脱の自由は、自己の意思により国籍を離脱する自由だけでなく、自己の意思に反して国籍を離脱しない自由の側面も有するはずである。自己の意思に反して国籍を離脱しない自由の内容は、国民にかぎらず外国人にも保障され、国籍離脱を強制する国籍法の諸規定は憲法違反であり、重国籍の容認が憲法上要請される。

この規定の沿革は、1868年にアメリカ議会が、「国籍離脱は、すべての人民の自然かつ固有の権利である」と宣言したことに由来する。イギリスなどからの移民が、出身国(外国)の国籍を離脱するために、「何人も」と定める必要が当時のアメリカにはあった。しかし、通説(性質説)によれば、国籍離脱の自由とは、性質上、「何人も」という文言は適切ではなく、「国民」の自国の国籍を離脱する自由のみを日本国憲法は定めうるにすぎないとして、外国の国籍を取得した者の日本国籍離脱を認め、無国籍となる場合の日本国籍離脱を認めない国籍法を要請している点に立法裁量の制約を課しているにすぎない。この点、国籍離脱の強制については、国会に絶

対的な権限が認められているものではないとして、立法裁量に制約を課すのが今日のアメリカの重要な判例法理である。今日の国籍離脱の自由は、個人の意思に反して国籍の離脱を強制されない自由の側面も重要であり、送り出し国からみた、1）「自国の国籍を離脱する自由」と、2）「自国の国籍を離脱しない自由」、受け入れ国からみた、3）「外国の国籍を離脱する自由」と、4）「外国の国籍を離脱しない自由」の4つの場合に分けて考える必要がある。たしかに、通説のいうように、アメリカの歴史にみられた「外国の国籍を離脱する自由」については、日本の国籍法ないし主権の及ぶ問題ではないばかりか、今日の諸外国の国籍法上ほとんど解決済みの問題である。しかし、「自国の国籍を離脱しない自由」と「外国の国籍を離脱しない自由」については、日本の国籍法ないし主権の及ぶ範囲内での保障が可能な問題であるとともに、すぐれて今日的な問題である。ここに日本国憲法が「何人も」と定めていることの重要な意義があり、「何人も」という規定を重視する自説の立憲性質説の場合、国籍離脱の自由は、在外国民の「自国の国籍を離脱する自由」だけでなく、在外国民の「自国の国籍を離脱しない自由」と在住外国人の「外国の国籍を離脱しない自由」も保障すべく、日本の国会が重国籍容認立法を制定することを憲法上「要請」する規定と解することになる。

また、かつて日本国籍に帰化して外国籍を離脱することが要件とされたことが見直され、今日では日本国籍を必要とされなくなった「司法修習生採用問題」も、国籍離脱の自由を侵害する事例であったと考えることができる。加えて、1952年の平和条約発効後の通達により、日本に住む旧植民地出身者とその子孫の日本国籍を本人の意思を問うことなく離脱させた行為も、国籍離脱の自由に反するものといえる。

第25条［生存権］

(1) すべて国民は、健康で文化的な最低限度の生活を営む権利を有する。

(2) 国は、すべての生活部面について、社会福祉、社会保障及び公衆衛生の向上及び増進に努めなければならない。

1979年に国際人権規約に加入し、1981年に難民条約を批准したことにより、多くの社会保障関係法から国籍要件が撤廃された。ただし、生活保護法1条および2条には、「国民」という文言が残っており、生活保護の準用を永住者、日本人の配偶者等、永住者の配偶者等、および定住者に限定する厚生省の口頭指示が存在する[57]。また、「住所を有する者」という規定に対し、非正規滞在者や1年未満の滞在予定の正規滞在者が国民健康保険に加入できないなどの厚生省の通知も制約として存在した。2004年に最高裁は、国民健康保険法5条の「住所を有する者」とは、「在留資格を有しないものを被保険者から一律に除外する趣旨を定めた規定であると解することはできない」と判示した[58]。しかし、これを受けて厚生労働省は、通知とほぼ同様の内容を国民健康保険法施行規則1条に定めた。

永住者以外の正規滞在者や非正規滞在者の緊急治療に生活保護を適用できるかどうかについては、生命そのものに対する救済措置である緊急治療も、立法政策の問題とされたゴドウィン事件神戸地裁判決[59]がある。憲法25条が国民の権利を中心とする判例の立場に立つならば、外国人の場合には憲法13条の社会権論ないしは、13条と結びついた25条の社会権論の必要が大きいように思われる。生

---

[57] 1992年3月31日厚生省保険発第41号。

[58] 最判2004（平成16）・1・15民集58巻1号226頁。

[59] 神戸地判1995（平成7）・6・19判例自治139号58頁。スリランカ人の留学生ゴドウインが、くも膜下出血のため入院した際、医療扶助に関する生活保護法の準用を特別永住者・永住者・日本人の配偶者等・永住者の配偶者等・定住者に限り、神戸市への国庫負担金の支払拒否の合憲性が争われた。判決によれば、「法律をもって、外国人の生存権に関する何らかの措置を講ずることが望ましい。特に、重大な傷病への緊急治療は、生命そのものに対する救済措置であるから、国籍や在留資格にかかわらず、このことが強く妥当する」としながらも、どのような救済措置を講ずるかなどの問題は、「専ら国の立法政策にかかわる事柄であり、直ちに司法審査の対象となるものではない」とした。

物的生存の保護については、「生命」をかかげる憲法13条と重なる部分がある。塩見第1次訴訟最高裁判決[60]以来、外国人に対する国際人権（経済的・社会的・文化的権利）規約9条の裁判規範性が否定され続けている中では、憲法学としては、25条の権利の性質論を見直すと共に、13条の社会論を開拓する必要も大きいように思われる。憲法論としては、当初、生存権の保障を所属する国の責任としたことから学説と判例はスタートしているが[61]、今日の判例は権利主体が誰かを曖昧にしている[62]。判例を意識し、通説は限られた財政状態を理由に自国民優先説を説きながらも、定住外国人に対する国民に準じた社会権の保障が憲法の趣旨に合致するといった具合に、憲法上保障しているのかどうか、やや曖昧な表現にとどまっている[63]。生存権は社会の構成員の権利であり、日本に生活の本拠を置いている外国人にも原則として保障されるとする学説も最近ではみられる[64]。ただし、社会構成員が誰かについては、民法上の生活の本拠を基準とするのか、入管法別表2の定める永住者等を受給資格とする実務の基準を考えているのか、定住外国人を含む社会構成員をイメージしているのか、明確にはわからない。そもそも、社会構成員の概念自体が具体的な定義が困難であり、世界人権宣言が「社会の一員」と定めていることを基準にすれば、社会構成員は、すべての外国人を含むことになる。国民と同一の所得税の負担を基準にすれば、在留資格の有無にかかわらず1年の居住者であろう。個々の社会保障の権利の受給資格要件が異なる中、5年ないし3年の帰化要件などを目安とする定住外国人の概念が多岐に分かれていることも加わって、生存権の主体である社会構成員の共通定義はできないだけでなく、定義を確定することの不都合も予想される。む

---

[60] 最判1989（平成元）・3・2判時1363号68頁。
[61] 宮沢前掲註(23) 242頁、塩見第1次訴訟・大阪地判1980（昭和55）・10・29判時985号50頁、同・大阪高判1984（昭和59）・12・19判時1145号3頁。
[62] 塩見第1次訴訟・最判1989（平成元）・3・2判時1363号68頁。
[63] 芦部・前掲註(4) 137頁。
[64] 戸波江二『憲法〔新版〕』（ぎょうせい、1998年）141頁。

しろ、社会構成員性の強弱の度合いが外国人の態様により分かれており、その強弱の度合いに応じた権利性を主張することの方が現実的であり、生存権についても、オール・オア・ナッシングで考える思考法を改める必要があるのかも知れない。緊急医療など生物的生存にかかわる部分は、非正規滞在者にも保障されるべきであり、ほぼ完全な社会権が永住市民に保障される点など、社会権の段階的保障の発想も必要であろう。なお、社会構成員性の強弱の度合いというのは、別の言い方をすれば、福祉国家の構成員性の強弱の度合いであって、後国家的権利といっても、外国人に保障されるのは、国家の多様な機能に対応した説明も可能である。すべての外国人住民も、裁判を受ける権利などの受益権を有する上では法治国家の構成員となっており、永住者等も、社会権を有する福祉国家のフルメンバーであるのが、多くの先進諸国の現状である。

　国際人権（経済的・社会的・文化的権利）規約は、日本国憲法の社会権がこれに対応するとみるとき、とりわけ文化的権利の欠落が問題となる。二風谷事件札幌地裁判決でみられたように、国際人権（市民的・政治的権利）規約27条の民族的少数者の文化享有権は、憲法13条が対応するとしても、国際人権（経済的・社会的・文化的権利）規約15条の文化的な生活に参加する権利などに対応すべく、憲法25条の cultured living を cultural life の意味に読み替えるという道が1つにはある[65]。おそらくは、判例にみる憲法25条の外国人に対する権利性の弱さからは、憲法13条を社会権の根拠規定として活用する道を考えてみる必要がある。たとえば、（経済的・社会的・文化的権利）規約委員会の最終所見が懸念を表明している公立学校での母語教育や民族学校への国の助成がないこととの関連で[66]、問題となっている高槻市や東京都の枝川での裁判の中で[67]、憲法26条

---

[65] 江橋崇「先住民族の権利と日本国憲法」樋口陽一・野中俊彦編『憲法学の展望』（有斐閣、1991年）485頁。

[66] 日本政府第2回報告書に対する最終所見32（2001年9月24日）。

[67] 大阪地裁2004年(ワ)第7957号・多文化共生・国際理解教育事業縮小に伴う地位確認等請求事件および東京地裁2003年(ワ)第285777号・朝鮮学校の

論に加えて、社会権的な側面をもつ文化的権利としての「新しい人権」を憲法13条において開拓する余地があるように思われる。最高裁に上告する上では、国際人権条約の内容を憲法に取り込んでおく必要があり、憲法13条の文化的権利論は、その意味でも重要であろう。

第26条［教育を受ける権利］
(1)すべて国民は、法律の定めるところにより、その能力に応じて、ひとしく教育を受ける権利を有する。
(2) すべて国民は、法律の定めるところにより、その保護する子女に普通教育を受けさせる義務を負ふ。義務教育は、これを無償とする。

教育を受ける権利については、26条1項が「国民」と規定していることと、同2項が「国民」に対し、「その保護する子女に普通教育を受けさせる義務」を課し、「義務教育を無償」としていることから、外国人の権利保障について政府は消極的に考えてきた。たとえば、1953年の文部省初等中等局財務課長回答によれば、「外国人子弟の就学義務について日本の法律による就学義務はなく、また外国人がその子弟を市町村学校に入学させることを願い出た場合、無償で就学させる義務はない」とある。しかし、国際人権（経済的・社会的・文化的権利）規約13条（または子どもの権利条約28条1項）が「教育についてのすべての者（または児童）の権利を認め」、「初等教育は、義務的なものとし、すべての者に対して無償のものとする」と定めている。日本の実務でも、1995年からは、義務教育の学校への就学予定者には、就学案内を通知するようになった。

今日の問題としては、第1に、外国人の子どもの民族教育を受ける権利を保障するために、公立学校での母語教育の設置、私立の外国人学校への公費助成を請求することができるかどうかである。民族教育を受ける権利は、民族的少数者の集団が民族学校を設置・維持することを国家（地方政府を含む）から妨害されないという自由

土地明渡等請求事件。

権的側面と、民族学校の設置・維持のため、公費助成を受けることができるという社会権的側面をもつ。憲法13条は、民族的少数者が自己の文化を享有する権利を含み（二風谷事件判決）、憲法26条は、教育を受ける権利が自由権又は社会権として保障される。したがって、13条と結びついた26条においては、民族教育を受ける権利が、国家によって妨害されない権利、および公費助成を受ける権利として保障されるべきであろう。また、日本の批准した国際人権諸条約においても、民族教育を受ける権利は、国際人権（市民的・政治的権利）規約27条および子どもの権利条約30条が、民族的少数者の「自己の文化を享有し」、「自己の言語を使用する権利」を定め、子どもの権利条約29条1項(d)が、民族的集団間の理解を進める教育を定めている。国際人権（市民的・政治的権利）規約委員会は、27条の解釈に関する一般的意見23において、「マイノリティのアイデンティティを保護し、またその構成員が、その集団の他の構成員とともに、自己の文化や言語を享受しかつ発展させ、自己の宗教を実践する権利を保護するための、締結国による積極的措置も必要である」という。1998年の国際人権（市民的・政治的権利）規約委員会の総括所見において、「委員会は、朝鮮人学校の不認定を含む、日本国民ではない在日コリアン・マイノリティに対する差別の事例に懸念を有する。委員会は、第27条に関する委員会の一般的な性格を有する意見23（1994年）が、第27条による保護は国民に限定されないと述べていることについて、締結国（日本）の注意を喚起する」と述べている。たとえばフィンランドでは、国際人権規約の趣旨を考慮して、「自己の言語と文化を維持し発展させる権利」を憲法17条2項に定め、週2時間の母語教育を受ける権利を保障している。今日の教育の質を考えるとき、多文化教育と向き合うことは避けては通れない課題である。

　第2に、外国人には「就学義務」がないことを理由として、外国人登録をしていない学齢期の子どもの受け入れを教育委員会が拒否したり、不登校または未就学となっている学齢期の外国人の子どもを放置したりすることが、許されるかどうかである。就学義務の意

味は、多様であり、26条2項では、保護者の就学させる義務を意味し、具体的には、学校教育法91条により、保護者の就学義務不履行の場合には、10万円以下の罰金が課される。外国人の不登校・未就学問題の解消のため、外国人にも就学義務を課す声がNGOや自治体にみられるが、現行の学校教育法22条（小学校）および39条（中学校）の就学義務においては、同1条の小学校や中学校（1条校）に対するものであり、朝鮮学校などの各種学校に通っている人、ブラジル学校などの無認可学校に通っている場合も義務違反となる問題が逆に生じかねない。この場合は、外国人学校を1条校にする改正、もしくは就学義務の免除要件として外国人学校を加えることを合わせた抜本的な法改正が必要となる。むしろ、外国人に対する「就学義務」とは、日本国民の場合とは違い、国際人権（経済的・社会的・文化的権利）規約13条および子どもの権利条約28条1項が「初等教育は、義務的なもの」とする規定に対応し、親の就学させる義務ではなく、学校や教育委員会の受け入れ義務を意味するものと解すべきであろう。

なお、最近、文科省は、一般の不登校問題に関し、電子メールやファクスを活用して自宅学習をすれば「出席」扱いとし、学習指導要領とは別の特別なカリキュラムを編成できることにした。民族学校等の特別なカリキュラムを認めつつ、助成する枠組みをつくることと、一般の公立の学校での多文化教育の指導要領づくりやスタッフの育成にも目を向けながら、在留資格にかかわらず、学校への受け入れ義務を徹底させることが焦眉の課題といえよう。

第32条［裁判を受ける権利］
何人も、裁判所において裁判を受ける権利を奪はれない。

権利の性質の判定基準として、従来、前国家的な権利は、外国人も含むすべての者に保障されるが、後国家的な権利は、国民のみに限るとされることが多かった。しかし、国家が裁判所をつくってはじめて意味をもつ裁判を受ける権利は、後国家的権利でありながら、近代法治国家においては、外国人に対しても保障される。また、請

願権も、国家ないしは公共機関が存在することを前提として請願する権利であるから、後国家的権利である。一般に、国家賠償請求権や刑事補償請求権も含め、受益権は後国家的権利でありながら、外国人の享有主体性が認められる。その意味で、前国家的な権利か否かによって、人権の享有主体性の可否を判断する見解は適当ではない。

法廷通訳について、近年、日本語の不自由な外国人が増えてきたことに伴い、通訳がなければ裁判を受ける権利の実質的な保障が望めないということが問題となっている。刑事訴訟法175条によれば、裁判所は、「国語に通じない者に陳述させる場合には、通訳人に通訳をさせなければならない」と定められている。この法廷通訳の費用については、刑事訴訟費用等に関する法律2条2号によると、訴訟費用の範囲に含まれている。したがって、被告人が有罪判決を受けた場合には通訳費用を負担させることができることになっている。しかし、国際人権（市民的・政治的権利）規約14条3項(f)は、「裁判所において使用される言語を理解すること又は話すことができない場合には無料で通訳の援助を受けること」を保障している。この無料で通訳を受ける権利は「無条件かつ絶対的」であり、裁判の結果にかかわらず、後日の求償も予定していないという判例がある[68]。実務の取扱は、刑事訴訟法181条但書きにある「但し、被告人が貧困のため訴訟費用を納付することができないことが明らかであるときは、この限りではない」という規定を根拠に、通訳費用の負担をさせないできているが、刑事訴訟費用等に関する法律2条2号の改正がなされるべきである。

また、通訳者の数の不足から、捜査段階で通訳をつとめた者が法廷での通訳を行う場合がある。判例は、「捜査段階の通訳人が法廷の通訳人に選任されることは、決して望ましいことではないが、それ自体直ちに不当又は違法であるとまではいえない[69]」としている。

---

[68] 東京高判1993（平成5）・2・3東高刑報44巻1-12号11頁。
[69] 大阪高判1991（平成3）・11・19判時1436号143頁。

しかし、「通訳の正確性や公平さ」への疑問が残るし、通訳の現場では、法廷通訳の誤訳が誤判につながるおそれも指摘されている。通訳の養成制度や資格認定制度の整備が待たれる。

　なお、国外に退去強制をされた後も、形式的には裁判を受ける権利は有する。しかし、在留特別許可を求めて東京入国管理局に一斉に出頭した人々に対して在留特別許可の不許可の裁決を行った2005年1月21日に、異例の国費での退去強制を即時に一斉に執行して、実質的な裁判を受ける権利を侵害する事件も問題となっている。ついに裁判を受ける権利の保障も「在留制度のわく内」で与えられるかのような実質的法治国家としてはゆゆしき事態に至っている。外国人の「人権」保障と立憲主義のあり方について、改めて考える必要があるように思われる。

第12章　立憲主義の展望——リベラリズムからの愛国心

阪口正二郎

細目次

I　はじめに（356）
　1）ACLUとアメリカの立憲主義、そしてJCLU（356）
　2）「グローバル化する立憲主義」と「陳腐化する立憲主義」？（357）
　3）本当に「陳腐化」したのか？（358）
II　「押しつけ憲法」論と立憲主義（359）
　1）「押しつけ」憲法論（359）
　2）「押しつけ」憲法論への伝統的な応答（360）
　3）なぜ変えるべきなのか、選びなおすべきなのか？（360）
　4）「押しつけ」憲法論は少しおかしな話ではないのか？（361）
　5）硬性憲法という難点——憲法96条（362）
　6）民主主義を可能にする硬性憲法（366）
　7）改憲論における改正要件緩和論は真面目なのか？（373）
　8）「押しつけ憲法」論は結局ナショナリズムの主張？（375）
III　改憲論と共同体論（376）
　1）改憲論に示される「この国のかたち」（375）
　2）民主党による共有（376）
　3）共同体論（communitarianism）としての改憲論（377）
IV　リベラリズムの愛国心と共同体論の愛国心（378）
　1）第2次大戦下の愛国心教育とエホヴァの証人の窮境（378）
　2）Gobitis事件におけるフランクファーター判事の愛国心のかたち（379）
　3）移民であったフランクファーターの愛国心（380）
　4）Barnette事件における判例変更（382）
　5）Barnette事件におけるフランクファーター判事の愛国心（383）
　6）ジャクソン判事の「愛国心」のかたち（384）
V　リベラリズムからの愛国心再考（387）
　1）共同体論の魅力と危険性（387）
　2）多元的な社会における「共生」のかたちとしての「リベラリズム」に基づく立憲主義構想（387）
　3）リベラリズムと愛国心

4）やわな愛国心か強力になる可能性のある愛国心か？ (388)

5）無批判的な同化か、批判的な愛国心か？ (389)

6）衝突する愛国心か、和解の可能性を秘めた愛国心か？ (389)

7）リベラリズムからの愛国心の強さと弱さ (389)

I　はじめに

私の研究の出発点について、最初にお話します。現在は「立憲主義と民主主義の関係」であるとか「愛国心の問題」を扱っていますが、スタートは「アメリカの表現の自由の歴史」です。日本でこの問題に取り組んでいる先生は少ないのですが、それをやってみようと思いました。

日本で表現の自由が問題となるとき、必ずアメリカの事例が引き合いに出されて話がされるので、それではアメリカにおける表現の自由は、歴史的にどのように発展してきたのかを研究しようと考えたのが契機です。

1）ACLUとアメリカの立憲主義、そしてJCLU

アメリカにおける表現の自由を研究すると、必ず出てくる有名な団体があります。ACLU[1]です。「アメリカ市民的自由擁護協会」とでも翻訳できる名称の略称です。アメリカで表現の自由などが問題になる時、ACLUは必ず支援団体として登場する全米でもかなり大きな組織です。

実は今日、講演会を主催されている自由人権協会の英語名の略称はJCLUですが、その本家がACLUなのです。ACLUはかなり大きな団体ですし、常に人権問題に積極的に取り組んでいます。ACLUが結成されたのは1917年前後ですから、100年近い歴史を持ってい

---

[1] 正式名称は、American Civil Liberties Union。なお、ACLUの活動については、『アメリカ発グローバル化時代の人権——アメリカ自由人権協会の挑戦』（明石書店、2005年）参照。

ます。そこに興味を持ったものですから、私にとって JCLU は比較的、馴染み深い存在といえます。

2)「グローバル化する立憲主義」と「陳腐化する立憲主義」?

今日、お話しようと思っているのは、「立憲主義とはどのような考え方なのか」という問題と、そこから考えると最近の改憲動向はどのように見えるのか、そして最後には愛国心の観点から考えてみよう――で、これが今日のテーマということになります[2]。

もともと「立憲主義」という概念は、日本の憲法学できちんと定義されていたわけではありません。しかしこの間、特に 1989 年に東欧で大きな変動が起こり、社会主義体制が崩壊して以降、立憲主義という概念は世界中の国を包み込む概念になりました。それまで立憲主義という概念は西欧に固有の概念というよりは日本も含む資本主義体制の概念であり、社会主義体制からは嫌われていた概念だったのですが、現在では立憲主義を採らない国家は非常に少ない。"将軍様"が中心の国家もありますが、それらは例外的存在となっています。

このように立憲主義が世界に広がったため、「立憲主義など当たり前のことだ」という雰囲気が広がっているように思われます。

ここではまず、立憲主義を簡単に定義してお話をはじめようと思います。今日、グローバル化している立憲主義とは、近代立憲主義のことです。もうすこし分かりやすくいうと、2つの柱で構成されているとお考えください。

1つは多数者によっても侵しえない人権を承認するという考え方です。たとえ多数の人がその権利を侵してもいいと考えても、それだけでは侵しえないものとしての人権という概念が存在している。それをどのように保障するのかというときに出てくるのが、違憲審査制というシステムです。

---

[2] なお、本報告の詳細については、阪口正二郎「立憲主義の展望――改憲論はどのような選択を迫っているのか?」法律時報増刊・憲法改正問題 302 頁以下（2005 年）参照。

違憲審査制とは、裁判所がある法律、ないしは条令、規則が憲法に適合しているかどうかを審査して、適合していない場合にはそれを無効にするという制度です[3]。この憲法の中に多数者によっても侵しえない人権が書かれていて、それを脅かすような法律等があれば、裁判所が無効にする。そのことで「多数者によっても侵しえない人権」を担保するというシステムです。

この2つが立憲主義の柱ということになります。1つが理論的概念であり、もう1つがそれを制度的に担保している装置です。

そのように定義すると、1989年以降からは世界中にこの概念が広まり、現在では社会主義圏においても人権概念が承認されるようになりました。例えばポーランドやロシアでも、現在では違憲審査制を採用しています。89年以降、東欧圏ではいっせいに新憲法が制定され、その新憲法はいずれも「多数者によっても侵しえない人権」を憲法の中に書き込むと同時に、それを守るシステムとして違憲審査制を導入する状況になっています[4]。逆にいえば、立憲主義を採用しない国家は非常に少なくなっています。

3）本当に「陳腐化」したのか？

このように、立憲主義の概念は世界に広がっているのですが、その概念が本当に当たり前のものになっているのかといえば、現時点において、必ずしもそうではないだろうと私は考えています。特に日本において、立憲主義の概念がきちんと理解されているのかといえば、いまだに定かなことではないだろうと思われます。

また、最近の世の中の動きを見ていると、日本に限らず立憲主義はかなり危機に瀕しているのではないかと感じられることがあります。

---

[3] 日本国憲法は、81条で「最高裁判所は、一切の法律、命令、規則又は処分が憲法に適合するかしないかを決定する権限を有する終審裁判所である」と規定し、「違憲審査制」をとっていることを明言しています。

[4] 樋口陽一『自由と国家』（岩波書店、1989年）。

Ⅱ 「押しつけ憲法」論と立憲主義

1）「押しつけ」憲法論

まず初めの論点、「そもそも立憲主義は日本できちんと理解されているのだろうか」について考えてみたいと思います。これは私の不安でもあるのですが、どのようにそれを説明すればいいのだろうかと考えたときに、ふと浮かんだのが「押しつけ憲法」論です。

いま、この国の憲法を変えようという議論が盛んに行われています[5]。衆参両院に設けられた憲法調査会は、ようやく5年間の活動を経て調査報告を完成させましたし、それぞれの政党が「憲法を変えるべきだ」「変えるべきではない」、あるいは「変えるとすればどのような内容か」という試案をそれぞれ提出しています。それほど改憲の動きが高まっている状況にあります。

その中で、なぜ憲法を変えるのかというときに、プライバシー権とか環境権が憲法に書き込まれていないから、それを加えたほうがいいという議論があります。また、自衛隊の位置づけが現在の9条では明らかではない。したがって自衛隊をきちんと位置づけるためには、9条を改正すべきだという議論もあります。

一方で、そのような憲法個々の不十分さとは別個の議論なのですが、昔から長い間出ている議論として、「憲法全体がアメリカによる占領の結果、押しつけられた憲法であり、だから改正すべきだ」という考え方があります。

また、改正すべきだという議論から、新たに憲法を選びなおすべきだ、私たち日本人の手によって憲法をもう一度、選び直すべきだ。そうすれば憲法は初めて私たちのものになる。そのような議論もあります。

しかしこのような考え方は、私からすれば、少しおかしな議論ではないかという感じがします。

---

[5] たとえば、直近では、2005年8月1日に、自民党新憲法草案が公開されている。

2）「押しつけ」憲法論への伝統的な応答

　昔から、このような「押しつけ憲法」論には、憲法学の世界からも政治の世界からも、様々な反論が展開されています。「押しつけ憲法」論に対する代表的な応答として、「憲法は実際には押しつけられていない」という議論があります。「確かにGHQは関与したかもしれないが、最終的には議会で日本人によって承認されたのである」という議論であるとか、「GHQも、当時民間で出されていた憲法草案を参考にしながら作ったのであり、押しつけられたものではない」という議論もあります。それから「当初は押しつけられたかもしれないが、現在では承認を得ているから問題はない」という応答もあります。

　もう1つの型の応答として、押しつけられたか否かは日本国憲法の起源に関わる議論ですから、「起源は確かに押しつけられたものであるかもしれない。しかし物事を考えるとき、重要なのは起源だけではない。現にある憲法がいいものであるのか否かの方が、より重要である」という議論があります。起源よりも帰結が重要だという内容です。「憲法は押しつけられたかもしれないが、実際に今の憲法はいい憲法ではないか」という議論が、もう1つの応答としてなされています。

　この2つが代表的な応答の型であり、それ以外の応答も存在します。また、2つの型を組み合わせた応答もあります。「当初は押しつけられたかもしれないが、長い年月の間、皆が憲法を受け入れてきたのだから、当初の押しつけられたという瑕疵は治癒されたのである」「当初の間違いは正されたのである」という説明は、この2つの型の応答を組み合わせた応答かもしれません。

3）なぜ変えるべきなのか、選びなおすべきなのか？

　しかし、このような応答とは違ったものを考えてもいいのではないかと、逆に言うと、私は「押しつけ憲法」論に対して、異なった問題点を感じているということです。

　「押しつけ憲法」論に見られる「押しつけられたから変えるべき

なのだ」というときには、なぜ変えるべきなのか、なぜ選びなおすべきなのか？——押しつけられたのは誰なのかという点を考えてみる必要があると思うのです。

押しつけられたのは誰かと考えたときに、話を単純化すれば2つあると思われます。1つは日本という国家、日本人がアメリカから憲法を押しつけられたのだという議論です。この場合に、なぜ憲法を変えるべきなのかというと、「押しつけられた」ということは国家主権が侵害されたのだから、国家主権を取り返すために憲法をもう一度、選び直すべきだという議論になるのだろうと思われます。

もう1つは、内容的にはほぼ同じ応答なのですが、押しつけられたのが日本人であるとすると、何となく我々の誇り、日本人としての誇りが傷つくという点から、やはり選び直すべきだという観点であり、そこからはかなりナショナリスティックな話になると思われます。

この議論もかなり有力なものであると思いますが、もう1つは、押しつけられたのは国家や日本人というよりは、日本国民が押しつけられたのだという議論であり、この議論が「押しつけ憲法」論としては一番大きいのではないかと思います。つまり、国家主権が侵害されたのではなくて、国民主権が侵害されたという話です。本来、憲法はその国の人々が自分たちで決めるべきであるのに、外側からやってきた人々が憲法を押しつけるというのは、国民主権の侵害であるという議論です。

4）「押しつけ」憲法論は少しおかしな話ではないのか？

「押しつけ」憲法論が「国家主権の侵害だ」という議論だとすれば、それが成立するかどうかは別にして、何とか話が通じる部分があると私は考えていますが、むしろ声高に叫ばれているのは、「国民主権の侵害だ」という議論ではないかと感じています。

後者の場合には、2つの大きな矛盾があると考えています。この議論のほうが強いので、この矛盾は考えておいたほうがいいと思われます。一番目の矛盾ですが、「国民主権が侵害されたから憲法は

選び直すべきだ」という議論の場合、国民主権の侵害とは民主主義が侵害されたという議論のはずです。

しかしその場合、もともと日本には国民主権、民主主義があって、それが侵害されたということであれば、この議論は成り立つ余地があります。ところが厄介なことに、この議論が当たり前のように前提にしている国民主権、あるいは民主主義という考え方は、現憲法が成立して初めて入ってきた概念です。

もちろん、それまでも日本国民は国民主権、民主主義という考え方を知らないわけではありません。しかし、憲法上、そのような国家体制をとると規定されているのは、あくまでも現憲法からの話です。明治憲法は天皇主権ですから、国民主権や民主主義は少なくとも憲法上はあり得ない概念です。

我々は現在、当たり前のように国民主権や民主主義を言うわけですが、実はそれは新憲法によってもたらされたものであるということを考えておく必要がある。そのように考えると、「国民主権が侵害された」という肝心かなめの議論の前提それ自体も押しつけられたのではないかと考えておく必要がある。

要するにいろいろなものが押しつけられて、その中で、あたかも民主主義自体は押しつけられていない、それは最初から持っていたかのように言って、他方の憲法に対しては、それは押しつけられたものだからおかしいという議論は、実は成り立たないのではないか。両方とも「押しつけられた」ものであって、「押しつけ憲法」論を言うのであれば、民主主義も押しつけられたものだと真面目に考えたほうがいい。

そうするとこの議論は、「押しつけられた」ことに関して、国民主権、民主主義は押しつけられていないかのような装いを呈するつまみ食いの議論ではないのか。少し、たちが悪い議論ではないかと私は思うことがあります。

5）硬性憲法という難点——憲法 96 条

それから、もう 1 つの点も、私は深刻な問題だと思っているので

Ⅱ 「押しつけ憲法」論と立憲主義

すが、仮に国民主権と言う立場から「国家主権の侵害である」という議論に目を瞑って、やはり国民主権が侵害されたのだから憲法を改正しよう、あるいは選び直そうという議論が当然あります。しかし、多数決で変更できる軟性憲法にしない限り、次の世代に憲法を押しつけるという問題が残ります。

"軟性憲法"という概念と"硬性憲法"という概念がありますが、現行憲法は硬性憲法です。硬性憲法と軟性憲法をどこで区別するのかといえば、一番分かりやすくいえば軟性憲法は法律と同じです。要するに国会議員の多数、ないしは国民の多数がそれを変えたいと思えば、変えられるのが法律です。それと同じような改正手続きで憲法が変えられるものを軟性憲法と表現します。要するに"軟らかい憲法"という意味です。

それに対して"硬性憲法"は、簡単にいうと議会の多数、あるいは国民の多数だけでは憲法を変えられない。法律の場合と比べて変えることが難しい憲法のことを硬性憲法と表現しています。

現在の日本国憲法は硬性憲法です。憲法96条は、憲法の改正手続きを規定した条文です。現在の憲法を変えようとすると、衆参両院のそれぞれで、3分の2以上の賛成がないと憲法改正の発議自体ができない。それだけでは足りずに、96条では議会で発議した後に、それを国民投票に付託して国民の多数が承認し、初めて憲法が改正できることになっています。

96条の後半である国民投票は新聞等で騒がれている部分ですが、この部分は硬性憲法とはいえないところです。つまり、国民の多数が賛成すれば憲法は変えられる、議会の意思だけでは変えられないというだけの話です。問題なのは96条の前半部分です。国会で憲法改正を発議するときに、単純に院の多数が憲法を変えたいと発議しても、それでは足りない。衆参両院の3分の2以上の議員の賛成がないと憲法改正の発議自体ができない。その部分が軟性憲法ではなく、硬性憲法と言われる所以です。

世界各国の憲法の多くは、硬性憲法の形をとっています。もし、憲法を押しつけられたのだから、私たちの手で変えようという「押

しつけ憲法」論があるとすれば、それを変えれば確かに我々は過去の人たちからの束縛を解かれる、あるいは占領軍によって押しつけられた憲法ということであれば、占領軍から解放される。

ただし、その憲法が硬性憲法である限り、そこを変えない限りは、実は次の世代を我々は束縛することになる。次の世代の人たちが憲法をもう一度変えようとしても、単なる多数では変えることができない。そのように考えてくると「押しつけ憲法」論は、軟性憲法論を真面目に考えるのでなければ、そう簡単には行かないのではないか、と思われます。要するに自分たちだけが束縛を解かれれば、次の世代を束縛しても全然かまわないという議論ではないかと考えられます。そうだとすれば、虫がいいのではないかと思われます。

硬性憲法は、民主主義との関係で多数の人が憲法をこのように変えたいと思ったとしても、それだけでは変えられないわけですから、硬性憲法と民主主義は矛盾すると考えるのが適切ではないかと思います。この点は、普段あまり議論されない領域であり、硬性憲法であることは当たり前のように言われるのですが、少なくとも民主主義との関係で硬性憲法は、当たり前の考え方ではありません。

アメリカ合衆国で憲法を制定する際に、この議論がされたことがあります。アメリカ合衆国の第3代大統領にトマス・ジェファーソンという人物がいます。ジェファーソンはとても面白い人です。もちろん、大統領にまでなった政治家ですし、思想家としても有名です。彼はいろいろな側面を持っていて、大学もつくりました。私は10年ほど前に、アメリカの州立バージニア大学に留学していたのですが、この大学を作ったのがトマス・ジェファーソンです。

そのように言いますと、日本にもそのような人物はいる。早稲田大学をつくったのは大隈重信であり、福沢諭吉も政治家、思想家でありながら慶應義塾大学をつくったではないかと言われるかもしれない。しかし、ジェファーソンはもう少し変わっていて、自分の理想に基づいて大学をつくった、そこまでは大隈や福沢と変わりはないのですが、ジェファーソンはアマチュアとはいえ、ほとんどプロに近い建築家でもあったのです。だから彼はバージニア大学の理念

だけではなくて建物も設計したのです。

　日本でそのような人物はいない。大隈や福沢がどれほど偉い人であっても、早稲田大学や慶應大学の建物のデザインまで担ったという話は聞いたことがありません。ジェファーソンがバージニア大学をつくったという場合、それは理念だけではなくて建物もつくったのです。世界でも数少ない、大学の建物自体が世界遺産となっているのがバージニア大学です。

　今風にいえば、それ以外にもオタッキーな側面があります。アメリカにアイスクリームを初めて持ち込んだのは、ジェファーソンだと言われています。彼はフランスに留学していたので、同地からアイスクリームを持ち込んだそうです。

　また、ジェファーソンは大統領を辞めた晩年、バージニア大学をつくります。大学から車で10分ほどの丘の上にモンティチェロという建物がありますが、彼が大統領を退いた後、住んでいた家です。この建物も世界遺産に登録されていますが、設計したのはジェファーソンです。彼の書斎を見学すると、そこには変わった机が展示されています。机の上に器具がついていますが、その中に手を入れてジェファーソンがサインすると、機械仕立てで同じサインがもう1枚出来上がる。彼はたくさんサインをする必要があったので、そのような自動サイン機を考案したわけです。

　ジェファーソンにはそのようなエピソードがありますが、政治思想家としても第一級の人物です。この第3代大統領、トマス・ジェファーソンは、合衆国憲法が制定されるときに、「これはおかしい」と考えました。合衆国憲法自体にジェファーソンは反対したわけではない。制定される合衆国憲法は硬性憲法でした（ちなみに、現在の合衆国憲法も硬性憲法であり、改正するには日本よりも難しい手続きを踏まなければなりません）。

　彼が問題としたのは次のような点です。

　ある世代が憲法をつくって、次の世代が多数で憲法を変えたいと思っても変えられないシステムをつくるということは、次の世代を無理に束縛することになる。ある世代の中では自分たちを束縛する

ことが合理的かもしれないが、次の世代まで束縛することはおかしい。硬性憲法には問題がある。

そのときのジェファーソンの結論は、憲法は19年に一度、見直すべきであるというものでした[6]。その時代は現在のような長寿社会ではありませんから、19年に一度というのは一世代と考えていいと思います。このように彼は、硬性憲法の欠陥によく気がついていました。

しかし合衆国憲法は、彼の反対を押し切って、硬性憲法として制定されました。現在もアメリカでは、硬性憲法がいいのか悪いのかをめぐって、突然、ジェファーソンが生き返ったように議論されることがあります。合衆国憲法も簡単には変えられないので、「凍結された共和国」と言われることがあります。

また、「硬性憲法は死者によって支配される憲法だ」とも表現されます。死者が墓場から現在生きている人を束縛している。現在を生きている人が憲法を変えたいと思っても、多数では変えられないシステムである。そう考えれば、それは死者による支配ではないのか。民主主義と矛盾するのではないか。そのような議論が常になされています。

6）民主主義を可能にする硬性憲法

ジェファーソンの問題提起には、私も同意します。しかし、民主主義と硬性憲法の関係は、ジェファーソンが考えるほど単純なものではない。先に結論を申し上げますと、硬性憲法だからこそ民主主義が可能になるという側面があります。そうであれば、硬性憲法は民主主義にとって悪くはない。民主主義の側面からも正当化できる存在である。

しかし、憲法の全部をそれでは説明できない。やはり、ジェ

---

[6] このように、時間軸を基にして主権の問題を扱った本としてJed Rubenfeld, Freedom and time（2001）が参考になります。その本の中でも、第1章第2節で、ジェファーソンの考える「19年＝一世代の意思」を扱っています。

Ⅱ 「押しつけ憲法」論と立憲主義

ファーソンが指摘したとおり、硬性憲法の中には民主主義との関係で、どうしても正当化できない部分が残る。つまり、両面があると私は考えています。

まず、第1番目の側面ですが、ジェファーソンの指摘にもかかわらず、硬性憲法によって初めて民主主義が可能になるという点です。これはジェファーソンと真っ向から対立する議論ですが、1つには安定した統治を可能にするという側面があります。

憲法では議会を定めたり、行政権、司法権で何ができるかなど、様々な統治の仕組みを規定します。この統治の仕組みをどう定めるのかは、かなり厄介な問題です。ある定め方をすれば、ある人が利益を得るし、別の定め方をすれば、別の人たちが利益を得る。そうすると、それらを簡単に変えられる場合には、いろいろな人たちの利害が絡みますから、どんどん変えたくなる。しかし、そうなると安定した統治ができない。

私たちが日々、様々な活動ができるのは、統治がそれなりに安定しているからです。統治が安定しない場合にどうなるかは、現在のイラクや数年前のボスニアを見れば、明らかになります。安定していることは、悪い話ではない。多数の人が自分たちの利害に関わるとして、簡単に議会の権限や裁判所の権限を変えたりすると、逆に統治が不安定になって我々は忙しくなる。そう考えると、統治のシステムを簡単に変えられないようにしているのは、私たちにとって束縛の側面もありますが、同時に私たちに安定をもたらしている。そのような側面があります。

これがよく言われる硬性憲法の利点なのですが、民主主義にとって硬性憲法に問題があることに変わりはありません。安定した統治をもたらすことと、それが民主的であることとは、別の問題です。

それでは民主主義にとって硬性憲法は、ジェファーソンが考えたように矛盾するのかどうか。結論的に言えば、矛盾する側面があると私は考えているのですが、矛盾しない側面もあることを見ておく必要があります。

その側面から民主主義とは何かを考えると、物事の決定方式の一

第 12 章　立憲主義の展望 [阪口正二郎]

つが民主主義ということになります。物事の決め方にはいろいろあります。権威に頼る決め方もありますし、くじ引きで決める方法もあります。多数決も1つの決め方です。その中で、なぜ多数決がしばしば魅力的なものに見えるのか。

物を決めようとするときに、様々な意見が対立する、あるいは利害が対立することがしばしばあります。そのときに、皆できちんと話し合った上で、公正な多数決の手続きで決めたのだから、それは支持しようというのが多数決の魅力でしょう。採決の際は1人1票であり、2票を持つ人も0.5票の人もいない。全員が1票を持っているわけだから、それなりに平等も実現しているシステムである。

皆が平等でそれぞれが1票を持ち、最後に対立した場合は投票して、一番多数を得るという方法で物事を決めようという多数決主義は、一番合理的なシステムである。この方法は、哲学的に言えば功利主義と呼ばれる考え方を具体化したものだといえます。

功利主義は耳慣れない言葉かもしれませんが、ジョン・スチュワート・ミルやベンサムなどのイギリスの思想家が考えた概念です。それぞれの政策が、様々な人に利益をもたらしたり、不利益をもたらしたりする。それぞれが、どれくらい多くの人にどれだけの利益をもたらし、どれだけの不利益をもたらすのかを、全部、計算しよう。それぞれを計算した結果、全体の利益を最大化するものを選べばいい。これが功利主義という考え方です。

多数決主義は、これを可能にしたシステムです。あるいは「功利主義の制度化としての多数決」と呼ばれることもあります。その意味で多数決主義には魅力があります。

しかし、物事を全て多数決に委ねれば民主主義が可能になるというふうには単純化できない場合もあるのではないか。ある種の事柄については多数決では決めないとしておく方が，逆説的だが民主主義がうまく働くことがあると考える余地があります。

最近言われていることとして、プリコミットメントと呼ばれる議論があります[7]。個人が自己を縛る行為は通常、不合理な行為だと言われます。自己を束縛することは、大方の人は嫌いなはずです。

にもかかわらず、自分を拘束したほうが合理的な場合がありうる。そうしたことを考える概念として、プリコミットメントはよく使われます。

プリコミットメントに関して、古典的な例として分かりやすいのは、ギリシャ神話の中の「ユリシーズとサイレン」というお話です。ギリシャ神話の中に、英雄ユリシーズが旅を終えて故郷に戻ろうとする場面がでてきます。船で戻るユリシーズは、船長の立場にあるわけですが、部下を連れて自分の故郷に戻ろうと考えるわけです。ところが厄介なことに、故郷に戻るためには途中でどうしても、ある島のそばを通らざるを得ない。

ところがその島には、サイレンという魔女が住んでいる。その魔女は、どのような魔法を使うのかというと、魅惑的な声で歌を唱う。その歌声を聞いた人は必ず、必要以上に島に接近してしまって、船が座礁する。そのような魔女です。ユリシーズは、自分がそう強くないことを知っています。ユリシーズでなくても、サイレンの魅力的な歌声には逆らうことができないが、サイレンのいる島を迂回することもできない。

そのときに、ユリシーズが部下にある命令を発します。「島を通りかかるときに、自分（ユリシーズ）の体をマストに縛りつけろ。その後、自分が何を言っても、それには従うな」という命令です。そして、部下たちには「歌声の聞こえない船倉に入れ」と命じます。ユリシーズがサイレンの歌を聞くと、魔女のいる島へ向かえと部下に命令します。しかし、部下は言うことを聞かず、ユリシーズが力ずくで船を動かそうとしても、マストに縛りつけられている。

ユリシーズが自分を縛りつける行為は、一見すると不合理なわけですが、その結果、自分も部下の命も全部が守られる。そのような合理的な行為である。自分を縛り付けることは不合理に見えるが、よくよく考えると合理的な場合がある。その例として、「ユリシー

---

(7) プリコミットメントを紹介したものとして、阪口正二郎『立憲主義と民主主義』（日本評論社、2001年）。

ズとサイレン」の話はよく出されます。

しかし、このような行為は私たちが普段、しばしば行っています。例えば翌朝、大切な会議などがある場合、早起きをする自信のない人もいる。そうすると目覚し時計を2つ、3つと用意して、自分の手が届かない場所にセットすることがあります。翌朝、目覚し時計が鳴ったときには、「めんどくさい」「もっと寝ていたい」、若い人なら「うざい」と思うかもしれませんが、そうした状況になります。その一瞬は辛いわけですが、目覚めることによって仕事や授業をミスしないで済む。

お酒を飲むと気が大きくなって、「帰りも自分が運転する」という人がよくいます。そこで、お酒好きの人がパーティに出かけるとき、それを見越して隣の人に車のキーを渡す。「私が酒によってキーを渡せ、と言っても渡さないでほしい」、などのやり取りはよくある話です。一見すると不合理な自己拘束も、実は合理的である。

憲法も、それで説明できるのではないか。憲法は確かに硬性憲法という形で縛っているわけですが、縛ることによって後の世代は合理的に行動できると考えます。しかも、この合理的な行動の余地が、民主主義を可能にするようになっている。そのような束縛なのです。

例えばテロ等が起こると、皆がいろんな形で動揺します。そうすると、束縛を解こうという動きが必ず出てきます。その動きは短期的に見れば合理的なのかもしれませんが、長期的に見れば簡単に憲法の拘束、縛りを解かないほうがいい。そのほうが、民主主義がうまくいく。そのように考えると、民主主義を可能にするために、あらかじめ、自らの手を自分たちで縛っているのである、硬性憲法とはそのようなものなのだと考えると、硬性憲法は民主的で合理的という説明もできるのです。

さらに、もう1つ考えておくべきことは、民主主義という観点からすると硬性憲法は矛盾するとしばしば言われますが、しかし民主主義は、ある種の約束があって成り立っている。例えば選挙権が普通の人に与えられていない。ある人が2票、3票と持っている。あるいは政府を批判する自由がない。そうした状況で、民主主義があ

るとは誰も言いません。多数決主義も同じことです。

　そう考えると選挙権を憲法で保障したり、政府批判を保障する表現の自由は、それを保障することではじめて民主主義が可能になる。そう考える、その部分は、ジェファーソンの反対にもかかわらず、硬性憲法によって強く選挙権や表現の自由を保障することで初めて、多数決主義や民主主義というゲームが可能になっている。そのように考えると硬性憲法は、民主主義との関係で十分に正当化できることになります。

　硬性憲法は民主主義を可能にする合理的な自己拘束だったと考えたり、民主主義というゲームは表現の自由や選挙権がなければ成立しないのではないかと考えると、そうしたものを硬性憲法として定めておくことは、一見すると多数者によって変えたいと思っても変えることができない憲法なのですが、そうしたことを定めている限りにおいては、存外、民主主義的なものだと考える余地があります。

　硬性憲法の全てがこのようなことで説明がつけば、民主主義との関係でなんら矛盾はないと言えるのですが、残念ながらそのようにうまくはいかない部分があります。例えば、憲法にはいろいろな権利が書かれています。その権利が合理的な民主主義の自己拘束で説明できればいいのですが、そのようにうまくいきそうにはない。

　民主主義というゲームには選挙権や表現の自由が必要ですが、他の権利が民主主義というゲームを成り立たせるために必要かというと、そうではないだろう。にもかかわらず、そのような権利を保障することだ大事だと我々が考えるのであれば、その部分は民主主義との関係では正当化できないが、なお私たちにとって必要なものだと考えるしかないかもしれない。

　そこは民主主義との関係で正当化が不可能かもしれないが、それでもなお私たちはそれを選び取るのかどうかということです。多数決は物事の決定方式として極めていいシステムです。なぜいいのかといえば、どの人も等しく１票を持ち、どの人の意見も無視されずに扱われるのが多数決である。最終的に、その人の意見が無視されることがありますが、意見を言うこと、投票することに関しては、

誰からも文句は言われない。その限りにおいては、極めて平等なシステムです。だからこそ、意見が対立するときには、多数決で決めようと我々は考えるのでしょう。

そのような多数決が功利主義を制度化したものだとすれば、それには大きな欠点もないわけではない。どこに功利主義の欠点、あるいは多数決主義の欠点があるのか。等しく皆を平等に扱ったという場合、投票を考えればいいのですが、どれも全部１票であると考えるのが多数決主義である。その前提には、例えばある政策がどのくらい多くの人に利益をもたらし、どのくらい多くの人に不利益をもたらすか。それを全部、１つ１つ計算しましょうというのが功利主義の考え方であり、それを制度化したものが多数決主義です。

しかしそれが成立するためには、人間にとって何がよい生き方なのかを、１つの物差しで全部計れるという前提がなければ、その議論はできません。ところが、いろいろな物事について物差しを用意することはできますが、残念ながら、どういう生き方がよい生き方なのかについては、共通の物差しは存在しません。個人がそれぞれ違った考え方を持っていますし、対立もしています。

仕事を一生することがよき人生だと考える人もいますし、愛する人と一緒に住むことがよき人生だと考えている人がいらっしゃるかもしれない。特定の信仰に命を捧げる人もいる。この中のどれが正しい人生だと決めるわけにはいかない。決めようとすれば、大喧嘩になりかねない。

ここには共通の物差しが存在していないし、存在していないことは自然なことなのかもしれない。そのように生き方が多様であれば、ある人は信仰に生きる、ある人は学問に生きる。それ以外にも政治、お金儲け、いろいろな生き方があります。それについて、これがよい生き方なのだと誰も決めるわけにはいかないのであれば、それは皆で決める対象にはしない。「集合的決定」ということは、皆で決めるということです。そのような対象とはせず、個人でそれぞれ決めてくださいと考えた方が合理的でしょう。

何がよき生き方なのか、物差しがないのに無理やり決めようとす

ると、場合によっては大喧嘩になります。それが、その人にとってたいしたことでなければ大喧嘩にならないのですが、自分の人生の目標ということになれば、宗教が典型だと思いますが、人間は命にかけてもそれを守り抜く。そのように、それぞれが対立すると、これは闘争状態に発展する。中世の宗教戦争は、それだったのだろうと考えられる。

そうだとすれば、宗教戦争後の立憲主義の考え方としては、そのような事柄を皆で決める対象から外しましょう。皆で決めないで個人がそれぞれ決めてください。それを個人が決められるようにするために、権利という選択をして、それを硬性憲法の中に書き込む。いろいろな権利の保障を硬性憲法の中に書き込む理由は、このためだったのであると考えることができます。これは望ましいシステムなのだろうと私は考えています。

しかし、この部分については民主主義との関係で、そう簡単に説明がつかない。民主主義を成り立たせるために必要なものではないが、なお、私たちが様々な人たちの生き方を保障するためには、このほうがいい選択なのだと考えれば、やはり硬性憲法は必要だという結論に到達するのではないかと私は考えます。

7）改憲論における改正要件緩和論は真面目なのか？

「押しつけ」憲法論は、これらのことをきちんと考えたのだろうか。「押しつけ」憲法論が軟性憲法を選び取るという話であれば矛盾はないが、どうもそうではないと思います。

自民党の憲法改正プロジェクトが作成した論点解説、民主党の憲法調査会がまとめた最終報告の憲法改正手続きも、現憲法はあまりにも硬性憲法すぎる、もう少し簡単に改正できるようにすればいいという提案になっています。確かに硬性度を弱める提案にはなっていますが、これらを読む限り、軟性憲法にするという提案は1つもありません。

軟性憲法にはしないというわけだから、硬性度が弱まるだけで、軟性にはならない。硬さが少し弱まるだけです。そうだとすると、

「押しつけ」憲法論は、「私たちは占領軍の束縛、あるいは過去の人の支配から逃れたいけれども、次の世代については私たちの考え方で拘束していいのだ」という考え方になる。

そうだとすると、真面目な民主主義論からすると、そううまくはいかないだろう。本当に民主主義を考えるのであれば、もう少しその点を真面目に検討してもらわないと困る。私自身はもちろん、軟性憲法を支持しませんが、「押しつけ」憲法論を真面目に言うのであれば、その点は、「押しつけ」憲法論の人たちがきちんと考えておくべきである。自分たちは押しつけから解放されたけれども、次の世代には押しつけていいのだという考え方では、どうもうまくは成り立たないのではないかと思います。

アメリカにおいても現在、本当に多数決だけで憲法を変えよう、あるいは変えることが可能だという議論も出ています。アメリカの憲法学者でアマー[8]という人の議論がそうです。

彼の考え方は最近、アメリカで人気があります。アメリカ憲法は非常に強い硬性憲法なので、厄介である。先ほどお話しした、「凍結された共和国」という話があるので、多数決によって憲法は変えられるようにしよう。それは憲法を改正しなくてもできるのだというのが、この人の特徴的な考え方です[9]。

この議論に立つならば、「押しつけ」憲法論はうまくいくかもしれないが、どうも「押しつけ」憲法論はそのような立場には立って

---

[8] アキル・アマー（Akhil Reed Amar）。イェール大学、イェールロースクールを経て、イェールロースクールの教授となった生粋のイェール育ちの学者です。主著に、The Constitution and Criminal Procedure: First Principles（1997）; For the People（with A. Hirsch）（1997）; The Bill of Rights: Creation and Reconstruction（1998）; Processes of Constitutional Decisionmaking（ed. with P. Brest, S. Levinson, and J.M. Balkin（2000）などがあります。

[9] このような憲法改正手続を経ない憲法改正という議論は、近年アメリカで有力になりつつある議論で、アマーの同僚であるアッカーマンも同じような主張をしています。See Bruce Ackerman, We the People: Foundations（1991）; We the People: Transformations（1998）.

いない。「前の人からの押しつけは嫌だけれども、自分たちが次の世代の人たちに押しつけるのは何ら構わない」という、非常に矛盾に満ちた考え方です。本当に民主主義というのを真面目に考えたのかという疑問がわくわけです。

8)「押しつけ憲法」論は結局ナショナリズムの主張？

そう考えると、押しつけ憲法論は結局、ナショナリズムかもしれない。本当に侵害されたのは国民主権だとか、民主主義が侵害されたという真面目な議論ではなくて、我々日本人はアメリカ人に押しつけられたのが嫌だ、というだけの話だけかもしれない。そうだとすれば、それはナショナリズムの話である。

Ⅲ 改憲論と共同体論

1) 改憲論に示される「この国のかたち」

最近の改憲論は、私の目からみる限りのことですが、かなりの形でナショナリズム、あるいは共同体を重視する考えに立っています。

最近の憲法に関する議論では「この国のかたち」がよく討論されています。これは司馬遼太郎が使った言葉ですが、改憲の中にも「この国のかたち」がよく出てきます。一体、改憲論は、この日本をどういう国家として描こうとしているのか気になるところです。

2004年6月に自民党憲法調査会憲法改正プロジェクト・チームがまとめた「論点整理」を見ると、3つぐらい大きな特徴があります。1つは、現憲法に大きく欠如しているものがある。それは日本という国の歴史、伝統、文化であると言われている。

例えば、「わが国の憲法として守るべき価値に関して」という項目では、「新憲法は、国民主権・平和主義・基本的人権の尊重という三原則など現憲法の良いところ、すなわち人類普遍の価値を発展させつつ、現憲法の制定時に占領政策を優先した結果置き去りにされた歴史、伝統、文化に根ざしたわが国固有の価値」をきちんと憲法に書いたほうがいいと主張しています。

ここでは、現憲法が守っている「国民主権・平和主義・基本的人

権の尊重というものは普遍的なものである」ときちんと承認されている。ただ、それだけでは足りない。「固有」あるいは「特殊」という言い方をしてもいいかもしれないが、日本固有の歴史、伝統、文化を強調しようという話です。そこに「道徳心」という言葉も出てきます。

もう1つの大きな特徴は、人間は社会的な存在であり、それを支えているのは、家族や共同体である。そこをきちんと考えようという議論です。

例えば、総論部分の「21世紀にふさわしい憲法のあり方に関して」という項目の中で、「新憲法は、……同時に、人間の本質である社会性が個人の尊厳を支える『器』であることを踏まえ、家族や共同体が、『公共』の基本をなすものとして、新憲法において重要な位置を占めなければならない」と書いてあります。あるいは各論の「国民の権利及び義務」の部分で「公共の責務（義務）」という項目を立てて、「国の防衛及び非常事態における国民の協力義務を設けるべきである」と語ったり、「社会連帯・共助の観点からの『公共的な責務』に関する規定を設けるべきである」と書かれています。また現憲法24条の「婚姻・家族における両性平等」の規定は共同体を軽視するものだから、見直すべきだという議論がされています。

3つ目の特徴として、個人主義なるものが批判の対象にされています。今述べた、人間は社会的存在であり、共同体に依拠して初めて生きていけるという議論の裏返しとして、個人主義は今や利己主義になっているからよろしくないと書かれている。

2）民主党による共有

自民党だけなら、このような主張は理解できないわけではないが、私が見る限りでは、民主党もほぼ同じ立場に立っています。少なくとも今の3つの点に関しては、表現は違うものの共有しているものは自民党と同じでしょう。

「民主党憲法調査会報告書」（2002年民主党憲法調査会）にも、や

はり日本固有の歴史とか伝統、文化の重視や、個人主義を批判する部分が出てきます。共同体をもっと重視せよという議論です。

3）共同体論（communitarianism）としての改憲論

これは「共同体論」と名付けられている議論を反映した考え方です。自民党の改憲論は、よく「復古的」だと言われるが、必ずしも復古的だとは言えないだろうと思っています。欧米でもブッシュ政権を支える考え方の1つとして共同体論が言われています。民主党のクリントン政権から共和党のブッシュ政権に至るまで、共同体論がかなり台頭してきていると言われています。ここに出てくる議論は、それと少し違った部分もありますが、極めてよく似ている部分があります。

その共同体論は何かというと、次のような議論です。「共同体の構成的な性格」を何よりも重視します。この「構成」というのは、個人を構成しているということです。私たちは何によって構成されているか。人間を構成しているのは血とか骨、最後はアミノ酸になるかもしれませんが、それと同じように、人間は個人を重視するが、人間は共同体があって初めて生きていける。共同体が人間の存在を完全に構成しているのだ、と考える議論であり、個人と共同体は一体不可分だと考えるわけです。

もちろん、この共同体論においても個人は必ずしも無視されるわけではありません。けれども、そこで言う「個人」というのは「共同体」に先立って存在しているわけではない。「共同体」の中に埋め込まれて、共同体があるから初めて自分がいる。「自我」とはそうしたものである。いろいろな共同体があるわけですが、自分は、その歴史を背負い、その中で生まれ、育つものとして描かれている。その共同体を批判的に眺めたりする余地はないのだというのが、この議論です。この共同体が小さなものから、大きなものまで出てくるわけです。最後に出てくるのが、一番大きな国家という共同体です。そうでなければ家族やコミュニティが出てくる。

これに対してリベラリズムとか社会契約論とかいった伝統的考え

方においては、国家とか共同体は、あくまで人為的な存在だと考えている。共同体論は真っ向からそれを否定する議論です。人為的な存在ではなくて、国家はもともと実体としてある、あるいは共同体も実体としてあって、その中でしか個人は自分を認識できないのだという意見。共同体と全く距離が取れない、そうしたものだということです。それゆえ共同体は重要なものだということです。共同体を抜きにして個人の存在を語る余地はない。単純化して言えばそういう議論です。

もちろんこういう議論ですから、国家の中立性という考え方もそこにはありません。人間にとってどんな生き方がいいのかは人によって違う。だからそれは国家が集合的に決めずに、個人に委ねておいたほうがいいと思われます。共同体論はそれとは異なった考え方です。

この共同体論は、何がいい生き方かを国家が決めないということではなくて、むしろ決めていいのだ。何がいい生き方かを決めて当たり前であるし、それを決められるのが共同体なのだ。それを個人に対してある程度強制しても構わないという考え方が、この共同体論です。

これは、かなり抽象的なお話でしょう。もう少し具体的に共同体論というものと、それとは対立する考え方、私はリベラリズムと呼んでいますが、その考え方の対比を描くために、ある現実にあった愛国心をめぐる事例を紹介しましょう。

Ⅳ　リベラリズムの愛国心と共同体論の愛国心

アメリカの憲法の歴史の中において極めて有名な2つの事件があります。第2次大戦中の1940年に連邦最高裁判所が下した判決と、43年にそれを変更して最高裁が下した判決です。

1）第2次大戦下の愛国心教育とエホヴァの証人の窮境

第2次大戦下のアメリカは、現在の9・11以降のアメリカを見れば容易に想像つくと思いますし、もちろん、第2次大戦のときの

Ⅳ　リベラリズムの愛国心と共同体論の愛国心

日本もそうだったかもしれませんが、やはり戦争ですからどうしても愛国心教育をしようとします。当時は、公立学校で星条旗が掲揚される間、子どもたちは敬礼をしなければいけないという、星条旗を通じた愛国心の教育が行われていました。

エホヴァの証人という宗教集団があります。長い歴史を持つキリスト教の宗教団体ですが、このエホヴァの証人たちは教義によって偶像崇拝をしてはいけないという宗教的な教えを持っています。この人たちからすれば、星条旗といえども偶像の1つであるから、星条旗に対して敬礼するわけにはいかない。敬礼すれば、自分たちの宗教的な教えに反することになります。そこでエホヴァの証人の子どもたちが敬礼を拒否し、親が処罰されるということが起きました。

はたして、そうした処罰が表現の自由や信教の自由を保障した合衆国憲法の下で許されるのか、国旗敬礼を強制することが許されるのかが争点になったのが、この2つの事件です。

2 ）Gobitis 事件[10]におけるフランクファーター判事の愛国心のかたち

最初のほうは1940年に連邦最高裁が下した判決です。この判決は、そうした形で国旗敬礼を強制しても憲法違反にはならないという合憲判決でした。それを書いたのが、フランクファーターというアメリカの最高裁判事の中では極めて有名な判事で、伝記が10冊以上も出ています。この判事が合憲判決を書いた。

この判決は簡単にいうと、多数決で決めたのだから、裁判所がとやかくいうのはよろしくない、議会の多数決で国旗敬礼の措置を決めたのだから、裁判所はあまり文句を言うべきではないという考え方に立った判決です。

その中に一部、国旗をめぐる判決であったがために愛国心に近い話が出てきます。例えば判決文の中で次のように言っています。

「国家の統一性は国家の安全の基礎である」、「1つの統一的な国

---

[10]　Minersville School Dist. v. Gobitis, 310 U.S. 586（1940）.

家であるとの感情がなければ、最終的には、市民的であると宗教的であるとを問わず、およそいかなる自由もありえない」、「国旗はわれわれの国家の統一性の象徴である」。

フランクファーター判事は、そうしたことをちりばめながら、最終的には問題は国旗というよりも、議会が多数決で決めたことだから、裁判所があまり文句を言うべきではない、というところで判決を下しています。

フランクファーター判事によれば、「戦時である」「国家の統一性は極めて重要である。国家の安全の基礎である」「国家の統一性は国旗の下に集結することだ」だから強制しても構わないという話になるわけです。これは極めてフランクファーターらしい考え方であるといえます。

3）移民であったフランクファーターの愛国心

フランクファーターは、ルーズベルト大統領に請われて最高裁入りした判事で、それまでハーバード大学のロースクールで教えていた人です[11]。人間的には、伝記を読む限りは極めて嫌な人です。周りの裁判官を皆ばかにしていて、自分より賢い人は1人もいないと考えていただろうと思います。

ただ、フランクファーターはJCLUの母体である、アメリカのACLUの創設者の1人で、市民的自由を擁護することでも、ある時期、極めて有名になった人です。ある時期からは議会の決めたことにあまり文句を言わないという立場になった人です。

このGobitis事件に出てくるフランクファーターの愛国心は、フ

---

(11) フェリックス・フランクフォーター（Felix Frankturter）。フランクファーターは行政法の教授としてハーバードロースクールに就任しましたが、The Business of the Supreme Court (1927); The Public and Its Government (1930); The Commerce Clause under Marshall, Taney, and Waite (1937); Justice Holmes and the Supreme Court (1938); Of Law and Men (1956) など、憲法や司法哲学にも関与する多数の著作があり、多彩な見識を有していたことがうかがえます。

ランクファーターしか言えなかったのではないかと考えられます。彼は超エリートです。ハーバードを1番で卒業し、ハーバード・ロースクールの教授になり、時の大統領に請われて最高裁入りした人ですし、実際に極めて力のあった人です。最高裁でも彼と互角に議論できる人はそういないと言われていました。

ところが、フランクファーターは純粋なアメリカ人でありません。12歳のときに親と一緒に、オーストリアのウィーンからナチスの台頭を逃れてアメリカにやってきた移民です。彼はアメリカにやってきた当時、英語を話せませんでした。そうした彼をアメリカはちゃんと教育し、ハーバードの教授にして、最高裁判事にまでしてくれた。だからこそ、フランクファーターはアメリカが大好きであっただろうと思う。そのことを告白している話があります。

Schneiderman事件[12]に関連する発言です。この事件では、共産党員であったことを理由にして、アメリカの市民権を剥奪できるかどうかが問題になりました。その事件の裁判官会議の席上で、敢えてフランクファーターは発言を求めました。どうしても言わせてほしいと前置きした発言で、私が訳したものですが、次のように言っています。

「生まれつき当該信条を有しているものよりも、改宗者のほうが熱心であることはよく知られている。あなた方（8人の最高裁判事）の誰1人として、アメリカ市民権について私が有しているような経験をしてはいない」。あなた方はアメリカ人でしょう。私は移民かもしれないが、私のほうがいい経験をしているのだという話です。

「……いかなる公式の宗教とも結びつきを持たない者として、おそらく私にとっては宗教的な形をとる感情がアメリカ市民に関する私の感情をいっそう強めている」。要するに、自分は特定の宗教を信じているわけではない。むしろアメリカ市民であることが私の宗教である、という発言です。

さらに次のように発言します。（移民ではなかったアメリカ人の最

---

[12] Schneiderman v. United States, 320 U.S. 118 (1943).

高裁判事8人を前にして、移民であるフランクファーターは)「あなた方が知りえないかもしれないが、私は、古い忠誠を洗い流してアメリカ市民であることという忠誠を引き受けなければならなかった文字通り何百人もの最上の男女を知っている」。おそらく自分がそうなのだということ、あなた方はそのままアメリカに普通に生まれてきたから分からないかもしれないけれども、私は移民として苦労もしてきた。だけど、おそらくアメリカはそれ以上のことを私に報いてくれた。だから私のほうがアメリカに愛着があるのだという表現です。

この中で、特に「古い忠誠を洗い流してアメリカ市民であることという忠誠を引き受け」たという認識が、実は先ほどの Gobitis 事件判決の中にも同じように出てきます。宗教といったものを捨てて、アメリカ国旗の下に統一するのだという議論として出てきます。移民だったからこそ、このように書いたのだろう。移民だからこそ、よけいに愛国心を持てただろうと思われます。

4) Barnette 事件[13]における判例変更

次に話は3年後に移ります。今言ったような意見をとって1940年に最高裁はエホヴァの証人に対して国旗を強制することが合憲であるという判決を下したが、3年後に最高裁は判例変更をしました。国旗敬礼を強制することは憲法違反であるという判決です。よく言われることですが、たった3年で判決を変更した。しかも1943年というのは、40年以上に第2次世界大戦の真っ只中にあります。

この事件は有名な Barnette 事件の判決です。日本では、戦争の渦中であるにもかかわらず国旗敬礼を拒否したエホヴァの証人の行為を支持した判決、戦時下であるにもかかわらず人権をきちんと守った最高裁の代表的判決として挙げられています。

「戦争にもかかわらず」という側面ももちろんありますが、私は、これは「戦争だからこそ」出された判決だと思っています。この判

---

[13] West Virginia Bd. of Ed. v. Barnette, 319 U.S. 624（1943）.

決をよく読むといろいろなところに日本とナチスの話が出てきます。特にナチスの話が出てきます。

要するに、国旗への敬礼を強制することは、ナチスでいえば"ハイルヒットラー"とどこが違うのか、そういう国と実はアメリカは戦っているのではないか、だからこそアメリカにおいては国旗への敬礼を強制しないのだ、という話が出てきます。ナチスが"ハイルヒットラー"という敬礼を強制しているのであれば、それと戦っているアメリカはそれとは違うやり方をするのだ。そういうドイツと戦っているアメリカだから、国旗敬礼を強制してはいけないのだという文脈があります。

ですから、戦争であるにもかかわらず出された判決であるかもしれませんが、同時に戦争が対ファシズムの戦争であり、それに対して民主主義や自由を標榜するアメリカの戦争だったからなされた判例変更だったかもしれない、と考える余地は十分にあると思います。

5）Barnette 事件におけるフランクファーター判事の愛国心

この Barnette 事件において判決文を書いたのはジャクソン判事で、フランクファーターの親友と呼ばれていた判事です。3年前の Gobitis 判決ではフランクファーター判事が多数意見を書いたけれども、ここではもちろん判例変更がされているので、この判決においてフランクファーター判事は反対意見、少数意見になっています。彼は次のように書いています。

「われわれはシンボルによって生きるのである。国旗は、憲法の枠内における、あらゆる差異がいかに広範なものであろうと、そうした差異を超越する、われわれの国家の統一性のシンボルである」。

愛国心を喚起するのに国旗敬礼は強制しても何ら問題はない。国旗は非常に重要なシンボルだ。アメリカ人にはいろいろな違いがある（自分はオーストリア移民だということだろうと思う）。だが、全部の差異を超越するのが、アメリカ国旗というシンボルであり、その下に集まることに意味があるのだ。だから、そうしたアメリカ国旗

への敬礼の強制に何ら問題はない、という意見です。フランクファーターは極めて一貫していると考えていいと思います。この意見が43年には少数意見になったわけです。

6) ジャクソン判事の「愛国心」のかたち

43年の判決はエホヴァの証人の子どもたちに国旗敬礼を強制することは憲法違反であるという判断が出たわけですが、それを書いたのは、フランクファーターの親友であったロバート・ジャクソン判事です。

蟻川恒正さんの『憲法的思惟』(14)という本がありますが、これは、ジャクソンのたった1個の判決を読むためだけに書かれた本です。その中にいかに深い思想があるのか、西洋の立憲主義の伝統がいかに脈々と息づいているかを描き出した極めて優れた本の1つです。そこで紹介されていることも踏まえていえば、ジャクソン判事はフランクファーターと異なった愛国心を示しました。

フランクファーターは簡単にいうと、愛国心は重要だ、愛国心の象徴である国旗の強制に何ら問題はない、というものです。それに対して、ジャクソンの愛国心は違っていました。

ジャクソン判事は、愛国心教育をすること自体を否定はしない。例えばアメリカがどういう国であったのかという歴史をきちんと子どもたちに教えることに何ら問題はない。ここでは国旗が問題なのだとして、次のような言い方をしています。難しい言葉ですが、私なりに訳してきました。

「シンボリズムは思想を伝達する原始的だが有効な方法である。あるシステム、思想、制度、人格を象徴するために、紋章や旗を使用することは、精神から精神への近道（short cut）である」とした上で、「本件での問題は、憲法上許された、この（歴史や統治構造の教育を行うという——引用者）時間がかかり、容易に無視されがちな、忠誠心を喚起する方法を（時間がかかるからといってとらないで——

---

(14) 蟻川恒正『憲法的思惟』（創文社、1994年）。

引用者)、敬礼とスローガンの強制を代用することによって安易に迂回する（short cut）ことが許されるのかどうか、である」。

　本当に愛国心を植え付けたいのであれば、きちんと教育を通してやりなさい。アメリカの歴史や統治構造はどうなっているのかをちゃんと教えなさい。国旗というシンボルに対して敬礼を強制するようなことによって、愛国心教育をサボるな、近道をするな、ということです。

　自由な個人を前提に、そうした個人の理性的な議論に基づいて統治を行うのがアメリカの民主主義のやり方である。それを国旗敬礼という「近道」で安直にやるな。国旗敬礼の強制は許されない、と言います。Barnette 判決からすでに 62 年を経ていますが、次に引用する文章はおそらくアメリカの判決文の中でも、極めて有名な文章の 1 つで、ジャクソン判事が書いた中でも最も有名な文章と言われています。

　「もしもわれわれの憲法という星座において恒星なるものがあるとすれば、それは、地位の高低を問わず、およそ公職の地位にある者は、政治、ナショナリズム、宗教、その他思想に関わる事項について、何が正統であるかを決定してはならないということであり、ましてや市民に対して、そこにおける思想を、言論もしくは行為によって告白することを強制してはならないということである」。

　国家はこうした問題に対して中立的であり、何が正統であるかを決めて、それを個人に押しつけるわけにはいかない。それがアメリカ憲法の核心にある考え方なのだ、というのが、おそらくジャクソンの言い方でしょう。

　そうして、ジャクソンは 1 つ考えたのかもしれない。このように言って、戦時下において国旗への敬礼を違憲とすれば、多くの人は、おまえは愛国心を持っているのか、それこそフランクファーターはそう言うかもしれない。おそらく、そのことを想定したのでしょうが、最後に次のように付け加えています。

　「愛国的なセレモニーへの参加を、強制的なルーティーンではなく、任意で自発的なものとすれば、愛国心が醸成されないだろうと

考えるのは、われわれの諸制度が自由な精神に対して有しているアピールを馬鹿にするものである」。

自由にしても、その自由こそがむしろアメリカの原理であり、そうした自由な国だからこそ人々は愛国心を持つのだ、というのがジャクソンの愛国心でしょう。国旗というシンボルは重要かもしれないけれども、そうした安易な形で愛国心を子どもたちに強制して（ルーティーンという言い方はそうした言い方）、当たり前のことを何も考えなくしてしまう。それよりも任意で自発的なものにしておくことによって、いろいろな考え方が生まれる。それを自由に認めておくことが本当の愛国心なのだ、それがアメリカのやり方なのだ、というのがジャクソンの考え方だと思います。

こう考えてみると、フランクファーターとジャクソンは共に愛国主義者だが、その考え方は180度異なっている。おそらくはフランクファーターの考え方は、極めて共同体論的な考え方であり、個人が共同体から距離を置かない。現にフランクファーターは距離を置けないわけです。移民であったがゆえに貧しく、英語も話せなかった移民を育ててくれたアメリカに距離を置けなかった。

それに対してジャクソンはむしろ、アメリカ人であったがゆえに、かえって距離が置けたのかもしれない。ですから、フランクファーターを責めるわけにはいかないが、ジャクソンの考え方はむしろ、いろいろな考え方があって、それを無理に強制することはよくない、強制しないことがアメリカの自由であるし、そうした国だから我々は愛せるのだという考え方でしょう。そう考えると、非常にリベラルな形の愛国心だと考えられます。

これで共同体論とは具体的にどういうものなのかがお分かりいただけたと思います。また、それとは異なった考え方があり得るし、愛国心も2つあり得ると考えればいいと思います。

日本の場合、これまで愛国心は憲法学者も語りたがらないし、およそ愛国心を語る人は極めてファナティックであるか、極めて右よりでした。しかし、私は必ずしもそうである必然性はないだろうと考えています。むしろジャクソン的な愛国心をもう少し強調しても

いいのではないか。表現の自由や思想、良心の自由をきちんと保障する国だからこそ、私たちはこの国にいたい、この国を愛したいと思うのではないか。いろいろなことを押しつけられる国家がいいわけではないと考えられます。そうしたことを考えてもいいのではないかと思うのです。

V　リベラリズムからの愛国心再考

1）共同体論の魅力と危険性

最後に、リベラリズムからすると愛国心はどう考えられるかについてお話します。

共同体論に魅力がないわけではありません。共同体論の考え方は、個人が、例えば友人、恋人、夫婦間で取り結びたい人間関係（べたべたな関係と言ってもいいかもしれません。それが本当に結びたいかどうかは別ですが）、あるべきそうした関係があるとすれば、それをよく捉えているのかもしれません。

しかし、それを無批判的に、それよりも大きな人間と共同体との関係、最後には個人と国家の関係にまで拡大していいのでしょうか。むしろ、今の社会は非常に異なった考え方を持ち、異なった生き方をする人がたくさんいます。それについて、共同体論のように何がいい生き方を決めて押しつけるのは、極めて抑圧的な考え方なのではないでしょうか。

2）多元的な社会における「共生」のかたちとしての「リベラリズム」に基づく立憲主義構想

現在の日本社会もだんだん多元化しています。そのように多元化した社会において平和的にみんなが生きていくためには――それを「共生」と私は呼んでいますが――、リベラリズムの考え方のほうがいいのではないか。リベラリズムとは、個人が最も大切にしている生き方に関する部分は、他者の権利を侵害しない限りは、それは集団では決定しない[15]。そのことは個人の権利という形で、個人が自分で決めるべき事柄として、個人に決定を委ねる。その代わり、

そうした個人同士が集まって、みんなで決めるべき事柄についてはみんなで決めていく。私的なものは私的な領域において、公的なものはみんなで決定しよう。そうした公私を区分するという考え方のほうが、平和的な共生が可能になるのではないか。

もちろん、共同体論のべたべたした形もあるかもしれませんが、べたべたしているのはいい側面で、逆にいうと、極めて抑圧的になります。リベラリズムのほうは、べたべたしていないだけに、少し冷たさを感じられる方がいると思いますが、そのほうが平和的であろうと考えています。

3）リベラリズムと愛国心

そうしたリベラリズムからすると、国家に対してどういう態度をとるのかは、みんなで決められるべき問題ではありません。あくまでも、それぞれの個人が決めるべき問題です。国家に批判的な人もいるし、国家に賛成する人もいるでしょう。そこには、いろいろな考え方がある。これを何か1つの考え方に決められるわけではありません。国家を愛しなさい、と強制することはできない。

4）やわな愛国心か強力になる可能性のある愛国心か？

ただ、そこからもし、本当に愛国心が生まれてくれば、それは強力になる。

例えば日本で現在行われている愛国心の強要、小学校や中学校、高校で無理に君が代を歌わせようとしたり、日の丸に対して起立を強制するようなやり方は、むしろ極めて形だけのやり方である。ジャクソンがいればおそらく、それはルーティーンだ、と必ず言うに決まっています。そのほうが無批判的で、やわな愛国心しかつくれないのではないでしょうか。

---

(15) なお、リベラリズムについては、井上達夫『共生の作法』（創文社、1986年）参照。

5）無批判的な同化か、批判的な愛国心か？

それよりも、ジャクソンの考え方に典型的に示されていると思いますが、リベラリズムのやり方のほうが、愛国心は強力なものになるかもしれない。リベラリズムのもとで、確かに国を愛さない人が出てくる可能性もあります。その場合、それを批判することはできるが、制裁を加えるわけにはいかないはずです。ただし、逆に、そこまで自由を保障することによって生まれてくる自由や民主主義がいいものだと考える人は、この国をきちんと愛するでしょう。愛国心はむしろ強力になるという気がしています。

それから、共同体的な愛国心であれば、極端かもしれませんが、フランクファーターは極めて無批判的になる可能性があります。その国と一体化するという話でしかないと思う。その国が間違った方向に行こうとするとき、あるいは少しでもおかしなことをしたときに、きちんと立ち上がって、勇気を持ってそれを批判できるということのほうが、私ははるかに重要であろうと思います。

そういう愛国心のほうが重要なはずです。別にその国がどうでもいいと思っている人は、国を批判したりはしません。ただ、出ていくだけです。国を批判しようという人たちは、それなりにきちんと国を愛している可能性がある。そのことのほうが、むしろ重要な愛国心なのかもしれません。間違ったことをしないようにするために。

6）衝突する愛国心か、和解の可能性を秘めた愛国心か？

それから、おそらく共同体論から出てくる愛国心は排他的な愛国心ですから、他者と衝突する可能性が極めて高い。例えば9・11以降のアメリカは残念ながら、そちらの方向に向いているような気がしないわけでもありません。そうした愛国心よりも、他者とうまく折り合える。和解までいけなくても、少なくとも共生は何とかできる愛国心のほうが、平和的な愛国心ではないかと思います。

7）リベラリズムからの愛国心の強さと弱さ

ただし、リベラリズムからする愛国心は、生まれれば強そうです

が、無理に生ませるわけにはいかないものです。これが共同体論との違いです。共同体論であれば、無理にいろいろなことが強制できることになるが、リベラリズムの立場に立っている限りは、国家に対してどういう態度をとるかは、あくまで個人が決定すべき問題です。

そうだとすれば、何らかの強制ができるわけではない。したがって、当然、国を愛さない人も出てくるかもしれない。場合によっては、自民党や民主党の中で言われているような個人主義、(私はそれを個人主義だとは思いません。単なるわがままだと思いますが) そのような人間が生み出される可能性がないわけではありません。しかし、逆にいえば、そこのリスクを払ってでも、ちゃんと自由や民主主義をきちんと保障しておかないと、むしろ出てくる愛国心は極めていびつで、かつ無批判的で、かえって弱い愛国心が出てくるのではないかという気がしています。

むしろ、そこまできちんと保障した愛国心、そこから出てくる愛国心のほうが、私はこの国の将来を支える愛国心になるのではないかという気がしています。

おわりに
―― 日本国憲法という未完のプロジェクトへの誘い

　1946年11月3日と翌年5月3日とは日本に住む多くの人々にとって特別な日でした。音楽会、運動会、スポーツ競技会、演芸会、映画の上映会、美術展、講演会、日米親善園遊会など様々な行事が日本各地で催されました。それらは日本国憲法の公布・施行を祝うための行事だったのです。新憲法を記念した国民歌「われらの日本」（土岐善麿作詞、信時潔作曲）が斉唱されたり、「憲法音頭」（サトー・ハチロー作詞、中山晋平作曲）にのって踊りが披露されたり、祝賀ムード一色だったようです。

　実のところ、日本が国家の基本法の制定を祝ったのはそれが初めてではありませんでした。大日本帝国憲法（1889年2月11日公布、翌年11月29日施行）のときにも国家の威信をかけた奉賀行事が実施されました。不平等条約改正問題などもあり、そのときは、憲法典の制定により文明国の仲間入りができたという漠然とした喜びが広がっていたといえるでしょう。当時アメリカ合衆国メリーランド州にあるジョンズ・ホプキンス大学の博士課程で政治学の研究をしていた家永豊吉は、日本の文明化の帰結として憲法制定の意義を祖国から遠く離れた留学先で熱のこもった口調で語りました。彼は、明治維新以降貿易・出版・鉄道・電信などの普及や高等教育の拡充により日本国民が自己陶冶を果たしてきたこと、そして啓蒙された人々による積極的な政治が展開されてきたことが、封建的専制主義からの決別と新しい自由の時代の幕開けをもたらしてきた、と分析してみせました。

　家永のこの議論は半面の真実を語っていたかもしれませんが、しかしながら、必ずしも全面的に当を得たものでもありませんでした。というのも、自由民権運動を排し、徹底した秘密主義に基づき欽定憲法として旧憲法は制定されたからでした。事前に旧憲法の内容を目にすることができたのは、30名程度のエリートたちだけであっ

たといわれています。一般の人々は玉か瓦かを区別することもなく、否、その術もなく、憲法制定の報に接し大いに歓喜したのでした。

内容的にも中江兆民が厳しく批判したように、恩賜的民権の構造は普遍的な自由の観念とは水と油の関係でした。絶妙な解釈によって旧憲法体制をリードした美濃部達吉がその学説の故に公職を追われた天皇機関説事件（1935年）が顕わにしたのは、国体イデオロギーは立憲主義の真髄と調和できないということでした。確かに、旧憲法体制は君主専制とは明瞭に区別される立憲君主制の創設ではあったのですが、その体制成立の立役者であった伊藤博文が論じたように、国家は規則正しく運転される一大器械であり、君主はそのような国家を外から効率よく安定的に運営する主体と位置づけられ、そのような体制を機能的に組織化するためのシステムとして憲法が理解されていました。その枠組みに従う限り、憲法は能率的な統治を実行するためのエリートにとっての道具に過ぎなかったといえるでしょう。

翻って、日本国憲法の場合、人々は何を祝っていたのでしょうか。2度目は大きく状況が異なりました。敗戦に続く占領という特異な事態にあったことはもちろん否定できません。人々の生活は困窮を極め、憲法論議よりは明日の食料を調達する方が大方の関心事であったことも否定できないでしょう。重大な制約のもとではあっても、それにもかかわらず、何が国家生活において善であるのか、望ましい政治制度とはどのようなものであるのかなどについて初めて国家的規模で議論がなされたこともまた事実です。その意味で日本国憲法は初めて公的討議に付されて制定された国家の基本法といえるでしょう。旧来の保守層と並んで左翼や初めて政治の表舞台に登場した女性がそれぞれの政治の構想を論じ合ったのでした。なかには極少数ですが、共和制を唱えた人々もいたのです。このような討議の過程には、国家の根本的な政治秩序の新たな構想を語る人々の声が、いかに弱くとも、確かに響いていたのでした。

そしてこのような共通の体験は日本国憲法を大日本帝国憲法と決定的に区別することになりました。なぜなら、この過程を通じて、

憲法は超越者が付与するものではなくなり、同輩が議論して生み出すものに変化したからです。そのことはとりもなおさず、正しいことについての絶対的な基準をわれわれの外部に想定することが不可能になったことを意味したのです。またこの新秩序創設の過程のなかで、伝統であってもそれ自体では正当化できなくなり、なんらかの理由づけが求められるようになりました。政治過程が理由付与の競い合いのフォーラムとなったのです。ここに政治秩序を自覚的に構成しようとする集団的営為が開始されたのでした。憲法は、もはやエリートによる効率的な統治のための道具であることをやめ、一般市民とエリートとの間の公的討議をよりよく実現する共通の基盤を形成する枠組みを提供するものとなりました。つまり、われわれは自らの政治運営による正統性の探求という旅を始めたのでした。そして今もわれわれはその旅の途中にあり、それは終わることなく続いていくのです。とすると、人々が祝賀したのは、客観的には、新憲法がもたらすであろう政治の構造転換──垂直的に規律されていた関係から水平的に構成される関係への変容──であり、終わりなき旅の門出を対象としたものであったといえるでしょう。

　制定・施行の時点で賑やかに歓迎された日本国憲法も、すぐに政府から暖かい取扱いを受けることはなくなりました。占領下で制定されたという出発点を「押しつけ」として殊更に問題とする議論が執拗に繰り返されています。また日本の国際社会において占める地位の変化に伴って、あるいは時間の経過に従って、60年も昔の決定に縛られている必要はないとする主張が声高に提起されるようになってきました。このような批判を耳にするとき、逆説ながら、日本国憲法体制の恩典をはっきりと意識できます。なぜなら、旧憲法体制では想像もできなかったであろう国家の基本法への自由な批判は、それだけで日本国憲法の規律する空間が許容度の高いものであることを示しているからです。

　そのような批判はまた、上に述べたような日本国憲法の特徴に照らすと、いささかピントはずれなのではないかとの疑問を禁じ得ません。まず、どのように制限があろうとも、日本国憲法は公の討議

に付されて制定されたのであり、大日本帝国憲法とは決定的に異なるのです。また、憲法の正しさを計る基準は何も源泉に独占されるものではありません。その憲法により実際に政治生活が機能の点でうまく作用しているかということも十分に評価の基準になるでしょう。両者を併せて考えると、政治的実践のなかに憲法の正統性を計る尺度が存在することになるのです。そもそもわれわれの外部にアプリオリな基準を想定することはもはや不可能となっています。その点で、憲法普及会が広く頒布した冊子の表題が『新しい憲法　明るい生活』であったことは象徴的だと思われます。戦争責任の問題を等閑視させるという負の側面があったことは否定できませんが、それでも平和で豊かな社会を実現することにこの憲法が無関係であったといえる人はほとんどいないでしょう。何が正統であり、何が正統でないかはわれわれがコミットする公共の討議のなかにその判断の根拠を見いだすのです。

　日本国憲法は、敗戦という現実がもたらした新しい時代の新秩序を構成すべく制定されました。皆さんよくご存じのように、その新秩序は、基本的人権・国民主権・平和主義の実現という構想を基軸にして展開されることになったのです。これらの概念は日本史上根本的に新規なものです。それらが現在に至るまでにどのように展開されてきたかは、本書にまとめられた12の講演が鮮やかに示してくれています。

　この連続講演のトップを飾るのは奥平康弘教授です。まず教授が最近直接携わっている4つの事柄がビビットに語られます。そして日本国憲法を研究対象としながら、時代の憲法問題と格闘し様々な理論を展開してきた自らの体験を踏まえ、権利の保障のための実践を試みること、とりもなおさず憲法を生かすことの重要性が再確認されます。連続講演会のいわば総論として、われわれが直面する最近の憲法の諸問題に見取り図が提供されています。

　日本国憲法は平等を重要な構成要素としていますが、この概念もご他聞にもれず論争的です。君塚講演は、性差別の分野を中心とした緻密な判例分析を通じて、平等がどのように把握されてきたかに

ついて論じています。日米における性差別判例・学説の紹介と批判的検討の後に、司法審査基準に関して、厳格審査・合理性の基準の二分論によった場合の具体的あてはめが示されます。中間審査基準の問題性も鋭く指摘しています。

　違憲審査制度も日本国憲法の下で初めて導入されました。その消極的運用については批判の多いところです。山元講演は、ドイツ、フランス、韓国の憲法裁判所制度を分析しながら、憲法裁判の本質に迫ります。その上で、最近の日本における憲法裁判所設置論の背景を探り、憲法裁判所の導入のメリットとデメリットを比較検討しながら、人権を保障するための裁判制度の活性化に向けた理性的議論の重要性を指摘します。

　日本国憲法が標榜する国際協調主義は一国主義的な視点からの脱却を求めています。江島講演は、人権保障の局面で、この課題に取り組むものです。まず、人権保障の国際的実施と国内的実施の相互関係と実効性を高める要因を分析し、そして、ヨーロッパにおける人権保障の多層的重畳的構造メカニズムを紹介し、ヨーロッパ人権条約を国内法化したイギリスの経験を詳細に検討します。憲法と国際人権条約の共生が志向されています。

　近時声高に主張される憲法改正は何を意図しているのでしょうか。長谷部講演は、アメリカの憲法学者フィリップ・バビットの the Long War 論を素材に憲法改正の意味を探ります。第一次世界大戦から冷戦終結までの「長い戦争」は、議会制民主主義、ファシズム、共産主義の三者の体制の正当性をめぐるものであったのであり、立憲主義を前提とする最前者の勝利で冷戦が終結したとされます。そして、体制の正当性をめぐる対立が終わっていない東アジアの中で、日本がどういう憲法を持とうとしているのか、どのような国家であろうとするのかが、他の国との関係を基本的に決定することになるという観点が示されます。

　憲法改正論の中心は今も昔も憲法９条を標的としてきました。愛敬講演はまさに改憲論の本丸ともいえるこの問題に正面から対峙します。９条の問題に関する、最近の政党、財界、メディアの改憲の

議論の動向を分析し、冷戦終結後に起こっている軍事法制の展開を跡付けます。そして、武力による平和と武力によらない平和との岐路に立つ日本において、機能的観点から、9条を護る意味と効用を説得的に提示します。

　近代立憲主義は政治と宗教を分離することによって成り立っています。しかし昨今の動向は、斉藤講演が指摘するように、神々の復活と旧憲法のよみがえりの懸念を増幅しています。社会で生起する出来事と宗教との関わりの各種の例を示しつつ、天皇の国事行為、政教分離原則、公金の支出についての憲法改正案が神の復活であることが描き出されます。そして、公的領域における宗教を再考する必要性が指摘されます。

　イラク人質事件の際、自己責任という言葉がもてはやされました。また医療の局面で患者の自己決定が肯定的に語られます。中島講演は、最近人口に膾炙しているこの自己決定・自己責任の構造を憲法的観点から鋭く分析しています。日常的な用語法の再吟味から始まって、一般的自由と人格的自立を対照的に考察し、憲法13条の想定する人間像の理解の仕方、さらには社会保障制度改革に関連して昨今の小さな政府論の批判的検討に及びます。

　表現の自由は自由で民主的な社会にあって必要不可欠な権利であるとよく言われますが、なぜそうなのかは簡単には理解できません。この難問に挑戦するのが毛利講演です。哲学・政治学の視座を援用しつつ、表現の自由の公共的意味について、シュミット、ロールズ、カント、ハーバーマスの理論を考察します。そして、その意味を、表現の自由が、公共圏における自由な討論を生み出し、その中から統治する正当性を有する民意が生み出されるとの規範的期待に求めます。

　1999年に制定された国旗・国歌法を根拠として、学校での行事に国旗を掲揚し国歌を斉唱することが文部科学省や各教育委員会の命令で強制されています。佐々木講演は、この問題に対処すべく、憲法19条の良心の自由を再解釈することによって、解決しようとする野心的な試みです。「外部的行為の強制」を「外面的行為の強

制」と「自発的行為の強制」に分類し、対生徒、対教員との関係で国歌斉唱が違憲となる可能性について論じています。

　グローバル化は近時の合い言葉のようですが、実は、日本はかつて植民地帝国であったことは忘れがちです。その負の遺産ともいえる在日の問題を含めて、外国人の権利の保障の問題を取り扱うのが近藤講演です。権利の性質と外国人の態様に着目する今日の通説に対して、立憲主義の原則に立ち返り、国際人権条約との整合性に留意しつつ、在留制度の枠組みを超えるような新たな「立憲性質説」が積極的に展開されています。

　連続講演を締めくくる位置づけの阪口講演は、近代立憲主義という考え方が独特の思考様式に基づいており、民主主義と必ずしも整合的ではないという指摘から始まります。民主主義を成り立たせるものとしての立憲主義という理解を提示しながら、「押しつけ憲法論」がまじめに立憲主義と民主主義との相克の問題に対応しようとしていないことが示されます。最後に愛国心の問題を取り上げ、共同体論的な愛国心とリベラルな愛国心を対峙させ、後者の可能性を論じます。

　これら12回の講演は日本国憲法をめぐるこれまでの実践の中間報告ともいえるものです。本文をお読みいただけばお分かりのように、日本国憲法が提示した新機軸には、様々な努力により書かれた文字を脱し生命の息吹が与えられたものもありますし、残念ながら本来のポテンシャルに達していないと思われるものも多々あります。これら総体としてこれまでの憲法実践は何をわれわれに伝えるのでしょうか。読者の皆さんはどのように評価なさるでしょうか。いずれにせよはっきりしているのは、これまでの憲法実践を知ろうとし、何らかの規範的な判断をしようと試みることは、実は既に日本国憲法が予定する主権的な活動に皆さん自身が参加していることになるということです。皆さんはそうした活動を通じて日本国憲法という未完のプロジェクトを共に遂行するよう誘われているのです。政治秩序をよりよきものに練り上げていく共同の作業の主役はほかならぬわれわれであるはずです。　　　　2005年10月　川岸令和

資料 「憲法の現在」講演一覧

第1回 日時：2004年9月10日（場所：弁護士会館）
     講師：奥平康弘（東京大学名誉教授）
     題目：「最近の憲法をめぐる緒問題について」

第2回 日時：2004年10月29日（場所：弁護士会館）
     講師：君塚正臣（横浜国立大学大学院国際社会科学研究科教授(現)）
     題目：「平等権と司法審査―性差別を中心として」

第3回 日時：2004年11月19日（場所：弁護士会館）
     講師：山元　一（東北大学大学院法学研究科教授）
     題目：「いま、憲法裁判所が熱い!?―欧流と韓流、「日流」と？」

第4回 日時：2004年12月10日（場所：弁護士会館）
     講師：江島晶子（明治大学法科大学院教授）
     題目：「憲法と国際人権条約―イギリスと日本を比較しながら」

第5回 日時：2005年1月28日（場所：弁護士会館）
     講師：長谷部恭男（東京大学大学院法学政治学研究科教授）
     題目：「憲法を改正することの意味―または、冷戦終結の意味」

第6回 日時：2005年3月4日（場所：弁護士会館）
     講師：愛敬浩二（名古屋大学大学院法学研究科教授(現)）
     題目：「現在の改憲論―9条を中心に」

第7回 日時：2005年3月18日（場所：弁護士会館）
     講師：斉藤小百合（恵泉女学園大学助教授）
     題目：「『国家と宗教』の周辺をめぐって」

第8回 日時：2005年4月22日（場所：弁護士会館）
     講師：中島　徹（早稲田大学大学院法務研究科教授）
     題目：「憲法の想定する自己決定・自己責任の構造」

第9回 日時：2005年5月28日（場所：主婦会館プラザエフ国際会議場）
     講師：毛利　透（京都大学大学院法学研究科教授）
     題目：「表現の自由の公共性」

第10回 日時：2005年6月17日（場所：弁護士会館）
     講師：佐々木弘通（成城大学法学部助教授）
     題目：「思想良心の自由と国歌斉唱」

第11回 日時：2005年7月1日（場所：弁護士会館）
     講師：近藤　敦（名城大学法学部教授）
     題目：「外国人の『人権』保障―コンメンタール風に―」

第12回 日時：2005年7月29日（場所：弁護士会館）
     講師：阪口正二郎（一橋大学大学院法学研究科教授）
     題目：「立憲主義の展望―リベラリズムからの愛国心」

編集後記

　2004年9月から2005年7月まで12回にわたる連続講演「憲法の現在」と本書の編集を終え、1つの区切りを迎えたことにほっとしつつ、爽やかな心持ちでいます。講師の先生方をはじめ、講演の準備・進行と本書の編集にご協力いただいた方々、講演を聞きに来ていただいた多くの皆さんに、厚く御礼を申し上げます。

　連続講演の企画は、もちろん、憲法「改正」の動きのなかで始まったものです。1947年、日本国憲法の施行の年に創立された自由人権協会にとって、憲法はそのアイデンティティそのものといっても良いかもしれません。立法活動や訴訟を通じて、人権擁護のために60年近く活動してきた私たち市民団体は、「憲法が古くなったから変えよう」という意見には、首を傾げたくなります。そのような中で、日本国憲法が理念として掲げている人権保障について、私たちの不断の努力がどのように結実し、どのような点が未到達となっているのかを、振り返ることがこの問題を考える出発点であると考えました。もし、日本の人権保障が不十分な理由が、果たして日本国憲法にあるのかどうか、憲法の価値の実現のために払われてきた努力の担い手は誰だったのか、もう一度考えてみたかったのです。

　突然の依頼でしたが、講師の先生方は、快くお引き受けくださいました。残った心配は、市民団体が主催するものとして、市民の方々と憲法の問題を考えるには、少し専門的で難しいと思われないか、いやそもそも市民の方々が聞きに来てくださるか、ということでしたが、これも杞憂だったようです。

　そして、無事すべての講演が終わりました。本書は、講演当日の内容をそのままの雰囲気でお届けするものです。裁判例や理解しにくい言葉・概念などは、慶應大学の大学院博士課程に在籍する大林啓吾さんと横大道聡さんに、脚注をつけてもらいました。信山社の袖山貴さん、今井守さんには、時間的な余裕のない中、ずいぶん無理を聞いていただきました。

　本書を通して、憲法の問題について、読者の皆さんと共有する視点を持つことができれば幸いです。今後の憲法の議論の広がりと深まりのための一助となることを願いながら。

2005年10月　　　　　　　　　　　　　　　　　事務局長　小町谷育子
　　　　　　　　　　　　　　　　　　　　　　事務局次長　古本晴英

〈編著者関係者紹介〉

奥平 康弘（おくだいら やすひろ）（東京大学名誉教授）

君塚 正臣（きみづか まさおみ）（横浜国立大学大学院国際社会科学研究科教授）

山元 一（やまもと はじめ）（東北大学大学院法学研究科教授）

江島 晶子（えじま あきこ）（明治大学法科大学院教授）

長谷部恭男（はせべ やすお）（東京大学大学院法学政治学研究科教授）

愛敬 浩二（あいきょう こうじ）（名古屋大学大学院法学研究科教授）

斉藤小百合（さいとう さゆり）（恵泉女学園大学助教授）

中島 徹（なかじま とおる）（早稲田大学大学院法務研究科教授）

毛利 透（もうり とおる）（京都大学大学院法学研究科教授）

佐々木弘通（ささき ひろみち）（成城大学法学部助教授）

近藤 敦（こんどう あつし）（名城大学法学部教授）

阪口正二郎（さかぐち しょうじろう）（一橋大学大学院法学研究科教授）

紙谷 雅子（かみや まさこ）（自由人権協会代表理事・学習院大学大学院法学研究科教授）

川岸 令和（かわぎし のりかず）（早稲田大学政治経済学術院・大学院法務研究科教授）

小町谷育子（こまちや いくこ）（自由人権協会事務局長・弁護士）

古本 晴英（ふるもと はるひで）（自由人権協会事務局次長・弁護士）

信山社双書
憲　法

憲法の現在(いま)

2005年11月10日　第1版第1刷発行
3236-01010　P416:Y3200E:PB2＋200

編　者　㈳自由人権協会
発行者　今　井　　貴
発行所　㈱信　山　社

〒113-0033　東京都文京区本郷6-2-9-102
Tel 03-3818-1019
Fax 03-3818-0344
henshu@shinzansha.co.jp

Ⓒ ㈳自由人権協会,信山社 2005
印刷・製本／松澤印刷・大三製本
ISBN4-7972-3236-6 C3332 分類323-340-a001

禁コピー　信山社　2005 Ⓒ

実務家・教師・インストラクター・学生・ビジネスマンの方々へ

スポーツ六法

事故防止からビジネスまで　￥3,360

野球協約・学習指導要領・各種自治体条例など321件を凝縮!!
各章解説，判例，スポーツ年表も掲載

【編集代表】

小笠原正
（前日本スポーツ法学会会長）

塩野　宏
（東京大学名誉教授）

松尾浩也
（東京大学名誉教授）

【編集委員】　浦川道太郎／菅原哲朗／高橋雅夫／道垣内正人／濱野吉生／守能信次／（編集協力）石井信輝／森　浩寿／山田貴史／吉田勝光

[目次]　1　スポーツの基本法／2　スポーツの行政と政策／3　生涯スポーツ／4　スポーツと健康／5　スポーツと環境　6　スポーツの享受と平等／7　学校スポーツ／8　スポーツとビジネス／9　スポーツ事故　10　スポーツ紛争と手続　11　スポーツの補償／12　スポーツの安全管理　13　スポーツ関係団体／14　資料編

ブリッジブック憲法

横田耕一（九州大学名誉教授）編
高見勝利（北海道大学名誉教授）編

「憲法」世界への入門書

三五六頁　本体二〇〇〇円

2301-4 既刊

《本書の内容》

I 日本国憲法と憲法学のトータルイメージ（棟居快行）／基本的人権の種類と範囲（常本照樹）／国家の役割についての考え方（安念潤司）

II 憲法の役割と国家の役割についての考え方（渡辺康行）

III 憲法解釈の方法と理論 なぜ「神々の争い」が起きるのか？（横田耕一）／誤った憲法解釈（市川正人）と正確な事実の認識（大石眞）／憲法解釈の読み方と考え方（井上典之）／憲法裁判所判例の社会的影響の大きさ（大沢秀介）／憲法裁判の手法（戸松秀典）

IV 最高裁判例の拘束性

V 主要な憲法論争の意味を考える 代表民主制と議院内閣制（岡田信弘）／違憲審査制（笹田栄司）／憲法と条約（長谷部恭男）／団体の自律権と労働組合（内野正幸）

VI 憲法学の過去・現在・未来 憲法学説と憲法学者（石川健治）／日本憲法学を築いた人々（高見勝利）

憲法【第二版】

工藤達朗著
畑尻剛著
橋本基弘著

税込価格 : ¥3,045
（本体 : ¥2,900）

ポイントをおさえたわかりやすい基本書。憲法の基礎を新たに追加し、全面的に補完・改訂した、０５年刊の第２版。

プロセス演習 憲法【第2版】

更に充実の法科大学院テキスト新版　LS憲法研究会編

約600頁　定価5,040円（本体4,800円）

【編集代表】棟居快行・工藤達朗・小山剛

赤坂正浩・石川健治・大沢秀介・大津浩・駒村圭吾・笹田栄司
鈴木秀美・村田尚紀・宮地基・矢島基美・山元一

下級審からの争点形成と規範のあてはめの流れを再現し、基本的解説を加える。さらに、異なる事件を想定することで判例の射程の理解を助ける。徹底したプロセス志向の憲法演習教材。法科大学院生、学部学生必携の一

旧版20ユニットから31ユニットへ大幅増補
【新規ユニットで取り上げる主な判例】エホバの証人剣道実技受講拒否事件／愛媛玉串料訴訟／北方ジャーナル事件／博多駅テレビフィルム提出命令事件／サンケイ新聞事件／森林法共有林事件／第三者所有物没収事件／全農林警職法事件／在日韓国人元日本軍属援護法訴訟／宗教的理由による輸血拒否訴訟／定住外国人選挙権訴訟
【その他収載判例】南九州税理士会政治献金事件・津地鎮祭事件・「悪徳の栄え」事件・大分県屋外広告物条例件・「石に泳ぐ魚」出版差止請求事件・「夕刊和歌山時事」事件・少年通り魔実名報道損害賠償請求事件・泉佐野市民会館事件・薬事法違憲判決・酒類販売業免許制違憲訴訟・土地収用補償金請求事件・成田新法事件・強制調停違憲訴訟・在宅投票制度廃止事件・堀木訴訟

日本憲法史叢書
大石眞・高見勝利・長尾龍一編

1 思想としての日本憲法史 長尾龍一著 ¥2,800
2 対談集憲法史の面白さ
 大石眞・高見勝利・長尾龍一編 ¥2,900
3 憲政時論集Ⅰ 佐々木聡一著 大石眞編 ¥3,200
4 憲政時論集Ⅱ 佐々木聡一著 大石眞編 ¥3,200
5 憲政史と憲法解釈 大石眞著 ¥2,600
6 欧米議院制度取調順回記
 金子堅太郎著 大淵和憲校注 ¥3,300
7 穂積八束集 長尾龍一編 ¥4,600
8 シュタイン国家学ノート 瀧井一博編 ¥4,000
9 植原悦二郎集 高坂邦彦・長尾龍一編 ¥5,400

*本体価格税別

長尾龍一
信山社叢書収録作品

1 西洋思想家のアジア ¥2900
2 争う神々 ¥2900
3 純粋雑学 ¥2900
4 法学ことはじめ ¥2400
5 法哲学批判 ¥3900
6 ケルゼン研究Ⅰ ¥4200
7 されど、アメリカ ¥2700
8 古代中国思想ノート ¥2400
9 歴史重箱隅つつき ¥2800
10 オーウェン・ラティモア伝 ¥2900
11 ケルゼン研究Ⅱ ¥4200

ジェンダーと法	辻村みよ子	3570円（税込）
導入対話によるジェンダー法学〈第2版〉	浅倉むつ子監修	2520円
導入対話によるスポーツ法学	小笠原正監修	3045円
両性平等時代の法律常識	三谷忠之編	2625円
プロセス演習 憲法〈第2版〉	編集代表 棟居快行・工藤達朗・小山剛　31ユニットで完裳	5040円

赤坂正浩・石川健治・大津浩・大沢秀介・駒村圭吾・笹田栄司・鈴木秀美・宮地基・村田尚紀・矢島基美・山元一

憲法〈第2版〉	工藤達朗・畑尻 剛・橋本基弘	3045円
BRIDGEBOOKシリーズ 憲法	横田耕一・高見勝利編	2100円
プライマリー法学憲法	石川明・永井博史・皆川治廣編	3045円
憲法解釈の法理 香城敏麿著作集Ⅰ		12600円
アメリカ憲法	田島 裕	10500円
行政保全訴訟の研究	東條武治	12600円
公共契約法精義	碓井光明	3990円
プラクティス民法 債権総論〈第2版〉	潮見佳男	3990円
第3版刊行!! 債権総論〈第3版〉Ⅱ	潮見佳男	5040円
プラクティスシリーズ 債権総論	平野裕之	3990円
国際人権法の展開	初川 満	12600円
シュタイン国家学ノート	瀧井一博	4200円
BRIDGEBOOKシリーズ最新刊 日本の外交	井上寿一	2100円
シェイクスピアの政治学	アラン・ブルーム著 松岡啓二訳	2730円
国際法と戦争違法化	祖川武夫論文集	10080円
来栖三郎著作集Ⅰ〜Ⅲ		各12600円

法解釈・法理解の方法を実務的に解明
━━ 香城法学の集大成 ━━

香城敏麿著作集 全3巻 完結！

　本論文集は、第Ⅰ巻は「憲法解釈の法理」、第Ⅱ巻は「刑事訴訟法の構造」、第Ⅲ巻は「刑法と行政刑法」と題し、別個の法領域を取り扱っていますが、私としては、法解釈、法理解の方法という共通した目標を追い求めてきたつもりです。その際、ロナルド・ドウォーキン教授が提唱して広く用いられるようになった法原理（プリンシプル）という用語を用いている場合がありますが、それは法領域の如何を問わず法の構造を明らかにするには明示黙示の基本的な法の根拠に立ち返り、その優劣関係を解明することによって可能となるという年来の理解と通じており、分析の共通用語としても優れているからです。

　もとより、法原理の性質や内容は法領域によって異なります。憲法の場合は、規定の内容が抽象的であるばかりか、相互の優劣関係が外見上明瞭ではありません。そのため、憲法に内在する隠れた法原理を発見する作業が特に重要になると思われます。

　これに対し、刑事訴訟法や刑法の場合には、憲法と比較しますと、規定の分析で法原理を発見することは容易ですが、それでも解釈においてこの点は重要な争点になります。例えば、刑事訴訟法において、強制処分法定主義、令状主義、訴因制度、当事者処分権主義等の重要原則は、重畳的な法原理の総体ですから、それらを解きほぐして初めて全体の構造が明らかになると考えられます。刑法においても、罪刑法定主義、責任主義等の原則については伝統的にほぼ共通した理解がありますが、それでも細部にわたれば理解が分かれていますし、法益論、特に結果や危険が来たす限定機能については今日でも見解に差異が見られます。

　私は、こうした基本問題を実務の具体例を通して及ばずながら追究してきました。（「はしがき」より）

第Ⅰ巻　憲法解釈の法理

1　憲法解釈における法原理／2　表現の自由の法原理／3　労働基本権に関する法原理／
4　黙秘権に関する法原理／5　裁判官から裁判を受ける権利に関する法原理

第Ⅱ巻　刑事訴訟法の構造

1　刑事訴訟法の法原理と判例／2　実体的真実主義／3　適正手続主義／4　当事者追行主義と補正的職権主義／5　当事者処分権主義／6　強制処分法定主義と令状主義／7　検察官起訴独占主義／8　訴因制度／9　自白法則と伝聞法則／10　判決と上訴／11　決定と上訴／12　法廷警察権

第Ⅲ巻　刑法と行政刑法

1　刑法総論の展開／2　行政罰則と刑法総論との交錯／3　刑法罰則の解釈／4　行政罰則の解釈

上製・函入　各巻600頁前後　　各巻本体：**12,000円**（税別）

皇室典範（昭和22年）
芦部信喜・高見勝利編著　36,893円

皇室経済法
芦部信喜・高見勝利編著　48,544円

明治皇室典範　上・下（明治22年）
小林宏・島善高　編著　35,922円/45,000円

労働基準法［昭和22年］
（1）四三六八九円　（2）五七七五〇円
（3）㊤三六七五〇円　（4）㊦三五七〇〇円

渡辺章 編集代表　　研究会員 土田道夫・中窪裕也・
　　　　　　　　　野川忍・野田進・和田肇

スポーツ六法
小笠原正・塩野宏・松尾浩也編　3360円

刑事法辞典
三井誠・町野朔・曽根威彦・中森喜彦・吉岡一男・西田典之編　6615円

中嶋士元也先生還暦記念
労働関係法の現代的展開
土田道夫・荒木尚志・小畑史子編集　10500円

信山社
http://www.shinzansha.co.jp/